KB271801

공공서비스 민간위탁의 이론과 실제

이 책은 저자의 서울대학교 행정학 박사학위논문인 「공공서비스 위탁공급의 성과와 계약관리능력에 관한 연구」(2004)를 출간한 것임.

공공서비스 민간위탁의 이론과 실제

황 혜 신 著

이 책은 저자의 서울대학교 행정학 박사학위논문인 「공공서비스 위탁공급의 성과와 계약 관리능력에 관한 연구」(2004)를 출간한 것임.

목 차

그림 목차

그래프 목차

제1장 서 론

제1절 연구의 목적

> 행정을 연구하는 목적은, 첫째, 정부가 무엇을 적절하고도 성공적으로 할 수 있는가와 둘째, 그러한 업무를 가장 능률적으로 그리고 가장 적은 비용이나 노력으로 수행할 수 있는 방법을 찾기 위한 것이다.
>
> —W. Wilson(1887: 197)—

20세기에 들어와서는 그 이전까지의 정치·행정 이원론이 폐기되고 야경국가상을 국가의 기본으로 인식하던 시기에서 벗어나게 되었다. 20세기 대공황 등을 거치면서 새로운 복지국가, 관료국가의 개념이 등장하였고 이에 따른 국가 기능의 팽창은 당연시되었다.[1] 또한 관료제에 대한 믿음을 기반으로 정부는 계속 팽창하게 되었다.

그러나 20세기 후반이 되면서 더 이상 관료제는 신뢰를 받지 못하게 되었고 고전적인 관료제적 조직에 대한 반성적인 고찰의 필요성이 제기되었다. 이러한 인식의 전환은 시장원리에 의해 운영되는 민간부문의 비약적인 발전에 의해, 그리고 관료제의 여러 역기능적 폐해와 비효율 때문에 촉발되었다. 1990년대 이후 영국을 중심으로 한 영연방 국가와 미국은 작지만 효율적인 정부, 성과 중심의 정부, 고객지향적인 정부를 지향한 대대적인 행정개혁을 추진하였다. 신보수주의, 자유주의의 물결과 더불어 나타난 이러한 경향을 신공공관리(New Public Management)라고 일컫는데, IMF 경

---

1) 각종 주창자, 여론과 정치과정의 복합된 힘은 성공적으로 시민의 요구를 권리로, 권리를 특권으로, 특권을 프로그램으로, 프로그램을 예산으로 변화시켰다(Kolderie, 1986: 289).

제위기 이후 우리나라에서도 선진국의 이러한 행정개혁을 선례로 대대적인 행정개혁을 시도하고 있다.

이러한 신공공관리 개념의 확산으로 정부와 공공부문을 대상으로 그 이전까지의 팽창주의적인 변화와는 다른 행정개혁이 요구되고 있는 것이 현실이다. 작고 효율적인 정부의 구현을 목표로 시장원리가 공공부문에 전격 도입될 것이 주장되었고, 과거 정부가 독점하던 많은 기능들이 효율성, 경쟁 등의 이름으로 다른 기관들로 분봉, 위임되는 등의 변화가 있었다.

그러나 신공공관리가 약속하는 바가 과연 그대로 이루어지는가에 대해서 의문도 제기되고 있다. 외국의 경우에 시장원리의 도입과 관료제적인 요소의 배제 등이 반드시 효율성이나 효과성을 담보하는 것은 아니라는 결과들이 제시되고 있다.[2] 또한 이론상으로도 Kettl 등의 학자는 신공공관리에 따른 행정개혁이 모순과 문제점이 있음을 지적하였다.

우리나라에서도 시장원리의 도입, 민영화 등 여러 가지 신공공관리적인 주장들이 제기되고 있으며, 신공공관리에 바탕을 둔 행정개혁 사례들도 많이 발견되고 있다. 그러나 과연 공공부문을 벗어나면 혹은 시장원리가 도입되면 반드시 더 나은 결과가 보장되는지에 대해서는 의문들이 최근 제기되고 있다. 민영화 등이 반드시 예상하던 바대로의 효율성이나 효과성을 가져오지 않는다는 우려도 제기되고 있다. 따라서 한국에서 여러 행정개혁과 변화들을 시도하는 데 있어서 신공공관리적인 개혁이 어떤 결과를 보이는지를 검토해 볼 필요가 있다.[3]

공공서비스의 계약에 의한 위탁공급은 민영화와 시장원리의 도입 등의

---

2) 영국은 1980년대에 Next Steps 사업을 실시하여 책임집행기관이라는 새로운 정부조직을 마련하고 결정기능과 분리하여 이 기관에 집행기능을 맡기고 있다. 그런데 Next Steps의 경우에 그 성과를 정기적으로 평가하여 계속 책임집행기관에 기능을 담당시킬 것인지 여부를 결정하였는데 책임집행기관화로 오히려 효율성 등이 떨어지는 기관들도 있었다.

3) 신공공관리론적 개혁의 효과에 대한 엄격한 평가를 내용으로 하는 사례연구는 드문 편이라고 지적되고 있다(임도빈, 2003).

신공공관리적 행정개혁의 일환으로 많이 활용되는 방법이며 이는 점차 증가하는 추세이다. 재정적·정치적 상황의 변화에 대처하기 위해 지방자치단체들은 서비스 제공 방식의 변화를 꾀하고 있는 데 가장 많이 고려되고 있는 방식은 계약 방식이다(Ferris & Graddy, 1986). 다양한 민영화 방법 중 민간위탁이 정부 지출을 감축하고 효율성과 효과성을 제고시킬 수 있는 방법이라는 점에서 가장 인기를 끌고 있다(DeHoog, 1990: 318). 민간위탁은 가장 많이 활용되는 민영화 방법으로 지난 40년 동안 계속 증가하여 왔고(Van Slyke, 2003), 이러한 계약을 통한 정부의 서비스 공급은 계속 증가하는 추세이다(Greene, 1996). 결국 민간위탁은 지방공공서비스 공급의 민영화 전략 가운데 가장 널리 사용되는 방법(이창균·서정섭, 2000: 10)이라고 할 수 있다.

정부가 필요한 재화와 서비스를 민간과의 계약을 통해 조달한 것은 항상 있어왔던 일이다. 따라서 민영화나 민간위탁은 정부만큼이나 오래된 개념이라고 할 수 있다. 그러나 오늘날의 민간위탁은 그 범위가 예전보다 훨씬 넓어져 정부가 소비하는 재화와 서비스만이 아니라 국민이 소비하는 재화나 서비스까지 그 대상으로 하고 있어 정부의 본질적인 기능이라고 여겨지던 사항마저도 계약에 의해 민간부문에 맡겨지고 있다는 점, 그리고 그것이 정부개혁의 일환으로 주장된다[4]는 점에서 과거의 민간위탁과 차이를 보인다.

오늘날 민영화는 또한 국제적인 현상이기도 하다. 일본, 영국, 프랑스와 같은 선진국부터 스리랑카나 터키와 같은 개발도상국에 이르기까지 여러 국가들에서 공공부문은 기업적인 활동을 포기하고 민간부문의 경쟁적인 시장 조성을 촉진하고자 한다(Moe, 1987: 454; Savas, 1999: 315). 최근 민간위탁은 일부 개발도상국에서, 특히 곧바로 민영화하기 어려운 공공서비스의 주요한 개혁수단으로 활용되고 있다(Larbi, 1998). 미국에서만도 민주

---

4) 민간위탁이 정부 성과를 개선하기 위한 혁신 수단으로 처음 주장된 것은 1969년 뉴욕시장에게 제출된 기밀 보고서에서였다(Savas, 1987: 291).

당과 공화당, 급진주의자와 보수주의자, 흑인과 백인을 가리지 않고 민영화를 주장하고 있다. 따라서 민영화는 더 이상 당파적이거나 이데올로기적인 이슈가 아니며 공공서비스 관리의 실용적인 일상적인 접근방법(Savas, 1999: 315)이라고 할 수 있다.[5]

오늘날 정부는 이렇듯 공공사업의 수행을 계약에 의해 민간의 협력자들에 의존하고 있다. 이러한 계약에 의한 공공서비스 공급의 증가는 새로운 공공관리방식을 의미하며 아울러 정부의 역할도 변했음을 의미한다. 계약에 의한 공공서비스의 공급은 기존의 서비스 공급 체계에 하나의 층(layer)을 더 얹는 것으로 서비스 전달체계의 변화를 의미한다. 그리고 이는 계층제적인 통제 대신 협상된 계약이 적용되고 정부 고위관리는 명령 대신 인센티브를 활용하여야 함을 의미한다. 이러한 계약 관계의 등장은 새로운 공공관리의 필요성을 가져오며(Kettl, 1993: 21-22 참조), 또한 기존의 행정이론에서 다루지 않는 새로운 심각한 공공관리와 책임문제를 야기한다(Salamon, 1989: 11).

무엇보다 정부 계약의 보편화는 정부의 계약 관련 의사결정과 계약체결 능력을 연구할 필요성을 가져온다(Johnston & Romzek, 1999: 384). 대안적인 서비스 제공방식이 증가하는 상황에서는 정부 역량은 계약관리능력을 포함하도록 확대되어야 한다(Brown & Potoski, 2003: 155). 따라서 이제 행정학은 정책결정, 정책집행, 그리고 정책평가에 관한 이론 외에 계약체결, 계약이행, 계약성과의 평가와 분석에 관한 이론이 필요하고, 공무원은 계약관리능력이 필요하다고 할 수 있다.

그러나 아직까지 위탁과 관련하여 정부의 계약관리측면을 논의한 연구는 거의 찾아 볼 수 없다. 위탁에 의한 서비스 공급이 약속한 비용 절감의 효

---

[5] Savas는 민영화는 주요 주창자들이 사라지면 사라질 일시적인 정치현상이 아니며(1987: 291), 이제는 돌이킬 수 없는 흐름이라고 한다(1999: 318). 또한 Moe는 아직까지는 민영화의 확대가 주춤거리거나 대규모의 국유화가 다시 이루어질 것이라는 전망은 없다고 한다(1987: 458).

과를 가져왔는가의 성과를 판단하는 연구들이 대부분이며 그러한 성과에 영향을 미치는 주요 변수로는 위탁업체 선정과정에서의 경쟁의 유무와 서비스의 종류가 주로 논의되었다.

그동안의 행정학 연구에서 정책 결정과정과 정책 집행과정, 정책 내용 등이 정책의 성과에 영향을 준다는 연구들은 당연한 것으로 받아들여지고 있었다. 그러나 유독 민간위탁을 논한 때는 성과의 유무에 주로 관심을 가진 연구들이 대세를 이룬다. 즉 민간위탁의 성과가 있었는가 없었는가를 연구하여 그것이 효과가 있다 없다 식으로 주로 논의하고, 정작 위탁과정이나 위탁계약서 등에는 별로 관심을 가지지 않았다. 이는 민간위탁 등의 개혁적 조치들이 무능한 정부에 대한 대안으로 권고되고 있어 이러한 개혁들이 자동적으로 성과를 가져오리라는 믿음이 어느 정도 뒷받침하고 있었기 때문이다.

그러나 민간위탁도 결국은 정부가 결정하고 집행하는 일이고 따라서 계약이 이루어지기까지의 과정, 계약내용 그 자체 등도 모두 위탁의 성과에 영향을 미치는 중요한 변수라고 할 수 있다. 그럼에도 불구하고 기존의 연구들은 민간위탁의 경우에 정부의 계약관리능력을 강조하거나 제대로 부각시킨 연구는 거의 없다.6) 그나마 계약서를 구체적으로 작성하라는 등의 계약 관리 사항을 권고하는 연구는 있어도 구체적인 사례에서 계약이 어떤 과정을 통해 이루어지고 형성되었는가를 고찰한 연구는 별로 없다. 또한 위탁이란 것 자체가 계약서를 기반으로 한 것임에도 구체적인 계약서의 내용을 분석한 연구도 찾아볼 수 없다. 이미 계약은 사적인 영역이라고 판단해서 일수도 있으나 계약당사자의 일방이 공공부문이므로 일단 계약서도 중요한 분석대상이 되어야 한다.

본 연구에서는 기존의 연구와는 달리 계약과정과 계약내용의 분석을 분석하고자 한다. 결국 민간위탁의 경우에도 또 민영화의 경우에도 그 과정

---

6) 계약과정이나 계약내용에 관한 심도 있는 논의를 한 학자는 DeHoog 정도이다.

을 관리하는 주체는 정부로, '정책'이 정부가 어떻게 하는가에 상당히 영향을 받듯, '위탁이나 민영화 등의 개혁'도 '정책이 실패도 하고 성공도 할 수 있'듯 마찬가지로 '성공하기도 하고 실패할 수 있다는 것'을 주장하고자 한다. Savas의 저서 제목[7]에서 나타나듯 오늘날 민영화(privatization)는 더 나은 정부로 가는 열쇠(key to better government), 더 효율적인 정부로 가는 열쇠로 여겨지고 있다. 그런데 본 연구는 그 성공과 실패의 열쇠는 결국 상당 부분 열쇠를 돌리는 정부의 손에 달려 있다고 주장하고자 한다.

기존의 연구들은 민간위탁의 성과의 결정요인을 주로 민간 수탁기관의 전문성과 능력에서 찾는 경향이 많았다. 그러나 본 연구에서는 이를 오히려 정부의 계약관리능력에서 찾고자 한다. 이러한 계약관리측면에 대한 논의는 최근에야 언급되기 시작된 것이다. 본 연구는 이를 분석하여 이론적으로 아직 초보단계이며 주로 개혁의 기법만으로 논의되는 민간위탁의 이론형성에 기여하고자 한다.

한편 본 연구에서는 정부의 계약관리측면을 분석하는 방법으로 주인 대리인 이론을 적용하고자 한다. 주인 대리인 이론은 계약을 대상으로 분석하는 경제학 이론으로 행정학에서는 신공공관리적인 개혁과 정부 축소의 배경이론으로 대부분 활용되고 있다.[8] 즉 민간기관보다 공공기관에서 주인 대리인 문제가 더 심각하므로 공공기관의 민영화, 민간위탁 등이 권고되고 작은 정부를 지향하여야 한다는 논의이다.

그러나 기존의 연구 중 위탁계약 자체가 주인 대리인의 연쇄에 하나의 고리를 더 추가하여 주인 대리인 문제를 악화시킬 수 있는 가능성에 대해

---

7) E. S. Savas, *Privatization: The key to better government*, Chatham, New Jersey: Chatham House Pub., 1987.

8) 대리인 이론은 시장실패를 설명하고 적정한 규제의 수준을 논하는 이론으로도 활용된다. 예를 들어 Akerlof는 중고자동차(lemon) 시장이 역선택으로 제대로 형성되지 않을 뿐만 아니라 최악의 경우에는 시장이 아예 와해될 수 있음을 설명한다. 이러한 시장 실패에 대한 대응으로 상품에 대한 정보를 획득할 수 있도록 하는 규제 장치의 필요성이 논해진다.

지적하는 경우는 별로 없었다. 정부의 위탁계약 자체를 주인 대리인 이론으로 분석할 경우에는 기존의 많은 주장들과는 달리 오히려 함부로 민영화나 민간위탁을 해서는 안 된다는 결론이 나올 수도 있다.

본 연구에서는 계약에 의한 공공서비스 공급은 공공서비스의 전달체계에 하나의 주인 대리인 관계를 더 추가하는 전달체계상의 변화로 이해한다. 그리고 그러한 전달체계상의 변화에서의 정부의 계약관리능력에 따라 주인 대리인 문제가 어떻게 다르게 대처되는가에 따라 위탁계약의 성과가 달라진다고 본다.

본 연구가 제기하는 주요 연구문제는 다음 두 가지이다. 첫 번째로 던지는 질문은 Savas가 주장하였듯이 과연 민영화는 더 나은 정부를 가져오는 열쇠인가이며, 두 번째 주요 질문은 왜 어떤 경우에는 그 열쇠는 제대로 작동을 하지만 또 어떤 경우에는 제대로 작동하지 않는가이다. 이러한 질문에 답하기 위해 본 연구에서는 우선 여러 가지 민영화의 유형 중 공공서비스의 계약공급(민간위탁)의 성과를 평가하여 공공서비스의 계약에 의한 공급이 약속한 바대로의 성과를 달성하였는가를 살펴보고, 다음으로 그러한 성과에 영향을 미치는 주된 요인으로 정부의 계약관리측면을 연구하고자 한다.

따라서 본 연구의 연구 목적은 크게 다음 두 가지이다. 첫째는 공공서비스의 계약공급의 성과를 평가하는 것이고, 둘째는 그러한 성과에 영향을 미친 정부의 계약관리능력을 고찰하는 것이다.

제2절 연구의 범위와 방법

1. 연구 대상 및 범위

본 연구에서는 공공서비스의 계약공급의 성과를 평가하고 그러한 성과에 영향을 미친 정부의 계약관리능력을 분석하기 위한 사례로 세 지방공사의 료원의 위탁 사례를 선정하였다. 세 곳의 의료원의 위탁 이전과 이후의 성과. 그리고 의료원 간의 성과를 비교하고. 그러한 성과의 차이를 가져온 원인을 위탁과정과 위탁계약서 등 정부의 계약관리측면에서 찾으려고 한다. 따라서 연구 대상은 지방공사의료원 중 위탁운영 경험이 있거나 현재 위탁 중인 마산의료원. 이천의료원. 군산의료원의 세 지방공사의료원9)10)이며, 연구의 시간적 범위는 위탁 시점인 1996년과 1998년을 포함한 전후의 기간으로 위탁 이전인 93년부터 위탁 이후인 2002년까지이다.

본 연구는 기본적으로 공공서비스 중 공공의료서비스를 대상으로 한다. 공공의료서비스는 Savas가 말한 연성서비스에 포함된다. 그런데 의료서비스 분야는 민간부문이 활성화되어 있어 경쟁을 촉진시키기 매우 용이한 서비스라는 특징을 가지며 또한 공공성과 수익성을 겸비한 서비스란 특색도 있

---

9) 지금까지 전국의 지방공사의료원 중 위탁체제로 운영되었거나 현재 운영되고 있는 의료원은 모두 네 곳이다. 사례로 선정된 세 의료원 외에 경상북도의 울진의료원도 2004년 현재 경북대학교 병원에 위탁되어 운영되고 있다. 그러나 울진의료원은 2002년도에 경북대학교 병원에 위탁된 채로 개원 준비를 하고 2003년 3월에 새로이 개원한 의료원이다. 논문을 작성하는 시점에서 각종 통계 자료 등이 2002년 자료까지만 구비되어 있고. 울진의료원에 관해서는 아직 단 1년의 자료도 각종 정부 통계에서 구비되어 있지 않다. 또한 울진의료원은 다른 세 곳이 모두 경영 악화를 이유로 위탁된 것과는 달리 개원 이전에 이미 위수탁계약을 체결하여 개원한 사례로. 본 연구의 연구 대상에서는 제외한다.

10) 이 글이 작성된 시점은 2004년 전반기였다. 2005년 9월에 지방공사의료원은 보건복지부 산하의 지방의료원으로 전환되었다.

다.[11] 의료서비스가 가지는 공공성은 외부성에 기초하고 있다. 즉 인간은 자기보다 못한 자들의 건강과 의료소비 수준에 대해서 이타적인 관심을 가진다는 것으로, 건강은 가치재이며 천부인권이라고 할 수 있다. Donahue가 지적하듯 의료서비스 분야는 공공의 목적을 사적인 수단으로 달성하려는 가장 중요한 분야이자 가장 복잡한 분야(1989: 220)라고 할 수 있다.

지난 20년간 보건의료서비스와 대민 서비스(human service)의 민영화가 상당한 정도로 확대되었다(Poole & Fixler, 1987: 617). 그런데 민영화와 민간위탁의 대상이 중간재에서 교육, 사회복지, 의료 등의 더 복잡한 최종재로 옮겨갈수록 효율성과 형평성과 관련하여 더 많은 문제가 발생한다(Pack, 1987). 사회서비스(social services), 대민서비스(human services) 분야에서의 민간위탁은 경쟁상황이 없고 불확실성이 더 높은 어려운 분야라고 일컬어지고 있다(DeHoog, 1984, 1985; Johnston & Romzek, 1999). 또한 사회서비스 분야는 목표를 정의하고 결과를 측정하기 어려운 분야로 악명이 높다. 따라서 인간을 대상으로 하는 연성서비스(soft service)의 민영화는 경성서비스(hard service)의 민영화만큼 수월하지 않고, 이러한 연성서비스 분야에서의 민영화 연구가 더 많이 이루어질 필요가 있다고 주장된다(Savas, 1987: 223). Kettl도 사회 서비스 분야가 위탁과 관련하여 정부가 당면하는 정보 문제 등을 살펴보기에 유용한 분야(1993: 165-166)라고 한다.

한편 공공의료서비스 분야야말로 민영화가 가장 적절하지 않은 대표적인

---

11) 의료서비스는 다른 재화나 서비스와는 여러 가지로 다르다. 따라서 의료서비스의 민영화 역시 다른 서비스의 민영화와 여러 가지 차이를 보인다. 두 가지의 중요한 차이점—경험적인 것과 규범적인 것—이 있다. 첫 번째 경험적인 차이는 의료서비스의 민영화는 민간부문이 의료 서비스의 대부분을 차지한다는 것이다. 이 때문에 의료의 민영화는 전통적으로 정부가 생산하던 서비스를 민간으로 이전하는 것을 의미하지 않는다. 그러나 공공병원은 민간병원과 달리 특별히 요청되는 공익적인 역할이 있다. 두 번째의 규범적인 차이는 공공의료는 세금을 내는 비용 부담자와 혜택을 받는 수혜자가 다르다는 것이다. 그 결과로 비용 부담자와 수혜자 간의 재분배가 이루어진다(Bovbjerg, Held & Pauly, 1987: 661-662).

분야라는 주장도 있다. Starr는 공공의료보험을 가진 캐나다는 국민총생산의 8.6%를 의료 분야에 사용하는 반면 미국은 11%를 사용하고 있지만, 캐나다의 의료보험은 전 국민을 대상으로 하는 반면 미국은 3천 8백만 명이 보험의 적용을 받지 않는다고 한다. 또한 캐나다인이 의료서비스에 대해 미국인보다 훨씬 더 높은 만족도를 보이고 있다고 한다. 그는 과연 의료서비스의 민영화가 더 필요한 것인가 혹은 덜 필요한 것인가라고 질문하고 있다(Gormley[12], 1991: 35).

미국의 공공병원의 민간위탁 비율은 1992년의 25%에서 1997년의 36%로 증가하였다(Martin, 1999: 2). 또한 일본의 공공 진료 시설(병원과 보건소)의 민간위탁 비율도 39.4%에 달하고 있다(이갑영, 2001: 70). 재정적인 압박, 공공병원의 경영상 문제 등으로 우리나라에서도 공공병원의 민영화나 민간위탁은 여전히 한동안 이슈가 될 것이라고 보여 진다.

또한 우리나라는 정부예산 중 보건의료부문에 지출하는 예산비율이 저조한 실정이며, 이는 그나마 점차로 낮아지고 있다. 보건복지부 예산은 사회복지부문의 강화로 인하여 1998년 이후 점차로 증가하고 있으나, 보건의료부문의 예산은 정부의 예산 및 보건복지부의 예산에서 차지하는 비율이 점차 낮아지고 있다. 2000년 현재 정부의 예산 대비 보건의료부문예산의 비율은 0.38%이며, OECD각국에 비하여 현저하게 낮은 실정이다(유시원·이경호, 2001: 46). 의료서비스가 외부성을 갖는 공공재적인 성격이 있음을 감안할 때 공공의료에서의 정부의 역할은 매우 저조하다고 볼 수 있다. 이렇게 공공의료부문이 차지하는 비율이 낮은 우리나라에서 공공병원의 민간위탁, 민영화가 계속 주장되고 있어 이에 대한 고찰이 필요하다고 본다.

1980년대 초반 이후 30여 개의 시·도립 병원들은 운영 개선 등을 이유로 모두 지방공사화되었다. 지방공사로 설립됨으로써 독립채산의 적용을

---

12) P. Starr, "The case for skepticism", in Gormley(1991).

받아 원칙적으로는 정부의 예산 지원을 받지 않는 기관이 된 것이다. 그러
나 지방공사화 이후에도 많은 의료원들은 여전히 경영상의 어려움과 재정
적자가 지속되어 계속적으로 정부의 지원에 의존하는 경우가 많았다.

30여 개의 지방공사의료원 중 90년대 중반 이후로 경영이 특히 어려웠던
마산의료원, 이천의료원, 군산의료원의 세 지방공사의료원이 계약에 의해 위
탁운영 되기에 이르렀다.13) 경상남도의 마산의료원이 지방공사의료원 중 최
초로 위탁운영 형태로 전환되어 1996년 1년 동안 휴업 중 위탁계약을 체결
하고 1997년 4월부터 경상대학교 병원 위탁체제로 변경되었다. 한편 1998년
4월과 11월에 잇달아 경기도의 이천의료원과 전라북도의 군산의료원이 각기
고려대학교 병원과 원광대학교 병원에 위탁되어 민간위탁 운영체제로 바뀌
게 되었다. 이 중 이천의료원은 2003년 3월에 위탁계약이 종료되어 더 이상
위탁체제로 운영되고 있지 않으며, 마산의료원과 군산의료원은 2004년 현재
까지도 계약을 연장하여 위탁운영을 지속하고 있다.

본 사례 선정의 이유는 무엇보다 본 연구에서 관심을 두는 연구 문제에
대해 지방공사의료원 사례가 가장 적절하게 답을 해 줄 수 있는 사례로 판
단되었기 때문이다. 본 연구의 관심은 계약공급의 성과와 그에 영향을 미
친 정부의 계약관리능력이다. 서비스별로 위탁이 더 용이한 사례와 아닌
것을 연구하고자 하는 것이 아니고 보고자 하는 주요 변수는 계약과정과
그에 따라 형성된 계약내용, 그리고 그러한 요인이 성과에 미친 영향이다.
지방공사의료원 3곳의 위탁 사례는 동일한 서비스의 위탁 사례들로 계약과
정을 어떻게 관리하였는가 여부가 성과에 미친 영향을 파악하기 용이한 사

---

13) 위탁된 세 의료원 모두, 위탁 직전 병원 운영에 대한 행정자치부의 지방공기업
경영평가 결과, 전국의 30여 개의 의료원 중 최하위권의 성적을 보이고 있었다.
마산의료원은 위탁계약체결 직전 년도인 1995년의 경우 전국 33개 의료원 중
33등을 차지하였고, 1998년 4월부터 위탁된 이천의료원은 위탁 전 해인 1997년
경영평가 결과에서 역시 33개 의료원 중 33등이었으며, 1998년 11월에 위탁된
군산의료원은 1998년 경영평가에서 33개 의료원 중 33등을 차지하였을 정도로
위탁된 세 의료원의 위탁 직전 경영 상황은 매우 열악하였다.

례로 판단되어 이를 분석대상으로 선정하였다.

둘째, 이는 Savas가 말한 민간위탁이 더 어려운 연성서비스의 예로, Kettl이나 Donahue가 지적하듯 복잡한 서비스 제공의 경우로 민간위탁과 관련된 많은 새로운 사실을 말해 주고 이론적으로 공헌할 수 있는 서비스 분야라는 것이다. 셋째로는 공공병원의 위탁은 현재 계속 제기되고 있는 이슈라는 점에서 연구 결과가 현실에 도움이 될 수 있을 것이라는 것이다. 적자에 허덕이는 많은 지방공사의료원에 대해 위탁 방안이 실제로 권고되고 있으며,14) 2003년만 해도 서울시립 동부병원15)의 민간위탁 여부가 상당 기간 논쟁이 되기도 하였다. 공공의료기관의 위탁이 자주 주장되고 있고 실제로 위탁되는 경우가 증가함에도 불구하고 이에 대한 평가나 검증 작업은 거의 이루어지고 있지 않다. 넷째 이 세 지방공사의료원의 위탁을 비교한 연구는 아직 발견되고 있지 않다는 점에서 이를 학계의 논의 탁자 위로 꺼내서 올려놓은 새로운 연구라고 할 수 있다.

2. 연구방법

본 연구는 공공서비스의 계약공급의 성과를 평가하고 이에 영향을 미친 계약과정에서의 정부의 계약관리능력을 분석의 초점으로 한다. 기존의 많은 위탁 관련 연구들이 위탁의 성과나 영향요인을 대부분 계량적인 접근방법으로 분석한 것과는 달리 본 연구는 위탁의 성과와 영향요인에 대한 비교사례연구를 수행하였다.

---

14) IMF 직후의 특감에서 감사원은 강남병원, 원주병원, 강릉의료원, 수원의료원, 의정부의료원, 인천의료원, 부산의료원, 충주의료원, 청주의료원, 포항의료원, 서귀포의료원, 군산의료원, 진주의료원에 민영화를 하도록 권고했다(동아일보, 1998. 11. 13).

15) 2003년 전염병 사스 치료 지정 병원으로 더 잘 알려져 있다.

본 연구는 이를 위하여 이론적 분석과 사례연구방법을 병행하여 사용하였다. 본 연구의 이론적 기초를 제공하기 위하여 민영화와 민간위탁 이론, 대리인 이론에 관한 국내외의 여러 학술서적과 논문, 보고서 등을 검토하였다. 이론적 분석에 사용된 문헌자료는 기존의 국내 연구에서 거의 언급되지 않은 내용과 2003년까지의 최신 서적과 논문을 참조하여 새롭게 소개되는 내용도 상당 부분 있다. 기존 이론 연구와 문헌을 검토하여 이를 바탕으로 본 연구의 주요 개념과 분석틀을 도출하였다.

한편 지방공사의료원 위탁 사례에 대한 자료는 우선 공공병원이나 지방공사의료원에 관한 각종 논문, 보고서 등을 수집하여 대략적인 밑그림을 파악하고자 하였다. 그리고 본 연구의 성과 평가를 위한 위탁의료원의 성과에 관한 자료는 행정자치부가 매년 발간하는 지방공기업 경영 및 결산 분석, 그리고 지방공사의료원 연합회가 매년 발간하는 평가보고서를 기본으로 하였다. 이에 수록되어 있지 않은 그 외의 필요한 각종 지표는 각 지방자치단체와 의료원을 통하여 수집하였는데, 동일한 지표에 대해 여러 기관에 반복적으로 자료를 수집하여 자료의 신빙성을 높일 수 있었다.

그러나 위탁과정이나 계약내용 등에 관한 자료는 이를 대상으로 한 기존의 연구가 거의 없었다는 점에서 자료 수집에 많은 어려움이 있었다. 연구 대상인 세 의료원, 지방공사의료원 연합회, 관련 지방자치단체, 의료원을 감독하는 중앙정부인 행정자치부, 관련 시·도 연구원 등의 다양한 경로를 통해 필요한 자료를 수집하고, 의료원 관계자, 주민, 관련 공무원 등과의 인터뷰도 수행하였다.

면접조사와 관련하여서는 사례에 대한 기초적인 조사를 미리 한 후 직접 면담, 전화 면담, 전자우편의 교환 등의 방법을 활용하였다. 직접면담의 경우에는 구체적인 방법으로 중요한 질문은 표준화하고 그 외의 질문은 비표준화한 준표준화면접을 시행하였다. 인터뷰 전에 해당 의료원과 관련된 질문지를 미리 구체적으로 작성하여 이를 몇 부씩 복사하여 면접자에게 한 부를 주고 묻고 답하는 형식을 취하였다.

사례의 세 의료원의 위탁 시점은 1996년과 1998년 사이에 이루어져 상당 기간이 지나 있어 면접자가 기억을 못하거나 불확실한 경우도 있어 이를 추적하기 위해 중앙일간지 기사만이 아니라 해당 지역의 당시의 여러 지방 일간지들을 검색하였고, 각 지방의회의 의회록도 1993년-2002년까지의 방대한 분량을 분석하였다. 면접 내용과 신문, 회의록 내용 등이 불일치한 경우도 더러 있어 이러한 부분을 확인하는 데 특히 많은 노력을 기울였다.

제2장 선행연구 검토와 분석틀의 설정

제1절 공공서비스 제공방식에 관한 논의

1. 공공서비스의 의의와 유형

1) 공공서비스의 의의와 특성

공공재는 민간재와 구별되는 말로서 일반적으로 공공기관을 통하여 공급되는 재화와 서비스를 일컫는다. 그러나 이에 대해 공공재를 단순히 공공기관에서 공급되는 재화와 서비스에 국한시킨다는 것은 의미가 없으며 시장의 기능을 저해하는 요인을 갖고 있는 재화의 성격에 입각하여 공공재를 규명하여야 할 필요가 있다는 견해(김동건, 1994: 61)와 공공서비스는 공공의 재화와 용역으로 공급주체가 공공부문이건 민간부문이건 상관없이 공공이 이용할 수 있게 제공되면 공공서비스라는 견해(Roth, 1987: 1)도 있다.

공공재는 흔히 비경합성(집합적 소비, 공동 소비)과 비배제성을 특징으로 가진다. Savas는 재화와 서비스를 그 성격에 따라 민간재(private goods), 공동소유재(common-pool goods), 요금재(toll goods), 집합재(collective goods)로 구분하였다.

민간재는 서비스에 대한 개인적 선택이 가능하고 가격은 수요와 공급에 따른 시장 메카니즘에 의해 결정되며, 일반적으로 사용자가 비용을 지불함으로써 획득할 수 있다. 또한 무임승차자의 배제가 가능하다. 반면 공동소유재는 개인에 의한 소비선택이 가능하며 어느 개인을 해당 재화의 획득으로부터 배제하기가 거의 불가능하다. 비용을 지불하지 않고 취할 수 있지만 한 개인의 소비가 전체 재화량에 영향을 미칠 수 있다. 한편 요금재는 공동으로 소비되는 재화이며 사용자가 비용을 부담하는 재화로서 비용을 부담하지 않는 자는 쉽게 제외시킬 수 있다. 한 개인의 소비가 전체 재화량에 영향을 미치지는 않지만 재화의 질 수준에는 영향을 미칠 수 있다. 또한 집합재는 공동으로 소비되는 재화로서 무임승차자를 소비에서 제외하는 것은 불가능하다. 이로 인해 비용은 주로 세금 등 강제적 수단에 의해 징수된다. 또한 집합재의 경우 한 개인의 소비가 타인의 소비에 영향을 미치지 않는다.

<표 2-1> 재화의 성격에 따른 유형

소비형태 \ 배제성	배제 가능 (exclusion)	배제 불가능 (nonexclusion)
개별적 소비 (individual consumption)	민간재 (private goods)	공동소유재 (common-pool goods)
공동소비 (joint consumption)	요금재 (toll goods)	집합재 (collective goods)

자료: Savas(1987: 56).

이들 중 순수공공재에 가장 근접한 재화가 집합재이며, 공동소유재와 요금재는 준공공재에 해당한다고 볼 수 있다. 그러나 엄밀한 의미에서 순수공공재에 해당하는 서비스나 재화는 현실적으로 별로 없다. 또한 동일한 재화라 하더라도 그것을 어떻게 공급하는가에 따라서 요금재에서 집합재로, 또는 공동소유재에서 요금재 등으로 변환될 수 있다.

Savas는 오늘날의 특징은 공동소유재와 요금재의 증가라고 말하면서 그 증가의 가장 큰 원인으로 가치재(merit goods)의 증가를 꼽고 있다. 가치재란 배제의 원칙이 어느 정도 적용될 수 있으나 정부가 관여하여 요금지불능력과 상관없이 그것을 소비하도록 하는 것이 바람직한 재화로 교육, 주택 등이 이에 해당한다. Savas는 대표적인 예로 의료서비스를 들고 있다. 의료서비스는 본질적으로는 배제가 가능한 민간재이나 사회의 가치가 변하여 의료의 공동 소비적인 특성[16]을 발견하게 되었다고 설명한다.

<표 2-2> 공공재와 민간재의 특성비교

특 성	민간재(Private Goods)	공공재(Public Goods)
비용부담	재화의 전체 수요 및 소비량에 밀접하게 관련되어 있음	전체 수요 및 소비량에 상관없이 집단적으로 지불
무임승차자의 배제 가능성	용이함	어려움
재화의 양과 질의 측정	용이함	어려움
재화의 종류와 수준에 대한 개별적 선택권	있음	없음
소비에 대한 개별적 선택권	있음	없음
재화의 분배 결정	시장메카니즘에 의해 결정됨	정치적 과정(political process)에 의해 결정됨

자료: Savas(1987: 50).

결국 공공재는 다음 몇 가지 점에서 민간재와 구분된다(박재희, 1998: 4-6). 첫째, 민간재의 경우 서비스의 양과 질에 대한 측정이 용이한 데 비해 공공재의 경우 측정이 매우 어렵다. 그 주된 원인은 재화의 생산에 필요한 소요자원의 부담자와 생산자가 동일한 민간재와는 달리 공공서비스는 원칙적으로 소요자원을 사회 구성원이 공동으로 부담하고 정부가 그 생산과 관리를 맡음으로써 비용과 산출이 분리되어 있기 때문이다.

둘째, 공공서비스는 국가자원의 사회 배분적 성격을 가지고 있다. 이러한 측면에서 공공서비스의 경우 국민복지적 차원에서 사회 형평성의 원칙이 경제적 효율성에 우선하는 데 반해 민간재의 경우 경제적 효율성이 가장 우선시 된다. 또한 민간재의 경우 재화(서비스)의 배분에 대한 결정이 시장의 메카니즘에 의해 결정되는 데 반해 공공서비스의 경우 정치적 과정에 의해 결정된다.

셋째, 민간재의 경우 '사용자 부담원칙'에 따라 사용자가 서비스 비용을 지불하며 비용 지불을 하지 않은 무임승차자를 쉽게 배제시킬 수 있다. 반

---

16) 아픈 사람이 치료받을 경우 많은 사람들이 기뻐한다는 점에서 공동 소비의 속성이 있다 (Savas, 1987: 54).

34

면, 공공재의 경우 재화의 실수요나 양에 관계없이 집단적으로 지불하며, 무임승차자를 제외시키기가 쉽지 않다.

넷째, 민간재의 경우 개인이 재화의 종류와 질적 수준에 대한 선택을 할 수 있다. 하지만 공공재의 경우에는 그것이 불가능하다.

2) 공공서비스의 유형

공공서비스는 학자에 따라 또 분류 기준에 따라 다양하게 구분된다. 다음에서는 민영화, 민간위탁 등의 제공방식과 관련이 있는 Savas(1987), O'Looney(1998), 그리고 Johnston & Romzek(1999)의 분류, 그리고 사회적 기능에 따라 공공서비스를 구분한 Lucy, Gilbert & Birkhead(1977)의 분류를 살펴보겠다.

Savas는 성과기준의 마련이 비교적 용이한 서비스 분야를 경성서비스(hard service)라 칭하고 그렇지 못한 서비스 분야를 연성서비스(soft service)로 구분하면서, 경성서비스에 비해 연성서비스는 계약 요건을 명확히 하는 것이 불가능한 것은 아니지만 어렵다고 지적한다. 물리적인 상업적인 서비스인 경성서비스에는 쓰레기 수거, 거리 보수, 가로등 관리, 상수도, 전기, 통신 등이 포함되고, 연성서비스에는 안전 관련 서비스나 사람을 대상으로 하는 서비스(human service)인 치안, 소방, 교도소, 국방, 보건, 의료, 주택, 복지, 교육, 문화 등이 포함된다.

한편 O'Looney는 특히 민간위탁과 관련하여 공공서비스를 유형화하였다는 점에서 특색이 있다. 그는 위탁과정에서의 여러 특징을 기준으로 공공서비스를 다음과 같이 4가지로 구분하였다(1998: 201-230 참조).

첫째 유형은 거래에 기반을 둔 서비스(services that are transaction based)로 일반소비자가 서비스의 대가를 지불하는 유형이다. 급식 서비스, 교통서비스 등이 이에 해당한다. 이러한 공공서비스의 특징은 다른 서비스와 달리 수탁자가 정부로부터 만이 아니라 일반 소비자와의 거래에서도 수입을 얻는다는 것이다. 이러한 서비스의 민간위탁의 경우, 수탁자가 실질수익을 축소시키는 등의 기회주의적인 행위가 나타날 소지가 많다고 지적한다.

둘째 유형은 적절한 결과인가를 평가하기 용이한 서비스(services whose adequacy is easily reviewed)로 민간위탁하기 가장 쉬운 서비스라고 설명한다. 계약의 성과를 조사하기 매우 쉬운 경우로, 유지 보수, 청소서비스, 쓰레기 수거 서비스, 도로 건설과 유지 등이 여기 해당한다.

셋째, 전문적인 서비스는 자격을 가진 전문가가 제공하는 서비스이다. 전문적인 서비스(professional services)의 대부분은 인간을 대상으로 하는 사회서비스이다. 둘째 유형과의 가장 큰 차이는 서비스의 질을 파악하기 용이하지 않다는 것이다. 그럼에도 불구하고 이러한 서비스의 민간위탁이 이루어지는 것은 자격증과 전문 분야에서의 자율 규제 때문이라고 설명한다. 그러나 이러한 유형의 서비스의 경우 전문가측이 전문적인 정보를 활용하여 기회주의적인 행위를 할 여지가 있으므로, 정부는 그러한 전문가들과 계약할 경우 전문가들이 만든 표준약관을 활용하지 않을 것을 권고하고 있다.

넷째, 가장 민간위탁하기 어려운 것은 네 번째 유형의 서비스로 주문서비스(delivery of a unique or customized service)이다. 이러한 민간위탁 계약은 되도록이면 피할 것을 권고하고 있다. 정보 체계 분야에서의 새로운 서비스 등이 이에 해당한다고 한다.

한편 Johnston & Romzek는 계약관리가 어려운 정도에 따라 서비스의 유형을 분류하였다. 이들은 비교적 계약관리가 쉬운 전통적인 지방서비스와 계약관리가 어려운 사회서비스를 구분하였는데, 전자의 예로는 쓰레기 수거가 있고, 후자의 예로는 공공의료(Medicaid 포함)와 복지서비스가 있다고 한다.

〈표 2-3〉 계약관리의 복잡성 유형

공공서비스의 특징	계약관리의 복잡한 정도	
	낮다	높다
서비스 유형	전통적인 서비스(traditional service), 지방 서비스(local service)	사회서비스(social service)
편익의 분포	대부분 사적인 편익	공적인 편익과 사적인 편익
성과의 측정가능성	용이	보통
성과측정에 필요한 기간	단기	중장기
성과의 명확성	명확	약간 명확
공급의 적정성	보통 정도에서 우수한 정도	부족한 정도에서 보통 정도

자료: Johnston & Romzek(1999: 386).

Lucy, Gilbert & Birkhead(1977)는 사회적 기능에 따라 공공서비스를 일상적 서비스, 보호적 서비스, 발전적 서비스, 사회적 최저수준보장 서비스로 분류하고 있다. 일상적 서비스(routine services)는 대부분의 사람들에 의해 일상적으로 이용되는 것으로서 상하수도, 쓰레기 수거 및 처리, 도로와 교통 등 많은 서비스를 그 예로 들 수 있다. 또한 보호적 서비스(protective services)는 사람과 재산을 보호하며 공공의 질서를 유지하는 서비스로 경찰, 소방, 법의 집행, 홍수 통제, 법원행정 등이 이에 해당한다. 한편 발전적 서비스(developmental services)는 개인의 육체적, 지적, 정신적 잠재력의 향상을 목적으로 하는 서비스로 교육, 도서관, 공원, 위락시설 등의 서비스가 이에 속하며, 거의 모든 사람에게 제공된다. 한편 사회적 최저 수준 보장 서비스(social minimum services)는 공적 부조, 병원, 공중 보건, 식권, 식량보조, 거택보호(day care), 직업 훈련, 공공주택프로그램 등이 이에 속한다.

일상적 서비스와 보호적 서비스는 기본적 공공서비스로서 주민의 폭 넓은 층에 혜택을 주지만, 사회적 최저수준 보장 서비스는 주민 중의 단지 특정한 계층의 집단에게만 직접적인 편익을 제공한다. 또한 발전적 서비스는 서비스 대상자의 선호나 선택에 의해 제공된다는 차이점이 있다.

　이러한 분류방식 외에도 서비스가 제공되는 공간적 특성에 준거하여 지점에 기초를 둔 서비스(point-based service)와 지역에 기초를 둔 서비스(area-based service), 강제성 여부에 따라 강제적 서비스와 선택적 서비스, 혜택의 범위에 따라 포괄적 서비스와 선별적 서비스로 분류하기도 한다(박재희, 1998: 13).

2. 공공서비스 제공방식의 다원화

　공공서비스의 제공방식은 점차 다원화되어가고 있다. 사회가 복잡해지고 사회의 요구가 많아질수록 정부는 다양한 방법으로 이에 대처하고 있다. 다음에서는 대표적인 공공서비스 제공방식의 분류인 Savas[17]의 분류와 Osborne & Gaebler의 분류를 살펴보고 있다.

　Savas(1987)는 재화와 서비스의 제공방식을 소비자, 생산자, 배열자(arranger) 또는 공급자(provider)의 세 주체에 기초하여 파악하고 있다. 그는 특히 생산자와 배열자를 구분하고 있는데, 생산자란 재화나 서비스를 실질적으로 생산하거나 소비자에게 직접 제공하는 주체를 의미하는 데 비해 배열자 또는 공급자는 소비자에게 생산자를 또는 생산자에게 소비자를 배정하는 주체를 의미한다.

　Savas는 이러한 생산자와 배열자의 조합을 통해 다음과 같이 다양한 서비스 제공방식을 분류하고 있다. 그는 서비스 제공방식을 10가지로 보았는데, 각각은 서비스 제공방식의 순수형에 해당하는 것으로, 독자적으로 혹은 다른 서비스 형태와 결합하여 활용될 수 있다고 하였다.

---

17) "정부라는 단어의 어원은 '방향을 잡는다'는 뜻을 가진 그리스어(helmsman)이다. 정부의 임무는 노를 젓는 것이 아니라 방향을 잡아주는 것이다. 민영화는 정부로 하여금 방향을 잡아주는 본연의 임무로 복귀하도록 해준다." (Savas, 1987: 290).

<표 2-4> "공공"서비스 제공 방식

생산자(Producer)	배열자(Arranger)	
	공공(Public)	민간(Private)
공공(Public)	· 정부서비스 · 정부 간 협정	· 정부응찰
민간(Private)	· 민간위탁 · 프랜차이즈 · 보조금	· 시장 · 자원봉사 · 자급자족 · 구매권

자료: Savas(1999: 66).

정부가 배열자이자 생산자인 경우의 서비스 제공방식은 두 가지로 정부서비스와 정부 간 협정이다. 정부서비스란 정부가 자체의 조직과 인력을 통해 서비스를 생산하여 소비자인 국민에게 제공하는 형태로 정부가 배열자와 생산자의 역할을 모두 수행하는 경우이다. 한편 정부 간 협정은 특정 정부가 서비스를 공급하기 위해 다른 정부로부터 구매하는 것이다.

정부가 배열자이고 민간이 생산자인 경우로는 민간위탁, 프랜차이즈와 보조금의 세 가지 경우가 있다. Savas에 의하면 민간위탁은 정부가 주민에게 직접 제공하던 서비스를 민간기업이 정부를 대신하여 주민에게 제공하고 정부가 그에 대한 대가를 기업에 지불하는 방식이다. 한편 프랜차이즈는 정부가 배열자로서 제한적으로 특정 민간기업으로 하여금 특정 서비스를 생산하고 공급할 수 있는 권리를 부여하는 것이다. 보조금이란 정부가 사회적으로 외부효과를 지닌 재화나 서비스에 대해 그 생산과 소비를 시장에서 이루어지는 균형보다 확대하기 위해 주로 생산자를 재정적으로 지원해주는 방식이다. 면세 등의 세제상의 혜택이나 저리융자 등의 금융상의 혜택도 이에 포함된다.

민간이 배열자이고 민간이 생산자인 경우로는 시장, 구매권, 자원봉사, 자급자족(self-service)의 네 가지 경우가 있다. 시장은 수요와 공급에 의해 재화와 서비스가 공급되는 전형적인 형태이다. 구매권은 생산자에 대한 보조금과는 달리 소비자를 보조하여 특정 재화나 서비스를 구매하도록 유인하는 장치이다. 자원봉사는 사회단체 등의 자발적인 노력에 의해 일정한 서비스 등이 소비자에게 생산되어 공급되는 형태이다. 자급자족은 소비자가 자신이 필요로 하는 재화나 서비스를 스스로 생산하여 자신에게 공급하는 방식이다.

마지막으로 민간이 배열자이고 정부가 생산자인 경우는 정부 응찰로, 민간주체가 자율적으로 정부가 생산하는 서비스나 재화를 구매하는 경우이다. 즉 이는 민간 개인이나 조직이 배열자로서 정부를 생산자로 지정하고 그로부터 서비스를 구매한 뒤 이에 대한 대가를 지불하는 방식이다.

Osborne & Gaebler는 미국 정부에서 실제로 행해지고 있는 공공서비스 제공방식을 크게 전통적 방법, 혁신적 방법, 전위적 방법의 세 가지로 나누고 있다. 그리고 이들 세 유형에는 구체적으로 36가지의 서비스 제공방식이 포함된다고 한다.

전통적인 서비스 제공방식에는 법규와 제재의 규범 제정, 규제 혹은 규제완화, 모니터링 및 조사, 인·허가제, 조세정책, 교부금, 보조금, 대부, 대출보증, 계약체결이 포함된다. 한편 혁신적인 서비스 제공방식에는 프랜차이징, 민관제휴, 공공기관 간 제휴, 준공기업 혹은 민간기업, 공기업, 정부조달, 보험, 보상, 공공투자정책의 변화, 기술지원, 정보,[18] 알선, 자원봉사자, 구매권, 부담금, 비정부 부문의 노력 추진, 비정부 부문의 지도자들의 회합 주선, 강력한 설득이 있다. 또한 전위적인 방법에는 착수금, 지분투자, 지원단체, 공동생산 이나 자조,[19] 응분의 대가, 수요관리,[20] 재산의 판매·교환·활용, 시장구조 재편[21]이 포함된다. Osborne & Gaebler는 또한 위의 여러 구체적인 방법들은 혼합하여 사용할 수 있다고 지적한다(1992: 31, 332-349).

---

18) 일반국민에게 단순히 정보를 제공함으로써 서비스를 제공하는 방식이다.

19) 정부가 시민들이 스스로 서비스를 생산하도록 돕는 방식으로 많은 정부들이 이러한 방법을 활용하고 있다.

20) 증가되는 수요에 맞추어 지출하기보다는 수요의 감소에 초점을 두는 서비스 제공방식이다.

21) 시민의 수요에 부응하기 위해 민간 시장을 조성하는 방식이다.

제2절 공공서비스 계약공급에 관한 선행연구 검토

1. 민간위탁의 개념과 등장배경

1) 민영화의 개념과 유형

민간위탁에 대한 개념을 이해하기 위해서는 먼저 그 관련 개념으로서 민영화(privatization)에 대한 논의가 선행될 필요가 있다. 민영화란 용어의 사용은 미국과 여타 국가들 간에 차이를 보인다. 미국 이외의 국가들은 민영화를 정부가 보유하고 있는 자산 등을 민간에 매각하는 등 국가경제에서 정부가 차지하는 비중을 줄이는 개념으로 이해한다. 반면, 국가경제에서 정부가 차지하는 비중이 낮은 미국에서는 민영화를 정부가 직접 공급하던 것을 민간으로 하여금 공급하도록 하는 민간위탁으로 이해한다. 즉 미국에서는 협의의 의미로서의 민영화는 곧 민간위탁을 의미한다(Kolderie, 1986; Donahue, 1989: 215; 박중훈, 2000). 따라서 민간위탁은 유럽 등에서는 민영화의 하위개념으로 또 미국에서는 주로 민영화와 동의어로 사용되고 있다.

결국 민영화 개념은 크게 광의의 개념과 협의의 개념으로 구분할 수 있는데, 광의의 개념은 정부 활동이 축소되고 민간 활동이 증대되는 변화 일반을 의미하며, 협의의 민영화는 미국을 제외한 우리나라 등에서는 광의의 민영화 중 소유권까지 모두 민간으로 이전되는 정부 활동의 축소 형태를 의미하나, 미국에서는 오히려 민간위탁을 의미한다.

우리나라에서는 민간위탁은 소유권은 이전되지 않고 관리나 생산 기능만 이전된 정부 활동의 축소란 의미로 사용된다. 따라서 민간위탁은 민영화의 하위개념으로 혹은 민영화와 병렬적인 개념으로 사용된다. 즉 광의의 민영화 개념과의 관계에서는 그 일부 유형의 하나로서 하위개념으로 사용되고,

협의의 민영화 개념과는 소유권은 보유한 정부 간여의 축소란 의미로 병렬적인 개념으로 사용된다.

민영화는 그 의미가 매우 다의적으로 쓰이고 있다. Thiemey는 민영화를 공기업 자산의 민간부문으로의 이전, 사법상의 법인형태로의 전환, 개별 공공서비스 공급업무의 민간이전 또는 기능적 민영화, 이윤 지향적인 민간기업 경영으로의 전환, 공기업 경영에 대한 자율성의 확대, 민간기업과 동일한 공기업 활동조건의 조성, 공기업 경영에 대한 자율성의 확대, 민간기업과 동일한 공기업 활동조건의 조성, 국제적 경쟁압력 및 외국자본의 공기업 주식의 매입허용 같은 탈국가화(denationalization) 등으로 제시하였다(곽채기, 1994: 14).

Pack은 정부개입의 재구조화라는 관점에서 기존의 정부개입 형태에 해당하는 재정부담·생산·규제에 각각 상응하는 민영화의 유형을 재정부담의 축소 또는 서비스 공급의 유료화, 생산의 민영화, 규제완화 등으로 정의하고 있다(1987: 524-525). 또한 Stuart는 정부자산매각 또는 소유권 이전으로 정부개입을 배제하는 것을 협의의 민영화라고 하고, 자율화(liberalization) 또는 규제완화, 계약제도, 보조금 수취권제도를 포함시켜 이를 광의의 민영화로 정의하고 있다.

이와 같은 다양한 학자들의 견해를 종합적으로 검토해 볼 때, 공통적으로 나타나고 있는 민영화의 개념은 '재화 및 서비스의 공급과 관련된 정부의 역할을 공공부문으로부터 민간부문으로 이전시키는 것'이라고 할 수 있다. 다만 그 역할의 범위와 내용을 서로 다르게 설정하고 있을 뿐이다.

한편 이러한 개념의 민영화의 방법에 대해서는 다음과 같은 논의들이 있다. 최병선(1993)은 민영화를 국가의 역할 및 역할범위의 변동과 관련하여 크게 제도형성, 균형이동, 경계의 희석 등 3가지로 나누고 있고, 강신일[22]은 주식매각, 정부규제철폐, 계약제도(민간위탁) 등으로 나누고 있다.

42

가장 보편적으로 받아들여지고 있는 Savas의 민영화 개념과 방법을 살펴보면 다음과 같다. 일단 그는 민영화를 정부의 개입이 축소하는 방향으로의 변화로 이해하여 민영화란 '활동이나 자산의 소유에 있어서 정부의 역할을 축소시키거나 민간부문의 역할을 증대시키는 것'이라고 정의한다(1992: 3). 또한 민영화의 구체적인 유형으로는 위임(delegation), 박탈(divestment), 대체(displacement)의 세 가지가 있다고 설명한다(1987). Savas의 민영화 유형에 대한 설명은 다음과 같다.

첫 번째 유형인 위임은 부분적 민영화(partial privatization)로도 불리는 것으로, 정부의 적극적인·계속적인 직접적인 행위를 필요로 한다. 이 경우 정부는 서비스 공급에 대한 책임을 보유한 채 생산 기능만을 민간부문으로 이전한다. 위임은 계약(민간위탁), 프랜차이즈, 보조금, 구매권, 명령 등을 통해 이루어진다. 그중 민간위탁에 의한 방식이 미국에서의 가장 보편적인 민영화 방안이다.23) 대부분의 계약에서 비용부담자는 정부로, 서비스에 대한 대가를 정부가 수탁자에게 지불하지만, 반드시 그러한 것은 아니다. 예를 들어 개발도상국에서 농촌 관개시설의 관리를 민간에 맡긴 경우가 이에 해당하는데, 이 경우 민간은 유지 계약(maintenance contract)을 맺고 정부로부터 비용을 지불받는 대신 용수권을 얻는다. 프랜차이즈에 의한 민영화는 정부가 민간기관에게 배타적인 서비스 공급권을 부여하고, 그 민간기업은 대개 그에 대한 보수(fee)를 정부에 지급한다. 보조금에 의한 민영화는 정부가 민간으로 하여금 서비스를 제공하도록 하고 그에 대한 보조금을 지불하는 방식이다. 민간위탁에 의한 민영화와는 달리 구체적이지 않고 가장

---

22) 　　　　　　　　〈그림〉 강신일의 민영화 분류(1988: 55)

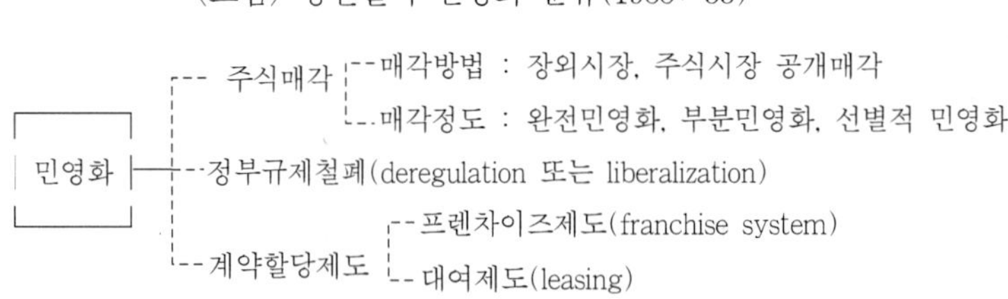

23) 평균적인 미국 도시는 64가지의 도시 서비스 중 23%를 민간위탁한다.

일반적인 사항만을 규정한다. 명령에 의한 민영화는 민간이 자신의 비용으로 특정 서비스를 제공하도록 하는 것이다.

<표 2-5> 민영화의 유형

위임 (delegation)	민간위탁(Contract)	서비스 일부분의 위탁 경영 전체의 위탁
	프랜차이즈(Franchise)	by concession by lease
	보조금(Grant)	
	구매권(Voucher)	
	명령(Mandate)	
박탈 (divestment)	유상 판매(Sale)	합작투자기관에 민간기관에게 공공에게 종업원에게 사용자 혹은 고객에게
	무상 이전(Free transfer)	합작투자기관에 공공에게 종업원에게 사용자 혹은 고객에게 원주인에게(재설립) 선별된 수혜자에게
	청산·해산(Liquidation)	
대체 (displacement)	불이행·태만(Default)	
	철수·부담덜기 (Withdrawal·Load shedding)	
	규제완화(Deregulation)	

자료: Savas(1999: 127).

한편 두 번째 방법인 박탈은 위임과 마찬가지로 정부의 적극적인 행위를 필요로 하지만 위임과는 달리 일반적으로 일회적인 행위이다. 정부의 기업, 기능 혹은 자산을 유상 혹은 무상으로 민간으로 이전하는 것이다. 해산에 의한 것도 있다.

또한 민영화의 세 번째 방법인 대체는 수요자의 구미에 맞는 민간서비스의 증가로 점차로 공공부문의 서비스 제공기능이 민간부문에 의해 대체되는 현상이다. 앞의 두 가지 방식에 비해서는 정부의 행위는 수동적·간접적이다. 시들어버리는 정부(a withering away of the state), 마모에 의한 민영화(privatization by attrition), 은밀한 민영화(privatization by stealth)라고도 불린다. 대체는 정부 활동의 태만이나 불이행, 포기, 규제완화 등으로 이루어진다.

한편 Kolderie는 정부의 활동 중 서비스 제공(provision)과 서비스 생산(production)은 구분하고, 따라서 서비스 제공의 민영화와 서비스 생산의 민영화를 구별하고 있다(1986). 그는 서비스 제공은 관련 정책을 결정하고, 서비스를 규제하고 구매하고, 서비스의 재정을 부담하고 보조금을 지급하는 등의 행위이고, 서비스 생산은 생산을 조정하고 운영하고 서비스를 전달하거나 판매하는 등의 행위로 설명한다. Kolderie에 의하면 진정한 완전한 민영화(complete privatization)는 서비스 생산의 민영화가 아니라 서비스 제공의 민영화이다. 그는 서비스 제공에서의 형평성을 유지하면서 서비스 생산에서의 경쟁성을 촉진시키는 민영화 개념의 개발이 필요하다고 주장한다.

2) 민간위탁의 개념

본 연구에서는 민간위탁을 민영화의 다양한 방법 중 하나이자 공공서비스의 다양한 제공방식의 하나로 본다. 또한 기본적으로 신공공관리론의 영향에 따라 시장원리를 적극적으로 도입하려는 행정개혁의 일종으로 본다.

(1) 서비스 제공방식으로서의 민간위탁 개념

민간위탁은 정부가 생산하여 공급하던 공공서비스를 정부 대신 민간기관이 소비주체인 주민에게 공급하는 형태를 의미한다(DeHoog, 1984; Savas, 1987). 즉, 서비스 공급의 세 가지 요소를 서비스의 공급 결정, 서비스 생산, 서비스의 대가 지불(재정부담)이라고 한다면, 서비스의 공급 결정과 대가지불의 역할은 정부가 담당하고 서비스의 생산만을 민간부문이 담당하는 방법이다(박경원, 1994). 이는 공급주체의 변동이라는 점에서 민영화와 동일하지만, 재화 서비스를 구입하는 쪽이 소비자가 아니라 정부라는 점에서 차이를 보인다.

서비스 제공방식으로서의 민간위탁의 개념은 아웃소싱, 정부 간 협정, 프랜차이즈 등의 용어와 유사하다. 각각의 용어와의 차이점은 다음과 같다.

우선 아웃소싱(outsourcing)은 원래 민간부문에서 사용되던 개념으로, 기관이나 조직이 필요로 하는 특정 재화나 서비스를 내부에서 직접 생산하여 충당하지 않고 이를 수요자 입장에서 외부로부터 구매하는 방식으로 대체하는 것을 의미한다. 아웃소싱의 전형적인 형태로는 행정기관이 필요로 하는 재화를 외부에서 조달하는 행위를 들 수 있다. 민간위탁과는 법령상 규정된 대상기능범위에 따라 구분되나 내용이나 성격 면에서는 차이가 없다.

또한 정부 간 협정은 특정 정부가 서비스를 공급하기 위하여 다른 정부로부터 그 서비스를 구매하는 경우이다. 정부가 공급하여야 할 서비스를 직접 제공하지 않는다는 점에서 민간위탁과 유사하나 민간기업이 아닌 다른 정부가 그 서비스를 생산한다는 점에서 민간위탁과 차이를 보인다. 민간위탁과는 단지 위탁기관의 성격만이 다를 뿐 실질적인 내용은 같다.

한편 프랜차이즈는 정부가 배열자로서 민간기업에 일종의 독점적인 영업권을 부여하고 독점에서 비롯될 수 있는 문제를 방지하기 위하여 규제를 행사하는 경우이다. 소비자들이 서비스에 대해 직접 민간기업에 그 대가를 지불하여야 한다는 점과 정부가 해당업무에 대한 관할권이 없다는 점에서 민간위탁과 차이를 보인다.

(2) 정부개혁 프로그램으로서의 민간위탁 개념

현재 중앙정부나 지방자치단체의 민간위탁은 정부개혁 프로그램(수단)의 하나로 진행되어 정부개혁 프로그램 차원에서 민간위탁의 개념을 이해할 필요가 있다(이창균·서정섭, 2000: 20). 그런데 정부부문에 시장기능을 도입하는 일련의 정부개혁 프로그램은 크게 2가지 유형으로 구분할 수 있다. 하나는 정부기관을 민간기관으로 전환하는 것으로 정부 기관의 수나 규모를 축소시키는 방법(유형 Ⅰ)이고, 다른 하나는 정부기관에도 시장에서의 경쟁과 유인체계를 도입하여 정부기관의 효율성을 제고시키려는 것(유형 Ⅱ)이다(옥동석·최영출, 1999: 4-5).

〈표 2-6〉 정부개혁 프로그램의 유형

구 분	유형 Ⅰ	유형 Ⅱ
정부개혁프로그램	−사업폐지(Abolish) −민영화(Privatisation) −민자유치(Private Finance) −민간위탁(Contracting Out) −강제경쟁입찰(Compulsory Competitive Tendering) −시장성테스트(Market Testing)	−책임운영기관(Agency) −내부시장제도(Internal Market) −복식부기(Dual Entry Bookkeeping) −발생주의회계(Accrual Accounting) −발생주의예산(Accrual Budgeting) −성과주의예산(Performance Budgeting) −벤치마킹(Benchmarking)

자료: 옥동석·최영출(1999: 5).

민영화, 민자유치, 민간위탁의 차이점은 대략 다음 표와 같다. 이러한 구분은 이들의 전통적인 구분을 반영한 것이다. 최근에는 민간위탁과 민자유치의 차이는 점점 없어지는 추세에 있다. 전통적 방식의 민간위탁은 정부가 각종 자산과 시설물을 제공하고 그 운영만 민간에 위탁하는 경우를 일컫지만, 최근에는 자산과 시설물을 민간이 자체 재원으로 획득하여 운영하는 경우까지를 포함하고 있다(옥동석·최영출, 1999: 7-8). 따라서 민간위탁과 민자유치의 차이는 점차로 줄어들고 있다.

〈표 2-7〉민영화, 민자유치, 민간위탁의 비교

구 분	정부직접생산	민간위탁	민자유치	민영화
서비스 내용의 규정 주체	정부	정부	정부	민간사업자
서비스의 구입자	정부	정부	일반 국민 (정부 포함)	일반 국민 (정부 포함)
서비스의 생산자	정부	민간사업자	민간사업자	민간사업자
자본자산의 획득·건설	정부	정부	민간사업자	민간사업자
자본 자산의 소유	정부	정부	정부 (일정 기간 운영 이후)	민간사업자

자료: 옥동석·최영출(1999: 7).

3) 민영화·민간위탁의 등장배경

민영화 논의의 대표적인 학자인 Savas는 정부서비스의 민영화가 제기된 주요 요인으로서 실용주의적 요인, 이념적 요인, 상업적 요인, 대중주의적 요인의 네 가지를 제시하고 있다. 실용주의적 요인으로서는 생산적인 측면에서 민영화의 결과로 더욱더 효율적인 생산이 가능하다는 것이고, 이념적인 요인으로서는 공공부문의 지나친 팽창은 개인의 자유를 제약한다는 것이다. 또한 상업적 요인은 경영기법이나 예산 운용이 보다 효율적인 민간부문에 보다 많은 상업적 기회를 제공하여야 한다는 논리이고, 대중적 요인은 고객지향적 행정과 더 낳은 사회의 실현을 위하여 국민들에게 더 많은 선택권이 주어져야 한다는 것이다.

<표 2-8> 민영화 요인

요 인	목 표	이 유
실용주의적 (pragmatic) 요인	더 나은 정부 (better government)	신중하게 이루어진 민영화는 비용 효과 면에서 보다 생산적인 공공서비스를 창출해 낼 수 있음.
이념적 (ideological) 요인	더 작은 정부 (less government)	정부가 너무 크고, 너무 강력하고, 국민생활에 지나치게 간여함으로써 민주주의의 위험요소가 되고 있음. 또한 정부의 결정은 정치적인 것으로 자유시장체제에 의한 결정보다 신뢰도가 낮음.
상업적 (commercial) 요인	더 많은 사업 기회 창출 (more business)	정부의 지출은 국가 경제에 큰 몫을 차지하고 있음. 국영기업이나 국가적 자산은 민간부문에 의해 보다 효율적으로 관리될 수 있음. 이러한 측면에서 보다 많은 정부사업이 민간부문에 맡겨져야 함.
대중적 (populist) 요인	더 나은 사회 (better society)	국민들에게 공공서비스에 대한 보다 많은 선택권이 주어져야 함. 국민들이 자신들의 공통된 욕구를 정의하고 표출할 권한을 가져야 함은 물론이려니와 그들과 거리감이 있는 관료조직에의 의존도를 줄이고 대신 가족과 이웃, 교회 및 자발적 조직에 대한 의존도를 높임으로써 공동체 의식을 확립할 수 있는 권한이 부여되어야 함.

자료: Savas(1987: 5).

행정 분야에서는 오랫동안 정부는 기업처럼 운영되어야 한다는 믿음이 있어 왔다. 정부혁신운동(government reinvention movement)은 한 걸음 더 나아가 공공부문은 민간부문의 기법(수단)만이 아니라 가치까지 도입하여야 한다고 주장한다(DeLeon & Denhardt, 2000: 90). 행정서비스의 민간위탁은 정부 부문의 비효율성과 지방재정의 압박을 해소하기 위하여 80년대 초 미국을 중심으로 확산되기 시작하였다.

정부가 민영화나 민간위탁을 추진하게 된 실질적인 요인은 대략 세 가지로 볼 수 있다. 효율적인 작은 정부의 추구, 재정적인 압박, 그리고 정치적인 필요성에 의해서이다.

민영화와 민간위탁을 추진하게 된 첫째 요인은 효율적인 정부를 추구하기 위해서이다. 이는 결국 공공부문이 너무 비대해졌다는 것과 공공부문이 비효율적이라는 점에 기인한다(Pack). 사회 전반에 대한 행정 관여의 심화로 정부 조직이 확장되고 재정 규모도 급격히 팽창되었다. 그러나 행정기능의 비대화는 관료제의 심화 등 많은 역기능을 초래하였다. 비효율성, 정부실패, 민간의 자율성 침해 등 공공부문에 대한 부정적인 인식에서 공공서비스의 공급에 있어서도 시장 기능을 활용하고 정부 영역을 축소하자는 주장들이 제기되었다. 공공부문의 개선과 혁신의 요구에 대응하기 위하여, 또 정부활동의 대안적인 새로운 방법으로 민간위탁 등 민영화가 추진되고 있다.

많은 학자들[24]이 주장하는 공공기관과 민간기관의 동기와 성과에 관한 차이를 요약하면 다음과 같다. 첫째, 공공부문에서는 민간부문과 달리 효율적으로 일해야 할 인센티브(당근과 채찍)가 없으며, 둘째, 자본예산(capital budgets)과 운영예산(operating budgets)은 별도의 절차를 통해서 결정되기 때문에 양자 간의 전환이 용이하지 않다. 셋째, 민간부문은 서비스의 수요자들이 만족하지 않으면 퇴출당하지만, 공공부문의 경우 수요자들이 만족하지 않을수록 예산이 증대되고 더 번영한다. 즉 범죄율의 상승이 경찰에 이롭고, 낮은 주택 보급률은 주택부서에 이롭고, 전염병은 보건 관련 부서에 이롭다고 할 수 있다(Savas, 1999: 78-79). 이러한 민간과 구별되는 정부의 여러 특징들은 정부 실패를 부각시켜 민간의 역할을 증가시켜야 한다는 주장을 뒷받침하게 된다.

민영화 추진의 둘째 요인으로는 공공부문의 재정적 압박을 들 수 있다. 일찍이 1980년대 초에 영국 정부가 재정위기를 맞았고 1990년대에 들어와 미국 연방정부도 재정 적자로 커다란 어려움을 겪었다. 경우에 따라서 민간위탁의 목적은 효율성을 추구하기 보다는 특정 서비스의 관리과 재정적 부담

---

24) William Niskanen Jr., Graham Allison, Thomas Borcherding, Charles Wolf Jr., Lawrence Bailis, Anthony Downs, Hal Rainey, Marshall Meyer, Lyle Fitch, Peter Drucker, James Bennett, Manuel Johnson(Savas, 1999: 78).

으로부터 벗어나고자 하는 데 있기도 하다고 지적되기도 한다(Larbi).

셋째 요인으로는 정부의 정치적인 필요성을 들 수 있다. 민간위탁 등은 반드시 경쟁과 관련된 효율성을 추구하기 위해서 이루어지는 것은 아니며, 비영리기관과의 계약은 정부가 축소하고 있고 더 효율적으로 변한다는 인상을 주려는 정치적인 상징행위로 활용되기도 한다(Van Slyke, 2003). Savas도 정부와 비영리기관 간의 계약은 경제적인 행위라기보다는 정치적인 행위라고 지적하고 있다.

2. 민간위탁 성과에 관한 선행연구

민간위탁의 찬성론자들은 민간위탁이 비용 절감과 서비스 질의 개선을 가져오고 업무의 효율성을 증진시킬 것이라고 주장하는 반면, 반대론자들은 그러한 효과에 대해 의구심을 갖는다. 반대론자들은 민간위탁은 부패와 부정의 소지를 증대시키고 정부의 공공성과 책임성을 저해한다고 보며, 설사 정부의 예산이 절감되더라도 이는 그 비용이 서비스 소비자 등에게 전가된 것으로 사회적 총비용은 오히려 증가할 수 있다고 주장한다.

1) 민간위탁 찬성론

민간위탁에 대한 찬성과 반대는 이데올로기적인 논쟁의 성격이 있다. 보수적인 정치인과 기업인들은 대체로 찬성하고, 자유주의자와 노동자들은 대체로 민간위탁에 반대한다(Hirsch, 1995: 461). 대체로 찬성론자들은 공공선택론을 배경으로 하고 있다. 극단적으로 Bennett & Johnson[25]처럼 정부에 대한 부정적인 인식을 기반으로 되도록이면 많은 기능을 민간으로 이양

---

25) "모든 납세자가 주지하듯, 정부는 낭비하는 비효율적인 기관이다. 언제나 그래왔고 앞으로도 계속 그럴 것이다." (1981: 19).

할 것을 주장하는 학자들도 있다. 찬성론[26]은 대체로 민간위탁의 성과로 효율성의 증진, 비용절감과 서비스 질의 개선, 민간부문의 활성화 등을 들고 있다.

민간위탁의 찬성론자들[27]은 대부분 정부를 독점적인 공급기관으로 보고 민간부문의 서비스 공급에의 참여가 효율성을 증진시킬 것이라고 본다. Savas는 민간위탁이 더 효율적인 것은 첫째, 경쟁을 촉진하고 공공부문에서 시장의 압력을 느끼도록 하며, 둘째, 정치적인 영향력 기타로부터 영향을 받지 않게 되어 관리가 개선되고, 셋째, 의사결정자들이 비용과 편익을 더 실감하게 되기 때문이라고 한다.

민간위탁은 특히 공공서비스 공급에 있어서 비용의 절감을 가능하게 한다는 장점이 강조된다. 지방정부가 복잡 다양한 행정수요를 전부 직접 공급할 경우 공무원의 증대가 불가피하여 재정압박을 초래할 가능성이 크다. 서비스 제공을 민간에 위탁함으로써 정부의 예산을 줄일 수 있다고 주장된다.

---

26) Savas는 민간위탁의 찬성의 논거를 다음과 같이 들고 있다(1999: 76-78).
  ① 민간위탁은 더 효율적이다.
  ② 민간부문의 전문성을 활용할 수 있다.
  ③ 새로운 욕구에 더 신속히 대응하고, 새로운 프로그램의 실험을 촉진한다.
  ④ 수요와 가용 자금에 따라 프로그램을 유연하게 확대 축소할 수 있다.
  ⑤ 대규모 자본지출을 피할 수 있다. 비용을 장기적으로 일정하고 예측 가능한 수준으로 분산시킨다.
  ⑥ 규모의 경제를 가능하게 한다.
  ⑦ 부분적으로 민간위탁할 경우 비용의 비교가 가능하게 된다.
  ⑧ 정부서비스의 비용은 모호한 반면 계약의 비용은 명백하기 때문에 관리가 개선된다.
  ⑨ 독점적 공급자(정부)에 대하 의존을 약화시켜 서비스 공급의 파업이나 태업 등으로부터 영향을 덜 받는다.
  ⑩ 소수집단의 기업가들에게 기회를 제공한다.
  ⑪ 공무원의 인원수란 측면에서 보면 정부의 규모를 축소시킨다.
  ⑫ 사회 수요를 만족시키기 위한 혁신적인 민간부문의 연구를 촉진시킨다.
27) 민간위탁의 찬성론자들로는 Bennett & Johnson, Fitch, Poole, Savas, Spann 등을 들 수 있다(DeHoog, 1985: 428-429).

이러한 효율성과 비용 절감 등의 민간위탁의 성과는 Hirschman(1970)의 탈퇴(exit)와 불만 표출(voice) 등의 개념으로도 설명할 수 있는 것으로 보인다. 즉 불만 표출밖에 활용할 수 없는 관료제와는 달리, 계약관계는 탈퇴와 불만 표출 양자를 모두 활용할 수 있다는 점에서 관료제보다 더 우월하다고 할 수 있다.

비용절감 외에도 민간위탁은 서비스 질의 개선을 가져올 것으로 기대되고 있다. 민간기업의 자원과 기술, 전문성을 활용하여 정부 내의 부족한 전문가의 결점을 보완할 뿐만 아니라 민간기업의 규모의 경제를 실현할 수 있고, 경쟁으로 인하여 서비스 질이 정부가 직접 서비스를 생산할 때보다 개선된다고 주장된다.

민간위탁의 주요 목적 및 기대효과 중 또 다른 하나는 민간 참여 기회의 확대와 민간부문의 활성화이다. 민간위탁은 기업에 새로운 사업 기회를 제공하여 민간의 고용을 증대시켜서 민간경제의 활성화를 도모할 수 있다고 한다. 우리나라의 '행정 권한의 위임 및 위탁에 관한 규정' 제1조에서도 민간위탁의 목적이 행정 간여의 범위를 축소하고 민간의 자율적인 행정참여의 기회를 확대하기 위함이라고 밝히고 있다.

Savas는 특히 민영화와 민간위탁의 대표적인 폐단 중 하나로 일컬어지는 크림 스키밍(cream skimming)28)에 대해서도 상당히 긍정적인 인식을 하고 있다. 민간부문이 수지가 맞는 고객들(비용을 지불할 수 있는 고객들)만을 상대하고 그 이외의 고객들을 서비스 제공 대상에서 제외하더라도 이는 반드시 나쁜 것이 아님을 가상적인 예를 들어서 설명하고 있다(Savas: 284-285). 그는 서비스 제공 대상에서 제외된 고객들을 정부가 부담한다면, 그리고 정부가 부담하는 그 비용보다 사회의 전체적인 비용의 절감이 더 크다면 이는 바람직한 것이라고 설명하고 있다. Savas는 이러한 경우야말로 특정 정책이 정부에게는 안 좋지만 공공에게 좋은 재미있는 상황이라고 설명하고 있다.

---

28) 맛있는 크림만 떠먹고 다른 부위는 버리는 것을 의미한다.

2) 민간위탁 반대론

민간위탁 찬성론자들은 민간위탁이 비용 절감과 서비스의 질 개선, 서비스 공급의 효율성 증진을 가져올 것이라고 주장하지만 민간위탁 반대론자들은 이러한 효과에 대해 회의적이다. 오히려 비효율과 서비스 공급 비용의 상승, 관리 감독 등 사회적 비용의 증가, 서비스의 질적 수준의 저하, 정부와 민간과의 관계에서 발생하는 부패와 부정, 정부의 책임성과 공공성 저하, 사회적 약자의 부당한 해고, 정부의 고용력 상실, 정부의 서비스 관련 전문성의 상실 등의 부작용이 나타날 것이라고 주장되고 있다.[29][30]

비용절감은 인정하지만 그것이 곧 효율성 증가를 의미하지는 않는다는 반론이 있다. 이를 주장하는 학자들은 대부분의 비용절감이 노동자의 축소

---

29) Savas는 민간위탁의 반대의 논거를 다음과 같이 들고 있다(1999: 76-78).
　① 민간위탁은 비용이 더 많이 든다. 그 이유는 다음과 같다. 계약과정에서의 부패, 민간 노조의 활동, 정부가 영리를 추구하지 않은 분야에서의 높은 영리 추구, 공무원의 해고와 실업과 관련된 비용, 자질 있는 공급자의 부재와 그로 인한 경쟁의 부재, 계약관리비용과 계약감독 비용, 정부서비스를 확대하기 위한 저렴한 한계비용, 효율성에 대한 어떤 인센티브도 주지 않는 비용에 고정 수익을 주는 계약(cost-plus-fixed-fee contracts)의 체결, 정부가 서비스를 중단한 이후의 경쟁 부재로 인해 정부는 후속적인 계약에 대해 수탁자에 전적으로 의존하여야 한다.
　② 능력 본위의 고용 원칙을 무색하게 하고 법을 전복시킨다. 피고용인에게 비도덕적이며, 정부의 서비스 관련 능력을 약화시킨다.
　③ 위기 상황에 대처하는 정부의 유연성을 저해한다.
　④ 수탁기관의 파업과 태업, 파산 등으로부터 국민을 보호하지 못한다.
　⑤ 민간위탁은 잘 작성된 계약에 의존하는데, 이는 어려운 작업이고 그 결과로 정부는 책임과 통제능력을 상실하게 된다.
　⑥ 규모의 경제를 달성하기 어렵게 만든다.
　⑦ 서비스의 공급을 민간기관에 의존하게 되면 민간기관의 정치적인 역량은 증대하고 그 기관은 정부로 하여금 더 많이 지출하도록 로비할 수 있다.
　⑧ 소수집단의 구성원들이 차별적으로 실직하게 된다.
　⑨ 수탁기관이 위탁 이전에 행하던 비판적 기능과 사회적 양심으로서의 기능을 감퇴시켜 결과적으로 수탁기관의 자율성을 저해한다.
30) Starr(1987)는 민간위탁 지지자들이 민간위탁과 관련된 비효율성, 낭비와 부패를 간과하고 있다고 지적한다.

나 임금 삭감에 기초하고 있다고 보고 있다. Hirsch는 더 긴 노동시간과 더 낮은 임금은 비용을 절감시키기는 하지만 효율성을 증진시키는 것은 아니라고 비난한다(1995: 463).

또 비용 절감이 아니라 비용 전가가 일어날 수도 있다. 계약당사자인 정부와 수탁업체에게는 이득이 되지만 서비스의 수요자들에게는 비용 절감이 아니라 피해가 나타날 수 있다. 그리고 민간위탁의 결과로 비용이 감소한다고 하더라도 이는 반드시 그 공공서비스의 최종 수요자가 지불하는 비용의 감소를 의미하는 것은 아닐 수 있다. 비용 절감된 부분은 서비스 공급자의 몫으로 환원되고 실제로 서비스 수요자들은 원래 약정된 비용을 그대로 지불할 수 있다. 다른 사회적인 비용이 발생할 수 있다. 예를 들어 계약과정에서 비용을 고객에게 전가하여 고객 비용(client cost)이 발생할 수 있다.

또한 계약의 체결과 이행강제, 또 감독과 관련된 거래비용을 명시적인 비용으로 계산할 경우 오히려 비용이 증가할 수도 있다. O'Toole(1996)과 Wise(1990)는 계약을 통한 서비스 제공은 공급 과정을 복잡하게 만들어 조정(coordination)의 문제를 새롭게 야기한다고 설명한다. 또 DeHoog도 민간위탁은 시장의 모방이 아니라 추가적인 관료제적인 문제를 발생시킨다고 지적하고 있다(1984: 136).

한편 가장 극심한 정부의 낭비, 사기, 부패 사례는 많은 경우 관련 민간사업자 때문이었던 것으로 밝혀지고 있다고 지적하는 학자(Kettl, 1993: 5)도 있다. 민간위탁 찬성론자들은 공무원이 계약과정에서 기회주의적인 행동을 할 가능성을 간과해버린다. 그러나 관료가 자신의 이익을 극대화한다는 가정을 받아들일 때, 공무원이 계약행위를 할 때에는 그 가정이 바뀐다고 봐야 할 이유는 없다는 것이다(DeHoog, 1984: 28). 또 정부에서 비정부기관으로 서비스 생산을 이전하더라도 효율성을 저해시키는 관료제의 여러 특질을 계속 보유할 수 있다(Johnston & Romzek, 1999: 391). 이 때문에 공무원과 계약자 간의 밀월 또는 부패관계(cozy corrupt relationships)가 발생할 수 있다(DeHoog, 1985: 430). Smith는 이러한 관계를 한 번 형성되면 변경하기 어려운 것으로 보아 계약 레짐(contracting regime)이라고 부른다(1996).

민간위탁의 중요한 또 하나의 부작용으로 논의되는 것은 정부의 책임성과 공공성의 저해이다. DeLeon & Denhardt(2000)는 계약의 고객 중심 사고는 시민의식과 공익을 저해하여 민주주의에 역행하는 측면이 있음을 강조한다. Moe(1987)도 경제적인 기준만이 모든 것을 결정하여서는 안 되고 본질적으로 공공부문이 수행하여야 할 역할이 있음에도 불구하고 민간위탁을 비롯한 민영화는 공공부문과 민간부문의 경계를 더욱 모호하게 만들고 있다고 비판한다. Milward(1996)도 민간위탁은 정부의 공동화(hollow state)를 가져오고 서비스 제공의 책임 문제를 야기한다고 지적하고 있다. Moscher는 공공부문과 민간부문의 권력의 혼재와 공유는 정부 책임성의 문제를 악화시켰으며, 어떤 의사결정이 누구의 책임인지가 명백하지 않을 뿐더러, 공공프로그램이 사적인 목표가 아닌 공적인 목표를 추구하고 있다는 것을 보장하기 어려워졌다고 한다(Kettl, 1993: 196에서 재인용).[31]

이러한 책임성과 공공성의 약화 때문에 민간위탁을 정부의 부담 덜기(load shedding)이자 책임 떠넘기기라고 혹평하는 자(Johnston & Romzek, 1999: 383)도 있다. 계약 위반의 경우 등에 결국은 법정에서 계약 사항을 재판하게 되기 때문에 중요한 정책결정 사안은 이제 민주적으로 선출된 정치권에서 결정하는 것이 아니라 사법권에서 결정하게 될 것이라는 우려(Moe, 1987: 458)도 제기되고 있다.

3) 민간위탁 성과에 관한 경험적 연구

민간위탁의 성과에 관한 상당수의 연구 결과들은 공공서비스를 정부가 직접 공급하는 것보다 계약에 의하여 민간에 위탁하는 것이 비용 측면에서 보다 능률적이라는 결과를 보여준다. 예를 들어 공기업, 쓰레기 수거, 병원

---

31) F. C. Moscher, *The GAO: The Quest for Accountability in American Government*, Westview Pr., 1979, p.237.

등 15가지의 공공서비스를 대상으로 민간 공급의 비용 효과를 검토한 Borcherding, Pommerehne & Schneider(1982)는 50개의 분석 대상 중 40개의 경우에서 민간생산이 비용이 더 적게 들었고, 5개의 연구 결과만 차이가 없었다고 한다.

그러나 민간위탁이 오히려 비용을 상승시킨다는 주장들도 있다. Butler(1985)는 민간위탁은 지출연합(the spending coalition)을 확대시켜 예산이 오히려 증가한다고 하였다. 즉 재정이 충실한 민간부문의 참여로 프로그램은 오히려 확대하여 민간위탁의 결과로 정부는 더 효율적이 될지언정 더 작아지는 것은 아니라고 한다. 또 Straussman & Farie(1981)은 복지서비스의 경우 민간위탁이 비용 절감을 가져온다는 증거가 없다고 하였다. 한편, 적당한 수준의 민간위탁은 효율성을 증대시키지만 과도한 수준의 민간위탁은 내부의 서비스 관련 관리 능력을 현저히 떨어뜨린다는 연구 결과도 있다(Brown & Brudney, 1998).

우리나라의 경우에는 1990년대 이후에 민간위탁의 성과에 관한 연구들이 본격적으로 발견되기 시작하였다. 위탁성과에 관한 연구가 가장 활발히 이루어진 분야는 쓰레기 청소 분야로, 서울시를 비롯한 자치단체의 쓰레기 청소 행정에 대한 민간위탁 연구가 많이 이루어졌다. 연구 결과들은 대체로 청소서비스의 경우 민간위탁은 예산상의 절감효과를 가져오지만 서비스 질은 하락하는 것으로 나타났다(황윤원, 1991; 손희준, 1992; 박경효, 1992). 반면 경성서비스인 청소서비스와는 달리 연성서비스인 복지서비스의 경우에는 비용절감보다는 서비스 질의 개선이 나타났다는 연구 결과(이정은, 1998)도 있다.

〈표 2-9〉 민간위탁의 효과에 대한 연구

저　자	분　야	결　과
Savas(1977)	쓰레기 수거 등 지방공공서비스	경쟁도입에 따라 비용절감효과는 15-29%라고 주장함.
Edwards & Stevens(1978)	쓰레기 수거 등 지방공공서비스	경쟁도입에 따라 특정서비스 생산비용이 41% 감소 가능함.
McDavid(1985)	쓰레기 수거	캐나다의 126개 시·군의 자료를 근거로 쓰레기 수거 서비스를 외부위탁할 경우 41% 비용절감이 됨.
Domberger 외 (1996)	쓰레기 수거	영국의 305개 지방단체의 외부위탁과 자체 생산비용을 비교하여 외부위탁이 평균 22% 비용절감효과가 있음을 통계학적인 연구로 증명함.
Szymanski & Wilkins(1993)	쓰레기 수거	영국의 CCT제도 도입에 따라 20%의 비용이 절감됨.
Walsh(1991)	각종 공공서비스	영국의 40개 지방자치단체의 서비스에 대한 외부위탁은 6%의 비용절감효과를 봄.
Domberger (1987)	병원의 비의료서비스	외주에 따라 34%의 비용절감이 있음.
Miline & McGee(1992)	병원의 비의료서비스	외주에 따라 30% 비용절감.
UK 내각처(1996)	각종 공공서비스	시장성 시험에 의거 공공서비스의 비용을 평균 18% 가량 절감.
Australian Industry Commision (1996)	공공서비스의 경쟁입찰	203개의 연구 결과를 정리한 결과 10-20%와 20-30%의 비용절감이 가장 많은 것으로 요약함.
Boardman & Vining(1989)	각종 공공서비스의 생산	전력산업에서부터 항공사까지 50개의 생산주체에 대한 비교연구 결과 32개 영역에서 민간이, 6개 부문은 공공부문이 더 효율적임.
Walsh & Davis(1993)	영국의 CCT제도의 효과 분석	CCT제도를 통하여 대부분의 지방정부는 비용을 절감하였으며 서비스의 수준도 향상되었음.
Ward(1993)	미국의 공공서비스	경험적 분석에 의하면 외부위탁은 생산비용의 19% 가량을 절감함.

자료: 김준기·조일홍·송하중(1999: 379에서 재인용).

3. 민간위탁 성과의 영향요인에 관한 선행연구와 그 한계

1) 위탁성과의 영향요인에 관한 선행연구

민간위탁이 과연 약속한 성과를 가져오는지에 대한 논란은 민간위탁이 자동적으로 비용절감과 서비스 질 향상을 가져오는 것이 아님을 보여준다. 민간위탁의 성과는 계약과정과 조직 내외적인 조건에 의해 영향을 받는다 (DeHoog, 1990: 318)고 할 수 있다.

많은 학자들은 민간위탁의 전제 요건, 장애 요인 등에 관한 논의를 하고 있다. DeHoog(1984: 1985)은 성공적인 민간위탁의 요건으로 경쟁적 환경, 합리적 의사결정, 모니터링을 들고 있으며, Paul(1985)은 정치적 지도자들의 강력한 지지와 후원, 서비스의 성격이 민간기관이 경쟁적으로 입찰할 수 있는 것일 것, 민영화로 인한 편익이 모든 사회구성원에게 골고루 분배될 수 있는 것을 제시하고 있다.

한편 Savas(1987)는 해당서비스의 성격이 구체적이어야 하며, 다수의 민간기업이 참여하여 경쟁이 조성되어야 하고, 정부가 계약기관의 성과를 감독 평가할 수 있어야 하며, 마지막으로 계약문서에 업무 수행과 관련된 적절한 내용들이 명기되고 또 실제로 이행되어야 하는 등의 요인들을 나열하고 있다. 또한 Prager(1994)는 규모의 경제, 범위의 경제, 조직의 감축 혹은 조직 개혁, 적절한 경쟁, 계약 관리(계약 관련 비용 산정)의 요건이 충족이 된 경우에만 비용절감이 이루어진다고 하였다.

OECD(1997)는 성공적인 민간위탁을 위한 지침을 다음과 같이 권고하고 있다. 첫째, 최고관리자의 지지를 확보하고, 둘째, 직원에 대한 고려를 할 것을 권고[32]하고 있다. 즉 민간위탁을 실시하기로 한 경우 직원들에게 즉각적

---

[32] 민간위탁에서 중요한 이슈는 단지 재정적인 성과만이 아니다. 민간위탁은 또한 사람과 관련된 것이다. 위탁과 관련된 여러 이해관계자들에 대한 고도의 관심과 고려가 필수적이다(OECD, 1997: 7).

으로 통보하고, 직원과의 원활한 의사소통이 이루어질 수 있도록 조치를 취할 것을 지침으로 정하고 있다. 셋째, 투입이 아닌 성과 중심으로 서비스 내용을 규정하고, 넷째, 감독과 모니터링[33]의 필요성을 강조하고 있다. 다섯째, 위탁기관과 수탁기관의 협조적인 관계를 조성하기 위한 노력을 할 것을 권고하고 있으며, 여섯째, 수탁기관 선정 시 공정하고 타당한 비교 기준을 적용하라고 지시하고 있다. 일곱째, 관련 공공부문의 내부입찰(in-house bids) 기회를 부여하고, 여덟째, 서비스의 적절한 분할과 입찰과정의 간소화를 통해 경쟁을 촉진해야 함을 말하고 있다. 또 마지막으로 정부가 위탁 관련 지식과 기술을 개발하고 보유할 것을 권고하고 있다.

위탁성과 제고를 위하여 많은 요인들이 열거되고 있지만 기존의 대부분의 연구들이 효율성을 달성하기 위해 가장 강조하고 있는 요인은 경쟁이다. 공공부문의 생산을 민간부문으로 이전한다고 자동적으로 효율성이 보장되는 것은 아니고 경쟁요건이 관철되어야 효율성을 달성할 수 있다고 주장한다.

경쟁을 긍정하는 학자들의 견해를 우선 살펴보면 다음과 같다. Savas는 공공부문이 공급하는가 민간부문이 공급하는가 보다도 독점인가 경쟁인가가 더 중요하다고 하였으며, Schlesinger, Dorward & Pulice(1986: 252)는 계약의 가장 큰 장점은 민간부문의 경쟁을 촉진한다는 것이라고 지적하였다. Pack(1989: 3)도 경쟁 없이는 비용을 절감할 수 없다고 지적하고 있다.

한편 Miranda & Lerner는 가외성의 중요성을 강조하면서, 민간부문 간의 경쟁이 아닌 민간부문과 공공부문 간의 경쟁을 강조한다. 즉 공급의 안정성을 확보하고 민간독점의 피해를 방지하기 위해서는 공공부문과 민간부문의 중복적인 경쟁생산, 경쟁공급이 더 바람직하다고 주장하였다. 그들은

---

33) 어떤 기관이 서비스를 외부에 위탁한다고 해서 그 기관의 서비스 성과에 대한 책임이 경감되는 것은 결코 아니다. 이는 그 서비스를 제3자에게 제공할 경우에 더욱 그러하다(OECD, 1997: 8).

연구 결과 민간부문이 단독으로 공급할 때보다 공공부문과 민간부문의 공급이 혼재되어 있는 서비스 공급체계가 더 효과적임을 밝히고 있어(1995) 다른 경쟁을 강조하는 학자들과 차이를 보인다.

반면 경쟁의 필요성과 중요성을 긍정하면서도 현실에서 민간위탁이 약속한 비용 절감이나 효율성 등의 효과를 달성하지 못하는 이유를 경쟁 요인이 실제로는 구비되기 매우 어려운 조건이라는 데에서 찾는 견해들이 있다. 민간위탁 회의론자인 Donahue(1989: 78)는 경쟁은 말하기는 쉽지만 실제로 달성하기는 어렵다고 지적하고 있다. 박중훈(2000: 46)도 정부가 수행하던 대부분의 기능들은 시장실패가 존재하여 정부가 독점적으로 공급하던 것들로, 현실적으로 시장에서의 경쟁이 존재하지 않고 있거나 잠재적으로도 경쟁상태를 조성하기 어려운 것으로, 이러한 점이 민간위탁의 실질적인 장애요소로 작용하고 있다고 설명한다.

Lavery(1999: 77-78)도 미국 지방정부에서는 전반적인·장기적인 계획하에 이루어지는 혁명적인 계약보다는 실험적인·단편적인·점증적인·점차적인·진화적인 계약이 이루어진다고 하면서 이를 후추통 계약(pepperpot contracting)[34]이라 칭하였다. 위험부담이 적고 조직 내외에 파장을 덜 일으킨다는 장점은 있으나, 적절한 서비스를 적절한 단위로 위탁하지 못하고, 기존의 조직과 관리양식을 그대로 답습한다는 문제, 또 매 사소한 위탁건마다 계약관리자와 계약이 따로 존재하여 조직 전체의 계약관리비용이 과도해질 수 있다는 단점이 있다.

또 Lavery(1999: 78)는 놀랄만한 많은 민간위탁이 경쟁이 없는 상황에서 이루어진다면서 이를 밀월 계약(cozy contracting)이라고 묘사한다. 전문적인 서비스나 경찰, 소방 등과 같은 핵심적인 서비스의 경우에는 위탁자와 수탁자간에 거리를 두기보다는 이러한 파트너십 관계를 형성하는 것이 바람직할 수 있다고 한다. 그러나 이러한 계약 형태는 정부가 직접 생

---

34) 후추 뿌리듯 조금씩 간을 보면서 하는 계약행위.

산할 경우와 마찬가지의 문제들을 야기할 수 있고 전형적인 주인 대리인 문제들을 발생시킬 수 있으며, 그 결과 비용은 상승하고 서비스 질은 하락할 수 있음을 지적한다.

그러나 민간위탁의 성공 요건으로서의 경쟁에 대해 모두 일치된 견해를 가진 것은 아니다. 경쟁이 주로 비용절감이나 효율성에 영향을 주는 것으로 주장되는 것과는 달리 이정은(1996, 1998)은 복지서비스의 경우에는 경쟁은 비용절감보다는 서비스 질의 개선을 가져온다고 밝히고 있다.

또 어떤 학자들은 경쟁이 항상 효율성을 증대시키는 것은 아니며 오히려 바람직하지 않은 결과를 가져오기도 한다고 주장한다.[35] Schlesinger, Dowart & Pulice(1986)가 미국 메사추세츠주의 정신병원들의 민간위탁과정을 연구한 결과는, 계약과정에서의 경쟁으로 복잡한 협상과정이 전개되고, 비용은 상승하고 서비스 질은 하락하는 비효율성이 나타남을 보여준다. DeHoog도 사회서비스의 경우에는 경쟁은 오히려 서비스 제공을 교란시키고, 수요자인 정부나 공급자인 민간기관 양자에게 높은 거래비용을 부과한다고 한다(1990: 323). 또 경쟁과 서비스제공자의 교체 가능성은 프로그램의 일관성을 위협한다는 지적도 있다(Kettl, 1993: 172).

DeHoog는 경쟁입찰 등 민간위탁과정에서의 경쟁이 반드시 좋은 결과를 가져오는 것이 아니며 특정한 상황에서는 오히려 역효과를 야기한다고 주장

---

35) "경쟁은 마술의 총탄이 아니다(Kettl, 1993: 5)." Kettl은 특히 챌린저 사태에 대한 재미있는 설명을 한다. 1986년 1월 28일 챌린저호가 발사되자마자 폭발한 것은 경쟁과 계약에 어느 정도 기인한다고 설명한다. NASA는 우주선의 개발을 Thiokol에 위탁했는데, Thiokol 측은 61°F 이하에서는 번번이 우주선의 부품이 오작동하는 것을 알고 있었다. 발사 예정일의 온도는 그로부터 30도나 더 낮아 우주선 발사의 연기가 제기되었다. 그러나 벌써 여러 번 발사를 연기했던 NASA 측은 더 이상 미루기를 꺼려했고 온도가 부품에 미치는 영향을 보고받았지만 그 심각성까지 전달되지는 않았다. Thiokol의 관리자도 발사를 반대하다가는 차후 NASA가 다른 수탁업체와 계약을 할 것이 우려되어 발사에 동의하였다(Kettl, 1988: 143-149).

하는데 그의 주장을 좀 더 구체적으로 살펴보면 다음과 같다. 그는 기존의 경쟁을 강조하는 민간위탁 계약 모형을 경쟁모델(competition model)이라고 칭[36]하고 협상모델(negotiation model)과 협조모델(cooperation model)을 대안적인 계약 모형으로 제시하였다. 대안적인 모델들에서는 이미 고위정치가들이 민간위탁을 하기로 결정한 경우, 또 심지어 수탁업체가 선정된 경우 어떻게 계약을 관리하여야 하는가를 문제로 제기한다. DeHoog는 경쟁모델이 비현실적일 경우에는 다른 대안적인 계약 모델을 활용하여야 한다고 주장하고 있으며, 공공서비스의 민간위탁을 위한 이상적인 계약 모형은 단 하나만 존재하는 것은 아니라고 주장한다.

경쟁모델은 까다로운 조건을 충족시키기 어렵기 때문에 경성서비스의 계약과정에서는 활용되더라도 연성서비스의 계약과정에서는 별로 활용되고 있지 않다고 지적한다. DeHoog에 의하면 협상모델은 관계 계약(relational contract)의 경우에 많이 활용되며, 이 경우에는 이미 수탁업체나 수탁업체의 후보가 정해져 있어 누가 수탁업체가 되는가가 중요한 문제가 아니라고 한다. 누가되는가보다는 어떤 내용을 협상하는가가 관건이 된다는 것이다. 또 대부분의 경우 수탁업체는 경쟁 없이도 재계약을 하게 된다고 한다. 협상모델의 장점으로는 첫째, 서비스 공급자가 소수인 경우 활용될 수 있다는 것과, 둘째, 경쟁 입찰과정 등이 없으므로 경쟁모델보다 거래비용이 적게 들고, 셋째, 유연적인 계약을 통해 불확실성과 복잡성에 대처할 수 있다는 것을 들고 있다. 한편 단점으로는 민간의 전문성을 잘 활용하지 못하고 부패의 소지가 있다는 것 등을 들고 있다.

DeHoog는 세 번째 모델인 협조모델은 서비스가 독점적인 민간 공급자에 의해 제공되는 경우에 활용되는 것이라고 설명한다.[37] 장점으로는 첫째,

---

36) Johnston & Romzek(1999)은 이를 계약의 시장 모델(the market model of contracting)이라고 부른다.

37) Kettner & Martin(1986)은 이를 파트너십 모델(partnership model)이라고 부른다. Hunt(1985)의 J-model도 이와 유사한 내용으로 경쟁이 없고 불확실성과 복잡성이 높은 경우에는 정부와 수탁업체 간의 협조적인 계약이 이루어진다고

서비스과정에서의 불확실성과 복잡성에 대응하고, 둘째, 민간 수탁업체의 전문성을 충분히 활용하고, 셋째, 잠정적인 경쟁자가 없다는 점에서 민간업체의 응찰과정에서의 기회주의적인 행동이 감소하고, 넷째, 수탁업체를 선정하는 과정에서의 거래비용이 감소한다는 것이다. 단점으로는 수탁업체의 잘못을 덮어주고, 수탁업체의 전문성에 기인한 기회주의적인 행동이 나타나고, 부패를 조장하고 정치적으로 받아들여지기 어렵다는 것을 들고 있다.

DeHoog는 경쟁모델은 합리적인 의사결정 모델에 상응하고 협상모델과 협조모델은 Simon이 말한 점증적인 의사결정에 상응하는 것이라고 설명한다. DeHoog는 이 세 가지 모델들을 실제로 이루어지는 계약 상황을 묘사한 경험적인 모델로도 사용하고, 또 어떤 부분에서는 바람직한 규범적 모델로도 제시하고 있다.

국내의 위탁 관련 연구들도 초기에는 성과 유무에 관심을 두다가 이제는 성과의 영향요인, 그리고 위탁과정이나 집행에로 관심이 넓어지고 있다. 박경효(1992)는 성공적인 위탁에 필요한 전제 조건들로 계약절차상의 경쟁성과 공개성, 대행업체의 전문성, 대행업체 미화원의 사기 및 정부의 감독과 평가를 제시하였고, 현재의 청소서비스의 민간대행체제는 전제조건들이 만족스럽지 못한 상태에 놓여있다고 지적하였다. 또한 이정은(1996, 1998)은 복지서비스를 대상으로 비용절감과 서비스 질의 향상에 어떤 변수[38]들이 영향을 미치는가를 연구하였는데, 그의 연구 결과에 의하면 경쟁과 민간수탁자의 전문성과 이윤집착이 위탁성과에 영향을 미치는 주요 변수로 나타났다. 그러나 그의 이러한 연구 결과는 어디까지나 공무원들의 인지를 대상으로 한 설문조사 결과이므로, 실제의 객관적인 사실과는 다를 개연성이

설명한다.

38) 제도 및 계약적 측면(경쟁의 정도, 법령의 미비, 책임한계의 불명확, 재계약 횟수의 제한), 정부 담당부서의 측면 (정부의 감독, 의사소통, 공무원 부패), 민간 수탁자 측면(전문적 능력, 이윤집착, 계약자의 노력)의 변수들을 고찰하였다.

있다.

　국내 연구 중 민간위탁과정을 연구대상으로 삼고 분석한 대표적인 연구로는 김순양(1998)의 연구를 들 수 있다. 김순양은 대구광역시 사회복지관의 민간위탁을 대상으로 민간위탁이 도입되는 과정에서 전제되고 있는 단계와 요건들의 충족 여부를 연구하고 있다. 그는 민간위탁의 전 과정을 민간위탁의 목적 설정, 세부적인 실천계획의 수립, 민간위탁을 위한 경쟁의 유치, 수탁자의 선정과 계약서의 작성, 민간위탁된 서비스의 전달과 지도·감독, 민간위탁의 결과평가와 재계약의 여섯 단계로 나누어 각 과정에서의 현황과 문제점을 파악하였다.

　그는 지역의 19개 사례의 복지서비스 위탁과정의 특징을 위의 6가지 기준을 중심으로 기술하고 있다. 그러나 그의 연구는 여섯 가지 기준으로 볼 때 19곳은 대체로 어떻다고 식으로 종합적으로 그 특징을 간략히 기술하고 있고, 각각의 19개의 사례를 구별하고 각각의 사례가 어떤 위탁과정의 특징을 가지는가를 분석하고 있지 않다. 이는 물론 사례들이 모두 대구광역시의 사회복지관으로 일률적인 방식으로 같은 담당부서에서 민간위탁되고 있었기 때문이기도 하다.

　그의 연구는 우리나라에서는 거의 처음으로 위탁과정만을 주제로 연구하여 위탁과정의 중요성을 부각시킨 중요한 공헌을 하였다고 본다. 정책 관련 연구에서 정책결정과정과 정책 내용의 분석이 상당히 큰 비중을 차지함에도 불구하고 20세기 후반에 새롭게 부상한 위탁 관련 연구는 아직 초기 단계여서 그런지 의외로 위탁과정이나 위탁계약서 등에 대한 관심을 보이고 있지 않다. 이러한 점에서 김순양의 연구는 매우 중요하나 그의 연구는 19개 사례의 위탁과정에 대한 종합적인 특징만을 기술하고 있고, 과정과 성과의 관계에 대해서는 관심을 가지고 있지 않다는 한계가 있다. 그리고 계약서의 목차가 어떻게 구성되어 있는가를 서술하고 계약서의 내용이 별로 구체적이지 않다는 간략한 설명만을 하고 있고, 계약의 실체적인 내용 자체를 분석하고 있지는 않다.

김순양의 연구 이후로 위탁과정에 관한 연구들이 몇 편 발견된다. 김승현(1998)은 노원구의 위탁시설의 민간위탁과정을, 정윤수(1999)는 서울시의 청소년 시설의 위탁과정을, 정윤길(2000)은 서울시의 7개 자치단체의 복지기관의 위탁과정을, 송운석·이성세(2001)는 200여 개의 지방자치단체의 쓰레기 수거 업무의 위탁과정을 연구하고 있다. 그러나 이들의 연구는 구체적인 개별 사례의 위탁과정에 대한 논의는 아니고 다수의 기관의 위탁과정에 대한 개괄적인 종합적인 논의이며, 대상서비스의 전반적인 위탁과정상의 특징만을 고찰하고 있고, 위탁성과는 고찰하고 있지 않아 과정과 성과의 관계를 분석하고 있지는 않다.

2) 기존 위탁성과의 영향요인에 관한 연구의 한계

민간위탁에 관한 연구는 성과의 영향요인보다는 성과의 유무 자체에 관심을 주로 두고 있었다. 그러나 위탁이 자동적으로 성공을 보장하는 것이 아니라는 결과들이 제시된 이후로는 성과에 영향을 미치는 요인들에 대한 관심이 높아지고 있다. 그러나 그러한 요인들 중 가장 강조되는 요인은 경쟁이었고 상대적으로 위탁과정에서의 정부의 역할에 대한 논의는 부족한 실정이다. 지금도 여전히 경쟁의 유무에 대한 관심이 가장 많이 보여지고는 있지만 최근 이러한 정부의 계약관리 측면을 강조하는 학자들도 등장하고 있다.

Donahue(1989)는 만약 정부가 공급자들로부터 무엇을 원하는지를 구체적으로 명시하지 않고 무엇을 받았는지를 평가하지 않는다면, 정부는 필요로 하는 것을 제대로 받을 것이라고 기대해서는 안 된다고 지적한다. Kettl도 정부가 민간부문과 비영리부문에 더 많이 의존할수록 성공적인 활동은 그러한 협력자들이 얼마나 자기 역할을 충실하게 수행하는가에 달려있게 된다(1993: 13)고 한다. 따라서 정부가 시장을 관리하려고 한다면 그러한 관리능력을 갖추어야 함을 강조한다(1993: 20). 특히 그는 정부는 '무엇을 살 것인가, 누구로부터 살 것인가, 무엇을 샀는가'란 세 가지 질문에 대해 답할 수 있는 현명한 구매자(smart buyer)가 되어야 한다고 주장한다.

Brown & Potoski(2003)는 기존의 민간위탁 논의에서 정부의 계약관리능력이 빠져있다고 지적하고, 민간위탁의 성공과 실패는 정부가 얼마나 계약의 전 과정을 잘 관리하는가에 달려있다고 주장한다. 그들은 계약관리능력이 3가지 요소—실행가능성 사정능력(서비스를 자체 생산할 것인가 구매할 것인가를 결정하는 능력), 집행능력(입찰, 공급자 선정, 계약 협상과 관련된 능력), 평가능력(계약 이행결과 평가 능력)—로 구성되었으며 계약관리능력에의 투자가 필요하다고 설명한다. 각 정부마다 계약관리에 투자하는 정도는 차이를 보이고 있는데, 그러한 투자에 영향을 미치는 요인으로 이전의 계약 경험, 거래비용, 정부의 구조와 조직, 정부의 외적 환경을 들고 있다. DeHoog(1990)와 Van Slyke(2003)도 민간위탁이 성공하려면 정부는 계약을 관리하고 강제하고 감독할 수 있는 자원이 있어야 한다고 주장하고 지방정부에서의 계약관리에 투자되는 자원의 분석을 시도하였다.

국내의 민간위탁 관련 연구들도 또한 민간위탁의 성과 유무에 관한 연구에서 점차로 성과에 영향을 주는 여러 요인이나 민간위탁과정, 민간위탁의 집행 등에 대한 관심으로 확대되고 있다. 그러나 여전히 주로 관심 있는 영향변수로서는 경쟁을 들고 있고 대부분 계량적인 방법을 사용하여 분석하고 있다. 그리고 사례연구가 풍부한 정책연구와는 달리 구체적인 계약체결과정이나 계약내용을 사례를 통해 경험적으로 분석한 위탁 연구는 거의 찾아볼 없다.

위탁성과에 영향을 미치는 정부의 계약관리 측면에 대한 논의도 많이 부족한 편이다. 어떠한 방식으로 위탁을 전개하라는 권고나 관리지침에 대한 논의 정도가 대부분이며 단지 단편적으로 혹은 부가적으로 정부의 관리 측면을 다루고 있다. 그리고 실제 사례에서의 위탁과정과 그 과정에서의 정부의 계약관리측면을 구체적으로 연구한 경우는 별로 없다. 더구나 계약에 의한 공급임에도 불구하고 계약서의 구체적인 내용을 분석대상에 포함시킨 연구도 거의 발견되고 있지 않다. 또한 그나마 계약과정에 관해 발견되는 경험적인 연구들은 단지 과정상의 특징만을 기술하고 위탁성과를 논하고 있지 않아 계약과정과 그 과정에서의 정부의 계약관리능력이 위탁성과에 어떤 영향을 미쳤는가라는 양자의 관계는 고찰하고 있지 않다.

그러나 O'Looney가 지적하듯 아웃소싱의 역설은 아웃소싱이 무능한 공공관리에 대한 대안으로 권고되고 있지만 아웃소싱이 성공적이기 위해서는 유능한 공공관리가 필요하다는 것이다(1998: 230). 마찬가지로 민간위탁이 비록 무능한 공공관리에 대한 해결책으로 주장되고 있지만 위탁이 성공적으로 소기의 목적을 달성하기 위해서는 무엇보다 유능한 계약관리가 필요한 것이다.

4. 국내 공공의료기관 위탁 관련 선행연구

우리나라의 경우, 1990년대 이후 민간위탁에 대한 관심이 점차로 증가하고 있으며, 지방자치단체들을 중심으로 공공서비스의 공급에 있어 민간위탁 관리방식이 널리 확대되고 있다. 그러나 민간위탁에 대한 관심의 증가에 비해 관련된 연구 실적은 그리 많지 않은 실정이다(박중훈, 2000: 40). 대부분의 위탁 관련 국내 연구들은 자치단체의 청소서비스나 복지서비스에 관한 연구들이며, 중앙정부나 의료 등의 기타 서비스에 대한 논의는 부족한 실정이다.

<표 2-10> 공공서비스 분야별 민간위탁 관련 국내 선행연구

연구 대상 서비스		연구자
경성 서비스	청소서비스	박경원(1989), 이치수(1990), 황윤원(1990), 박경효(1991), 손희준(1992), 김규덕(1999), 박언서(1999), 송운석·이성세(2001) 등
	상수도서비스	이효(1994) 등
	환경기초시설	김인철·유영철(1998) 등
연성 서비스	복지서비스	이정은(1996, 1998), 김순양(1998), 김승현(1998), 송광태(1999), 허만형(2001) 등
	의료서비스	노춘희(1993), 한인섭(1999), 정윤수·허만형(1999), 김인·허용훈·이희태(1999), 이상수(2000) 등
	문화서비스	윤희윤(2000) 등

1) 국내 공공의료기관 위탁 관련 선행연구와 그 한계

Savas에 의하면 공공병원의 민영화와 관련된 연구는 성공사례와 실패사례를 모두 보여준다고 한다. 그에 의하면 많은 지방공무원은 공공병원의 민영화를 선호하는데, 그 이유는 만성적자인 사업 활동을 제거하면서 동시에 정부로서는 비용을 들이지 않고 병원과 장비를 개선하고 지역사회에 더 질 좋은 의료를 제공할 수 있는 방법으로 인식되기 때문이다. 민영화 이후의 빈곤층에 대한 의료행위에 대해서도 상반되는 결과가 발견되고 있고, 영리부문이나 비영리부문이나 모두 비슷한 정도의 의료서비스(총수입의 약 4%)를 제공한다는 결과도 있다(Savas, 1987: 192).

우리나라의 경우에는 공공병원의 민간위탁에 관한 연구는 민영화나 민간위탁이란 주제를 직접적으로 다룬 연구는 거의 없으며, 공공병원의 운영형태별 성과를 비교하면서 간접적으로 다룬 연구들이 몇 편 발견되고 있을 뿐이다. 그나마 운영형태의 비교 연구의 경우에도 서울시립 공공병원들에 대한 연구만이 이루어졌다. 서울시립 공공병원들은 동부병원이 직영 체제,

강남병원이 지방공사체제, 보라매 병원이 위탁체제로 운영되고 있어 이 세 병원의 성과를 비교한 연구들이 많이 이루어졌다.

공공병원의 민영화를 직접적인 주제로 다룬 것으로는 노춘희(1993)의 연구를 들 수 있다. 그는 서울시립 공공병원의 다양한 운영실태를 개관하고, 환자와 병원이용자들을 대상으로 공공병원의 민영화에 대한 인식을 설문조사하였다. 하지만, 민영화에 대한 주관적인 인식도만을 연구하고 있고 그 외에 객관적인 성과의 차이 등의 이슈를 다루고 있지 않다.

한편 다른 공공병원의 위탁 관련 연구들은 모두 서울시의 삼 개 병원의 운영형태별 경영성과를 비교하는 연구들이다. 한인섭(1999)은 서울시립 병원의 운영형태별 성과를 수익성을 기준으로 평가하였는데, 평가 결과 계약방식으로 운영되는 보라매 병원이 지방공사인 강남병원이나 직영인 동부병원보다 우수한 것으로 나타났다. 또한 정윤수·허만형(1999)은 수익성을 기준으로 평가한 한인섭의 연구와는 달리, 의료복지의 관점에서 서울시 공공병원의 운영형태별로 공공성이 어떤 차이가 있는지를 조사하였다. 분석 결과 직영 형태인 동부병원의 의료보호환자 비율이 가장 높았고, 그 다음은 강남병원, 보라매병원 순으로 동부병원의 공공성이 가장 높게 나타났다.

김인·허용훈·이희태(1999) 역시 지방의료원의 운영형태에 따른 경영성과의 차이를 분석하기 위해 서울시의 직영 병원인 동부병원, 공사형태인 지방공사 강남병원, 그리고 서울대학교 병원에서 위탁운영하고 있는 보라매 병원을 연구대상으로 선정하였다. 그들은 3개 병원의 경영성과를 공공성과 수익성, 서비스의 질 측면에서 다각도로 분석하여 한인섭이나 정윤수·허만형의 연구보다는 더 포괄적인 접근을 시도하고 있다. 그들의 연구 결과에 의하면 공공성의 측면에서는 동부병원이 상대적으로 높은 성과를 보였고, 의료수지비율과 의료이익률로 측정한 수익성 측면에서는 보라매 병원이 비교적 높은 성과를 나타내고 있었다. 또한 의료서비스의 질에 있어서는 보라매병원이 가장 높았고 동부병원이 가장 낮은 것으로 나타났다.

이상수(2000)도 서울시립 공공병원의 운영형태별 성과를 분석하였다. 그는 수익성 위주의 객관적 평가와 공공성 위주의 주관적 평가를 아울러 수행하였다. 분석 결과, 첫째, 강남병원의 경영수익이 '98년 이후 위탁 병원인 보라매병원과 대등하거나 우세한 성과를 보이고 있다. 둘째, 수익성 측면에서는 직영인 동부병원이 가장 성과가 나빴고, 공공성 측면에서는 위탁된 보라매 병원이 가장 낮았다. 경영실적에 있어서 지방공사 강남병원이나 위탁된 보라매병원에 비해 현저하게 떨어지는 서울시립 직영 동부병원이 가장 높은 고객 만족도를 보였고, 강남병원의 고객 만족도가 가장 낮았다.

위의 연구 결과들을 종합해보면 수익성 측면에서는 위탁운영이, 공공성 측면에서는 직영이 상대적으로 우월하다고 평가받고 있다. 다만 서비스의 질에 대한 평가결과는 김인·허용훈·이희태의 연구에서는 보라매병원이 가장 우수한 성적을 거두고 동부병원이 가장 낮은 반면, 이상수의 연구에서는 오히려 동부병원의 만족도가 가장 높고 강남병원의 만족도가 가장 낮다는 상반된 결과를 보였다.

국내의 경우에 직접적으로 공공병원의 민간위탁이란 주제를 다룬 연구는 거의 없으며, 공공병원의 운영형태별 성과를 비교하면서 간접적으로 다룬 연구들이 몇 편 발견되고 있을 뿐이었다. 따라서 위탁성과에 대한 논의는 발견되었으나 위탁과정에 관한 분석은 거의 없었다. 위탁을 직접적 주제로 삼지 않아 당연히 위탁과정이나 위탁성과의 영향요인에 대한 논의는 별로 언급하고 있지 않았다.

그나마 운영형태의 비교 연구의 경우에도 모두 서울시립 공공병원들에 대한 연구만이 이루어졌다. 서울시립 공공병원들은 동부병원이 직영 체제, 강남병원이 지방공사체제, 보라매 병원이 위탁체제로 운영되고 있어 이 세 병원의 성과를 비교한 연구들이 여러 번 이루어 졌다. 반면 1990년대 중반 이후 위탁된 지방공사의료원들을 대상으로 한 연구는 거의 찾아 볼 수 없다.[39]

---

39) 지방공사의료원과 관련된 연구들을 살펴보면, 1980년대 지방공사로의 전환 당시에는 그러한 전환이 어떤 성과를 가져왔는지에 대한 연구들이 주로 이루어

2) 공공의료기관 위탁 관련 선행연구의 성과평가기준과 평가지표

우선 선행연구의 성과기준을 살펴보면 다음과 같다. 한인섭(1999)의 경우에는 수익성만을 평가하고 있고, 정윤수·허만형(1999)은 공공성만을 분석하고 있다. 한편 김인·허용훈·이희태(1999)는 수익성, 공공성과 서비스의 질을 모두 평가하고 있으며, 이상수(2000)는 객관적인 평가와 주관적인 평가로 나누어, 객관적인 평가로는 경영실적분석과 자료포락분석법을 시행하여 효율성을 분석하고 있고 주관적인 평가로는 서비스 질을 설문조사를 통하여 평가하고 있다.

한편, 구체적인 지표와 평가 방법을 보면 한인섭(1999)은 수익성과 성장성 기준으로 나누어 경영을 분석하고 있는데, 수익성 지표로는 의업수지비율과 의료수익의료이익률을 사용하고 성장성 지표로는 의료수입 증가율과 환자수 증가율을 사용하였다. 또한 정윤수·허만형(1999)은 총입원 외래환자 중 의료보호환자비율로 공공성을 분석하고 있다.

김인·허용훈·이희태(1999)는 수익성 평가의 지표로 의료수지비율과 의료수익의료이익률을 사용하고 있고, 공공성 평가의 지표로는 총입원 외래환자 중 의료보호환자비율과 공익진료사업실적을 사용하고 있다. 이에 비해 이상수(2000)는 대차대조표와 손익계산서 등의 통계 자료를 토대로 경영실적을 분석하고 아울러 자료포락분석법에 의해 상대적인 효율성을 분석하고 있는데 투입요소로는 의료보호환자비율, 인건비투자효율, 의업수지비율을 선정하였고, 산출요소로는 의료수익순이익률, 의료수익의료이익률, 의료미수금회전율을 채택하여 분석하였다.

졌으며, 1990년대에는 지방공사로 전환된 이후에 계속되는 경영적자와 경영의 비효율성을 제고하기 위해 의료원의 운영성과를 평가하고 운영의 효율화를 모색하는 연구들이 주로 이루어졌다. 그러나 아직 1990년대 중반 이후 위탁된 지방공사의료원에 대한 비교연구는 이루어진 바가 없다.

〈표 2-11〉 공공의료기관 민간위탁 관련 선행연구의 성과변수와 지표

저 자	연구대상	성과변수	지 표
한인섭 (1999)	서울시의 3개 병원: 직영 동부병원, 지방공사 강남병원, 위탁운영 보라매병원	수익성	의업수지비율, 의료수익의료이익률
		성장성	의료수입 증가율, 환자수 증가율
정윤수 ·허만형 (1999)	〃	공공성	총입원 외래 환자 중 의료보호환자비율
김인· 허용훈 ·이희태 (1999)	〃	수익성	의료수지비율, 의료수익의료이익률
		공공성	총입원 외래 환자 중 의료보호환자비율, 공익진료사업실적
		서비스의 질	설문조사
이상수 (2000)	〃	객관적인 평가: 효율성	대차대조표와 손익계산서 등의 통계자료를 토대로 경영실적을 분석. 자료포락분석법(투입요소로는 의료보호환자비율, 인건비투자효율, 의업수지비율을 선정하였고, 산출요소로는 의료수익순이익률, 의료수익의료이익률, 의료미수금회전율)
		주관적인 평가: 서비스 질	설문조사

그런데 위의 관련 선행연구들은 일차적으로 병원 경영성과에 주로 관심을 가진 연구이다 보니 민간위탁의 찬성론자들과 반대론자들 사이에서 논란이 된 위탁의 성과 쟁점들이 반영하고 있지 않다. 따라서 정부의 예산절감이나 서비스 소비자에의 비용 전가 등의 성과변수를 직접적으로 분석하고 있지 않다.

제3절 주인 대리인 이론의 가정과 적용

기존의 민간위탁 연구는 주로 성과 유무에 관심이 많았고 성과를 가져오는 요인이나 위탁과정에는 상대적으로 관심이 적었다. 성과의 요인에 관한 연구도 대부분 경쟁에 주로 관심을 가졌고 다른 여러 요인들에 대한 논의는 부차적인 위치를 가졌다. 민영화와 민간위탁은 큰 정부, 비효율적인 정부에 대한 해결책으로 제시되어 위탁 논의 속에는 정부의 능력에 대한 회의가 암묵적으로 가정되어 있기도 하였다. 그래서 위탁성과의 영향요인에 대한 논의에서도 경쟁, 수탁기관의 특성에 비해 상대적으로 정부의 계약관리능력에 대한 논의가 별로 이루어지고 있지 않았다. 관리지침이나 권고 등의 형태로 단편적으로 논의되고 있으나 경쟁요인 등에 비해서는 성과에 미치는 영향이 약하게 그려지고 있었다.

위탁성과에 영향을 미치는 정부의 계약관리능력에 대한 관심과 강조는 최근에 조금씩 나타나고 있는데, 그나마 관련된 기존의 연구는 계약관리능력을 민간위탁 부서의 예산, 민간위탁 관련 공무원들의 지식 등으로 분석하고 있다. 그런데 본 연구에서는 계약관리능력을 분석하기 위해 관리에 관한 대표적인 이론인 주인 대리인 이론의 분석특과 개념을 활용해 보고자 한다.

1. 주인 대리인 이론의 가정과 분석개념

신고전파 경제학 이론은 크게 두 가지 방향으로 발전, 확장하게 되는데 첫째는 공공선택이론으로 경제학 이외의 다른 분야에로의 신고전파 이론의 적용이다. Buchanan, Tullock 등의 연구가 이에 해당한다. 두 번째는 신고전파 경제학에서 암흑상자로 간주된 생산의 단위로만 인식된 기업 즉 조직을 분석하는 조직경제학이다. 신제도경제학으로도 불리는 조직경제학은 주인 대리인 이론, 거래비용이론 등을 그 내용으로 하고 있다.

조직경제학에서의 대리인 이론(agency theory)은 1973년 Ross의 연구와 1976년 Jensen & Meckling의 연구에서 비롯된 것으로, 기업과 관련된 이해관계자들의 문제는 기업 내의 계약관계에 의해 이루어진다는 이론이다. 대리인 관계는 주인이 정해진 범위 내에서 의사결정권을 자신을 대신하는 다른 사람에게 의뢰함으로써 형성된다. 이들 간에는 정보의 불균형, 감시의 불완전성 등으로 인해 역선택이나 도덕적 해이의 문제가 발생하게 된다. 따라서 이러한 문제점을 해결하기 위해서는 대리인비용이 수반된다. 대리인 이론은 대리인 문제를 가장 완화하는 최적의 계약을 찾기 위한 이론으로 대리인 관계에서 발생할 수 있는 목표 상충성과 위험분담 문제의 두 가지를 해결하는 데 주안점을 둔다. 그런데 이러한 대리인 문제는 현대사회의 거의 모든 계약관계에서 나타나는 것으로 그 응용범위가 광범위하다.

1) 주인 대리인 모형의 기본 가정

〈표 2-12〉 주인 대리인 이론의 기본 모형과 가정

목 적	−주인과 대리인 간의 효율적 계약
분석 단위	−주인과 대리인 간의 계약
계약상의 문제	−대리인 문제(역선택과 도덕적 해이) −위험분담의 문제
인간에 대한 가정	−이익추구 −제한적 합리성 −위험 회피
조직에 대한 가정	−주인과 대리인 간의 목표 갈등 −주인과 대리인 간의 정보의 비대칭 −효율성을 추구
정보에 대한 가정	−재화로서의 정보
계약에 대한 가정	−1인의 주인과 1인의 대리인 −1기간 (스타켈버그 게임이론)
환경에 대한 가정	−불확실성

조직 경제학의 일환으로 등장한 주인 대리인 이론의 주요 특징 및 가정은 다음과 같다. 첫째로 분석 단위가 주인과 대리인 간의 계약이다. 이는 행위자를 분석단위로 하는 일련의 이론들과 대비되며, 마찬가지로 행위자들 간의 관계인 거래를 분석단위로 하는 거래비용이론과 공통점을 가진다. 둘째, 인간에 대해서는 이익추구적인 인간, 제한적인 합리성을 가진 인간, 또 위험 회피적인 인간을 가정하고 있다. 셋째, 조직에 대한 가정으로는 주인과 대리인 간의 목표의 갈등, 주인과 대리인 간의 정보의 비대칭, 조직의 효율성 추구를 가정하고 있다. 넷째, 정보의 상품(commodity)로서의 재화의 성격을 가정하고 있고, 다섯째로, 기본 모형으로 1인의 주인과 1인의 대리인 간의 1기간의 스타켈버그 게임(Stackelberg game)[40]을 가정하고 있다. 여섯째, 이러한 가정하에 역선택과 도덕적 해이라는 대리인 문제가 나타나는데, 일곱째, 이러한 대리인 문제를 완화하여 대리인 비용을 경감시켜 효율적인 계약을 성립시키는 것을 목적으로 한다.

2) 역선택과 도덕적 해이

아래의 그림은 시간의 진행에 따른 주인 대리인 이론의 분석의 준거틀이다. 주인이 선도자로서 계약을 설계하고 대리인은 이를 승낙하거나 거절하는 것으로 설정되어 있다.

---

40) 선도자(leader)가 먼저 행위를 하고, 추종자(follower)가 선도자의 전략을 보고 그의 전략행위를 선택하는 게임.

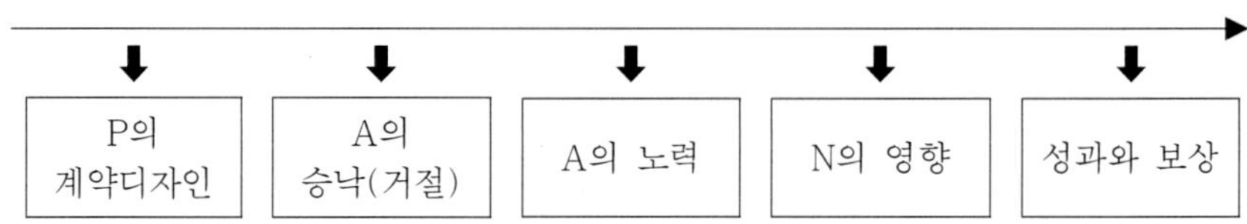

〈그림 2-1〉 주인 대리인 이론의 분석 준거틀

주인 대리인 관계에서 발생하는 대리인 문제는 정보의 비대칭성에서 비롯된다. 역선택은 주인이 대리인에 대한 정보를 계약체결 이전(pre- contractual)에 제대로 파악하지 못해 적절하지 않은 대리인을 선정하는 것을 의미한다. 주인이 사적 정보(private information)를 가진 대리인에게 업무를 위임할 경우에 역선택의 문제가 발생한다. 대리인만이 자신에 대한 정보를 제대로 가지고 있고 자신이 좋은 대리인인지 나쁜 대리인이지 자신의 유형(type)을 알지만(informed agent), 주인은 그러한 사적 정보에 대한 정확한 내용을 가지기 어렵다(uninformed principal).[41] 따라서 만약 주인이 양 유형의 대리인의 평균에 해당하는 임금을 계약조건으로 제시할 경우 좋은 대리인(good type)들은 계약을 거절하고 나쁜 대리인(bad type)들만 계약을 승낙하여 주인은 나쁜 대리인들과 계약을 맺는 역선택이 발생할 것이다. 따라서 역선택은 대리인의 숨겨진 유형(hidden type)에 대한 정보 때문에 발생하는 것이다.

각각의 구체적인 주인 대리인 관계에서 좋은 유형과 나쁜 유형을 결정하는 정보는 사안에 따라 다르다. 예를 들어 노동시장에서는 노동자의 생산성, 보험시장에서는 사고 확률, 중고차시장에서는 자동차의 품질, 대부시장

---

41) 최근에는 대리인이 주인보다 정보를 더 많이 보유하고 있다는 가정을 완화하여 주인이 사적 정보를 보유하고 있는 이중 역선택(double adverse selection)에 대한 논의들도 이루어지고 있다. 주인 측의 계약체결 이후의 도덕적 해이(double moral hazard)에 관한 논의들도 이루어지고 있다.

에서는 채무불이행의 위험 등이 대리인의 유형을 결정한다. 그런데 문제가 되는 것은 바로 이러한 대리인의 유형에 대한 정보를 대리인만이 보유하고 있다는 사실이다. 따라서 이런 문제를 해결하기 위해 주인은 계약의 메뉴를 제시하여 각기 다른 유형이 자기 유형을 노출하도록 계약을 선택(self-selection)하도록 하는 것이 중요하다.

<표 2-13> 대리인의 유형과 사적 정보

노동시장: good type: 높은 업무 전문성 bad type: 낮은 업무 전문성
중고차시장: good type: 좋은 중고차 (peaches) bad type: 나쁜 중고차 (lemons)
자동차보험시장: good type: 낮은 사고 확률 (careful driver) bad type: 높은 사고 확률 (reckless driver)

<그림 2-2> 역선택

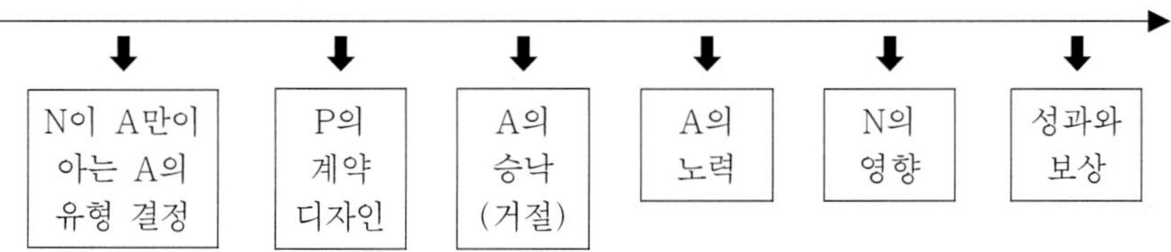

한편 도덕적 해이는 대리인이 계약체결 이후(post-contractual)에 계약의 내용을 제대로 이행하지 않는 것을 말한다. 주인이 대리인의 행위(hidden action)에 대한 정보를 가지지 못하기 때문에 발생한다. 대리인이 어떤 노력 수준을 택했는가와 관련된 것으로 대리인의 노력을 유도하기 위한 인센

티브의 설계와 그의 노력에 대한 정보 획득을 위한 감독과 모니터링이 중
요하다.

<그림 2-3> 도덕적 해이

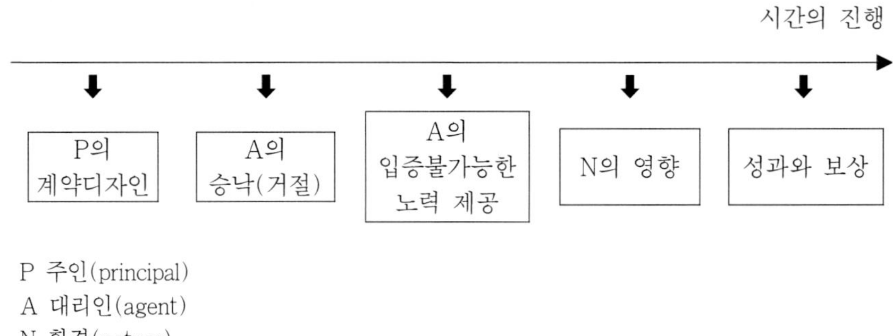

2. 주인 대리인 이론의 가정 완화와 다른 분야에의 적용

주인 대리인 이론은 크게 경제학 분야에서의 실증적인 연구와 기타 분야
에서의 확장연구로 나눌 수 있다(Eisenhardt, 1989: 57). 양자는 실증적인
연구가 주로 거대기업의 소유주와 경영인의 관계에 주목한 반면 확장이론
들은 기업주와 경영인을 넘어선 일반적인 다양한 주인 대리인 관계에 대한
이론을 구성하려고 한다는 점에서 차이를 보인다. Mitnick도 경제적 주인
대리인 이론과 규제적·제도적 주인 대리인 이론으로 나누어, 후자는 일반
적인 주인 대리인 관계에 적용될 수 있는 것이라고 주장한다.[42]

주인 대리인 이론은 회계(Demski & Feltham, 1978), 경제(Spence &
Zeckhauser, 1971), 재무(Fama, 1980), 마케팅(Basu, Lal, Srinivasan, & Staelin,

---

42) 윤성식은 각각을 경제대리인과 재무대리인으로 설명하고 있다.

1985) 등의 경제학과 경영학의 분야에서만이 아니라 오늘날에는 정치학 (Mitnick, 1986), 조직학(Eisenhardt, 1985, 1988; Kosnik, 1987), 사회학(Eccles, 1985; White, 1985)의 분야에서도 적용되고 연구되고 있다(Eisenhardt, 1989). 그러나 이 이론의 옹호자들은 이 이론의 유용성을 강조하고 심지어 Jensen (1983: 324)과 같이 조직학의 혁명이 도래하였다고 평가[43]하는 자도 있지만, 또한 Perrow(1986: 235)처럼 이론의 유용성에 강한 의문을 품고 너무 단순하 고 비인간적인 '위험한' 이론이라고까지 폄하하는 학자들도 있다. 즉 경제학 분야에서는 암흑상자로 간주되던 기업과 조직에 대한 연구들이 조직학, 기타 학문 분야에서 이미 다양하게 연구되고 깊이 있게 다루어져 새로운 것을 제 시할 것이 없다는 비판이 제기된다. 또 조직이 없는 조직이론이란 비판도 있 다.

<표 2-14> 주인 대리인 이론의 가정의 완화와 다른 분야에의 적용

	경제학의 주인 대리인 (기본 가정)	행정학 기타 분야의 주인 대리인 (가정 완화)
인간에 대한 가정	−이익추구 −제한적 합리성 −위험 회피	−가치추구 추가 (Kiser) −위험에 대한 다양한 태도 (Eisenhardt)
조직에 대한 가정	−주인과 대리인 간의 목 표 갈등 −주인과 대리인 간의 정 보의 비대칭 −효율성을 추구	−목표갈등은 변수 (Eisenhardt, Waterman & Meier) −정보 비대칭은 변수 (Eisenhardt, Waterman & Meier) −관료제의 효율성 추구 부정(Moe)
계약에 대한 가정	−1인의 주인과 1인의 대 리인 −1기간 (스타켈버그 게 임이론)	−복수의 주인과 대리인 (Moe, Waterman & Meier, Kiser)

---

43) "조직이론에 필요한 주요 분석 개념들(the necessary major analytic building blocks)
을 모두 제공하는 조직학의 혁명이다." (Jensen, 1983: 321).

그러나 경제논리에서 연역적으로 도출되는 가정들로 구성된 주인 대리인 이론은 기존의 조직이론의 풍성함을 모두 갖추지는 않고 있더라도 정보와 불확실성, 인센티브와 위험이란 기존에 별로 부각되지 않은 새로운 변수들을 많이 추가하고 새로운 검증한 가설들을 제시한다고 평가하는 견해 (Eisenhardt, 1989)도 있다. 단지 주인 대리인 이론이 원래 형성되었던 경제학과 경영학을 넘어서서 정치 분야, 사회분야에 적용할 경우 대부분의 학자들은 그러한 정치, 사회의 맥락을 고려하여 모델의 가정 등을 수정하여 사용할 것을 주장하고 있다. 또한 단독으로 이론을 사용할 경우 다른 많은 변수들을 간과하기 때문에 다른 이론과 함께 사용할 것을 권고하고 있다.

1) 다른 분야에서의 주인 대리인 이론의 수정과 가정의 완화

여러 학자들은 주인 대리인 이론을 행정학 등 경제학 이외의 분야에 적용시키기 위하여 기본적인 모형과 이론의 가정을 고수하기보다는 약간씩 수정하여 좀 더 현실성 있는 설명들을 도출하려 하였다. Perrow 등이 주인 대리인 이론이 너무 단순하다거나 좁은 시각만을 가진다고 한 비판은 수정된 확장 모형이 아닌 원래의 경제학 분야에서의 이론에 대한 비판으로 확장된 모형에 대해서는 타당하지 않다고 볼 수 있다.[44]

정치 분야에 주인 대리인 이론을 적용한 선구적인 연구는 Mitnick의 연구이다. 그는 정치 영역에서의 주인 대리인 이론을 '제도 혹은 규제의 주인 대리인 모형(institutional or regulatory principal-agent model)'으로 설명하였다. 그는 구매자와 판매자 간의 관계가 아닌 규제기관에 있는 대리인들

---

44) 경제학의 주인 대리인 이론도 가정을 하나씩 완화하여 새로운 수리적 연역적 모형을 구성하는 방식으로 이론이 발전하고 있다. 최근에는 인간 심리에 대한 고려까지도 모형화하는 등 현실을 반영하려는 시도들이 다양하게 이루어지고 있다. 경제학 이외의 분야에 적용할 경우에는 더욱더 많은 가정들이 한 번에 완화되는 경향이 있다.

과 그들의 주인인 정치가들(입법가와 이익집단)들의 관계에 초점을 맞추었다. 그는 일반이론으로서의 주인 대리인 이론은 모든 대리인 관계가 공통적으로 가진 요소를 선별하여 그러한 변수들―주인과 대리인의 인식, 주인과 대리인의 선호, 정보, 보상의 구조, 노력의 수준, 감시와 강제의 수단 등―을 중심으로 분석한다고 하였다.

이러한 정치에서의 주인 대리인 관계에 관한 특징을 Mitnick은 다음과 같이 말하고 있다. 첫째, 계약의 성격이 비공식적·공식적인 것을 망라한다는 점에서 경제적 모델이 주로 공식적인 계약에 의존한다는 점과 차이를 보인다고 설명하였다. 따라서 대리인이라 하더라도 정치 분야에서는 그러한 대리인을 주인이 마음대로 선택할 수 있다는 것을 의미하지 않는다고 하였다. 또 대리인은 반드시 주인의 명령이나 지시에 의해 행동하는 것이 아니라고 하였다. 그는 주인 대리인 관계는 명시적인 계약 관계에 의한 위임만이 아니라 제도나 법규 등으로 실질적으로 위임이 일어나는 경우를 포함한다고 보았다.

둘째, 경제적 모델에서는 모니터링을 하지 않을 경우의 비용은 구매자가 부담하지만 제도적인 모형에서는 그 비용은 궁극적인 주인인 일반 국민이 진다고 설명하였다. 그러나 대리인의 행동에 대한 정보를 획득하는 데에는 비용이 들어 주인인 국민들은 합리적으로 모니터링을 하지 않기로 결정할 수 있다고 보았다. 이 때문에 많은 경우에 공익은 사익에 의해 좌지우지된다고 설명하였다.

셋째, 기존의 규제 이론 등이 개별적인 참여자를 단위로 분석하는 것과 비교하여 주인 대리인 이론은 별도의 고립된 참여자들을 분석하는 것이 아니라 참여자들 간의 관계를 분석한다고 주장한다. 따라서 주인 대리인 이론은 정책과정의 모든 단계에 적용될 수 있고 어느 한 단계에 국한하여 보도록 하지 않는다고 한다.

한편 Moe는 대리인 이론이 관료제 연구에 시사하는 바를 찾고자 하였다.

그는 최근 계층제에 대한 실증적인 연구들이 많이 수행되고 있는데 그 연구들은 정치학자가 아닌 경제학자들의 연구라고 지적한다. 과거에도 Downs, Tullock, Niskanen 등의 경제학자들의 관료제 연구가 없었던 것은 아니나, 새로운 조류는 과거의 연구와는 다른 특징들―시장 대 계층, 거래비용, 계약 관계의 강조―를 가진다고 하였다.

Moe는 새로운 조직 경제학은 계층제와 시장을 구분하고 양자를 대비하여 그 상대적인 효율성에 대한 분석을 시도한다고 하였다. 그러나 그럼에도 불구하고 계층제와 시장(계약)이 현실에서는 유사한 양상을 띤다고 설명한다. 그 이유는 계약은 위임과 계약의 이행 여부 확인을 위한 전형적인 계층제적인 요소와 모니터링의 요소를 가지기 때문이라고 설명한다.

기본적으로 Moe는 민주주의 체제에서의 정치는 주인 대리인 이론으로 쉽게 이해될 수 있음을 설명하였다. 즉 시민이 주인이고 정치가가 그들의 대리인이다. 그런데 정치가는 또한 주인이며 관료제는 그 대리인이다. 그런데 관료제 내부에서도 주인 대리인 관계가 존재하여 고위관료는 주인이고 다른 관료들은 그의 대리인이다. 결국 정치는 '시민―정치가―고위 관료―관료― 일선관료'로 이어지는 주인과 대리인의 연쇄(chain of principal-agent relationships)로 볼 수 있다고 설명한다. 그리고 궁극적인 주인과 마지막 대리인을 제외한 모든 참여자들은 동시에 주인이자 대리인인 역할을 한다고 하였다.

그러나 이러한 유사성에도 불구하고, 그는 행정학 등에의 기존 경제이론의 적용은 상당한 수정을 요한다고 설명한다. 첫째로 거래비용이론에서는 기업이 시장보다 거래 비용을 줄이는 효율성을 가지기 때문에 존재한다고 보는 반면, 관료제는 사업을 관료제 내부에서 수행할 지 외부에서 수행할 지를 효율성을 기준으로 정하지 않는다고 설명한다. 따라서 기업과는 달리 관료제가 효율적이기 때문에 존재한다고 볼 수는 없다고 지적하였다. 관료제는 정치가들에게 무엇인가 이익을 주고 있기 때문에 존재하며 이들은 비의도적인 부산물로 사회적 후생을 극대화하고 있다고 설명한다.

둘째, 공공부문에서는 보이지 않는 손이 없어 최적(optimality)을 달성할 수 없다고 지적한다. 수요 측면에서는 선거와 정치제도가 공익보다는 특수이익에 포획되기 쉬우며, 공급 측면에서는 공공부문에서는 경제적 효율성에 입각한 자연적 선택과 도태가 일어나지 않는다고 보았다. 관료제의 각 조직들(대리인)은 효율적이기 때문에 존재하는 것이 아니라 의회의 위원회, 대통령, 이익집단 등(주인)의 지지로 형성되고 유지된다고 보았다.

그 외에도 정치에서는 복수의 주인과 복수의 대리인이 존재한다는 특징이 있다고 지적한다. 우선 민주주의는 복수의 주인을 가진 구조인데 주인 간에는 담합과 경쟁이 나타날 수 있다고 한다. 다만 권력분립을 중시하는 체제의 경우에는 담합보다는 경쟁이 일반적이며 그러한 경쟁관계를 심지어 제도화하여 어느 한 세력이 독점적인 권력을 가지지는 못하도록 한다고 설명한다. 복수의 주인이 존재하기 때문에 관료는 부분적으로만 대리인(partial agents)일 수밖에 없으며 따라서 관료에 대한 통제가 어렵다고 주장한다. 또한 복수의 대리인 역시 상황을 더욱 복잡하게 만든다고 설명하였다. 결국 Moe는 조직이 효율적이라는 가정과 1인의 주인과 1인의 대리인을 기본 모형으로 하는 주인 대리인 이론을 수정하여 정치 분야에 적용하여 설명하고 있다.

Eisenhardt는 조직이론 분야에의 주인 대리인 이론의 적용을 탐색하였다. 그는 기존의 경제학과 경영학 분야에서의 실증적인 연구들로부터 두 개의 가설이 제기된다고 보았다. 성과계약이 대리인의 기회주의적 행태를 줄인다는 가설과 주인이 대리인에 대한 정보를 많이 가질수록 대리인의 기회주의적 행태를 줄어든다는 가설이 그 두 가지이다.

그런데 단순히 경영인과 소유주의 관계를 벗어나 더 일반적인 여러 가지 주인 대리인 관계(예: 사용자와 고용자, 변호사와 고객, 구매자와 판매자 등)를 탐색하는 확장연구에서 더 많은 조직이론 관련 가설들을 도출하고 있다. 그는 주인 대리인 문제의 핵심은 대리인의 행위에 대한 정보를 획득하는 비용이 더 드는가 아니면 대리인의 성과에 대한 정보를 획득하는 비용이 더 드는가란 것과 대리인에게 위험을 어느 정도 전가시켜야 하는가란 두 가지 질문과 관련된다고 보았다. 일단 그는 다양한 계약들을 주인이 위험을 부담하는 행위계약과 대리인이 위험을 부담하는 성과계약을 양축으로 하는 연속선상에 위치한 것으로 파악하였다. 그리고 행위계약과 성과계약과 관련된 두 가지 가설을 제기하였다. 정보시스템은 행위계약과 정비례하고 성과계약과 반비례한다는 가설과 결과에 대한 불확실성은 행위계약과 정비례하고 성과계약과 반비례한다는 가설을 제시하였다. 그리고 모델의 여러 가지 가정의 완화 등을 통하여 바람직한 계약의 형태에 관한 새로운 가설들을 도출하였다.

첫째로 그는 위험 기피적인 주인과 대리인이란 가정을 완화할 것을 주장한다. 대리인이 위험을 덜 회피할수록 그에게 위험을 전가시키는 계약이 바람직하다고 지적하면서 대리인의 위험 회피는 행위계약과 정비례하고 성과계약과 반비례한다는 가설을 제시하였다. 마찬가지로 주인이 위험을 덜 회피할수록 그에게 위험을 부담시키는 것이 바람직하다며, 주인의 위험 회피는 행위계약과 반비례하고 성과계약과 정비례한다는 가실을 제시하였다.

Eisenhardt가 제기한 두 번째 방법은 주인과 대리인의 목표 갈등이란 가정을 완화(Demski, 1980)하는 것이다. 주인과 대리인의 목표가 일치할수록 모니터링이나 동기부여, 위험부담에 대한 고려가 불필요할 것이라고 보았다. 이로부터 주인과 대리인의 목표 상충은 행위계약과 반비례하고 성과계약과 정비례한다는 가설을 도출하였다.

셋째는 사전에 대리인 행위를 정형적으로 규정할 수 있는 정도(Eisenhardt, 1985, 1988)와 성과의 측정가능성(Anderson, 1985; Eisenhardt 1985)에 따라 바람직한 계약의 형태가 달라진다고 설명하였다. 즉, 대리인의 업무의 성격이 획일적으로 규정되어 행위에 대한 정보가 획득하기 쉬우면 행위계약이, 반면 성과의 측정이 용이하면 성과계약이 바람직하다고 하였다. 이로부터 업무의 정형화 정도는 행위계약과 정비례하고 성과계약과 반비례한다는 가설과 성과의 측정가능성은 행위계약과 반비례하고 성과계약과 정비례한다는 가설을 도출하였다.

넷째, 업무의 기간(Lambert, 1983)과 관련하여, 장기간 관계를 맺을 경우 주인은 보다 대리인을 잘 알 수 있어 행위계약이 바람직하고, 반면 단기적인 관계에서는 정보의 비대칭이 커져서 성과계약이 바람직하다고 보았다. 이로부터 업무의 기간은 행위계약과 정비례하고 성과계약과 반비례한다는 가설을 도출하였다.

Eisenhardt는 인간에 관한 가정 중 위험 기피에 대한 가정을 완화하였다. 또 조직에 대한 가정 중 주인과 대리인 간의 목표의 상충 가정을 완화하고, 정보의 비대칭 가정을 변수 개념으로 바꾸었다. 즉 정보의 비대칭 여부가 업무의 프로그램화 정도와 업무성과의 측정가능성에 의하여, 또 업무의 기간에 따라 변하는 것으로 가정하였다.

결론적으로 그는 주인 대리인 이론이 조직이론 분야에서 검증가능한 새로운 가설을 제기하는 유용한 이론으로 보았다. 다만, 주인 대리인 이론이 제한적인 변수를 중심으로 해석하기 때문에 조직의 일면만을 설명할 뿐이어서 조직의 다른 복잡한 성격을 반영하기 위해 다른 이론과 보완적으로 사용할 것을 주장하였다.

Waterman과 Meier는 주인 대리인 이론의 가정을 완화한 이론의 확장을 통하여 관료제와 정치적 환경에 관한 일반 이론을 제시하고자 하였다. 그리고 그러한 '관료제 이론으로서의 주인 대리인 이론'에 대한 평가를 하고자 하였다.

주인 대리인 모델의 주요 가정은 주인과 대리인 간의 목표의 갈등과 정보의 비대칭이다. 저자들은 두 가지가 흔히 상수로 취급되어 그 결과로 주인 대리인 이론이 동적이지 않고 정적이게 되었다고 지적한다. 그리고 상수로 취급되는 이 가정들을 변수로 볼 경우에 관료제와 정치환경의 관계를 설명할 수 있는 일반적인 이론이 나타나고 주인 대리인의 관계도 더 다양한 내용을 포함한 동적인 관계로 변한다고 주장하였다.

일단 저자들은 상수로 취급되는 목표 갈등과 정보의 비대칭을 변수로 바꾸어주는 역할을 복수의 주인, 복수의 대리인, 그리고 주인과 대리인 관계에서 외부효과가 발생한다는 것에서 찾는다. 즉 경쟁하는 복수의 주인들 간의 목표의 갈등, 역시 경쟁하는 복수의 대리인 간의 목표의 갈등은 주인과 대리인 간의 정보의 비대칭을 감소시켜주는 역할을 할 것이며, 주인과 대리인 간의 목표의 갈등의 정도도 다양하게 나타날 것이라고 보았다.[45]

저자들은 모델에서 말하는 정보를 업무 관련 전문성으로 보고, 그러한 업무에 관한 정보를 주인과 대리인 양자가 보유하는 정도의 많고 적음을 기준으로 4가지 유형을 제시하였다. 그리고 이러한 4가지 유형이 각각 목표의 갈등에 해당하는 경우와 목표의 일치에 해당하는 경우가 있다고 하면서 총 8가지의 확장된 주인 대리인 모형을 도출하였다.

〈표 2-15〉 목표와 정보

목표 갈등
대리인의 정보

주인의 정보		많음	적음
	많음	4. Patronage system	3. Advocacy coalitions
	적음	1. Bumper sticker politics	2. principal agent

목표 일치
대리인의 정보

주인의 정보		많음	적음
	많음	8. Plato's republic	7. Policy subsystems
	적음	5. Theocracy	6. Bottom Line

자료: Waterman & Meier(1998: 188).

---

45) 저자들은 주인 대리인 간의 목표의 일치는 없고 목표의 갈등만 존재한다고 가정할 경우에는 규제이론에서 곧잘 논의되는 이익집단과 관료의 협조적인 관계(포획현상)를 설명할 수 없다고 지적하였다.

Kiser는 사회학자로서 동일한 주인 대리인 이론이 경제학, 정치학, 그리고 사회학의 세 분야에서 각각 어떻게 활용되고 있는지 그 공통점과 차이점을 밝히고자 하였다. 그는 각 분야에서의 이론의 미시적 기초, 중범위 수준, 그리고 거시적 수준을 비교하였다.

우선 미시적 기초를 비교하면 경제학에서의 주인 대리인 이론의 경우, 개인의 합리성과 이익추구, 위험에 대한 태도를 가정한다고 보았다. 정치학의 미시적 기초에서는 이 중 위험에 대한 태도가 빠지고, 사회학에서는 가장 포괄적으로 개인의 가치까지 포함하여 분석하고 있다고 보았다.

또한 중범위 수준에 대해서는 경제학의 경우에는 단지 몇 편만이 복수의 대리인을 상정하고 대부분 중범위 수준에 대한 논의는 없다고 보았다. 한편 정치학의 경우에도 역시 별로 중범위 수준을 논의하고 있지 않고 있으며 단지 몇몇 연구만이 복수의 주인을 상정하고 있다고 하였다. 이와는 대조적으로 사회학에서는 복수의 주인과 복수의 대리인에 관한 논의들이 많이 발견된다고 하였다.

한편 거시적 수준과 관련하여서는 경제학이나 정치학의 연구들은 이를 거의 다루지 않는다고 지적하였다. 오직 사회학의 연구들만이 물질적 구조만이 아니라 문화까지 다루는 풍부한 연구를 하였다고 평가했다.

〈표 2-16〉 대리인 이론의 다양성

	경제학	정치학	사회학
미시적 기초	간결: 합리성, 이익추구, 리스크	간결: 합리성, 이익추구	간결한 기초부터 가치를 포함한 복잡한 기초까지 다양
중범위 수준: 조직 구조	거의 없거나 부재: 더러는 복수 대리인 인정	거의 없음: 더러는 복수 주인 인정	여러 가지 조직 구조의 이념형: 복수의 주인과 복수의 대리인 모두 다룸
거시 수준: 구조적인 맥락	거의 없거나 부재	거의 없거나 부재	매우 풍부: 모두 물질적인 구조를 다루고 있고 또 많은 연구들은 문화까지 포함

자료: Kiser(1999: 148).

Kiser는 위의 분석을 토대로 사회학 분야에서의 주인 대리인 이론이 비록 경제학에서의 주인 대리인 이론의 간결성은 유지하지 못하지만 가장 의미가 있는 연구 결과를 도출한다는 결론을 내리고 있다. 결국 그는 인간에 대한 가정에 가치를 추가하고, 중범위 수준과 거시적인 구조 맥락 수준까지 주인 대리인 이론에 포함하여 분석할 것을 주장하고 있다.

2) 국내 행정학 분야에서의 선행연구

국내 행정학 분야에서의 주인 대리인 이론에 대한 논의는, 이론의 도입과 행정학에서의 적용 가능성을 탐색한 연구, 수리적 연역적 모델의 개발을 위한 연구와 사례나 정책 등에의 대리인 이론의 적용과 검증에 관한 연구 등으로 나눌 수 있다.

국내 행정학 연구의 새로운 방법론으로 주인 대리인 이론의 적용가능성을 탐색한 대표적인 연구로는 권순만·김난도(1995)의 시론적 연구를 들 수 있다. 저자들은 대리인 이론의 한국 행정에의 적용예로서, 국민－국회－정부관료제의 대리인 관계, 정부 관료조직에서 발생하는 대리인 문제 및 공무원들에 대한 동기 부여, 정부규제 및 공기업 관리에서 발생하는 대리인 이론적 논의들, 그리고 선거, 정부 조직 내의 기능 분화 등과 같은 논점에 관해서 살펴보았다.

한편, 김기석(2000)은 일본에서의 관료－정치가의 관계에 적용될 수 있는 대리인 이론의 측면을 논하고, 경험적 연구를 위한 여러 개의 검증가능한 가설들을 제시하였다. 그는 분석의 중심 개념을 정치가의 관료에 대한 위임의 정도로 보고 다음과 경험적 연구 주제들을 제시하였다. 권력구조가 대통령제인가 혹은 내각책임제인가에 따른 위임의 차이, 정권유형이 단독정권인가 혹은 연립정권인가에 따른 위임의 차이, 시간의 흐름에 따른 위임의 차이, 한 시점의 개별 정책부문에 따른 위임 수준의 차이 등을 분석할 수 있다고 보았다.

그 외에도 행정학의 다양한 영역에서 대리인 이론에 기반을 둔 모델의 개발과 가설의 검증에 관한 연구들이 이루어졌다. 계서제(박통희, 1989), 조직이론(윤성식, 1993: 김현성, 1996), 감사인(윤성식, 1994), 행정정보체계(김현성, 1996), 건설사업관리제도의 책임관리제(김관보, 1996), 지방공기업(김재훈, 1996), 공기업(이상철, 1997), 예산개혁(윤성식, 1997), 비영리단체(김준기, 1998), 관료제(김덕준, 1999), 관료의 승진(김난도, 1999), 학술지원정책(권길화·정윤수·조윤숙, 2000) 등이 그것이다.

제4절 연구의 분석틀

1. 공공서비스 계약공급의 정의

공공서비스의 계약공급의 개념은 다음과 같이 정의된다. 공공기관이 국민에게 제공하던 서비스를 계약을 통해 다른 기관이 제공하도록 위탁하는 방식이다. 위탁을 받은 수탁기관은 같은 공공기관일수도 있고 민간기관일수도 있다. 계약을 사용한다는 점에서 직영체제와는 달리 계층제적인 통제수단을 사용하지 않고 대등한 당사자 간의 합의를 전제로 하는 방식이다. 따라서 계약에 의한 행정은 명령과 지시에 의한 행정과는 다른 양상을 보인다.

위탁과 유사한 용어로는 위임과 대행을 들 수 있다. 행정권한의 위임과 위탁에 관한 용어는 '행정권한의 위임 및 위탁에 관한 규정'에 규정되어 있다. 동 규정에 따르면 "위임"은 "각종 법률에 규정된 행정기관의 장의 권한 중 일부를 그 보조기관 또는 하급행정기관이나 지방자치단체의 장에 맡겨 그의 권한과 책임하에 행사하도록 하는 것"을 의미하는 반면에, "위탁"
은 "각종 법률에 규정된 행정기관의 장의 권한 중 일부를 그 보조기관이나
하급행정기관 또는 지방자치단체 등 하위기관이 아닌 동등한 수준의 다른
행정기관의 장이나 법인·단체 또는 그 기관이나 개인 등 민간기관에 맡겨
그의 권한과 책임하에 행사하도록 하는 것"을 의미하고 있다. 결국 위임과
위탁은 특정 행정기관의 권한 또는 기능의 일부를 여타의 기관에 맡겨 수
행한다는 점에서 본질적으로 동일한 방식이나, 수탁기관의 성격이 하급기
관인가 동등한 기관인가에 따라 차이가 있다. 위탁 중에서 행정기관이 아
닌 민간기관에의 위탁의 경우가 민간위탁이다.

한편 위탁과 대행의 차이는 다음과 같다. 행정자치부의 '자치단체 사무의
민간위탁 추진 지침'에 의하면 "위탁"은 수탁자의 명의와 책임하에 처리
하고 법률효과도 1차적으로 수탁자에게 귀속하는 것으로 하며, "대행"은
법적 효과가 행정관청에 귀속되며 수탁기관은 단순 업무 처리의 지위를 갖
는 것으로 규정하고 있다.

본 연구에서는 계약에 의한 공공서비스의 공급을 분석하기 위해 민간위
탁(contract-out) 개념과 관련 이론을 적용한다. 공공서비스의 계약에 의한
공급을 공공서비스의 민간위탁에 의한 공급과 동의어로 사용하고 있다.
Savas는 민간위탁을 정부가 국민에게 제공하던 서비스를 민간이 대신 제
공하도록 하고, 정부는 그에 대한 대가를 민간에게 지불하는 계약 유형으
로 설명한다. 그러나 이러한 정의는 Savas 자신이 밝혔듯이 유형 분류에서
엄격한 순수형의 정의로 더 복합된 다양한 형태가 존재할 수 있다.

우선 민간위탁의 개념과 관련된 논점으로는 국민이 민간기업에 사용료를
지불하는 경우도 민간위탁으로 볼 수 있는가의 문제가 있다. 본 연구에서
이 사안이 문제가 되는 이유는 우리나라에서는 의료서비스 사용료의 상당
부분을 정부가 아닌 국민이 직접 부담하기 때문이다. Savas의 엄밀한 민간

위탁의 순수형 개념에서는 서비스의 대가를 정부가 민간기업에 지불하고 있는 경우만이 해당되며, 주민이 직접 사용료를 부담하여 민간기업에게 지불하는 경우는 프랜차이즈로 분류하고 있다. 프랜차이즈는 정부가 민간기업에 일종의 독점적인 영업권을 부여하고 주민은 그에 대한 사용료를 직접 부담하는 것이다.

그러나 현실적으로는 정부가 사용료가 징수되는 특정한 대민서비스를 민간에 위탁하는 경우에는 주민들이 해당 서비스에 대한 소비자로서 비용의 일부를 지불하는 만큼 외형적인 측면에서는 민간위탁과 프랜차이즈는 구분하기 어려운 측면이 있다. 강신일(1988)의 경우에는 양 개념을 같은 의미로 사용하고 있고, 박중훈(2000)도 민간위탁을 Savas가 정의하는 바와 같이 좁은 의미로 이해하지 않고 민간위탁의 개념을 확대하여 국민이 사용료를 지불하는 경우까지 포함하여 민간위탁이라고 정의한다고 밝히고 있다.

<그림 2-4> 서비스 공급형태별 서비스 전달과 비용 지불의 흐름도

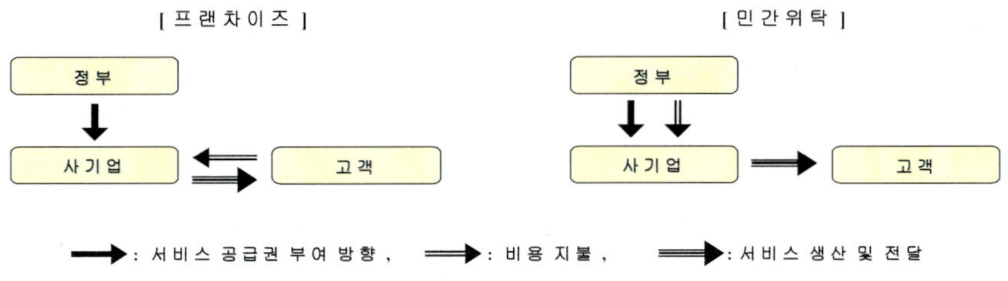

자료: Savas(1987: 91) 약간 변형.

사용료를 지불하더라도 이를 민간위탁으로 보는 이러한 해석은 다음과 같은 이유에서 무리가 없다고 본다. 사용료란 경제적인 대가를 지불하도록 하는 것 자체도 관행과 법적인 측면에 의해서 정해지는 부분이 많다. 사용료를 지불하도록 하는 서비스로는 교통서비스, 의료서비스 등을 들 수 있는데, 의료서비스에 대한 대가를 국민이 어느 정도 직접 치르도록 하는가는 국가마다 다른 방식으로 규정하고 있다. 사용료 지불 자체를 시장원리의 도입으로 보아 환경정책 분야에서는 개혁적인 차원에서 논의되고 있기도 하다. 따라서 국민이 민간기업에 사용료 등을 지불하는 경우도 민간위탁의 개념에 포함된다고 할 수 있다.

두 번째로는 민간위탁의 개념과 이론적 논의를 과연 공공기관에 위탁하는 경우까지 적용할 수 있는가의 문제가 있다. 본 연구에서 특히 이 문제를 짚고 넘어가야 하는 이유는 연구 대상이 된 세 가지 위탁 사례 중 하나인 마산의료원의 경우에는 민간의료기관 즉 민간부문이 아닌 국립 경상대학교 병원이라는 공공의료기관에 위탁되었기 때문이다. 게다가 위탁 대상인 의료원의 기관 형태도 직영체제가 아닌 지방공사 형태로 순수한 공공부문이라고 할 수 없다. 또한 수탁기관인 경상대학교 병원의 경우에도 위탁 이전에 이미 지방공사의 운영형태를 가지고 있었다. 따라서 위탁기관도 엄밀한 의미에서 순수한 형태의 공공부문이라고 하기 어려운 점이 있고, 수탁기관도 일단은 공공의료기관으로 분류되어서 민간의료기관은 아니지만, 또한 지방공사형의 특수법인이란 특징을 가지고 있어 역시 전형적인 공공부문의 직영형태와는 많은 차이를 보인다. 과연 이러한 경우까지를 통상적인 의미의 민간위탁이라고 할 수 있는지 용어 사용의 문제가 제기된다. 이 문제는 이미 한인섭(1999)이 그의 박사학위 논문에서 제기했던 것이기도 하다.

본 연구에서는 공공기관에의 위탁도 민간위탁으로 보고자 하는데 그 첫 번째 이유는 다음과 같다. 공공부문과 민간부문은 사실 엄밀히 구분되는 두 진영인 것이 아니라 연속되는 스펙트럼의 양 극단이라고 할 수 있으며, 그 극단 사이에는 다양한 유형의 복합된 형태의 중간조직이 존재한다. 정부산하단체, 특수법인, 제3섹터, 준정부조직(비정부조직), 매개조직, 정책망 등의 다양한 명칭으로 논의되는 중간조직은 공적인 성격과 사적인 성격이 혼재한 조직으로 이해할 수 있다(정용덕, 1999: 40-41). 지방공사 자체도 엄밀한 의미에서는 순수한 공공부문으로 보기에는 어려움이 있어 마산의료원의 경상대학병원에의 위탁 당시 다시 직영 형태로 환원하여 위탁하여야 한다는 논의가 몇 개월 동안 진행되기도 하였다.

공공기관을 책임운영기관이나 특수법인 등으로 개편하는 경우는 완전한 민영화를 위한 전 단계 내지는 민영화 개혁의 한 가지 방법으로 이해되고 있다. Savas는 민영화를 '활동이나 자산의 소유에 있어서 정부의 역할을 축소시키거나 민간부문의 역할을 증대시키는 것'으로 개념 정의하고 있다(1992: 3). 결국 정부의 역할이 줄어드는 것을 민영화라고 할 수 있으며, 정부의 직접적인 통제로부터의 거리가 멀어질수록 민영화를 향한 개혁이라고 판단할 수 있다. 사례 중 공공의료기관에 위탁된 경우도 지방공사이기만 하던 경우보다는 스펙트럼상으로 정부의 경영으로부터 멀어지고 민간에 더 가까워졌기 때문에 민간위탁으로 분류하고자 한다.

특수법인 형태의 공공기관에의 위탁을 민간위탁 범주에 포함하여 해석하는 두 번째 이유는 다음과 같다. Savas의 민간위탁 개념 규정은 스스로가 밝혔듯이 순수형에 해당하는 것이고 여러 복합된 유형이 나타날 수 있으며, Savas는 모든 국가에서의 모든 다양한 형태를 기준으로 서비스 제공방식을 분류한 것이 아니다. 국가마다 법인의 형태, 공공법인의 유형과 범위, 비영리법인이나 영리법인의 분류와 대상 등의 사안에 대해서는 다양한 기준을 적용하고 있어 매우 복잡하고 다양한 형태가 나타나고 있다. 중간조직은 어떤 국가론적인 시각을 취하는가에 따라서 다양하게 전개되며 또한 국가마다 상이하게 발달하였다(정용덕, 1999).

Savas는 서비스 생산방식의 순수형으로 10가지를 들고 있는데, 만약 지방공사의 공공의료기관에의 위탁을 Savas가 분류한 계약방식(민간위탁)에 의한 것으로 보지 않는다면 이를 정부 간 협정으로 보아야 한다. 하지만 계약을 통해 서비스의 공급을 보다 민간기업에 가까운 특수법인에 위탁시킨 경우는 정부 간의 협정이나 공공부문 간의 협정보다는 민간에의 위탁 방식에 더 가까운 것으로 볼 수 있다.

따라서 본 연구에서는 공공의료기관이지만 상당정도 민간부문과 유사한 특수법인에 위탁한 경우까지를 광의의 민간위탁 개념으로 이해하고자 한다. 김인·허용훈·이희태(1999)도 국립서울대학교 병원이란 공공의료기관에 위탁된 보라매병원을 민간위탁 유형으로 명시하고 있으며, 한인섭(1999)도 이를 민간위탁으로 파악하고 있다.[46][47]

이러한 계약에 의한 정부의 활동은 예전부터 많이 활용되던 정부의 활동 방식이다.[48] 그런데 오늘날 새롭게 주장되는 정부의 계약은 과거의 개념보다 더 넓은 범위의 서비스를 제공하도록 허용하고 있으며 동시에 개혁수단의 의미도 가진다. 과거의 정부계약이 주로 정부가 소비하고자 하는 재화나 서비스를 대상으로 한 것[49]이었다면 오늘날의 계약은 정부가 아닌 국민이 소비하는 바를 정부가 다른 기관이 제공하도록 하는 계약이라는 측면이 강조된다. 또한 민간부문의 공공부문에 대한 우월성을 강조하여 민간의 활력과 전문성 등을 도입하자는 취지의 개혁적인 시도들이라는 특징도 가진다.

---

46) 한인섭(1999)도 그의 박사논문에서 국립 서울대학교 병원에 위탁된 영등포병원(현 보라매 병원)을 역시 민간기법을 도입한 민영화 개혁의 일환으로 이해하고 있으며, 지방공사로 운영되는 서울시립 강남병원보다는 공공의료기관에 위탁운영되는 보라매병원을 더욱더 민영화된 운영 체제로 파악하고 있다.

47) 실제로 전국보건의료노조 측이나 신문과 매스컴 등은 세 개의 사례를 민영화 개혁의 일종으로 동일하게 파악하고 있고, 공공의료기관에 위탁한 경상대를 민간위탁 논의에서 배제시키고 있지 않다.

48) 정부가 체결하는 각종 계약은 지극히 중요한 정부기관의 행위이다. 정부가 지출하는 예산의 많은 부분이 계약을 통하여 집행된다. 따라서 행정학에서 정부계약에 대하여 좀 더 관심을 가져야 한다(유훈, 1991).

49) 이는 정부조달에 해당하는 내용으로 재화나 서비스 공급권은 대부분 가장 적은 비용을 입찰하는 자격 있는 기업에 낙찰된다.

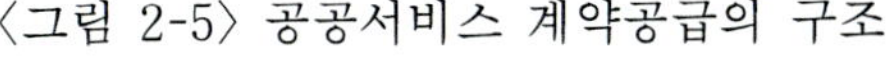

<그림 2-5> 공공서비스 계약공급의 구조

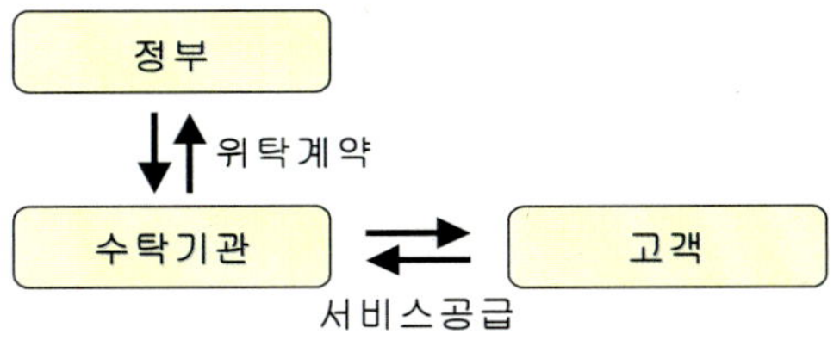

공공서비스의 계약에 의한 공급은 위의 그림에서 나타나듯 2개의 거래관계로 이루어진 구조를 가진다고 할 수 있다. 첫 번째 거래는 정부와 수탁기관 간의 위탁계약이다. 공공의료서비스의 경우에는 정부는 수탁병원이 과거 공공병원이 제공하던 대민서비스를 제공하도록 계약을 맺고 그에 대한 대가 등을 병원에 지불한다. 두 번째는 수탁기관의 고객에 대한 서비스 제공이란 거래이다. 공공의료서비스의 경우에는 수탁병원과 국민 간의 의료서비스계약이 이에 해당한다. 국가에 따라 수탁기관의 서비스 제공에 대해 국민이 지불하는 사용료가 달라진다. 우리나라는 의료보험제도가 의료할인제도의 성격으로 운행되고 있어 국민의 자기분담금은 상당히 높다.

2. 분석모형의 설정

본 연구에서 제기하는 기본적인 두 가지 질문은 다음과 같다. 첫째, 계약에 의한 공공서비스의 공급은 어떠한 운영성과의 변화를 가져왔는가, 그리고 그러한 성과는 의료원 간 차이를 보이는가와 둘째, 계약공급의 성과에 영향을 미치는 요인은 무엇인가이다.

이 두 가지 질문에 답하기 위해 본 연구는 크게 두 가지를 연구한다. 첫째는 위탁의 성과를 평가한다. 기존의 민간위탁 이론으로부터 다양한 성과평가 기준을 도출하여 적절한 지표를 선정하고 그 성과를 평가한다. 이 부분에서는 본 연구 대상인 공공의료기관의 민간위탁에서도 과연 민영화나 민간위탁 이론이 주장하는 성과가 나타나는가를 살펴볼 것이다. 또한 기존의 선행연구에서는 평가하지 않았던 정부의 예산 절감 여부와 의료서비스 소비자에의 비용 전가 여부도 분석해보고자 한다.

연구의 두 번째 주제에서는 성과에 영향을 미치는 주요한 요인으로 계약 과정에서 드러난 정부의 계약관리능력을 탐구해 보고자 한다. 기존의 위탁 이론은 위탁의 성과에 주로 관심을 가졌고 상대적으로 영향요인이나 과정에 대한 관심은 별로 없었다. 그나마 최근 영향요인과 계약과정에 대한 관심이 대두되고 있는데 주로 논의되는 변수는 경쟁의 유무, 수탁기관의 능력과 전문성, 서비스의 성격 등이고, 구체적인 사례를 통한 계약과정에 대한 분석과 위탁을 관리하는 정부의 능력에 대한 고려는 간과되어 있다. 본 연구는 그동안 위탁 이론에서 누락되었던 위탁과정과 정부의 계약관리능력에 관심을 가지고자 한다. 즉 다른 영향요인들이 정부의 계약관리능력이란 매개변수를 통해 위탁성과에 영향을 미친다고 보고 이를 분석하고자 한다.

그런데 이러한 위탁과정에서의 정부의 계약관리능력에 대한 연구는 별로 이루어진 바가 없어 이를 분석하기 위해 주인 대리인 이론의 개념과 분석 틀을 활용하고자 한다. 정부가 공공서비스를 위탁하는 계약관계를 주인 대리인 관계로 보고, 정부의 계약관리능력을 위탁계약관계에서의 대리인 문제에 대처하는 능력으로 정의한다. 그리고 그러한 정부의 계약관리능력에 따라 위탁의 성과가 달라진다고 본다.

1) 성과평가의 연구명제

본 연구에서는 계약공급의 성과평가기준으로 정부 비용의 절감, 의료원의 수익성과 공공성의 변화, 서비스 질의 변화와 서비스 소비자에의 비용 전가의 다섯 가지를 선정하였다. 이들 기준은 기존의 민간위탁 이론을 근거로 도출하였다.

〈표 2-17〉 성과평가기준의 도출

관련 주체	민간위탁 이론	
	위탁 찬성론의 주장 근거 (위탁으로 기대되는 긍정적 효과)	위탁 반대론의 주장 근거 (위탁으로 우려되는 부정적 효과)
정부(위탁자)	비용 절감	
의료원(수탁자, 서비스 생산자)	수익성 증대	공공성 저해
국민 (서비스 소비자)	서비스 질 개선	비용 전가

원래 위탁계약에 의한 서비스 공급은 비용 절감과 효율성 증대를 목적으로 주장되고 시행되었다. 서비스 질의 개선도 물론 계약공급이 가져올 수 있는 긍정적인 효과로 논해지나 서비스의 질을 개선시키겠다는 의도에서 위탁이 결정되는 경우는 별로 없었으며 오히려 동일한 서비스라도 더 저렴한 비용으로, 더 효율적으로 생산하기 위해 민간위탁이 주로 주장되었다.

본 연구에서의 위탁 사례만 하더라도 위탁된 세 의료원 모두 지속적인 경영 악화와 이에 따른 정부의 지원의 필요성 증가 때문에 위탁이 처음 논의되기 시작하였다. 위탁의료원들 주변의 새로운 민간병원들이 지방공사의 료원보다 더 좋은 의료서비스를 제공하고 있어 환자가 줄어 의료원의 경영이 악화된다는 것이 문제였고, 지역의 의료 서비스 질이 너무 낙후되어 이를 개선시키기 위해 위탁 논의가 촉발된 것은 아니었다.

따라서 본 연구는 우선적으로 의료원 민간위탁의 본래 목적인 비용의 절감과 효율성의 증대란 두 가지 변수를 성과평가기준으로 선정하였다. 그런데 비용 절감은 경영학의 아웃소싱에서는 주로 외주된 재화나 서비스의 생산비용이 문제가 되지만, 공공서비스의 외부 위탁의 경우에는 생산조직의 생산비용(본 사례에서는 의료원의 생산비용)외에 정부와 소비자 등의 다른 행위자들이 당면하는 비용 문제까지 살펴 볼 필요가 있다.

특히 많은 경우 민간위탁은 작은 정부를 실현할 일환으로, 즉 정부가 부담하는 비용, 관련 정부 인력의 감소를 목적으로 수행된다. 본 사례의 경우에는 인력의 감소는 노동법과 위수탁계약에 의해 제약되고 있어 이를 분석 대상에서 제외하고, 정부 및 지방자치단체의 의료원에 대한 예산 지원의 위탁 전후의 변화를 살펴볼 것이다.

그런데 정부의 비용 절감이나 의료원의 생산비용의 절감은 또한 노동자나 서비스 소비자들의 비용 상승으로 전가된다는 비판들이 제기되고 있다. 본 연구에서는 이 때문에 위탁 이후의 서비스 수요자가 부담하는 비용도 고찰하고자 한다.

한편 민간위탁에 대한 가장 큰 공격은 바로 공공성과 형평성의 요구에서 비롯되는 것이다. 민간위탁이 본질적으로 비용 절감과 효율성의 증대를 목적으로 하는 시행되는 개혁이어서 그 과정에서 공공성이 저해될 것이라는 우려가 많이 제기되었다. 따라서 본 연구에서는 의료원의 공공성을 평가할 것이며, 아울러 공공성과 효율성 간의 역의 관계가 존재하는가도 살펴볼 것이다.

또한 위탁의 기대효과 중 서비스 질의 개선도 많이 주장되고 있는 사안이어서 이에 대해서도 고찰해보고자 한다. 하지만 서비스 질의 개선은 본 사례의 경우에는 민간위탁의 1차적인 목적은 아니며 비용 절감과 효율성을 추구하는 과정에서 부수적으로 발생하는 긍정적인 효과로서 의미를 가진다.

<그림 2-6> 공공의료기관 위탁성과평가의 연구명제

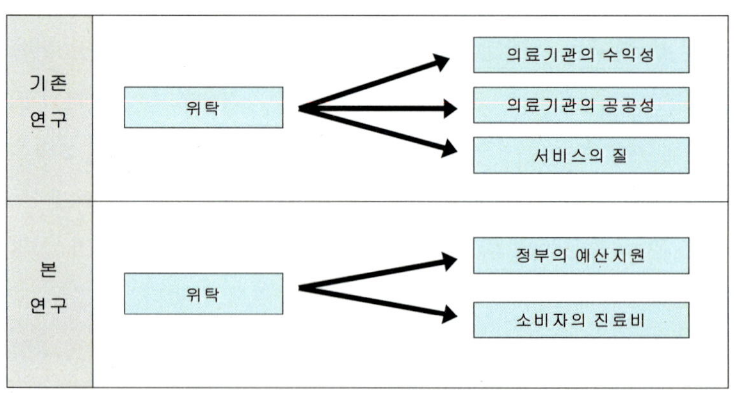

2) 영향요인의 연구명제

한편 논문의 두 번째 질문은 공공서비스 위탁공급의 성과에 영향을 미치는 요인은 무엇인가이다. 이 질문에 대해서는 본 연구는 계약과정 전반에서의 정부의 계약관리능력이 공급성과에 영향을 미치는 중요한 요인이라는 가설을 새롭게 제시한다. 기존의 선행연구에서 위탁공급의 성과의 차이를 가져오는 주요한 요인은 수탁기관 선정과정에서의 경쟁, 수탁기관의 전문성, 서비스의 성격 등이었고 정부의 관리능력은 부차적이거나 단편적으로만 언급되고 있었다. 그런데 본 연구에서는 정부의 계약관리능력을 가장 중요한 요인으로 보고, 다른 요인들은 정부의 계약관리능력이란 변수를 매개로 하여 위탁성과에 영향을 미친다고 본다.

본 연구는 일단 동일한 서비스를 대상으로 한다는 점에서 서비스별로 위탁의 성과가 달라진다는 논의는 본 연구와 관계가 없다. 본 연구의 초점은 경쟁이나 수탁기관의 특성 등이 계약과정에서의 정부의 계약관리능력을 매개로 하여 위탁성과에 영향을 미친다고 보는 데에 있다.

초기의 민간위탁 관련 연구들은 민간위탁이 성과에 미치는 영향이란 단순한 연구명제를 연구하는 경우가 많았다. 민간위탁 주창자들은 시장원리의 우수성을 강조하고 민간위탁에 관한 장밋빛 청사진을 제시하였고, 초반의 연구들은 그 때문에 민간위탁의 성과를 주로 평가하였다. 민간위탁은 과거 독점적인 생산에서 경쟁 환경에서의 생산으로 변화하는 것으로 이론상 당연히 비용 절감이나 효율성의 증대라는 효과를 가져 올 것이란 기대가 있었다.

그러나 위탁의 성과가 항상 예상한 바와 같이 긍정적으로 나타나지 않고[50], 아울러 서비스 간에도 성과의 차이가 보여 점차 위탁의 영향요인과

---

50) "민간위탁의 실패사례(contracting-out horror stories)도 많이 발견되고 있다." (Globerman & Vining, 1996: 577); "민간위탁은 만병통치약이 아니다. 경우에 따라서는 예산상의 출혈을 악화시킬 수 있다." (Prager, 1994: 176); "민간위탁은 은으로 만든 총알(silver bullet)이 아니다)." (Prager, 1994: 183; "민영화는 정부의 화살통에 있는 여러 화살 중의 하나일 뿐 만병통치약이 아니다." (Osborne & Gaebler: 1992); "민영화는 여러 해답 중 하나이지, 유일한 해답은

어떤 서비스를 대상으로 하는가에 대한 관심이 나타나기 시작했다. 영향요인 중 특히 강조된 것은 위탁과정에서의 경쟁입찰로 경쟁이 위탁성과에 어떤 영향을 미쳤는가에 대한 논의들이 많이 이루어졌다.

그러나 이러한 경쟁[51]의 강조는 DeHoog가 지적한 바와 같이 합리적인 의사결정과정에서 다수의 대안을 제시하는 과정에 해당하는 것으로, 만족화하는 인간들인 공무원들이 과연 경쟁의 조건을 만족시키기 위해 모든 노력을 다하는가는 의문이다. 또 경쟁의 문제는 단지 공무원의 합리성의 문제와만 관련된 것이 아니라 복수의 경쟁하는 대안을 찾기 위해서는 거래비용이 너무 높아진다는 점도 지적되고 있다. 민간위탁과정에서의 경쟁만을 너무 강조하는 것은 예전의 정책결정이론에서의 모든 대안을 도출하라는 권고와 유사한 측면이 있다.

기존의 성과와 경쟁에 주로 관심을 가진 민간위탁 연구들은 따라서 계량적인 접근을 하는 경우가 많았다. 여러 종류의 서비스의 위탁성과를 검증하거나 경쟁 유무를 변수로 도입하여 성과에의 영향을 분석하였다.

〈그림 2-7〉 위탁 관련 기존연구의 연구명제

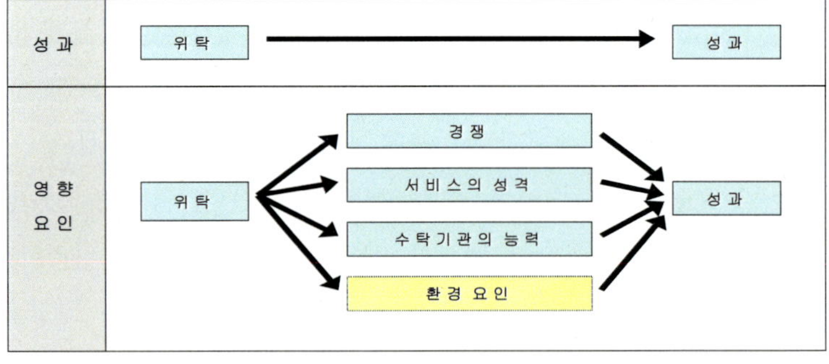

아니다." (Osborne & Gaebler, 1992: 45).

[51] 경쟁의 개념을 강조하는 경우에도 그것이 수탁기관 선정과정에서의 경쟁을 의미하는 것인지 공공서비스의 공급과 수요라는 시장에서의 경쟁을 의미하는 것인지에 대한 구별도 애매한 경우도 더러 발견된다.

본 연구에서도 계약과정에서의 경쟁의 유무, 수탁기관의 특성 등에 관심을 둔다. 그러나 이들 요인들이 정부의 계약관리능력을 통해서 위탁성과에 영향을 미친다고 보아 그동안 단지 부차적이거나 단편적으로 논의되던 정부의 관리측면을 주요 변수로 제시하고 이에 관심을 가지고자 한다. 최근 학술지에 계약관리의 중요성을 강조하는 논문들이 몇 편 발견되고 있다(T. B. Brown & M. Potoski, 2003; Van Slyke, 2003). 서비스의 성격이나 경쟁 등의 비교적 주어진 조건들과 달리 정부의 계약관리능력은 정부의 능동적인 측면을 강조한다고 할 수 있다.

공공서비스의 위탁이란 공공서비스 전달체계의 마지막 부분에 하나의 연결고리를 더 추가하는 것이다. 이 연결고리가 얼마나 잘 설계되고 잘 이행되는가가 공공서비스의 집행의 성과를 좌우할 것이다. 기존의 많은 연구들은 민간으로 이 고리를 연결하기만 하면 자동적으로 성과가 나타난다는 주장들이 많았다. 하지만 이 연결고리 때문에 주인 대리인 관계가 하나 더 나타나고 이 연결부분에서의 대리인 문제가 제대로 해결되고 대처되지 않는다면 공공서비스는 원 주인의 의도대로 집행되지 않을 수 있다.

<그림 2-8> 본 연구의 연구명제

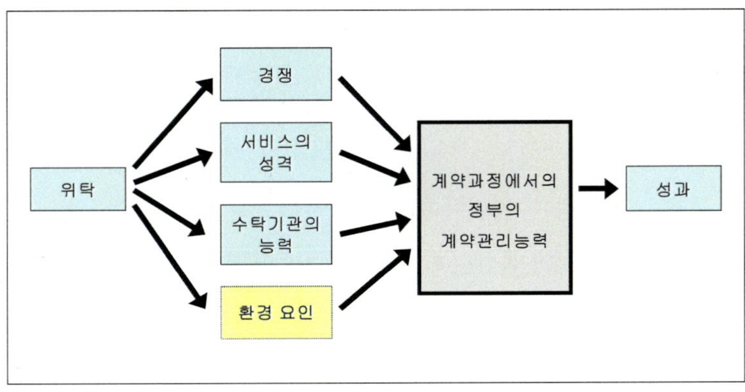

공공서비스의 위탁계약은 정책과 마찬가지로 정치적이고 복잡한 과정을

걸쳐 성립하는 것이고 그 가운데에서 정부가 어떻게 계약을 관리하였는가가 성과에 영향을 미친다는 것이 본 연구의 주요 가설이자 주장이다. 정책연구에서의 활발한 정책과정에 대한 관심과는 달리 유독 공공서비스 계약공급의 경우에는 위탁 이후 자동적으로 성과와 연결지려 하고 그 과정을 암흑상자(black box)로 보는 경향이 있다. 또한 정책연구에서는 정책 내용 자체에 대한 논의가 필수적임에도, 위탁연구의 경우에는 시장기능과의 연결에 만족하고 어떤 내용으로 연결되는가에 관한 계약내용을 구체적으로 고찰한 경우가 거의 없었다.

동일한 서비스를 대상으로 하는 '정책'이 성공할 수도 있고 실패할 수도 있고, 그러한 성공과 실패가 전반적인 정책과정－정책결정과정에서의 여러 요인, 정책내용, 그리고 정책 집행의 요인－에 의한 것이라는 설명과 마찬가지로 '계약'에 의한 서비스도 성공하거나 실패할 수 있고, 그 성공과 실패도 전반적인 계약과정에서의 요인들로 설명될 수 있다는 것이다. 민간에 위탁되었다는 그 자체, 입찰과정에서의 경쟁의 유무, 수탁기관의 능력, 그리고 서비스의 종류, 기타 환경적인 요인들도 계약공급의 성공과 실패에 영향을 미치는 중요한 요인들이지만, 위탁에 이르기까지의 역동적 과정, 합의된 계약서의 내용, 그 내용에 따른 계약의 이행 등 전반적인 계약과정과 그 과정에서의 정부의 관리능력이 계약공급의 성과를 좌우하는 결정적 요인인 것이다.

본 연구에서 말하는 정부의 계약관리능력이란 정부가 위탁과정 전반에서 대리인 문제에 대처하는 능력이다. 지방공사의료원의 위탁은 '국민－정부－지방공사의료원'의 관계에서 '국민－정부－수탁대학병원－지방공사의료원'과 같은 주인－대리인의 연쇄로의 변화를 의미한다.[52] 국민이 정부에 공공

---

52) 구체적인 상황에 따라 주인 대리인의 연쇄는 다르게 설명되고 같은 사안이더라도 여러 가지 형태로 구성될 수 있다. 예를 들어 국민, 의회, 정부의 관계는 '국민－의회－정부관료제'의 연쇄로 파악될 수도 있고, 견해에 따라서는 국민이 유일한 주인이고 의회와 정부관료제를 복수의 대리인으로 고용한 구조로 파악

의료서비스를 제공할 권한을 위임하였고, 정부는 다시 그 서비스의 생산을 수탁대학병원에 위탁하였다. 이러한 조직 간의 주인 대리인 관계만이 아니라 위탁된 의료원을 들여다보면 수탁의료원의 경영진과 위탁된 의료원의 직원간의 조직 내의 주인 대리인 관계가 또한 있음을 알 수 있다. 그런데 본 연구에서 주로 분석할 핵심적인 주인 대리인 관계는 정부라는 주인과 수탁의료원이라는 대리인 간의 관계이다.

본 연구에서는 대리인 이론의 시간의 진행에 따른 준거틀[53]을 바탕으로 연구의 분석틀을 설정하였다. 그런데 주인 대리인 이론의 기본가정과의 큰 차이점은 원 이론에서는 주인이 계약을 단독적으로 설계하고 대리인은 계약을 승낙하거나 거절하는 것으로 가정하지만, 본 사례의 경우에는 계약당사자를 먼저 정한 후 구체적인 계약내용을 양 당사자가 협상한다[54]는 것이다. 따라서 본 사례의 분석틀에서는 계약체결과정에서 대리인이 선정된 후 계약내용이 협상되어 결정되는 것으로 설정하여 대리인 이론의 시간 준거틀에서의 주인의 계약디자인 단계와 대리인의 승낙(거절) 단계가 바뀌어 있다.

할 수도 있다(권순만·김난도, 1995: 84). 사례의 경우도 위탁경영으로 의료원이 정부 외에 수탁대학병원이라는 수익성에 민감한 새로운 주인을 부분적으로 도입했다고도 해석할 수 있다. 이 경우에는 위탁된 의료원은 기존의 정부 이외에 동시에 수탁병원과의 관계에서도 주인 대리인 관계가 성립하여 두 명의 주인을 가진 대리인이 된다.

〈그림〉 공공의료기관의 위탁에서의 주인 대리인의 구조

위탁 이전	국민 ----- 중앙정부 ----- 지방자치단체 ----- 의료원
위탁 이후	국민 ----- 중앙정부 ----- 지방자치단체 ----- 의료원 (경영 위탁) 수탁대학병원

53) 본 연구 p.57 참조.

54) 대리인 이론의 기본 가정 중 주인이 단독적으로 계약을 설계한다는 가정을 완화하여 주인이 대리인과 계약을 협상하는 수리적 모델에 관한 연구도 최근 발견되고 있다.

〈그림 2-9〉 공공의료기관의 위탁에서의 주인 대리인의 연쇄 구조

위탁 이전	국민 ----- 정부 ----- 지방공사의료원
위탁 이후	국민 ----- 정부 ----- 수탁병원 ----- 지방공사의료원 (경영 위탁)

본 연구에서 위탁성과에 영향을 미치는 주요 요인으로 주장하는 계약관리능력은 첫째 계약체결 이전에서는 역선택의 문제로 나타난다. 정부가 수탁기관인 대리인의 숨겨진 유형(hidden type)에 관한 정보를 보유하지 않아 나쁜 유형(bad type)을 선정하는 것이 역선택이다. 대리인은 기본적으로 자기 이익을 추구하고 주인과는 다른 목표를 가진 것으로 가정된다. 이러한 대리인에 대한 정보를 주인인 정부가 얼마나 제대로 획득하였는가를 살펴보고자 한다.

계약관리능력은 또한 계약이 체결된 이후에는 대리인의 도덕적 해이에 대한 대처로 파악할 수 있다. 대리인의 도덕적 해이를 줄이기 위해서는 인센티브를 계약내용에 설계하는 방법과 감시·감독을 강화하는 방법이 있는데, 인센티브의 설계가 더 좋은 방법으로 평가된다. 따라서 계약관리능력은 두 번째로는 계약내용에서 인센티브와 위험부담, 그리고 입증가능한 노력(verifiable effort)55) 등을 어떻게 규정하였는가를 통해 파악하고자 한다. 그리고 세 번째로는 평가와 감독 시스템에서 정부가 대리인의 숨겨진 행위(hidden action)에 대한 정보를 어떻게 획득하였는가를 통해서 고찰할 것이다.

위의 세 가지 측면에서 정부의 계약관리능력을 고찰한 후, 이를 성과에 연결짓는 부분은 계약의 이행이다. 이는 대리인 이론의 시간 준거틀에서의

---

55) 대리인의 노력(effort)은 주인이 볼 수 없는 노력(unobservable effort)과 볼 수 있는 노력(observable effort), 그리고 법원에서 입증가능한 노력(verifiable effort)과 입증불가능한 노력(unverifiable effort)으로 구분된다. 입증가능한 노력을 계약에 많이 규정할수록 도덕적 해이는 줄어든다.

대리인의 노력에 해당하는 부분이다.

그런데 위탁의 성과는 대리인의 노력에 의해서만 결정되는 것은 아니고 불확실성의 영향을 받는다. 이러한 불확실성은 환경적 요인으로 의료원별로 개별적으로 영향을 받는 특수 요인과 모든 의료원이 영향을 받는 보편적 요인으로 나누어 생각해 볼 수 있다. 특수요인은 위탁의료원 각각의 지방의료환경이며, 보편적 요인은 세 의료원에 공통적으로 영향을 미친 요인으로 의료보험수가의 인상, 의약분업의 실시 등이다. 본 연구에서는 이에 대해 별도의 항목으로 본격적인 분석에 앞서 따로 살펴보고 사례의 각 분석단계에서 사안이 관련될 때마다 다시 논의할 것이다.

또한 주인 대리인 이론은 기본적으로 사법부의 계약 강제집행권을 전제조건으로 하고 있다. 계약은 기본적으로 그 집행을 보장받지 않으면 아무런 의미가 없기 때문이다. 그러나 이와 관련된 구체적인 논의56)는 본 연구의 범위를 벗어나는 측면이 있어 이에 대한 분석은 시행하지 않는다.

---

56) 민간위탁이 행정주체의 변경을 가져오는가, 위탁업무 담당직원이 공무원 의제가 되는가, 민간위탁의 경우에도 수탁자의 위법 또는 부당한 처분, 공권력의 행사·불행사 등으로 국민의 권리 또는 이익이 침해된 경우 행정심판 또는 행정소송으로 불복할 수 있는가, 위탁업무로 인한 손해에 대해서도 국가배상법의 손해배상 적용을 받는가 등에 관한 논의가 주로 이루어지고 있다. 결국 개별적인 사례에 따라 민법 혹은 행정법 등의 적용을 받을 것이고 이에 대한 구체적인 판단은 법원과 법학자들의 몫이다. 어느 법률의 적용을 받든 기본적으로 사적 자치의 원칙이 인정되고 계약의 이행이 강제된다는 점은 같다.

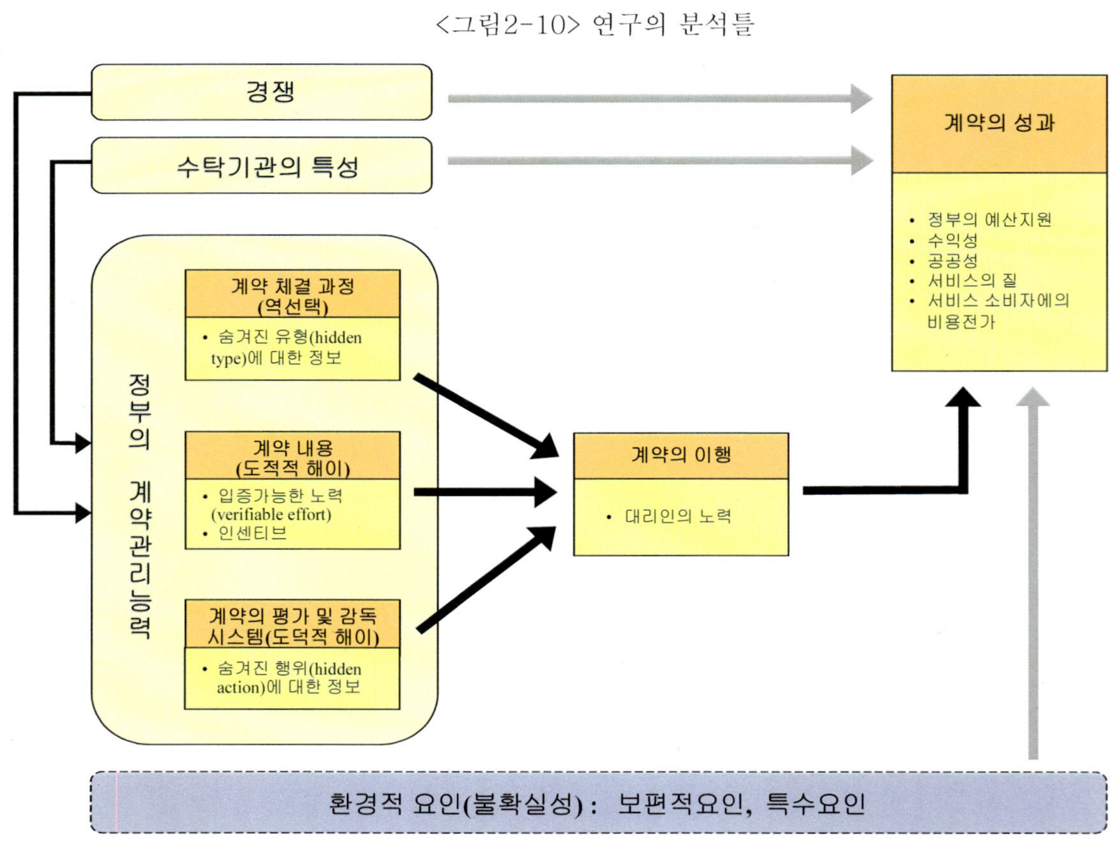

<그림2-10> 연구의 분석틀

3. 분석모형의 구성요소

1) 성과평가의 분석변수

기존의 민간위탁성과에 대한 논의로부터 본 사례의 경우에 고찰하여야 할 다섯 가지의 성과평가기준을 도출하였다. 정부의 예산 지원, 의료원의 수익성과 공공성, 환자들이 소비하는 의료서비스의 질과 서비스 비용이 그 것이다. 위탁 이론에 의하면 정부의 예산 지원은 많이 줄어들수록, 의료원의 수익성은 많이 증대되고 공공성은 덜 감소할수록, 환자들이 체감하는 서비스 질이 많이 개선되고 그 비용은 조금 증가하였을수록 위탁성과는 바람직한 것으로 판단된다.

〈표 2-18〉 성과평가기준과 성과의 측정

관련 주체	성과평가기준	성과의 측정
정부 (위탁자)	예산 지원	절감의 정도 (클수록 바람직)
의료원 (수탁자, 서비스 생산자)	수익성	증대된 정도 (클수록 바람직)
	공공성	감소된 정도 (적을수록 바람직)
환자 (서비스 소비자)	서비스 질	향상 정도 (클수록 바람직)
	진료비	전가된 정도 (적을수록 바람직)

<표 2-19> 성과평가기준과 평가지표

관련주체	성과평가기준	평가지표
정부	예산 지원	−경상보조금 −총지원금
의료원	수익성	−총수지비율 −의업수지비율 −의료수익의료이익률
의료원	공공성	−외래보호(급여)환자수/총환자수 −입원보호(급여)환자수/총환자수 −외래보호(급여)환자수/100병상 −입원보호(급여)환자수/100병상 −응급환자수/100병상
환자	서비스의 질	−일반환자수＋보험환자수/100병상 −의사의 서비스에 대한 　의료원 연합회 설문조사
환자	진료비	−1인당 1일 외래진료비 −1인당 1일 입원진료비

① 정부의 예산 지원

민영화나 민간위탁 등은 작은 정부를 지향하는 개혁이다. 작은 정부를 달성한 정도는 관련 예산의 변화나 인력의 증감으로 파악할 수 있다. 본 연구에서는 정부의 해당 의료원 관련 예산 지원의 증감을 통해 위탁이 정부의 비용절감에 어떤 영향을 미쳤는가를 고찰하고자 한다. 기존의 공공의료서비스의 계약공급 관련 연구들은 모두 이 정부의 예산 절감 측면을 간과하고 있다. 즉 수익성이나 공공성 관련 지표들에 의한 평가를 하면서도 정작 가장 중요한 정부의 지원 부분의 증감에 대해서는 관심을 가지지 않았다.[57] 위탁의 궁극적인 목표가 작은 정부의 지향이고 국민의 세금 부담을 덜겠다는 명분으로 이루어지는 개혁임에도 불구하고 관련 병원의 수익

---

57) 이는 기존의 대부분의 연구가 직접적으로 민간위탁이나 민영화를 연구한 것이 아니고 운영 형태별 경영성과를 연구하는 가운데 간접적으로 민간위탁 체제를 다루었기 때문이다.

성 지표 등만을 분석하고 정부의 비용 절감 측면에는 관심을 별로 두지 않았다.[58]

정부의 비용절감을 분석하기 위－한 지표로는 매년 중앙정부 및 지방자치단체가 의료원에 지원한 예산을 보고자 한다. 구체적인 지표로는 매년 의료원에 지원된 경상보조금과 출연금을 사용한다. 경상보조금은 운영비에 대한 지원이고 출연금은 장비와 시설에 대한 지원이다. 시설 등에 대한 소유권이 정부에 있어 이에 대한 지원이 이루어지는 것을 논외로 하더라도 원칙적으로는 독립채산인 지방공사의 운영비 지원은 사실상 문제가 있다. 위탁의 주요 요인은 정부의 재정 압박이나. 만약 위탁과 관련하여 위탁의료원에 대한 재정적인 지원을 오히려 증가시키고 있다면 이는 사실상 위탁의 목적을 일탈하고 있는 측면이 있다.

본 연구에서는 경상보조금의 위탁 전후의 변화를 실질가치로 환산하여 정부의 예산 지원이 위탁으로 어떻게 변하였는가를 판단할 것이다. 보조금과 출연금의 합계인 총지원액도 부수적으로 참고할 것이나 위탁 전후의 보조금의 변화에 더 중점을 둔다. 보조금과 지원금에 대한 자료는 내부자료와 행정자치부가 매년 발간한 『지방공기업 결산 및 경영분석』을 통해 수집하였다.

② 의료원의 수익성

본 연구에서는 위탁이 효율성의 증대를 가져왔는가 여부를 분석하기 위해 병원의 수익성 지표를 고찰한다. 수익성을 평가하는 주요 지표로 총수지비율, 의업수지비율과 의료수익의료이익률을 보고자 한다. 총수지비율은 '(의업수입＋의업외수입)/(의업비용＋의업외비용)×100'으로 산출한다. 의료 행위 이외의 영안실 운영, 주차장 운영, 매점이나 식당 운영의 비용과 수입까지 포함한 의료원 전체의 경영수지를 나타내는 지표이다. 한편 의업수지

---

58) 의료원에 대한 예산 지원 근거는 지방공기업법과 지방의료원설치조례에 근거하고 있다.

비율은 '의업수입/의업비용×100'으로 산출한다. 순수한 의료행위만의 비용과 수입을 분석하는 것으로 의료 행위 자체의 수익성을 판단하는 지표이다. 한편 의료수익의료이익률은 의료수입 중 의료이익이 차지하는 비율로 '(의업수입－의업비용)/의업수입'으로 산정한다.

한편 이 이외에 추가적으로 의업비용(소비자 물가로 환산한 실질가치 포함)의 추세를 살펴보고 요소별 원가관리 실태도 파악하고자 한다. 원가 관리 실태를 파악하기 위해 일단 재료비율, 인건비율과 관리비율의 지표를 살펴본다. 재료비율의 산정식은 '재료비/의업수입×100', 인건비율의 산정식은 '인건비/의업수입×100', 또한 관리비의 산정식은 '관리비/의업수입×100'이다. 원가 관리와 관계된 이들 지표 중 가장 중요한 것은 인건비율로 그 수치가 높을수록 병원의 수익성은 저해되고 대략 45~50%를 기준으로 병원의 손익분기점이 결정된다는 것으로 알려져 있다. 따라서 원가관리 지표들 중 특히 인건비율에 관심을 두고자 한다.

수익성 관련 이들 지표들은 행정자치부가 매년 발간하는 『지방공기업 결산 및 경영분석』에 수록되어 있다. 전국 지방공사의료원 연합회가 매년 발간하는 『지방공사 시·도 의료원 경영실적 평가보고서』와 각종 편람 등의 내용도 같이 참조하여 분석할 것이다.

③ 의료원의 공공성

기존의 연구들에서는 병원의 공공성을 분석하기 위해 '의료보호(의료급여[59])환자 진료율', 즉 '총 환자 중 의료보호환자가 차지하는 비율'을 분석하였다. 그런데 본 연구에서는 기존 연구와는 달리 공공성의 지표로 '의료보호환자 진료율' 외에 '100병상당 외래 및 입원 의료보호환자수'와 '100병상당 의료원을 방문한 응급환자의 수'를 추가로 분석할 것이다. 의료원의 입원 및 외래 의료보호환자수와 응급환자수는 『지방공사 시·도 의료원 경

---

59) 근거 법률인 국민기초생활보장법에서 '의료보호'를 '의료급여'로 변경함에 따라 '의료보호법'도 2001년 5월 24일 '의료급여법'으로 법제명을 개정하였다.

영실적 평가보고서』에 수록되어 있다.

외래보호환자 진료율과 입원보호환자 진료율은 각각 '외래보호환자수/연간외래환자수×100'과 '입원보호환자수/연간입원환자수×100'으로 산출한다. 또한 '100병상당 외래 및 입원 의료보호환자수'는 실병상수가 아닌 연운영병상수(실병상수×365일)를 기준으로 '외래보호환자수/연운영병상수×100'과 '입원보호환자수/연운영병상수×100'으로 계산한다.[60]

기존의 의료보호환자 진료율 외에 '100병상당 외래 및 입원 의료보호환자수'를 추가하여 분석하여야 하는 이유는 다음과 같다. 흔히 위탁운영체제의 의료원에서 의료보호환자의 비율이 떨어진다는 논의가 있는데 이는 위탁운영의 결과로 서비스 질이 개선되어 상대적으로 일반 환자나 보험환자의 수가 증가하여 의료보호환자비율이 감소하는 것일 수도 있다는 가능성을 간과하고 있다. 따라서 기존의 연구에서 주로 사용되던 의료보호환자의 비율이란 지표 외에 100병상당 외래 및 입원보호환자수란 지표를 추가적으로 사용하여 공공성을 분석한다.

한편 공공성을 분석하기 위한 지표로 흔히 의료보호환자비율 등 의료보호환자와 관련된 사항을 사용하는 이유는 다음과 같다. 의료보호환자는 병원비를 일부 혹은 전액을 부담하지 않고 그 비용은 정부가 부담한다. 의료보호환자진료비의 부담은 국비가 80%이고 도비가 20%인데, 정부가 지급하는 이 비용은 곧바로 지급되지 않고 몇 개월씩 혹은 심지어 거의 1년 가까이 지연된다. 이렇게 지연된 의료비용이 병원 미수금의 상당 부분을 차지하고 경영을 어렵게 한다. 또한 진료에 필요한 처치나 검사 중에서도 보험으로 청구되지 않고 일반으로 처리되는 것이 상당히 있어 보호환자의 경우에 병원 입장에서는 검사나 처치가 필요하여 이를 행한 후에 그 비용은

---

60) 2000년도 의료원 연합회 발간 평가보고서부터는 보호환자 진료율 대신 병상수를 기준으로 한 지표를 사용한다. 2000년 이후의 연간 외래환자수와 연간 입원환자수는 평가보고서에는 수록되어 있지 않아 지방공기업 결산 및 경영분석의 자료를 사용하여 분석한다.

청구하지 못하고 환자로부터도 받지 못하는 경우가 있다.

결국 표면상으로는 의료보호환자와 보험환자가 차별이 없고 동일한 치료를 받기 쉬운 것으로 인식되나 실제로는 병원으로서는 보호환자나 행려환자 등은 수익성을 고려할 때 기피하게 되고, 이들에 대해서는 필요한 치료임에도 불구하고 비용을 보상받을 수 없는 비보험 치료행위들을 회피하게된다. 이러한 이유에서 공공성을 분석하는 지표로 의료보호환자 관련 지표들이 사용되는 것이다.

본 연구에서는 또한 수익성과 공공성의 관계를 검증해 보고자 한다. 위탁의 결과로 수익성은 증대되는 반면 공공성이 저해될 것이라는 우려가 제기된다. 즉 수익성을 추구하기 위해 의료원이 수익성에 저해가 되는 의료보호환자나 행려병자 등의 치료를 감소시킬 것이라는 우려가 있다. 반면 수익성의 증가는 오히려 공공성의 증대를 가져올 것이라는 견해도 있다. 즉 효율적인 경영으로 수익이 증대하고 그 수익을 무료진료 등의 공공적인 목적에 활용할 수 있다는 것이다. 전자의 경우에는 수익성과 공공성은 역의 관계를 보일 것이고 후자의 경우에는 수익성과 공공성은 비례할 것이다. 양자의 관계를 확인하고자 위탁 이후로 각 사례에서의 수익성과 공공성의 변화가 역의 방향인지를 고찰할 것이다.

④ 서비스의 질
서비스의 질을 평가하기 위해 직접 주관적인 설문조사를 실시하는 것이 바람직하나 현시점에서는 이는 본 연구에서의 서비스 질을 평가하기 위한 적합한 방법은 아니다. 그 이유는 연구의 시간적 범위가 과거이며 과거에 서비스 질을 어떻게 평가하였는지를 분석하여야 하기 때문이다. 과거에 대한 기억을 묻는 방식으로 전개할 수도 있지만 기억이 확실하지 않은 경우도 있고 지금의 지역 시민이나 환자들이 과거의 지역 시민이나 환자들과는 달라졌을 가능성도 배제되지 않는다. 게다가 이미 이천의료원의 경우에는

민간위탁이 종료되고 원래의 지방공사체제로 전환된 지 상당기간이 지났
다. 따라서 위탁 전후의 서비스 질을 평가하기 위해서는 다른 대리변수가
필요하다.

서비스 질을 평가하기 위한 대리변수로는 각 년도의 100병상당 의료원의
일반환자 및 보험환자수의 합계를 선정하였다. 의료원에서 치료받은 일반
환자수와 보험환자수는 행정자치부가 발간하는 『지방공기업 결산 및 경영
분석』에 수록되어 있다. 일반환자와 보험환자의 경우에는 비용상의 문제
등으로 굳이 공공의료기관을 방문할 필요는 없는 환자들이다. 따라서 의료
원을 방문하여 치료받는 일반환자수와 보험환자수의 추세를 파악하면 서비
스의 질을 대략 알 수 있다. 만약 위탁 전후로 일반 환자들의 수가 변화한
다면 이는 서비스의 질이 변하였기 때문이라고 볼 수 있다. 일반환자수와
보험환자수는 각각 외래와 입원환자수를 모두 합한 수이다. 한편 보험환자
수에는 건강보험환자 외에 자동차보험환자와 산재보험환자 등이 포함되어
있다.

한편 각 년도에 행정자치부의 경영평가 당시의 설문조사 자료를 보조적
으로 참고한다. 행정자치부 산하의 전국 지방공사의료원 연합회의 경영평가
에서는 2000년부터 매년 서비스의 질을 평가하고 있다.[61] 설문항목은 크게
의사에 대한 평가, 간호사에 대한 평가, 기타 서비스에 대한 평가로 나뉜다.
의사에 대한 평가에서는 의사에 대한 만남의 용이성, 진료대기 시간 만족도,
진료과정에 대한 설명, 환자에 대한 진료 태도를 조사하고 있으며, 간호사에
대한 평가에서는 간호사와의 만남의 용이성, 간호사 대답의 성실성을 조사

---

61) 2003년의 여러 신문에서는 지방공사의료원의 평가기능이 보건복지부로 이관되
  었다는 기사가 실렸다. 그러나 그동안 지방공사의료원의 평가 담당기관이었던
  행정자치부 산하의 의료원 연합회에 문의한 결과 이는 오보라고 하였다. 단지
  여러 평가 항목 중 진료환경 분야의 평가를 보건복지부에 이관한 것이며, 그것
  도 보건복지부는 3년에 한번씩 평가하기 때문에 보건복지부가 평가하는 해에
  만 중복이 된다는 이유로 이전되는 것이고, 보건복지부가 실시하지 않는 해에
  는 여전히 의료원 연합회가 평가한다고 설명하였다. 서비스 질에 대한 설문조
  사는 바로 이 진료환경 분야의 평가 항목에 해당한다.

하고 있다. 또한 기타 서비스에 대한 평가에서는 병원 직원들의 태도와 식사의 질 등을 조사하고 있다. 비교적 상세한 설문조사이기는 하나 2차 자료이고 2000년 이전에는 실시되지 않았다는 단점이 있다.

⑤ 진료비

본 연구에서는 환자의 진료비 변화도 분석의 대상으로 삼고자 한다. 위탁의 구조에서 정부와 수탁기관 간, 또 수탁기관과 일반 고객 간의 두 가지 거래를 명시적으로 구별하는 실익은 이러한 성과변수의 도출 부분에 있다. 기존의 연구에서는 비용절감은 대부분 위탁기관의 비용절감을 의미하는 것이었다. 그러나 위탁기관의 비용절감만큼이나 중요한 것은 바로 일반 고객인 환자의 비용절감이다.

민간위탁에서 정부의 예산 절감이나 의료원의 수익성을 너무 주장하다가는 의료서비스 소비자인 환자가 부담하는 비용측면을 간과하기 쉽다. 정부의 예산 절감이나 의료원의 수익성 증대가 사실은 환자들의 진료비 상승을 통해 이루어질 수 있는 것이다. 즉 실제로는 비용의 절감이 아닌 비용의 전가가 나타날 수 있으며, 경우에 따라서는 정부의 비용 감소보다 더 큰 전 사회의 비용 상승[62]도 나타날 수 있다.

의료서비스의 소비자가 부담하는 비용의 변화를 평가하기 위해서는 1인 1일당 외래 및 입원진료비의 변화를 살펴볼 것이다. 진료비 지표는 구체적으로는 1인 1일당 외래 및 입원수입을 사용한다. 외래 및 입원 수입 지표는 의료 서비스의 생산자인 병원 측의 입장에서는 수익을 의미하는 지표이지

---

62) Savas는 1987년 민영화에 관한 교본과도 같은 책(*Privatization: The key to better government*)을 발간하였다. 그러나 민간위탁은 Savas의 책 제목처럼 '더 나은 정부'를 달성하기 위해서가 아니라 '더 나은 사회'를 달성하기 위해서 이루어져야 하고, 정부의 비용은 전체 사회 비용의 단지 일부에 해당한다(Globerman & Vining, 1996)는 등의 지적과 비판이 제기되자, Savas는 1999년의 책에서는 제목에서 '더 나은 정부'를 빼 버리고 '민영화는 더 나은 정부와 더 나은 사회를 위한 수단'(1999: 328)이라는 문장으로 책을 끝맺어 '더 나은 사회'란 어귀를 추가하고 있다.

만, 동시에 의료 서비스의 소비자인 국민의 입장에서는 비용을 의미하는 지표로 진료비 데이타로 활용된다. 진료비에 관한 자료는 『지방공기업 결산 및 경영분석』과 각 의료원과 지방자치단체의 내부자료를 통해 수집하였다.

2) 계약과정과 계약관리능력의 분석변수

본 연구에서 위탁성과에 영향을 미치는 주요 요인으로 주장하는 계약관리능력은 계약체결 이전 단계에서는 정부의 역선택 발생을 줄이기 위한 노력으로 나타나며 계약체결 이후 단계에서는 정부의 대리인의 도덕적 해이에 대한 대처로 파악할 수 있다. 이러한 정부의 계약관리능력은 대리인의 계약 이행 행위를 거쳐 위탁성과에 영향을 미친다.

<표 2-20> 계약관리능력의 분석기준과 위탁성과에의 영향

계약과정			분석기준	위탁성과에의 영향
계약관리능력	역선택	계약체결과정	−숨겨진 유형(hidden type)에 대한 정보의 획득	−정부가 대리인 유형 판별을 위한 정보의 성격을 제대로 파악하고 그 정보를 많이 획득할수록 위탁성과는 개선된다.
	도덕적해이	계약내용	−계약내용상의 입증가능한 노력 (verifiable effort) 규정 −계약내용상의 인센티브 규정	−대리인의 입증가능한 노력 행위를 구체적으로 계약내용에 많이 규정할수록 위탁성과는 개선된다. −계약내용에서 대리인에게 인센티브가 많이 제공될수록 위탁성과는 개선된다.
		감독시스템	−숨겨진 행위(hidden action)에 대한 정보의 획득	−정부가 대리인의 행위에 대한 정보를 더 많이 획득할수록 대리인의 도덕적 해이는 줄어들어 위탁성과는 개선된다.

<표 2-21> 계약과정의 분석기준, 분석내용과 자료원

계약과정			분석기준	분석내용	자료원
계약관리능력	역선택	계약체결과정	−숨겨진 유형 (hidden type)에 대한 정보의 획득	−계약체결과정에서의 지방자치단체의 수탁기관에 대한 정보 획득 수준	−지방정부 내부자료(관련일지, 수탁병원과의 협의안, 경쟁병원의 비교보고서) −병원 내부자료 −도의회 회의록 −지방신문 −면접조사
	도덕적 해이	계약내용	−계약내용상의 입증가능한 노력(verifiable effort) 규정 −계약내용상의 인센티브 규정	−의료진의 파견이나 진료과 개설 등 수탁기관의 노력행위를 구체적으로 계약내용에 규정한 정도 −계약내용상의 수탁기관의 보상과 위험부담 수준	−각 지방자치단체 조례 −각 위탁의료원의 위탁계약서
		감독시스템	−숨겨진 행위 (hidden action)에 대한 정보의 획득	−지방자치단체와 도의회의 감독수준	−지방정부 홈페이지 −지방정부 내부자료 −도의회 회의록
계약 이행			−대리인의 노력	−수탁기관의 의료진이나 장비의 지원, 자금의 지원 내역 등	−의료원 내부자료 −면접조사 −지방공사 시·도 의료원 경영실적 평가보고서 −도의회 회의록 −의료원의 정관 −의료원 연합회 홈페이지, 각 의료원별 홈페이지 −지방공사의료원 편람 −지방공사의료원 연보

① 계약체결과정 분석 (역선택)

본 연구는 서비스의 계약공급의 성과는 상당 부분 계약체결과정에 달려 있다고 본다. 계약체결과정은 대리인의 선정과정에 관한 것으로 주인 대리인 이론에서 논하는 역선택과 관련이 있다. 계약과정에서의 정부의 사전적 계약관리능력을 분석하기 위해 정부가 수탁병원을 선정하는 과정상의 특징을 우선 고찰할 것이다. 그리고 정부가 대리인 선정과정에서 역선택이 발생하지 않을 수 있도록 어떤 노력을 하였는지를 살펴볼 것이다.

사례에서 우선 확인하고자하는 계약체결과정상의 특징은 다음 네 가지이다. 첫째, 계약체결과정이 수요자 중심(user-driven)인가 공급자 중심(supplier-driven)인가. 즉 서비스의 수혜자인 국민이 민간위탁을 먼저 요구하거나 그 과정에 저극 참여 하였는가 혹은 정부가 단독적으로 국민의 참여 없이 위탁을 결정하였는가를 고찰할 것이다. 이는 서비스의 궁극적인 수혜자의 참여 여부에 따라 계약내용 등이 영향을 받고 그 결과로 국민의 의료비 부담 정도와 서비스의 질, 또 서비스의 공공성이 영향을 받는다고 보기 때문이다. 둘째, 계약체결과정이 얼마나 분권화되어 있었는가를 확인하고자 한다. 정부가 계약을 체결하더라도 그 체결과정이 집권화되어 있는가 분권화되어 있는가에 따라 위탁의 성과는 달라질 것이라고 보기 때문이다. 위탁 기관인 지방공사의료원 측의 의사가 어느 정도 반영되어 있는가에 따라 위탁의 성과는 달라질 것이다.

셋째, 각 사례의 계야체결과정이 얼마나 공개적이었는가를 확인하고자 한다. 계약이 엄격한 절차 등에 의해 이루어진 것인지 개인 간의 계약(personalized nature of making contracting-out decisions)으로 이루어진 것63)인지에 따라 위탁의 성과는 달라질 것이다. 개인 간의 밀월계약인 경우보다 공개되고 합의된 절차를 따른 경우의 성과가 더 좋을 것으로 본다.

넷째, 입찰과정에서 수탁기관 간의 경쟁이 있었는가를 살펴볼 것이다. 이는 기존 이론에서도 강조하던 변수로 수탁기관의 선정과정에서의 경쟁의 유무에 따라 위탁의 성과는 달라진다고 보는 것이다. 본 사례의 분석에서도 수탁자 선정과정에서 실질적인 경쟁이 있었는가를 고찰하고자 한다.

---

63) 민간위탁 결정이 소수의 힘 있는 개인에 달려 있는 경우도 많다(Larbi, 1998: 158).

위의 위탁과정에서의 특징들을 기본적으로 확인하고 계약체결과정에서 발생할 수 있는 역선택에 대한 논의를 하고자 한다. 역선택은 주인이 대리인이 보유하는 사적인 정보를 모르는 관계로 주인이 나쁜 유형(bad type)의 대리인을 선정하는 문제를 말한다. 정부가 역선택으로 적절하지 않은 수탁기관을 선정하였을 경우 공공서비스 계약공급의 성과는 저해되고 좋은 수탁기관을 선정하였을 경우에는 그 성과는 개선될 것이다. 대리인은 기본적으로 자기 이익을 추구하고 주인과는 다른 목표를 가진 것으로 가정된다. 이러한 대리인에 대한 정보를 주인인 정부가 얼마나 제대로 획득하였는가를 살펴보고자 한다.

계약체결과정에 관한 자료는 다양한 경로로 수집했다. 우선 해당 광역자치단체의 관계 공무원과 행정자치부의 담당부서를 통해 위탁과정과 관련된 각종 내부 문서와 자료를 수집하였다. 관련사건 일지와 지방정부와 수탁기관과의 협의안, 경쟁이 있었던 경우에는 비교 기준과 질의서 및 경쟁 수탁기관의 답변 등이 이에 해당한다. 중앙일간지의 경우에는 별로 관련된 사항을 발견할 수 없어64) 관련 지역의 지방일간지를 검색하였다. 또한 분석기간의 10년 동안의 각 도의회 회의록을 검색하여 많은 자료를 수집할 수 있었다. 특히 도의회 회의록의 경우에는 시·도 의료원이 정기적인 행정업무감사대상이자 수시로 현안보고되는 기관이어서 위탁 관련 자료가 매우 풍부하였다. 일단 관련 자료를 최대한 수집하고 이를 바탕으로 각 의료원별로 별도의 질문지를 마련하여 관련 공무원과 병원관계자를 만나 면접조사를 실시하였다.

---

64) 지역의 언론매체와는 달리 일부 중앙의 언론 매체와 인터넷 매체에서는 오히려 세 의료원의 위탁 시기나 수탁기관, 그리고 위탁성과에 대해 잘못 보도한 경우가 더러 발견된다. 세 곳 모두 고대에 위탁된 것으로 설명하거나 모두 위탁성과가 나쁘게 나왔다는 기사내용 등이 그러하다.

② 계약내용과 감독시스템 분석 (도덕적 해이)

계약이 체결되기까지의 과정에서 나타나는 대리인 문제가 역선택이라면, 계약체결 이후에 발생하는 대리인 문제는 대리인의 도덕적 해이이다. 주인이 대리인이 실제로 계약성과를 달성하기 위해 하는 행위와 노력에 대한 정보를 획득하지 못한다는 문제이다. 이러한 도덕적 해이를 발생시키는 정보비대칭을 정부가 해결하기 위한 기제로는 첫째, 계약에 인센티브를 설계하여 자기 이익을 추구하는 대리인의 목표가 주인의 목표와 조화될 수 있도록 하는 방법과 둘째, 대리인의 계약이행에 대한 정보를 획득하기 위한 감시와 감독의 두 가지 방법이 있다. 본 연구에서도 정부가 수탁기관인 대리인의 도덕적 해이를 줄이기 위한 노력을 어느 정도 보여주었는지를 계약서의 구체적인 내용과 사후적인 평가와 감독 시스템을 통해서 살펴보고자 한다.

우선 계약내용의 여러 사항들을 살펴보고 계약내용이 대리인의 도덕적 해이를 줄이기 위한 내용을 담고 있는가를 고찰할 것이다. 자동적인 재계약 내지는 재계약에서의 우선협상권, 장기의 계약기간 등은 대리인의 도덕적 해이를 증대시켜 계약의 성과를 저해할 것이다. 반면 계약이 입증가능한 노력을 계약내용에 구체적으로 규정할수록, 또 대리인이 주인의 목표를 성실하게 추구할 수 있도록 인센티브를 어떻게 설계하였는가와 관련된 보상체계와 손해의 위험부담을 누가 부담하는가에 대한 내용도 성과에 영향을 미칠 것이다. 또한 계약 위반 시의 조치사항, 즉 계약 위반 여부에 대한 판정과 함께 위반에 따른 책임을 물을 수 있는 정도도 위탁성과에 영향을 미칠 것이다. 그 외에 계약내용에서의 노조에 대한 고려도 또한 고찰할 것이다.

계약내용의 주요 자료원은 각 지방자치단체 조례와 각 위탁의료원의 위탁계약서이다. 지방공사의료원의 설립은 조례에 의거하고 있어 형태의 변경이나 위탁의 경우에는 조례의 개정을 필요로 한다. 위탁계약의 구체적인 형태에 따라 각 지방자치단체는 계약의 내용을 수용할 수 있도록 조례를 개정하고 계약서를 작성하였다. 계약서를 미리 입수한 후 이를 분석하여 병원관계자와의 면접에서 그 내용을 다시 확인하고자 한다.

한편 계약내용과 아울러 정부의 사후적 계약관리능력으로 정부의 감독과 모니터링 수준[65]을 파악하고자 한다. 계약성과의 평가정도와 수준이 계약의 성과에 영향을 미친다고 볼 수 있다.

지방공사의료원에 대한 정부의 감독 체계는 일단 중앙정부의 감독 장치와 지방자치단체의 감독 장치로 나눌 수 있다. 우선 중앙정부를 살펴보면 1994년 4월부터 지방공사의료원은 의료보호와 공중보건의사에 대한 지원은 보건복지부에서 지원을 받게 되었고, 모든 예산은 행정자치부(당시 내무부) 공기업과로 넘어가게 되었다. 따라서 지방공사의료원들은 행정자치부 산하 기관으로, 매년 공기업법에 의해 병원경영협회에서 공인회계사로 하여금 회계검사(결산 검사)를 하도록 되었다. 그리고 행정자치부 공기업과 산하기관인 전국 지방공사의료원 연합회에서 매년 경영평가를 실시하고 있다.

한편 지방자치단체에서는 의료원은 도지사의 감독과 도의회의 감독을 받는 기관이다. 지방공사의료원은 도의 출연법인으로 도에서 의료원을 지도·감독하며, 지방자치법 제36조에 의하여 도의회의 감사도 받는다.

그런데 평가 및 감독 시스템의 경우 중앙정부에서 실시하여 세 의료원 모두에게 공통적으로 적용되는 행정자치부의 경영평가나 감사원의 감사[66] 등은 본 연구에서는 고찰하지 않을 것이다. 행정자치부의 경영평가는 위탁 전후로, 또 각 지방별로 평가상의 큰 차이를 보이지 않는 변수이기 때문이다.[67] 대신 각 지방정부의 지도 감독의 체계와 해당 도의회의 감사 수준은

---

65) Lavery(1999)는 최소한의 감독(minimalist monitoring)이 이루어질 가능성이 높다고 지적한다. 그에 의하면 정치인들은 계약관리에는 관심 없고 계약의 성사에만 주로 관심이 있다.

66) 민간위탁 이후로는 모든 의료원에 일률적으로 이루어지는 감사원 감사 지적사항 외에는 위탁된 의료원에 대한 개별적인 별도의 감사와 지적은 없었다.

67) 지방공사의료원은 민영화가 될 경우에는 더 이상 행정자치부의 경영평가 대상이 아니다. 그러나 민간위탁된 의료원들은 여전히 행정자치부의 경영평가 대상으로, 위탁체제가 아닌 다른 의료원들과 동일한 기준과 절차에 의해 평가된다.

세 의료원의 경우 차이를 보일 수 있어 변수로 선정하였다. 이에 대한 자료는 해당 지방자치단체의 내부자료와 도의회 회의록 등을 통해 수집하였다.

③ 계약의 이행과정 분석

지방공사의료원 위탁의 목적은 양질의 의료진의 확보를 통한 경영 개선이다. 본 연구에서는 계약의 이행과정에서는 대리인이 얼마나 노력하였는가를 중심으로 분석하고자 한다. 대리인의 노력은 위탁의 목적을 고려하여 수탁기관의 의료진 지원을 중심으로 고찰할 것이다.

계약의 이행과정과 관련된 주체는 크게 지방자치단체, 위탁된 의료원과 수탁대학병원의 세 기관이다. 그러나 이 중 실질적으로 위탁운영에서 중심적인 역할을 수행하고 위탁의 성과를 좌우하는 것은 수탁기관의 의료원 운영이라고 할 수 있다. 그런데 대다수 지방공사의료원이 당면하는 가장 큰 문제는 의료진의 부족이다. 대학병원 등에의 위탁을 주장하는 배경에는 대학병원의 우수한 의료진의 공급에 대한 기대가 큰 비중을 차지하고 있다. 따라서 계약의 이행과정 중에서 가장 관심 있게 살펴 볼 부분은 위탁 이후의 의료진의 변화와 의료서비스의 전문화 등이다. 수탁기관이 얼마나 위탁된 의료원의 경영에 관심을 갖고 의료진을 파견 지원하는가, 또한 의사진이나 직원 혹은 환자의 교류가 있는가를 살필 것이다. 또한 수탁기관의 위탁의료원에의 관심과 지원의 정도 이외에도 위탁의료원의 노조의 입장과 협조 정도도 간략히 살펴 볼 것이다.

의료진의 변화와 병원의 전문화, 경영혁신에 관한 자료는 기본적으로 각 의료원의 내부자료와 면접, 지방공사의료원 경영실적 평가보고서, 도의회 회의록의 감사자료를 통해 수집하였다. 또한 조례와 계약서를 기반으로 개정된 해당 의료원의 정관, 의료원 연합회 홈페이지, 각 의료원별 홈페이지[68], 지방공사의료원 편람, 지방공사의료원 연보를 참조하였다.

---

68) 이천의료원 홈페이지는 아직 개설되어 있지 않다.

제3장 위탁 지방공사의료원의 의료 환경

제1절 위탁 지방공사의료원의 개관

1. 국내 공공의료기관 현황

공공의료기관은 중앙정부나 지방자치단체 등 공공기관이 운영주체가 되고 의료기관의 설립이나 운영 목적이 공공성을 지니고 있는 의료기관을 말한다. 또한 공공의료기관은 민간의료기관과는 달리 정부의 보건의료정책의 집행수단적 역할을 수행(이상수, 2000: 32)하고 있는 기관이다. 우리나라의 경우 공적 성격을 지닌 기관이 정부의 재정지원을 받아 운영되는 의료기관을 공공의료기관으로 구분하고 있으며, 일반적으로 설립 목적이나 기능, 법인격 등에 따라 분류된다(오희환, 1997: 8).

공공의료기관을 설립 목적과 기능에 따라 크게 5가지로 구분해보면, 첫째, 주민에 대한 의료서비스의 제공을 목적으로 하는 의료기관을 들 수 있으며, 시·도가 운영하는 병원과 지방공사의료원이 여기에 해당한다. 둘째, 국가의 의료수준 및 의료기술의 향상을 목적으로 하는 의료기관이 있는데, 의료 분야의 연구 및 조사를 통하여 국가의 의료 발전을 높이는 기능을 하며, 국립의료원이 대표적인 기관이다. 셋째, 의료 분야의 교육과 연구, 의료인재 양성을 목적으로 하는 기관으로서 국립대학교 의과대학병원을 들 수 있다. 넷째, 특수한 질병에 대한 진료를 목적으로 하는 의료기관으로서 나환자 병원, 정신병원, 재활병원, 원자력병원이 이에 해당한다. 다섯째, 특정집단을 대상으로 진료를 수행하는 의료기관을 들 수 있으며, 경찰공무원과 전투경찰의 진료를 담당하는 경찰병원, 현역 군인의 진료를 담당하는 국군통합병원 등이 대표적인 기관이다.

<표 3-1> 법인격에 따른 공공의료기관의 분류

법인격	의료기관
국립	국립의료원, 국립결핵병원(공주, 마산, 목포), 국립정신병원(서울, 춘천, 나주), 국립소록도병원, 국립재활원, 경찰병원, 철도병원
시립	서울시립 동부병원, 서울시립 보라매병원, 서울시립 서대문병원, 서울시립아동병원, 서울시립 고양정신병원, 서울시립 백암정신병원, 서울시립 용인정신병원, 서울시립 축령정신병원, 부산시립 정신질환요양병원, 대구시립 정신병원, 대전시립 정신병원 등
도립	경기도립정신병원, 전북마음사랑병원, 안동노인전문요양병원 등
공립	경기도 연천군 보건의료원, 강원도 화천병원, 전북순창병원 등
지방공사	지방공사 강남병원, 부산의료원, 대구의료원, 인천의료원 등
특수법인	적십자병원, 보훈병원, 원자력병원, 서울대학교 병원, 부산대학교 병원, 경북대학교 병원, 기타 국립대학교 병원, 등

자료: 2004년 5월 보건복지부 홈페이지(http://www.mohw.go.kr).

　지방의료원은 국가나 지방자치단체가 운영하는 공공의료기관으로 공공성을 지닌 의료사업을 수행하는 기관이다. 지방의료원은 첫째, 일반병원과 같은 진료 기능으로 지역 내에서 발생하는 응급환자와 일반환자를 진료하고, 둘째, 공공보건의료사업으로 지역 내에서 발생하는 행려병자, 전염병 환자, 의료보호환자 및 영세민의 진료, 사체 검안 및 검시업무를 수행하며, 셋째, 지역 사회 내의 진료 기능으로 영안실 등 사회복지시설 등을 운영하여 주민들에게 편의를 제공하고 넷째, 교육 훈련 기능으로 개업의, 간호사, 의료기사 등 의료 관련 인력의 수습기관 역할 등을 수행하고 있다. 그러므로 지방의료원의 존재가치는 공익 진료 기능을 적극적으로 수행하여 빈곤층뿐만 아니라 저소득층과 중간소득계층 시민들이 진료비 부담 없이 건강상 필요할 때에는 언제나 병원을 찾을 수 있도록 하는 데 그 목적이 있다(김인·허용훈·이희태, 1999: 330-331).

　지방공사의료원은 1910년 조선총독부 지방관제에 의거하여 전국에 13개 자혜병원을 설립함으로써 그 시초가 되었으며, 조선총독부가 직접 이들 병

원을 운영하였다. 그 후 1925년에 병원 운영이 각 시·도로 이양되면서
시·도립병원으로 바뀌게 되었다. 1930년대를 전후하여 전국의 시·도립병
원은 30개로 확대되었으며, 당시에는 의료시설과 의료보건서비스의 부족이
심한 상태였기에 시·도립병원은 이러한 의료서비스에 있어서 중추적인 역
할을 하였다. 그러나 1960년대와 1970년대 초를 거치면서 민간의료시설의
확산과 민간병원이 급증하면서 시·도립병원은 점차로 저소득층, 생활보호
대상자의 구료기관으로 그 기능이 약화되었다(오희환, 1997: 1).

1970년대 이후 의료장비의 노후화, 보수의 비현실화에 따른 우수인력 근
무 기피 등으로 민간병원에 대한 경쟁력을 잃게 되면서 대부분의 시·도립
병원들은 만성적인 재적 적자에 놓이게 되었다. 이러한 상황에서 정부는
이들 시·도립병원들이 안고 있는 제반 문제들을 개선하기 위해 국무총리
제2행정조정실 주관으로 관련 부서, 대학교수, 전문가 등 11명으로 '시·도
립병원 운영기획단'을 구성하여 현지실태조사 및 각개 설문조사 등을 거쳐
1981년 12월에 공공의료시설 개선방안을 최종적으로 확정하고 시·도립병
원의 지방공사화를 추진하였다(행정자치부 지방행정연수원, 1998).

이후 시·도립병원은 1982년부터 단계적으로 지방자치단체가 설립하는
지방공사형태로 전환되기 시작하였다. 그러나 운영형태의 전환에도 불구하
고 간접 운영방식으로 유지되어 온 지방공사의료원은 운영적자의 근본적인
개선이 어려웠다.[69]

많은 공공의료기관은 만성적인 적자에 시달리고 있으며, 경영개선을 위
해 책임운영기관화, 민간위탁, 민영화 등이 시도되고 있다.[70] 공공의료원의
위탁 사례 중 대표적인 것이 서울시립 보라매병원의 서울대학교 병원에의

---

69) 2005년 9월에는 지방의료원으로 환원되었다.

70) 국립의료원은 책임운영기관이 되었으며 1990년 대 후반 지방공사의료원 중 춘
천의료원과 제주의료원이 민영화되었다. 후에 제주의료원은 노인 전문 병원으
로 다시 개원하였다.

민간위탁 사례로 보라매병원은 1987년 9월 서울시 직영의 형태에서 서울대학교 병원에의 위탁 형태로 전환되었다.[71] 그 외에 축령·백암·용인·고양 정신병원 등도 민간위탁을 하고 있으며, 1990년대 후반에는 30여 개의 지방공사의료원 중 마산·이천·군산의료원의 세 곳도 위탁운영체제로 개편되었다. 충청도도 조례를 개정하여 공공병원의 민간위탁의 길을 열어 놓았으며, 2003년에는 서울시립 동부병원의 민간위탁 논의가 활발히 진행되다 좌절되기도 하였다.

2. 위탁 지방공사의료원의 연혁과 특징

본 연구의 분석 대상은 위탁운영된 마산의료원, 이천의료원과 군산의료원의 세 지방공사의료원이다. 세 의료원의 대략적인 특징은 다음과 같다.

〈표 3-2〉 위탁의료원의 특징

	마산의료원	이천의료원	군산의료원
위치	경상남도 마산시	경기도 이천시(이천군)	전라북도 군산시
연혁	1914년 9월 15일	1934년 12월	1922년 2월 15일
진료권	경상남도 마산시 전역과 창원시, 진해시, 창령군, 의령군, 함안군, 고성군 및 김해시 등	경기도 이천시(이천군)와 여주군 및 광주시(광주군)	전라북도 군산시와 충청남도의 서천군 전역
수탁기관	경상대학교 병원	고려대학교 병원	원광대학교 병원
계약체결일	1996년 11월 19일	1998년 3월 3일	1998년 11월 5일
위탁개시일	1997년 4월 14일	1998년 4월 1일	1998년 11월 9일
기타 사항	1996년 2월 1일부터 재개원 시까지 휴업	2003년 3월 31일 위탁 종료	2002년 4월 8일 신축 이전

---

71) 위탁운영 계약기간은 3년으로, 3년마다 재계약할 수 있도록 하여 5차 재계약을 체결하고 현재에 이르고 있다.

〈표 3-3〉 위탁의료원의 병상수

연 도	마산의료원		이천의료원		군산의료원	
	실병상수	연간 운영병상수	실병상수	연간 운영병상수	실병상수	연간 운영병상수
1993	100	36,500	75	27,375	369	134,685
1994	110	40,150	75	27,375	360	131,400
1995	120	43,800	75	27,375	360	131,400
1996	-	-	75	27,375	320	116,800
1997	168	44,016[72]	75	27,375	310	113,150
1998	168	61,320	75	27,375	298	108,770
1999	201[73]	73,365	75	27,375	327	119,355
2000	180	65,700	75→112	34,590	327	119,355
2001	180	65,700	112	40,880	327	119,355
2002	180→234	73,422	112	40,880	327→430	135,524

자료: 전국 지방공사의료원 연합회 경영평가단, 『지방공사 시·도 의료원 경영실적 평가보고서』 각 년도 자료를 토대로 구성.

　지방공사의료원 중 가장 먼저 위탁운영체제로 바뀐 마산의료원은 경상남도 마산시에 위치한 병원이다. 1914년 9월 15일 진주 자혜병원 마산 분원으로 시작하여 1919년 9월 15일에는 도립 마산병원으로 발족하였다. 1975년 12월 15일에 도립 마산의료원으로 승격하여 개원하였고 1983년 7월 1일에 지방공사 경상남도 마산의료원으로 발족하였다.

---

72) 마산의료원의 1997년과 1998년의 실병상수가 동일한데도 연간운영병상수가 차이를 보이는 것은 1997년의 경우에는 4월 14일에 재개원할 때까지 휴업 상태에 있었기 때문이다.

73) 마산의료원은 1999년에 실제로는 운영하는 병상수가 172병상임에도 불구하고 보건소에는 201병상이라고 신고를 하였다. 그래서 유독 1999년의 병상수만 갑자기 증가하였다가 이듬해 다시 감소하고 있다. 1999년에는 마산의료원은 원래는 병상수에 산입되지 않는 응급실과 신생아실의 병상까지 포함하여 201병상으로 신고하였다. 마산의료원장은 의료보험연합회에서 200병상 이하 병원과 201병상 이상 병원을 수가상 차등을 두고 있어 200병상 이하의 병원의 경우에는 고난이도의 수술에 대한 수가를 의료보험연합회에 전액 청구할 수 없어 201병상으로 신고하였다고 행정사무감사에서 밝히고 있다(경상남도의회 회의록, 기획행정위원회 행정사무감사, 1999. 11. 30).

마산의료원의 진료권역은 마산시 전역과 창원시, 진해시, 창령군, 의령군, 함안군, 고성군 및 김해시 등을 포함한다. 경상남도의 지방공사의료원은 진주의료원과 마산의료원의 두 곳이 있는데 위탁 이전에는 마산의료원이 진주의료원에 비해 경영 상황이 나빠 자주 비교되곤 하였다. 경영 악화와 의료진의 전원 사퇴로 1996년 2월부터 1년여를 휴업하고 1997년 4월 14일에 위탁운영체제로 재개원하였다. 수탁기관은 진주에 위치한 경상대학교 병원이었다. 휴업 이전에는 120병상을 운영하였으나 재개원할 당시 168병상으로 증설하였다. 그 후 180병상으로 증설하였다가 2002년 8월에 3층에 54병상을 추가로 증축하여 234병상을 운영하고 있다.

마산의료원의 노동조합은 1988년 8월 24일에 설립되었으며 민주노총 산하 보건의료산업노동조합 소속이었다. 위탁 직전에는 노사 갈등이 매우 심하였고 그로 인하여 휴업까지 발생하였으나, 경상대학교에 위탁된 이후 노사간의 관계는 매우 좋아져 노사화합상을 받기까지 하였다. 위탁 이전의 유니언샵(union shop)이 위탁을 계기로 오픈샵(open shop)으로 변경되었으며, 노사화합을 바탕으로 전국에서 최초로 퇴직금 누진 하향 조정, 간호사 및 약사 직급제 전환 등의 구조조정을 달성하였다. 위탁 이후의 좋은 노사관계는 경영진과 병원노조위원장의 상시적인 대화 채널 유지, 노조의 각종 활동에 대한 전폭적인 지원, 또 각종 경영 상황을 노조원들에게 투명하게 공개하였기 때문이었다.

1998년 4월부터 위탁운영체제로 바뀐 이천의료원은 경기도 이천시에 위치하고 있다. 1934년 12월에 수원 자혜병원 이천출장소로 시작하여 1946년 4월에 경기도립 이천병원으로 승격하였다. 1961년 8월부터 민간인에게 경영위탁[74]되었다가 1966년 1월에 다시 경기도립 이천병원으로 전환되었다. 1982년 6월에 현재의 위치인 이천시 관고동 215번지로 신축 이전하여 75병

---

74) 이 당시에는 경기도 의료원들이 모두 민간인에게 경영 위탁되었는데, 수탁자들이 대학병원 등의 병원이 아니고 민간인 개인 의사였다는 점에서 최근의 민간 위탁과 차이를 보인다.

상 규모의 병원이 되었다. 그리고 1983년 7월 1일에 지방공사 경기도 이천의료원으로 발족하여 공사체제로 전환되었다.

이천의료원의 진료권역은 이천시(이천군)와 여주군 및 광주시(광주군) 등이다. 이천의료원은 경영 악화와 만성적인 적자를 이유로 1998년 2월에 위수탁계약을 체결하고 4월부터 고려대학교 병원에 위탁운영되었다. 이천의료원의 병상수는 위탁 이전 75병상으로 모든 지방공사의료원 중 가장 적은 규모였다. 2000년에 112병상으로 37병상을 증축하였으나 여전히 그 규모는 다른 의료원들에 비해 영세한 편이다.

이천의료원의 노조는 1989년 8월 25일 설립되었으며 마산의료원과 마찬가지로 민주노총 산하 보건의료산업노동조합 소속이었다. 이천의료원은 위탁 직전 분기별로 열리던 노사협의회 등이 제대로 시행되지 않고 새로 온 원장보다 관리부장이 더 실세인 등의 노사간의 문제들이 나타났다. 위탁 이후로 고소 고발 등의 극한적인 대립은 없었지만 수탁병원에서 파견된 사측과 기존의 의료원 직원들 간의 관계는 불신 등으로 대립적이었다. 또한 마산의료원과는 달리 노사간의 교류나 노조에 대한 지원은 별로 없었다. 한편 이천의료원 노조의 특징은 경기도의 여섯 개 지방공사의료원들이 공동으로 임금 등에 관한 협상을 체결한다는 것이었다.

<표 3-4> 위탁의료원의 노동조합

	마산의료원	이천의료원	군산의료원
설립일	1988년 8월 24일	1989년 8월 25일	1988년 5월 20일
가입단체	민주노총 (보건의료산업노동조합 울경지역본부 마산의료원 지부)	민주노총 (보건의료산업노동조합 경기지역본부 이천의료원 지부)	민주노총 (보건의료산업노동조합전북지역본부 군산의료원 지부)
조합원수 (2002년)	112명	68명	157명
지부장 전임 여부	상근	상근	상근

자료: 전국 지방공사의료원 연합회, 『지방공사의료원 연보, 2002』, 2003.

세 번째로 위탁운영체제로 바뀐 군산의료원은 전라북도 군산시에 위치하고 있다. 1922년 2월 15일 관립 군산자혜병원이 개설된 것을 시작으로 하여 1925년 4월 15일에는 전라북도립 군산병원으로 승격하였다. 1981년 11월 30일에는 100병상을 인가받아 병원 증축공사를 완공하였고, 1983년 7월 1일에는 지방공사 전라북도 군산의료원으로 발족하였다. 1989년 12월에 1차로 병동을 증축하여 200병상 인가를 받았으며, 1991년 12월에는 2차로 병동을 증축하여 340병상을 인가받았다. 그러나 경영의 어려움 등을 이유로 1996년 6월 8일에는 다시 5병동을 폐쇄하여 298병상을 인가받게 되었다.

군산의료원의 진료권역은 군산시와 충청남도의 서천군 전역 등이다. 원래 위치는 군산시 금동14-1이었으나 1995년의 안전진단 결과 붕괴 위기가 있는 건물로 결과가 나와 2002년 4월에 군산시 지곡동 29-1 번지[75]로 신축[76]이전하였다. 군산의료원은 1998년 11월부터 원광대학교 병원에 위탁운영되었다. 300여 병상 규모의 병원이었으나 신축 이전하면서 100여 병상을 증설하여 430병상을 운영하고 있다.

군산의료원의 노동조합은 1988년 5월 20일 설립되었으며 다른 위탁의료원들과 마찬가지로 민주노총 산하 보건의료산업노동조합 소속이었다. 군산의료원의 노사관계는 마산의료원의 위탁 직전 상황처럼 극한적으로 대립하지는 않았지만, 그렇다고 양자 간에 우호적인 관계만 지속된 것은 아니었다. 이천의료원과는 달리 고소나 고발, 진정 사건들이 몇 건 발생하였고 표

---

75) 부지 17,458평, 건평 7,526평(지하 1층, 지상 8층)에 총 병상 430병상 (양방 400병상, 한방 30병상)의 건물을 520억 원 규모로 신축하였다.

76) 1995년: 건물 정밀 안전 진단 실시, 건물 붕괴 우려 발견, 신축 권고.
1996년: 신축 결정 및 신축 부지 적지 타당성 조사.
1998년 4월: 기본 설계 및 설계 용역.
1998년 12월: 건축허가 및 시공사 선정(대우건설 외 3개사).
1999년 1월: 전면 책임 감리 용역 선정((주) 공간).
1999년 1월: 신축공사 착공.
2002년 3월: 완공.
2002년 4월 8일: 신축병원 이전.

면적으로 이천의 경우보다 대립양상이 더 많이 표출되었다.

제2절 위탁 지방공사의료원의 의료 환경

본 연구에서는 공공서비스의 계약공급의 성과는 위탁과정에서의 정부의 계약관리능력이란 매개변수의 영향을 받는다고 주장하고 있다. 그런데 계약의 성과는 환경적 요인이라는 불확실성에 의해서도 영향을 받기 때문에 이 절에서 본격적인 분석에 앞서 위탁의료원의 환경적 요인을 살펴보고자 한다. 크게 세 의료원 모두에 공통적으로 영향을 주는 보편적 환경 요인과 개별적인 의료원 각각에 영향을 주는 특수한 환경 요인으로 나누어 살펴볼 것이다.

1. 보편적 의료 환경

본 연구의 분석기간인 위탁 전후의 10년 동안 의료서비스와 관련된 여러 가지 변화가 있었다. 의료보험요양일수가 180일에서 365일[77]로 계속적으로 증가하였고 의료보험수가도 물가보다 훨씬 빠른 속도로 인상되었다. 또한 1999년 11월에는 의약품 실거래가가 실시되기 시작하였고 2000년 7월부터는 의약분업이 실시되기 시작하였다.

---

77) 요양급여일이 365일이라고 해서 환자들이 1년 내내 충분히 치료를 받을 수 있는 것은 아니다. 예를 들어 고혈압과 당뇨병을 동시에 앓고 있는 환자가 고혈압 약과 당뇨병 약을 동시에 10일 어치씩 처방 받았다면 그는 벌써 보험 적용을 받는 365일 중 20일을 써버린 것이다. 따라서 1년 내내 매일 약을 먹어야 하는 환자들의 경우에는 그러한 지병에 필요한 약 외에 감기약을 하루 어치라도 지어 먹으면 365일을 넘어 보험 적용을 받지 않게 된다.

물가지수와 의료보험수가 인상은 뒤에서 세 의료원의 위탁성과를 분석할 때 실질가치로 환산하는 등의 방법으로 그 영향을 제거하여 분석할 것이다. 여기에서는 의약분업 이후의 일반병원[78]들의 수익성 변화를 간략히 살펴보고 다음 절에서 위탁의료원의 수익성 지표를 분석할 때 이를 참조할 것이다.

〈표 3-5〉 의료보험 요양급여일수

년　도	요양급여일
1993－1994	180
1995	210
1996	240
1997	270
1998	300
1999	330
2000－2002	365

자료: http://www.hospitallaw.or.kr/insurance-term.html 재작성.

---

78) 일반병원이 아닌 특수병원은 정신병원, 전염성병원, 한방병원, 치과병원 등이다.

〈표 3-6〉 의료보험수가와 소비자물가

인상년월	의료보험수가		소비자물가*	
	증가율	누적지수	증가율	누적지수
1977.7		100.00		100.00
1979.1	20.75	120.75	14.4	114.40
⋮	⋮	⋮	⋮	⋮
1992.4	5.98	330.63	6.2	371.64
1993.3	5.00	347.16	4.8	389.48
1994.8	5.80	367.29	6.3	414.01
1995.4	5.80	388.59	0.0	414.01
1995.12	11.82	434.53	4.5	432.64
1996	0.00	434.53	4.9	453.84
1997.1	5.00	456.25	0.0	453.84
1997.9	9.00	497.32	4.5	474.27
1998.7	3.50	514.72	7.5	509.84
1999.11(약가 인하)	9.00	561.05	0.8	513.92
2000.4	6.00	594.71	0.0	513.92
2000.7.1(의약분업 실시)	9.20	649.42	0.0	513.92
2000.9	6.50	691.63	2.3	525.74
2001.1	7.08	740.60	4.3	548.34
2002.4.1	△2.9	719.12	2.7	563.15

자료: 국민건강보험공단 홈페이지.
* 소비자물가 지수는 연도 말 기준임.

위의 여러 의료정책의 변화 중 특히 의약분업이 의료서비스 체계에 많은 영향을 미쳤던 것으로 보인다. 수가인상을 동반한 의약분업의 실시로 개업의들의 이윤이 증가하였고, 이로 인해 일반병원의 의사 공급이 원활하지 않게 되어 전국의 많은 중소 규모의 병원들이 의사를 구하지 못해 경영난에 빠지고 파산했다는 기사들이 많이 보도되었다.

세 곳의 의료원 위탁 사례에서도 위탁 전후의 성과를 비교 분석하는 데 있어서 의약분업 전인가 후인가, 병원 규모가 의약분업의 영향을 특히 많이 받았던 규모인가를 특히 염두에 두고자 한다. 이를 위해서 의약분업 전후의 일반병원들의 의료수익 의료이익률에 대한 자료를 살펴보았다.

민간병원의 경우에는 전반적으로 의약분업 직후에 수익성이 별로 나빠지지 않은 결과를 보여준다. 오히려 의료수익의료이익률이 의약분업 직후 개선된 것으로 나타나고 있으며 이는 특히 166~299병상 규모의 병원에서 두드러지게 나타났다. 언론 등에서 의약분업으로 병원들이 연이어 도산하는 내용이 많이 보도되었지만 의외로 일반 민간병원의 수익성 지표는 개선된 것으로 나타났다. 이는 입원환자들이 의약분업에서 제외될뿐더러 의료보험 수가가 의약분업을 계기로 크게 여러 번 인상되었기 때문인 것으로 보인다.

〈표 3-7〉 의약분업 전후의 일반 민간병원의 의료수익의료이익률

년 도	평 균	종합병원				병 원
		종합전문	300병상 이상	160-299병상	160병상 미만	
1996	3.7	6.6	0.4	2.7	-0.2	5.1
1997	5.9	6.6	3.3	4.7	3.2	7.3
1998	6.9	6.0	3.6	6.3	4.4	9.7
1999	6.3	10.3	3.6	2.4	-2.4	8.3
2000	7.3	8.9	1.7	11.5	9.9	12.6
2001	11.0	17.5	4.3	9.8	3.9	13.4

자료: 한국보건산업진흥원. 『병원경영분석 2001』. 2002.

그러나 민간병원과는 달리 공공병원의 경우에는 의약분업 직후 수익성이 별로 증가하고 있지 않다. 공공병원들의 수익성 지표는 분업 시행 첫해와 그 이듬해에 모두 저조한 수치를 보이고 있다.

〈표 3-8〉 의약분업 전후의 일반 공공병원의 의료수익의료이익률

년 도	평 균	종합병원				병 원
		종합전문	300병상 이상	160-299병상	160병상 미만	
1996	-7.2	-3.7	-5.1	-7.3	-11.7	-11.1
1997	-5.4	-0.6	-5.7	-6.3	-11.7	-7.8
1998	-15.1	2.3	-0.3	-5.2	-	-5.5
1999	-13.1	2.7	5.7	-10.1	-	-11.1
2000	-11.9	-12.8	-8.3	-4.0	-8.8	-39.2
2001	-9.1	-3.3	-0.8	-9.5	-15.2	-11.3

자료: 한국보건산업진흥원, 『병원경영분석 2001』, 2002.

2. 특수한 지역 의료 환경

세 의료원에 공통적으로 영향을 주는 의료 환경 요인들 외에 각 의료원에 개별적으로 영향을 주는 환경적 요인들이 있다. 다음에서는 각 의료원이 소재하고 있는 도시의 특징을 간략히 살펴보고 지역의료의 수요와 공급 상황을 살펴볼 것이다.

지역 의료 환경에 대한 분석은 진료권 내의 100명당 병상수, 진료권 내의 100명당 의사수를 통해 파악하고자 한다. 진료권은 의료원 연합회의 평가보고서에 기재된 지역을 기준으로 한다. 한편 진료권 내의 인구수와 의사수, 병상수는 전국통계연람, 지방공사의료원 경영실적보고서와 전국병원 명부 등을 통해 확인하였다.

진료권의 인구수는 진료권을 가장 광범위로 잡아 진료권 내의 시, 군 지역의 인구를 모두 합산하여 실제로 의료원 연합회에서 발간한 평가보고서보다는 그 수치가 크다. 또한 병상수의 산정도 종합병원과 병원급의 병상수만이 아니라 의원의 병상수까지 합산하여, 의원의 병상수를 제외한 연합

136

회 발간의 평가보고서보다 더 많은 병상수를 보이고 있다. 병상수에는 종합병원, 병원, 의원의 병상수를 포함시켰으며, 특수병원, 치과병원, 한방병원 등의 병상은 제외하였다. 의사수도 상근의사만을 계산하고 비상근의사, 치과의사, 한의사 등은 제외하여 산출하였다.

1) 마산의료원의 지역 의료 환경

마산의료원이 위치하고 있는 경상남도의 마산시는 인구가 약 40만(2003년 기준)인 중소도시이다. 면적이 329.469㎢이며 진해만 안쪽의 마산만에 면해 있는 항만 공업도시이다. 동쪽으로 창원시·진해시, 서쪽으로 진주시·고성군, 북쪽으로 함안군에 접하고 있고, 남쪽으로는 진해만에 면하고 있다. 무학산을 중심으로 낮은 산지가 마산만을 에워싸며 동쪽 기슭 마산만 연안에 남북으로 길게 시가지가 펼쳐진다.

〈표 3-9〉 관내 행정구역

행정구역	지자체명	인구(2002년)	의료원과의 거리	주된 교통수단
거점 시·군·구	마산시	434,912		
인접 시·군·구	창원시	528,152	13km	도로(버스, 승용차)
	진해시	135,539	20km	도로(버스, 승용차)
	함안군	66,054	30km	도로(버스, 승용차)
	창녕군	71,215	40km	도로(버스, 승용차)
	의령군	33,700	35km	도로(버스, 승용차)

자료: 전국 지방공사의료원 연합회(편), 『2002년도 지방공사의료원 연보』, 2003.

1914년에 마산부가 설치되었고, 1949년에 마산부가 마산시로 개편되었다. 6·25전쟁 때에는 낙동강 전선의 병참기지 역할을 하였고, 1970년에 마산 수출자유지역이 설치되었다. 1980년에는 창원시가 분리되어 나갔고, 1995년 1월에는 창원군 일부와 마산시가 합쳐져 도농복합형 통합시가 되었다.

2004년 현재 내서읍 및 구산면·진동면·진북면·진전면 등 1개 읍 4개면과 현동·가포동 등 27개 동으로 이루어져 있다.

산업구성은 2000년 기준 1차 산업 18%, 2차 산업 6%, 3차 산업 76%로, 일찍부터 경상남도의 상공업도시로 발전해왔다. 특히 남동쪽의 양덕·봉암 일대에 각종 기업체가 입주한 마산수출자유지역이 들어서면서부터 남동임해공업지대의 중심도시로 크게 발돋움했으며, 1969년과 1977년 말에 각각 남해고속도로와 구마고속도로가 개통되어 부산·대구에 이은 영남지방의 산업 거점 도시로 탈바꿈하였다.

시의 북부를 남해고속도로가 동서로 가로지르고, 구마고속도로가 갈라져 나간다. 인접한 창원·진해와는 산업도로로 연결되고, 진주·충무와는 국도로 연결된다. 마산항은 한때 개항장을 폐쇄하기도 했으나, 1949년 부산항의 보조항으로 다시 개항장이 되었고, 경전선과 남해·구마 고속도로의 개통 및 마산의 공업발달에 힘입어 활기를 되찾았다. 현재 마산항은 국제항의 면모를 갖추어 1만 톤급 선박의 접안과 2만 톤급 이상 대형 선박의 입항이 가능하고, 부산·진해·거제·충무 간을 왕래하는 남해안 연안여객선의 기점으로 해상교통이 편리하다.

마산의료원의 진료권역은 마산시 전역과 창원시, 진해시, 창녕군, 의령군, 함안군, 고성군 및 김해시 등을 포함한다. 진료권 내의 병상수와 의사수는 크게 증가하여 2002년에는 병상수는 1993년의 3배 이상, 의사수는 2배 이상이 되었다. 진료권역 인구 100명당 병상수와 의사수도 역시 상당히 증가한 것으로 나타난다.

<표 3-10> 마산의료원 진료권내 병상수와 의사수

년 도	병상수	의사수
1993	2,202*(종합병원 8개, 병원 8개, 의원 334개)	684
1994	3,876(종합병원 8개, 병원 11개, 의원 349개)	715
1995	4,388(종합병원 8개, 병원 13개, 의원 367개)	761
1996	5,839(종합병원 8개, 병원 19개, 의원 410개)	895
1997	9,627(종합병원 7개, 병원 33개, 의원 413개)	986
1998	9,644(종합병원 8개, 병원 31개, 의원 447개)	1,000
1999	8,471(종합병원 8개, 병원 31개, 의원 514개)	1,094
2000	8,463(종합병원 8개, 병원 35개, 의원 519개)	1,169
2001	9,312(종합병원 8개, 병원 36개, 의원 596개)	1,214
2002	11,045(종합병원 7개, 병원 41개, 의원 658개)	1,431

자료: 한국도시통계연구소(편), 『전국통계연감』, 1993-2002년 자료를 가지고 구성.
 * 1993년도는 의원의 병상수 자료가 없어 포함되지 않음.

<표 3-11> 마산의료원 진료권내 100명당 병상수와 100명당 의사수

년 도	진료권역 인구수	100명당 병상수	100명당 의사수
1993	1,314,568	-*	0.052
1994	1,328,893	0.29	0.054
1995	1,352,819	0.32	0.056
1996	1,504,323	0.39	0.059
1997	1,600,449	0.60	0.062
1998	1,627,034	0.59	0.061
1999	1,644,985	0.51	0.067
2000	1,658,453	0.51	0.070
2001	1,675,718	0.56	0.072
2002	1,689,104	0.65	0.085

자료: 한국도시통계연구소(편), 『전국통계연감』, 1993-2002년 자료를 가지고 구성.
 * 1993년도는 의원의 병상수 자료가 없어 포함되지 않음.

마산의료원은 마산시의 시내 중심 지역에 위치하고 있다. 마산시에는 병원급 이상의 병원이 10여 개로 분석 기간인 1993년부터 2002년까지 많은 병원들의 신설과 확대, 이전 등의 변화가 있었다.

1969년 9월 1일에 마산시에 개원하였던 마산파티마는 1992년에는 201병상 규모였으나 그 후 병상수가 301병상까지 증설되었다. 그러나 1990년대 후반 이후로 마산에 새로운 병원들이 많이 개원하면서 병상수를 계속 줄였고 급기야 2002년 1월 21일에는 창원으로 이전하여 창원파티마병원으로 변경되었다. 1980년 11월 15일에 선일의료재단에 의해 마산시에 설립되었던 마산성모병원도 1990년대 전반에 200병상 정도의 규모를 가진 병원이었으나, 1998년 이후 마산시를 떠나 다른 곳으로 이전해 버렸다.

한편 1980년대 초반에 마산시에 개원하였던 마산고려병원, 동마산병원, 동서병원 등은, 1990년대 후반 이후 다른 곳으로 이전한 파티마병원이나 성모병원과는 달리 오히려 90년대에 점차로 병상 규모를 확대하였다. 마산고려병원은 1981년 3월 11일에 16개 진료과 200병상으로 개원하였는데 곧이어 동년 4월 15일에 400병상으로 증설하였다. 그리고 1994년 12월 1일에 삼성의료원으로 편입하여 이듬해 6월 1일자로 마산삼성병원으로 개칭하고 20개 진료과 588병상으로 확대 증설하였다. 그 후로도 마산삼성병원은 계속적으로 병원 규모를 확대하여 2000년에는 612병상, 2003년에는 744병상 규모였다. 같은 1981년에 설립된 동마산병원은 5월 23일 설립 당시 134병상 규모였으나 1991년에 12개과의 종합병원으로 승격하고 300병상으로 증설하였다. 1983년 7월 2일에 101병상 규모의 정신병원으로 개원했던 동서병원도 1999년 당시에는 규모가 893병상으로 확대되었다.

한편 1990년대 중반 이후로는 마산시에 새로운 병원들이 대거로 개원하였다. 1991년에 신경정신과로 개원하였던 마산제일병원이 1994년 8월 27일에 종합병원으로 다시 개원하였다. 1995년 10월 2일에는 순안병원이 설립되었고, 1996년 4월 27일에는 신마산병원이 또 개원하였다. 같은 1996년 8월에 마산태봉요양병원도 문을 열었고 이듬해인 1997년 2월 22일에는 종합병원인 청아병원이 개원하였다. 특히 청아병원은 개원 당시에는 248병상 규모였으나 병상을 계속적으로 증설하여 2001년에는 320병상까지 늘어났다. 1999년 5월 14일에는 성역의료재단에서 새 성모병원을 새로이 설립하였고 이 병원은 2002년 5월 1일자로 종합병원으로 승격되었다.

2000년대에도 마산시에는 새로운 병원들이 속속 개원하였다. 2000년 5월 6일에는 국공립병원인 마산하나병원이, 또 동년 5월 15일에는 마산노인용양병원이 개원하였다. 2001년 1월 8일에는 합포의료재단에서 설립한 201병상 규모의 종합병원인 마산연세병원이 개원하였다. 2002년 3월 25일에는 삼일태봉요양병원이, 동년 8월 21일에는 예경병원이 또 마산시에 개원하였다. 2003년 7월 10일에는 세왕병원이 또 문을 열었다. 이러한 지속적인 병원의신설이 마산의료원 진료권 내의 병상수와 의사수가 증가한 원인이다.

2) 이천의료원의 지역 의료 환경

이천의료원이 소재하고 있는 경기도의 이천시는 인구가 20만(2003년 기준) 정도이고 면적이 461㎢이며, 동쪽으로는 여주군, 북쪽으로는 광주시, 서쪽으로는 용인시·안성시, 남쪽으로는 충청북도 음성군 등과 접하고 있다. 1996년 3월 이천군 전역이 시로 승격되었으며, 2003년 행정구역은 장호원읍 ·부발읍, 신둔면·백사면·호법면·마장면·대월면·모가면·설성면·율면, 창전동·관고동·중리동 등 2읍 8면 3동으로 이루어져 있다.

〈표 3-12〉 관내 행정구역

행정구역	지자체명	인 구	의료원과의 거리	주된 교통수단
거점 시·군·구	이천시	187,274		
인접 시·군·구	여주군	104,648	20km	도로(버스, 승용차)
	양평군	82,704	20km	도로(버스, 승용차)
	광주군	152,878	20km	도로(버스, 승용차)

자료: 전국 지방공사의료원 연합회(편), 『2002년도 지방공사의료원 연보』, 2003.

현대전자산업(주)을 비롯한 380 여 개의 기업체가 입주하여 1차 산업, 2차 산업, 3차 산업이 고루 발달한 도농복합형 전원도시이다. 화학·전자·산업기계·건축재료 등의 산업체가 입주해 있으며, 분야별로 건축재료 부문에서 가장 많은 산업체가 입주해 있으며 수도권과 인접한 지역으로서 그 외의 여러 산업체들이 곳곳에 산재해 있다. 2001년의 제조업체수는 1,099개, 종사자수는 3만 7,608명으로, 이는 지난 1979년 52개 업체의 종업원수 2,600여 명에 비하면 20여 년 동안 10배가 넘게 증가한 수치이다.

경지 중 논의 비율이 60% 이상을 차지하며, 쌀 생산을 주로 하는 논농사가 농업의 근간을 이룬다. 한편 도자기 생산지로도 유명한데, 도자기 공장은 대부분 북부 신둔면과 창전동·관고동·중리동에 집중되어 있고 종업원 20명 이내의 중소기업이다.

중부고속도로와 영동고속도로가 중리동 남쪽을 동서·남북으로 관통하여 이 지역 산업발전에 크게 이바지하고 있으며, 서울과 교통이 편리한 데 힘입어 이천시는 관광·휴양지로 등장하게 되었다. 이천온천이 유명하며, 설봉문화제, 이천쌀축제, 이천도자기축제 등의 여러 지역 문화행사들이 많이 개최되고 있다.

이천의료원은 이천시와 여주군 및 광주시 등을 진료권역으로 한다. 진료권 내의 병상수와 의사수는 꾸준히 증가하여 2002년에는 1993년에 비해 2배 이상 증가하였다. 진료권역 인구 100명당 병상수와 의사수도 10년 동안 50% 이상 증가하였다.

<표 3-13> 이천의료원 진료권내 병상수와 의사수

년 도	병상수	의사수
1993	284*(종합병원 0개, 병원 6개, 의원 77개)	116
1994	697(종합병원 0개, 병원 5개, 의원 76개)	136
1995	665(종합병원 0개, 병원 4개, 의원 73개)	175
1996	835(종합병원 0개, 병원 5개, 의원 84개)	169
1997	1,581(종합병원 0개, 병원 8개, 의원 91개)	175
1998	1,218(종합병원 0개, 병원 6개, 의원 100개)	161
1999	1,405(종합병원 0개, 병원 6개, 의원 114개)	209
2000	1,409(종합병원 0개, 병원 7개, 의원 132개)	224
2001	1,514(종합병원 0개, 병원 7개, 의원 143개)	238
2002	1,607(종합병원 0개, 병원 7개, 의원 165개)	251

자료: 한국도시통계연구소(편), 『전국통계연감』, 1993-2002년 자료를 가지고 구성.
　　 * 1993년도는 의원의 병상수 자료가 없어 포함되지 않음.

<표 3-14> 이천의료원 진료권내 100명당 병상수와 100명당 의사수

년 도	진료권역 인구수	100명당 병상수	100명당 의사수
1993	326,728	-*	0.036
1994	329,664	0.21	0.041
1995	334,506	0.20	0.052
1996	346,417	0.24	0.049
1997	363,139	0.44	0.048
1998	384,074	0.32	0.042
1999	393,216	0.36	0.053
2000	408,061	0.35	0.055
2001	429,579	0.35	0.055
2002	448,259	0.36	0.056

자료: 한국도시통계연구소(편), 『전국통계연감』, 1993-2002년 자료를 가지고 구성.
　　 * 1993년도는 의원의 병상수 자료가 없어 포함되지 않음.

이천의료원은 읍내에서 상당히 떨어진 국도별 변두리 지역의 의료여건이
별로 좋지 않은 곳에서 병원을 운영하고 있다. 교통이 좋지 않아 셔틀버스
를 위탁 이전부터 자체적으로 운영하고 있다. 이천지역의 의료 환경의 가
장 큰 특징은 지역 내 종합병원이 없고 단지 병원들만 몇 개 있다는 것이
다. 마산시에 비해서는 적은 수의 병원들이 있고 1990년대에 새로운 병원
이 개원하는 등의 변화가 비교적 적은 편이었다.

1986년에는 52병상 규모의 이천성모병원이 설립되었고, 1987년 2월 18일
에는 이천군에 금강병원이 개원하였다. 금강병원은 초기에는 3개 진료과
22병상의 적은 규모였으나 1997년 이후로는 5-6개 진료과 77-79병상으로
확대되었다. 당시 이천의료원의 병상 규모가 75병상이었다. 78병상 규모의
이천파티마병원이 1990년 6월 14일에, 또 정신과병원인 성안드레아병원이
같은 해 9월 4일에 개원하였다. 2001년 8월 9일에는 양지요양병원이, 또
2003년 1월 3일에는 바른병원이 이천시에 설립되었다.

3) 군산의료원의 지역 의료 환경

군산의료원의 거점인 전라북도 군산시는 인구가 약 27만(2003년 기준)이
고 면적은 377.72㎢이며, 호남평야 북서부 말단, 금강 하구 좌안(남안)에 위
치하고 있다. 동쪽은 익산시, 북쪽은 금강을 사이에 두고 충청남도 서천군,
남쪽은 만경강을 경계로 김제시와 접하고, 서쪽은 황해에 면한다. 1949년 군
산부가 군산시로 개칭되었고, 1995년 1월 군산시와 옥구군이 합쳐져 도농복
합형 통합시가 되었다. 2003년 현재 1읍 10면 19동으로 이루어져 있다.

144

<표 3-15> 관내 행정구역

행정구역	지자체명	인 구	의료원과의 거리	주된 교통수단
거점 시·군·구	군산시	277,680		
인접 시·군·구	익산시	337,240	27km	도로(버스, 승용차), 열차
	김제시	115,683	33km	도로(버스, 승용차)
	서천군	72,903	24km	도로(버스, 승용차), 도선

자료: 전국 지방공사의료원 연합회(편), 『2002년도 지방공사의료원 연보』, 2003.

군산시에서 전라북도 생산량의 9% 내외에 달하는 쌀이 생산되며, 어업 종사인구도 상당수 된다. 또한 군산시는 전주시·익산시와 함께 전라북도 공업의 중심축을 이룬다. 일제강점기에는 정미업, 광복 이후에는 제지·합판 산업을 중심으로 발전했으나 광복 이후 정체를 보이다가, 1979년과 1986년에 532만 9,800㎡의 군산 1·2공단이 조성되고 1980년 외항(外港)이 완공되면서 공업 발전이 빨라지고 있다.

1994년 자동차공장이 들어선 2,245만 7,540㎡의 군산국가산업단지에는 2002년 현재 77개 업체가 입주해 있으며, 총 5,242만 2,860㎡의 군장국가산업단지는 2002년 현재 4개 업체가 입주해 있다. 지방산업단지인 군산공단에는 50개 업체가 입주해 있으며, 성산·서수·옥구 등 3개 농공단지에는 2002년 현재 74개 업체가 입주해 있다. 이외에 조촌동·경암동 지역이 공업지구를 형성하고 있다. 제지·합판·양조·수산물 가공업이 일찍부터 발전하였으며, 최근에는 기계·화학·유리제품 업종이 성장하고 있다. 2004년까지 총 3억 9,480만㎡ 규모의 새 만금간척이 완공될 예정이다.

<표 3-16> 군산의료원 진료권내 병상수와 의사수

년 도	병상수	의사수
1993	722(종합병원 2개, 병원 3개, 의원 92개)*	191
1994	989(종합병원 2개, 병원 3개, 의원 92개)	172
1995	1,255(종합병원 2개, 병원 3개, 의원 96개)	193
1996	1,963(종합병원 2개, 병원 4개, 의원 106개)	199
1997	1,751(종합병원 2개, 병원 5개, 의원 111개)	232
1998	1,811(종합병원 2개, 병원 5개, 의원 116개)	223
1999	1,985(종합병원 2개, 병원 6개, 의원 122개)	209
2000	2,227(종합병원 2개, 병원 6개, 의원 134개)	227
2001	2,476(종합병원 3개, 병원 8개, 의원 134개)	241
2002	2,431(종합병원 2개, 병원 8개, 의원 145개)	239

자료: 한국도시통계연구소(편), 『전국통계연감』, 1993-2002년 자료를 가지고 구성.
   * 1993년도는 의원의 병상수 자료가 없어 포함되지 않음.

군산의료원은 군산시와 서천군 전역을 진료권역으로 한다. 군산의료원 진료권 내의 100명당 병상수는 2002년에는 1993년의 거의 2배 가까이 증가하였으나, 100명당 의사수는 10년 전과 비슷한 정도를 유지하고 있다.

<표 3-17> 군산의료원 진료권내 100명당 병상수와 100명당 의사수

년 도	진료권역 인구수	100명당 병상수	100명당 의사수
1993	292,615	-*	0.065
1994	294,617	0.34	0.058
1995	295,250	0.34	0.065
1996	361,504	0.35	0.055
1997	361,639	0.54	0.064
1998	362,548	0.50	0.062
1999	361,633	0.55	0.058
2000	358,473	0.62	0.063
2001	353,977	0.70	0.068
2002	350,467	0.69	0.068

자료: 한국도시통계연구소(편), 『전국통계연감』, 1993-2002년 자료를 가지고 구성.
* 1993년도는 의원의 병상수 자료가 없어 포함되지 않음.

군산의료원은 2002년 신축 이전까지는 군산 시내 중심 주거 지역의 교통이 편리한 곳에 위치하고 있었다. 2002년 4월에는 지곡동으로 이전하였는데 새로운 병원의 위치는 예전보다 교통이 불편하고 주거지역으로부터도 떨어진 곳이었다.

1990년대 이전부터 군산시에 소재하던 병원으로는 개정병원, 대성병원 등이 있었는데 양 병원 모두 1990년대에 병상을 증설하여 병원 규모가 확대되었다. 개정병원은 1935년에 설립되었던 오래된 병원으로 1990년대 초반에는 12개 진료과 190병상 규모의 종합병원이었다. 그러나 90년대 중반부터는 14개 진료과 305병상 규모로 확대하여 운영하고 있었다. 또 1986년 군산시 문화동에 설립되었던 대성병원은 1995년 당시에는 54병상 규모였으나 1997년부터는 98병상으로 증설하여 운영하였다.

1990년대 이후로 군산시에는 새로운 병원들이 여럿 개원하였다. 1992년에는 군산시 문화동에 60병상 규모의 중앙병원이 설립되었고, 1996년 4월 27일에는 280병상 규모의 종합병원인 한사랑병원이 또 개원하였다. 1998년에는 적인의료재단에서 설립한 제일병원 역시 개원하였다. 1990년대 후반에 새로운 병원들이 속속 개원하고 또 신축 중에 있자, 가장 오래된 병원이었던 개정병원은 1999년부터 장기간 휴업에 들어갔으며 나중에는 노인전문요양시설로 바뀌었다.[79]

2000년대에도 새로운 병원들이 계속 개원하였다. 2000년 7월 14일에는 군산시 장미동에 동서병원이 개원하였고, 2003년 1월 2일에는 나운동에 차병원이 개원하였다. 한편 인근의 서천군에서도 병원들이 새로 생겨 1988년부터 계속 있던 서해병원 외에 2000년 9월에는 서천푸른병원이, 또 그해 12월에는 성수가병원이 새로이 문을 열었다.

---

79) 1935년 고 이영춘 박사에 의해 설립된 개정병원은 군산시에서 가장 오래된 병원이었으나 1990년대 후반 경영이 악화되자 1999년 1월 1일부터 경영 정상화와 전 직원 인계인수 등을 약속한 서천 서해병원에 위탁운영하게 되었다. 그러나 개정병원 이사장으로 취임한 서천 서해병원장은 그해 3월 17일부터 전면 휴업을 단행하였고 그 이후 개정병원은 장기간 방치되었다. 직원들은 1000일 넘게 진료 재개와 병원 정상화를 위한 천막농성 등을 벌였으나, 2002년 경암학원이 경매로 병원을 낙찰받아 2003년 5월 노인전문요양시설로 개원하였다.

제4장 공공서비스 계약공급의 성과 평가

계약에 의한 공공서비스의 공급은 어떠한 운영성과의 변화를 가져오는가, 그리고 그러한 운영성과는 의료원 간에 차이를 보이는가란 질문에 답하기 위해, 우선 각 의료원의 성과를 시계열분석을 통하여 위탁 전후의 변화를 분석하고, 필요한 경우에는 같은 도내의 타 의료원의 자료나 지방공사의료원의 전체 평균 자료와 비교하였다. 또한 위탁 관리된 세 의료원의 성과를 나타내는 다양한 지표들을 상호 비교하여 평가하였다. 평가의 기준은 제2장에서 논의한 것으로, 정부의 예산 지원, 의료원의 수익성과 공공성, 그리고 서비스의 질과 진료비 수준의 다섯 가지이다.

제1절 정부의 예산 지원 분석

민영화와 민간위탁은 정부의 예산을 절감하는 효과를 가져온다고 주장되고 있다. 지방공사의료원은 원칙적으로는 독립채산제로 정부의 예산으로 운영되는 기관이 아니다. 그러나 실제로는 경영상의 어려움 등으로 정부 예산의 지원을 받는 경우가 허다하다. 의료원 시설의 소유자는 지방자치단체로 이러한 시설에 대한 투자는 어느 정도 타당성이 있으나 운영자금에 대한 예산 지원은 계속 문제로 지적되고 있다. 본 연구에서는 운영에 대한 경상보조금이 위탁 전후 변화로 어떻게 변화하였는지를 분석하여 위탁 찬성론자들이 주장하는 바와 같이 정부의 예산 절감이 이루어졌는지를 살펴보았다. 시설과 장비에 대한 출연금의 변화도 보조적 자료로 참조하였다.

보조금과 지원금에 대한 자료는 지방자치단체의 내부자료와 『지방공기업 결산 및 경영분석』을 통해 수집하였다. 그 내역을 다시 소비자물가지수를 사용하여 실질가치로 환산하여 정부의 예산 지원의 변화 추이를 분석하였다.

1. 마산의료원에 대한 예산 지원

마산의료원은 1983년 7월 1일 지방공사로 설립된 이후 1989년 6월까지 매월 5,000만 원씩(연 6억 원) 도 보조로써 직원들 월급을 주었다. 그러다 1990년부터 시작하여 도의 막중한 예산 지원으로 병상수를 40병상 증축하는 등 의료원의 시설을 많이 확충하고 건물을 개보수하고 여러 장비를 도입하게 되었다. 1990년도에는 인건비, 약품 등을 포함한 경상보조금이 1억 7,500만 원이 의료원에 지급되었으나 1993년부터는 장비 등에 대한 지원만이 있었고 일반인건비에 대한 지원이 없어졌다. 그러나 인건비에 대한 지원이 끊기자 장비나 시설보조금을 인건관리비로 쓰게 되어 오히려 고정부채가 늘어나게 되었다.

경상남도에는 의료원이 마산과 진주의 두 곳이 있는데, 1983년 지방공사로 전환한 이후 마산의료원의 위탁 전인 1995년까지 지방자치단체에서 의료원에 지원한 액수는 마산의료원이 52억 원, 진주의료원이 40억 원이었다.[80] 마산의료원에 지원된 52억 원의 내용을 살펴보면 1983년부터 1992년까지의 10년 동안은 33억 원으로 연 3억 3천만 원이나, 1993년부터 1995년까지의 3년간은 19억으로 연 6억 3천만 원이다. 1993년에는 약 6억 원, 1994년에는 또 약 6억 원, 1995년에는 약 7억 원 정도의 도 지원이 있었는데 마산의료원의 적자는 오히려 1993년에 4억, 1994년에 6억, 1995년에 9억 정도로 계속 늘어났다.[81]

---

80) 진주의료원은 지방공사가 되기 이전 1981년부터 1983년까지 3년 동안 건물 증축과 장비 도입에 따른 많은 보조금의 지급이 있어, 실제로는 그 격차는 그다지 크다고 할 수 없다.

1994년도에 도비로 5억 9,000만 원을 지원했는데 다른 운전자금이 부족해서 또 도 개발기금 6억 정도를 다시 별도로 융자를 했다. 1995년도에는 시설장비지원으로 6억 4천만 원, 경상보조금으로 5천만 원 등 총 6억 9천만 원을 지원했으나 이 중 2억 9천만 원만 시설장비에 들어가고 4억은 역시 운전자금 즉 일반관리비로 전용이 되었다.[82] 도비보조금은 사업예산이 아닌 시설장비 확충을 위해 지원된 자본예산이었으나 마산의료원은 이를 지속적으로 운영비에 사용함으로써 경영개선이 미흡하였다. 위탁 시기까지 총괄적으로 약 52억 원이 투입되었으나 그중에서 순수하게 장비나 시설물 투자 비용으로 사용된 것은 36억 2천만 원 정도이고 나머지 부분은 일반운영비로 지원이 되었다.

마산의료원의 경영이 악화되고 노사간의 문제가 불거지자 1995년도 제3회 추가경정세입예산 세출예산안 심의과정에서 마산의료원 12월분 인건비 및 운영비 예산요구액 3억 원을 노사 양측의 경영개선을 위한 노력과 의지가 결여되었다는 이유로 전액 삭감하였다. 또한 계속되는 경영 악화로 인해 현대병원경영연구소에 마산의료원 운영개선 방안 용역을 의뢰하였고 그 경비로 공기업 운영 연구개발비 1,500만 원을 편성하였다.

노사관계가 악화되고 결국에는 1996년 2월부터 마산의료원은 의료진의 집단 퇴진으로 휴업에 들어가고 위탁경영을 결정하게 되었다. 수탁기관으로 결정된 경상대학교 병원에서는 위탁과 관련하여 도 지원금으로 노후시설비 14억 1,900만 원, 장비구입비 16억 1,800만 원 등 총 30억 3,700만 원을 요구하였다. 그러나 실제로 1996년도에 위수탁 경영 준비 등으로 지원된 것은 노후시설 및 장비 교체에 15억 6,400만 원, 운영경비지원에 1억 8,200만 원, 직

---

81) 마산의료원은 위탁 이전 흑자였던 해가 단 두 해밖에 없었다. 1983년에 1억 600만 원, 1989년에 2,400만 원의 흑자가 발생하였다.

82) 도 일반회계 예산의 경우에는 시설비 등을 다른 과목으로 변경 할 수 없지만 의료원 예산에 관해서는 엄격한 예산 규정이 없어 가능했다. 하지만 감사에서 지적되어 관계자는 문책을 받았다.

원 퇴직금 부족분 3억 4백만 원, 전산 리스료 3,800만 원 등 출연금 총 20억 8,800만 원이었다.[83]

마산의료원은 1년여의 휴업 기간이 끝나고 마침내 1997년 4월에 위탁운영체제로 재개원하였다. 위탁 첫해인 1997년에는 도에서 경상운영경비로 약 5억 원을 지원하였다. 이는 1997년부터 3년 동안, 위탁 이전 3년 동안 적자가 났던 부분의 평균수준을 운영비로 지원하기로 한 위수탁계약에 의한 것이었다.[84] 그러나 5억 원 전액을 3년 동안 매년 지원한 것은 아니었고 그때그때 실적을 분석해서 꼭 필요한 부분을 지원하여 이듬해인 1998년부터는 운영비에 대한 지원은 감소하였다. 1997년의 운영경비 지원금 5억도 모두 운영비로 쓰이지는 않았고 부족한 시설비에 전용되었고, 1998년에는 의료원에 지원된 총 9억여 원 중 운영비로 사용된 것은 1억여 원으로, 위탁 전 운영비가 부족하여 시설비를 오히려 운영비로 전용할 때와는 반대의 상황이었다.

위탁 이전보다 위탁 이후에 마산의료원에 대한 도의 지원금은 대폭 상승하였다. 1996년 이후 2002년까지의 지원액은 총 약 107억 원에 이르고 있다. 이 중 25억 7,600만 원은 위수탁 이전의 채무로 위수탁계약 제10조와 제5조에 의해 도가 상환하도록 약정이 되어 지급된 것이고 상당부분은 시설보수나 장비 구입 등에 지원되었다.

---

83) 처음에는 이보다 적은 18억 정도의 지원이 이루어질 것으로 결정되었다. 그러나 막상 수리 등이 시작되고 천장 전선을 부분적으로 교체하려고 뜯어보니 전부를 교체할 상황으로 판단되는 등, 여러 추가적인 지원이 필요한 사안들이 발생하여 총 21억 원이 집행되었다.

84) 운영비 5억 원 계상의 이유는 다음과 같다. 위탁 전 3년간의 결손금액을 살펴보면 1993년이 4억 원, 1994년이 5억 5천만 원, 1995년이 약 10억 원이어서 평균이 6억 5천만 원이었다. 그러나 이 6억 5천만 원은 순수한 운영비 결손만이 아니라 퇴직준비금 등이 포함되어 있어 실제 결손금액은 약 4억 원 정도였다. 그러나 운영 후 결손금액이 늘어날 가능성에 대비하기 위해 4억 원보다 많은 5억 원을 운영비로 계상했던 것이다.

<표 4-1> 마산의료원에 대한 지원금의 시계열 추세

년 도	소비자 물가지수*	정부지원금 (백만 원)	정부지원금/ 물가지수	경상보조금 (백만 원)	경상보조금/ 물가지수
1993	100	623	623	0	0
1994	106.3	590	555.0329	0	0
1995	111.1	690	621.0621	50	45.0045
1996	116.5	2,088	1,792.275	220	188.8412
1997	121.8	1,894	1,555.008	775	636.289
1998	130.9	978	747.1352	262	200.1528
1999	132	1,229	931.0606	183	138.6364
2000	135	1,498	1,109.63	123	91.11111
2001	140.8	1,571	1,115.767	70	49.71591
2002	145	1,483	1,022.759	135	93.10345

자료: 행정자치부, 『지방공기업 결산 및 경영분석』, 1993-2002자료로 작성.
　* 1993년 기준 소비자물가지수.

　마산의료원에 대한 정부와 지방자치단체의 지원금의 총액을 시계열적으로 분석해보면 총 정부 지원금이나 운영에 대한 보조금이 모두 위탁 이후에 증가하였다는 것을 확인할 수 있다. 1993년을 기준으로 한 소비자물가지수를 사용하여 실질가치로 환산하더라도 위탁 이후에 총지원금과 운영에 대한 경상보조금이 모두 늘어났음을 알 수 있다.

<표 4-2> 경상남도 내 타 의료원과의 보조금 비교

(단위: 백만 원)

년도	1993	1994	1995	1996	1997	1998	1999	2000	2001	2002
마산 의료원	0	0	50	220	775	262	183	123	70	135
진주 의료원	0	54	66	54	248	131	5	0	0	250

자료: 행정자치부, 『지방공기업 결산 및 경영분석』, 1993-2002자료로 작성.

〈표 4-3〉 경상남도 내 타 의료원과의 출연금 비교

(단위: 백만 원)

년도	1993	1994	1995	1996	1997	1998	1999	2000	2001	2002
마산의료원	623	590	640	1,868	1,119	716	1,046	1,375	1,501	1,348
진주의료원	207	100	386	250	382	266	586	419	636	6560

자료: 행정자치부, 『지방공기업 결산 및 경영분석』, 1993-2002자료로 작성.

　같은 경상남도 내의 또 다른 의료원인 진주의료원에 대한 정부 지원금과 비교하더라도 지원액 총액은 위탁 이후 2002년을 제외하고는 계속적으로 진주의료원에 비해 마산의료원이 우위를 차지하고 있었다. 자산과 장비에 대한 투자가 아닌 운영에 대한 보조금만을 보더라도 위탁 이전인 1995년까지는 매년 마산의료원보다는 진주의료원이 지원을 더 받고 있었다가 오히려 위탁 이후에는 2002년을 제외한 모든 해에 마산의료원에 대한 보조금 액수가 더 많았다.

　결국 마산의료원의 경우에는 위탁으로 인한 정부의 지원 비용 절감은 없었다고 판단된다. 시간적인 추세에 따른 변화나 같은 도내의 진주의료원과 비교할 경우 총지원금과 운영에 대한 지원 비용이 모두 상승하였다.

〈표 4-4〉 경상남도 내 타 의료원과의 총지원금 비교

(단위: 백만 원)

년 도	마산의료원		진주의료원		총 계
	지원액	%	지원액	%	
1993	623	75.1	207	24.9	830
1994	590	79.3	154	20.7	744
1995	690	60.4	452	39.6	1,142
계(93-95)	1,903	70.1	813	29.9	2,716
1996	2,088	87.3	304	12.7	2,392
1997	1,894	75.0	630	25.0	2,524
1998	978	71.1	397	28.9	1,375
1999	1,229	65.9	636	34.1	1,865
2000	1,498	78.1	419	21.9	1,917
2001	1,571	71.2	636	28.8	2,207
2002	1,483	17.9	6,810	82.1	8,293
계(96-2002)	10,741	52.2	9,832	47.8	20,573

자료: 행정자치부, 『지방공기업 결산 및 경영분석』, 1993-2002자료로 작성.

2. 이천의료원에 대한 예산 지원

이천의료원은 1989년부터 노조와 관리자의 마찰과 전문 의료 인력의 잦은 결원으로 계속 경영이 악화되고 있었다. 1996년도에는 경영개선자금 명목으로 5억 원을 지원 받는 등 계속적으로 도의 지원금에 의존하고 있었다.

이천의료원은 경영 악화 등의 이유로 1998년 4월부터 고려대학교 병원에 위탁되었다. 고대에 위탁되면서 경기도로부터 연간 5억 원씩 3년간 운영비를 지원받았으며, 시설 및 장비보강 등을 위해 24억 3,400만 원을 별도로 지원받았다.

1998년에서 2000년까지의 3년간의 매년 경상비 5억의 지원은 위수탁계약서 제14조에 의한 것으로, 당초 3년 동안만을 지원하기로 되어 있어 경상비 지원은 2000년까지만 이루어지고 2001년에는 이루어지지 않았다. 그러나 이천의료원이 예상과 달리 계속 경영이 악화되자 수탁기관인 고려대학교는 경상비 부족분으로 주던 5억 원 정도의 지원을 여러 번 요구하여 결국 계약을 경신하여 2002년에 다시 경상비 5억이 지원되었다.

1999년과 2000년에는 경상비의 지원만이 이루어졌다가 2001년에는 또 다시 경상비 외의 시설과 장비 등을 위한 지원이 이루어졌다. 2001년에는 병상증축을 위해 융자 받은 지역개발기금 원금 7억 7,300만 원 보전,[85] 노후시설개선비 6,700만 원, 전산장비현대화 1억 9,900만 원 등 13억 4,400만 원을 지원받았고, 또 2002년에는 시설환경 개선비 2억 원, 전산장비 1억 3,300만 원, 의료장비 7억 2,100원 등 총 15억 5,400만 원을 지원받았다.

특히 이천의료원은 병상수도 적을 뿐만 아니라 응급실이나 중환자실 같은 시설도 제대로 갖춰져 있지 않았다. 2001년에는 천막으로 만들어진 영

---

85) 이천의료원은 병상수가 적어 1999년 11월에 지역개발기금에서 7억 7,300만 원을 융자받아 37병상을 증축하였다. 이 기금의 상환은 2년 거치 2년 원리금 상환으로 이자액은 이천의료원에서 자체 상환하였고 원금은 도에서 출연금으로 보전해주었다.

안실을 개선하기 위해 3억 원이 지원되었다. 그러나 응급실과 중환자실 설치를 위해 2002년도에 계상되었던 15억 9,200만 원은 의료원 장기발전 연구용역 결과를 감안하여 신축 이전 시 고려하기로 하여 삭감되었다. 반면 2002년부터 2004년까지 3년 계획으로 도입되는 PACS란 최신장비[86]를 위한 예산 지원은 중앙정부가 50%를 부담하므로 이를 거절하는 것이 손해라는 이유로 예정대로 이루어졌다.

<표 4-5> 정부의 이천의료원에 대한 지원금의 시계열 추세

년 도	소비자 물가지수*	정부지원금 (백만 원)	정부지원금/ 물가지수	경상보조금 (백만 원)	경상보조금/ 물가지수
1993	100	531	531	263	263
1994	106.3	1,272	1,196.613	184	173.095
1995	111.1	821	738.9739	471	423.9424
1996	116.5	1,057	907.2961	850	729.6137
1997	121.8	899	738.0952	339	278.3251
1998	130.9	2,934	2.241.406	500	381.971
1999	132	500	378.7879	500	378.7879
2000	135	500	370.3704	500	370.3704
2001	140.8	1,344	954.5455	5	3.551136
2002	145	1,554	1.071.724	500	344.8276

자료: 행정자치부, 『지방공기업 결산 및 경영분석』, 1993-2002자료로 작성.
　* 1993년 기준 소비자물가지수.

---

86) PACS(의료영상저장전송시스템)장비는 엑스레이 필름을 온라인상으로 직접 의사에게 전송하는 시스템으로 중앙정부는 2002년부터 2004년까지 3년간 36억 원을 지원하여 이를 지방공사의료원에 설치하는 사업을 추진하고 있다. 의료원별로 6억 원 정도가 지원되는데 50%는 국비인 교부세로, 또 50%는 도비로 지원된다.

<표 4-6> 정부의 이천의료원에 대한 지원

(단위: 백만 원)

년 도	1993	1994	1995	1996	1997	1998	1999	2000	2001	2002
보조금	263	184	471	850	399	500	500	500	5	500
출연금	268	1,088	350	207	500	2,434	0	0	1,339	1,054
계	531	1,272	821	1,057	899	2,934	500	500	1,344	1,554

자료: 행정자치부, 『지방공기업 결산 및 경영분석』, 1993-2002자료로 작성.

정부와 지방자치단체의 지원금 총액의 명목가치만을 살펴보면 위탁 이전에는 총 45억 8천여만 원을 지급받았고 위탁 이후에는 총 68억 3천여 만 원을 지원받았다. 또한 역시 명목가치로 본 운영비 보조금은 위탁 이전의 5년 합계는 21억여 원이었고, 위탁 이후의 5년 합계는 20억 원 정도였다. 따라서 총지원액은 증가하였지만 경상보조금은 약간 줄어든 비슷한 정도로 판단된다.

그러나 1993년 기준의 소비자물가지수로 환산할 경우 위탁 이전의 5년 동안의 총 정부 지원액의 합계는 41억 1,200만 원 정도이고 위탁 이후의 합계는 50억 1,700만 원 정도이다. 명목가치로 판단할 경우보다는 위탁 전후의 격차가 줄어들었다. 또한 보조금 지원을 실질가치로 환산할 경우 위탁 이후 보조금의 지원이 18억 6,800만 원에서 14억 8천만 원 정도로 확연히 줄어든 것을 확인할 수 있었다. 이는 이천의료원의 경우, 위탁 이후 병원 인프라에 대한 정부의 지원은 증가하고 운영에 대한 지원은 감소한 것으로 해석된다.

〈표 4-7〉 경기도 내 타 의료원과의 보조금과 출연금 비교

(단위: 백만 원)

년 도		1993	1994	1995	1996	1997	1998	1999	2000	2001	2002
수원의료원	보조금	153	0	269	316	525	580	494	200	805	400
	출연금	200	988	263	726	540	696	493	311	411	2,871
의정부의료원	보조금	240	146	306	195	582	630	612	472	805	400
	출연금	1,156	0	939	960	1,474	628	502	499	481	1,528
금촌의료원	보조금	0	0	0	0	255	280	474	300	5	400
	출연금	2,033	1,141	274	885	400	577	321	483	715	1,153
안성의료원	보조금	283	191	371	78	723	760	471	770	205	400
	출연금	336	481	285	1,116	765	1,038	497	380	585	1,499
포천의료원	보조금	0	0	0	0	0	250	485	280	205	400
	출연금	75	670	1,275	863	1,216	737	199	234	404	1,483

자료: 행정자치부, 『지방공기업 결산 및 경영분석』, 1993-2002자료로 작성.

다른 경기도 내의 의료원들에 대한 정부와 지방자치단체의 지원금을 비교하면 위탁 이전에는 이천의료원은 경기도의 6개 의료원 중 지원을 덜 받는 의료원이었으나 위탁 이후에는 두 번째로 지원을 많이 받는 의료원이 되었다. 1998년에 위탁할 당시 6개의 의료원 중 가장 열악한 시설과 규모를 가졌으나[87] 위탁을 계기로 장비와 시설에 대한 지원이 대대적으로 이루어졌기 때문이다. 그러나 운영에 대한 보조는 다른 경기도의 의료원들에 비해 위탁 이후 적은 편이었다.

결국 이천의료원의 경우에는 민간위탁으로 정부의 지원 비용은 줄어들었다고 할 수 있다. 경기도 소유의 시설과 장비에 대한 투자 금액까지 포함된 총지원금은 위탁을 계기로 증대되었지만 위탁 이후의 운영에 대한 보조는 실질가치로 볼 경우 줄어들었으며 경기도 내 다른 의료원들과 비교하더라도 적은 편에 속하였다.

---

[87] 위탁 당시인 1998년 이천의료원은 75병상 규모의 병원이었으며, 수원의료원은 132병상, 의정부의료원은 240병상, 안성의료원은 161병상, 금촌의료원은 180병상, 포천의료원은 150병상으로, 모두 이천의료원보다 병상수가 많았다.

<표 4-8> 경기도 내 타 의료원과의 총지원금 비교

(단위: 백만 원)

의료원명	총 계		1993	1994	1995	1996	1997
	금 액	%					
총계	28,910	100	5,008	4,889	5,438	6,196	7,379
이천	4,580	15.8	531	1,272	821	1,057	899
수원	3,980	13.8	353	988	532	1,042	1,065
의정부	5,999	20.8	1,397	146	1,245	1,155	2,056
금촌	4,988	17.3	2,033	1,141	274	885	655
안성	5,264	18.2	619	672	1,291	1,194	1,488
포천	4,099	14.2	75	670	1,275	863	1,216

의료원명	총 계		1998	1999	2000	2001	2002
	금 액	%					
총계	36,738	100	7,110	4,500	4,672	6,174	12,282
이천	6,832	18.6	2,934	500	500	1,344	1,554
수원	7,161	19.5	1,276	737	511	1,286	3,351
의정부	6,573	17.9	1,258	981	971	1,355	2,008
금촌	4,920	13.4	857	764	1,026	720	1,553
안성	6,580	17.9	1,798	943	1,150	790	1,899
포천	4,672	12.7	987	575	514	679	1,917

자료: 행정자치부, 『지방공기업 결산 및 경영분석』, 1993-2002자료로 작성.
　　※ 수원의료원은 특수병동 신축 부지 매입비 15억 원 포함.

3. 군산의료원에 대한 예산 지원

전라북도에는 군산의료원과 남원의료원의 두 곳의 지방공사의료원이 있다. 군산의료원과 남원의료원에 대한 정부와 지방자치단체의 지원은 그 지원액 규모가 다른 많은 시·도의 의료원들보다 상당히 큰데, 그 이유는 1990년대 후반 양 의료원 모두 신축 이전사업을 추진하였기 때문이었다.

158

그리고 그 신축 이전 비용 중 부지매입비를 제외한 신축비의 50%는 국비로 지원을 받았다.

우선 남원의료원이 먼저 1994년부터 1997년까지의 계획으로 신축 이전[88]을 추진하였다. 당시 이를 지방 숙원 사업이란 명목으로 '95년과 '96년에 중앙정부로부터 50억 원의 지원을 받았다. 뒤이어 안전진단 결과로 신축 이전을 추진하게 된 군산의료원도 중앙정부의 보조를 신청하였으나 다른 시·도의 국비 지원 요청이 당시 쇄도[89]하여 한동안 지원에 난항을 겪기도 하였다.

1997년도 애초에는 보건복지부를 통해 양 의료원에 대한 국비 지원을 신청하였으나, 복지부 실무진에서는 지방공사의료원은 소관 단체가 아니라는 이유로 행정자치부를 통하여 반려하였다. 군산의료원 원장, 전라북도 기획관리실 등의 노력으로 결국에는 복지부를 통해 재경원까지 예산 청구가 올라갔으나 복지부에서도 그다지 적극적이지는 않았고, 재경원에서도 지방공사의료원은 지방자치단체 소관이고 한 곳을 지어주면 전국의 의료원을 모두 지어줘야 한다고 난색을 표명하였다. 한동안 난항을 겪던 신축 관련 예산 확보는 각계의 관련 인사의 노력으로 결국 예정되었던 국비를 지원받을 수 있었다.

군산의료원의 경우에는 신축 관련 총 공사비는 당초 540억 원으로 책정되어 국비 220억 원, 도비 220억 원, 지방채 100억 원으로 지원되었다. 군산의료원은 완공 후 공사비를 정산하여 이 중 16억 원을 도에 반납하였다.

이러한 신축사업비까지 정부의 지원액에 포함되어 있어 당연히 위탁 이후의 총지원액은 실질가치나 명목가치나 크게 증가하였다. 이는 군산의료원의 신축 건물 건설을 위한 중앙정부와 전라북도의 자금 지원이 1997년부터 건물이 완공된 2002년까지 본격적으로 이루어졌기 때문이다. 따라서 이

---

88) 기존 250병상에서 456병상으로 병상 규모를 확대하여 신축을 추진하였다.
89) 남원의료원 신축비에 대한 국비 지원을 알게 된 다른 의료원들도 국비 지원을 신청하였다. 당시 부산 등 8개 의료원이 국비 보조를 요청하였다.

러한 출연금까지 포함된 총지원금을 가지고 정부의 관련 비용이 위탁으로 증가했다고 할 수는 없다.

그러나 운영에 대한 보조금만을 살펴보면 1998년 11월 위탁 이후로 군산의료원에 대한 보조금 지원이 증대되었음을 확인할 수 있다. 위탁 이전인 1998년까지의 보조금은 명목가치로 보나 실질가치로 환산하여 보나 위탁운영이 본격적으로 시행된 1999년부터 크게 상승하였다. 게다가 같은 전라북도 내의 또 다른 진주의료원에 대한 경상보조금 지원 내역을 살펴보면 민간위탁체제인 군산의료원에 대한 지원은 위탁 이후인 1999년 이후로도 매년 이루어졌으나 오히려 위탁체제가 아니고 경영성과도 더 나쁜 진주의료원에 대한 경상보조금은 동 기간 동안 하나도 없었다.

<표 4-9> 군산의료원에 대한 지원금의 시계열 추세

년 도	소비자 물가지수*	정부지원금 (백만 원)	정부지원금/ 물가지수	경상보조금 (백만 원)	경상보조금/ 물가지수
1993	100	875	875	60	60
1994	106.3	557	523.9887	70	65.85136
1995	111.1	995	895.5896	143	128.7129
1996	116.5	158	135.6223	158	135.6223
1997	121.8	15,158	12,444.99	158	129.7209
1998	130.9	3,606	2,754.775	166	126.8144
1999	132	5,294	4,010.606	294	222.7273
2000	135	7,539	5,584.444	539	399.2593
2001	140.8	13,294	9,441.761	394	279.8295
2002	145	12,264	8,457.931	384	264.8276

자료: 행정자치부, 『지방공기업 결산 및 경영분석』, 1993-2002자료로 작성.
　　* 1993년 기준 소비자물가지수.

민간위탁된 군산의료원에 대한 이러한 지원이 도의회 등에서 문제로 제기된 적도 여러 번 있었다.[90] 감독부서인 전라북도 예산담당관은 원칙적으

160

로는 정부가 지원을 하지 않아도 상관없으나, 원광대학교 병원이 재단 비용을 사용하여 장비를 보완하고 적자를 해소하는 등의 노력에 대한 배려로 지원을 하고 있다[91]는 입장이었다.

<표 4-10> 전라북도 내 타 의료원과의 보조금 비교

(단위: 백만 원)

년 도	1993	1994	1995	1996	1997	1998	1999	2000	2001	2002
군산 의료원	60	70	143	158	158	166	294	539	394	384
남원 의료원	60	90	149	74	74	85	0	0	0	0

자료: 행정자치부, 『지방공기업 결산 및 경영분석』, 1993-2002자료로 작성.

<표 4-11> 전라북도 내 타 의료원과의 출연금 비교

(단위: 백만 원)

년 도	1993	1994	1995	1996	1997	1998	1999	2000	2001	2002
군산 의료원	815	487	852	0	15,000	3,440	5,000	7,000	12,900	11,880
남원 의료원	450	600	10,000	10,000	14,000	3,500	2,644	275	1,319	360

자료: 행정자치부, 『지방공기업 결산 및 경영분석』, 1993-2002자료로 작성.

---

90) "이걸 원광대학에 위탁을 했다고 해서, 사실은 이게 이렇게까지 예산을 투자 안 해도 되는 거예요. 그러기 위해서 위탁 관리를 하는 건데, 보니까 위탁 관리는 위탁 관리대로 하면서 거기에 투자하는 금액이 상당히 많다……" (전라북도의회 회의록, 행정사무감사, 2001. 11. 29. 김상복 위원 발언).

91) "이유를 말씀드린다면 결론적으로는 지원을 안 해도 별문제가 없습니다. 다만 원대에서 지금 수탁을 하면서 무이자로 30억 원을 가져와서 많이 활동을 하고 있고 작년에 손실을 많이 해소해 왔는데 그동안에 저희가 공공성 확보를 위한 그런 노력들을 원대에서 많이 해 주었기 때문에 그런 부분에 대한 어떤 배려로 지원을 한 것입니다." (전라북도의회 회의록, 예산결산특별위원회, 1999. 12. 13. 장재식 예산담당관 발언).

<표 4-12> 전라북도 내 타 의료원과의 지원 비교

(단위: 백만 원)

년 도	군산의료원		남원의료원		총 계
	지원액	%	지원액	%	
1993	875	63.2	510	36.8	1,385
1994	557	44.7	690	55.3	1,247
1995	995	8.9	10,149	91.1	11,144
1996	158	1.5	10,074	98.5	10,232
1997	15,158	51.2	14,074	48.1	29,232
1998	3,606	50.1	3,585	49.9	7,191
계(1993-1998)	21,349	35.3	39,082	64.7	60,431
1999	5,294	66.7	2,644	33.3	7,938
2000	7,539	96.5	275	3.5	7,814
2001	13,294	91.0	1,319	9.0	14,613
2002	12,264	97.1	360	2.9	12,624
계(1999-2002)	38,391	89.3	4,598	10.7	42,989

자료: 행정자치부, 『지방공기업 결산 및 경영분석』, 1993-2002자료로 작성.

4. 분석 및 논의

위에서 민간위탁 이후로 정부의 예산 지원이 과연 감소하였는가를 분석하기 위하여 두 가지 방법을 사용하였다. 우선 해당 의료원의 위탁 전후의 자료를 시계열적으로 비교하였고, 다음으로 동일한 지방자치단체에 소속된 다른 의료원들에 대한 지원과 횡단면적으로 비교하여 보았다.

〈그래프 4-1〉 정부의 경상보조금(물가지수로 실질가치 환산) 지원의 추이

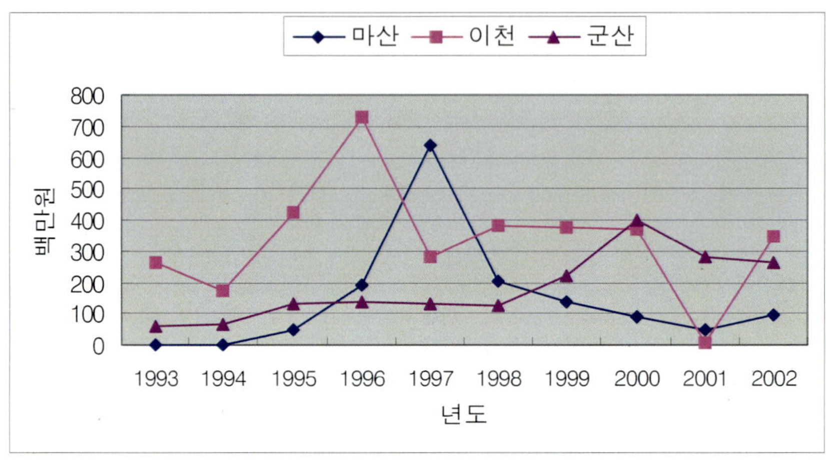

자료: 행정자치부, 『지방공기업 결산 및 경영분석』, 1993-2002자료로 작성.

분석 결과를 보면, 마산의료원의 경우에는 정부의 총지원금과 운영을 위한 보조금 모두 1997년의 위탁운영 이후로 증가하였다. 이러한 결과는 명목가치나 실질가치의 어느 것으로 분석하더라도 마찬가지로 나타났다. 또한 같은 도내의 의료원과 비교하더라도 위탁 이후에 총지원금과 경상보조금이 모두, 경영 상황이 더 나쁜 진부의료원보다 위탁되고 경영성과도 더 좋은 마산의료원에 더 많이 지원됨을 알 수 있었다. 마산의료원의 경우에는 민간위탁 이론이 주장하는 바와는 달리 위탁 이후로 정부가 부담하는 지원 비용이 줄어들지 않고 오히려 증대되었다.

한편 이천의료원은 1998년의 위탁운영 이후로 총지원금은 증가하였지만 운영에 대한 보조금은 줄어들었다. 이는 명목가치로 보나 실질가치로 보나 마찬가지 결과를 보였다. 같은 도내의 다른 다섯 곳의 의료원에 대한 경상보조금 지원 사정을 살펴보면, 위탁 이전에는 다른 의료원보다 보조금이 다소 많았으나 위탁 이후에는 운영에 대한 경상보조금이 다른 의료원들보다 적은 편이었다. 총지원액이란 측면에서는 위탁으로 정부의 비용이 절감

되었다고 할 수 없지만, 시설이나 장비에 대한 예산을 미래를 위한 투자로 보고 운영 보조금만을 분석한다면 이천의료원은 위탁으로 정부가 부담하는 비용이 약간 줄었다고 할 수 있다.

 군산의료원은 위탁 이후에 본격적으로 신축사업이 진행되고 이를 위한 중앙정부와 지방자치단체의 지원이 막대한 규모로 이루어졌다. 따라서 당연히 총지원액을 살펴보면 명목가치나 실질가치나 위탁 이후에 크게 증가한 결과를 보인다. 그런데 출연금을 제외한 경상보조금만을 분석하면 1999년 위탁 이후에 보조금 지원이 명목가치로 보나 실질가치로 보나 증대되었음을 알 수 있다. 또한 이를 같은 도내의 의료원과 비교하면 더 확연해져서 1999년부터 2002년까지 위탁을 하지 않은 진주의료원에 대해서는 경상보조가 일체 이루어지지 않은 반면 오히려 민간위탁되고 경영 상태도 더 좋은 군산의료원에 대해서는 위탁 이후 매년 3억 원에서 5억여 원 정도의 지원이 이루어지고 있었다. 따라서 군산의료원의 경우에는 마산의료원과 마찬가지로 위탁으로 정부가 부담하는 지원 비용이 오히려 증대되었다고 판단된다.

 결국 이천의료원의 위탁경영은 정부 예산의 절감을 가져왔지만 마산의료원이나 군산의료원의 위탁경영은 정부 예산 지원의 증가를 가져왔다. 한편, 위탁된 세 의료원에 대한 경상보조금을 상호 비교하여 보면, 위탁 첫해를 제외할 경우 마산의료원에 대한 지원이 가장 적고, 2001년을 제외하고는 이천의료원에 대한 경상비 보조가 가장 많았음을 그래프 상으로 확인할 수 있다. 실제로도 위탁 이후 이루어진 보조금의 합계를 지원된 기간으로 나눌 경우, 1993년의 화폐가치로 볼 때, 마산의료원은 위탁 이후 매년 2억 150만 원을, 이천의료원은 2억 9,600만 원을, 그리고 군산의료원은 2억 9,175만 원을 운영비로 보조 받고 있었다. 한편 총지원금을 실질가치로 환산하여 그 합계를 지원된 기간으로 나눌 경우, 신축 이전을 하였던 군산의료원이 매년 68억 7,369만 원을 받아 가장 많은 지원을 받은 것으로 확인되었고, 그 다음으로 마산의료원이 매년 13억 7,894만 원을, 또 이천의료원이 10억 337만 원을 지원받고 있었다.

제2절 의료원의 수익성 분석

본 연구에서는 위탁이 효율성의 증대를 가져왔는가라는 명제는 병원의 수익성 지표를 사용하여 고찰하였다. 수익성을 평가하는 주요 지표로 총수지비율, 의업수지비율과 의료수익의료이익률을 선정하였다. 한편 이 이외에 추가적으로 의업비용의 추세를 살펴보고 요소별 원가관리 실태도 고찰하였다. 원가 관리 실태를 파악하기 위해 재료비율, 인건비율과 관리비율의 지표를 살펴보았다.

1. 마산의료원의 수익성

마산의료원은 위탁 이전에 급격하게 수익성이 악화되고 있었다. 장기간의 만성적자로 경영이 악화되다가 노사갈등까지 빚어져 문제가 더욱 심각해지고 있었다. 마산의료원은 위탁 이전 120병상의 열악한 규모를 가진 병원이었다. 경상남도 내의 또 다른 지방공사의료원인 진주의료원과 비교하여 나쁜 경영성과를 내고 있다고 비판되었다.

그러나 1997년의 위탁경영 이후 1998년과 1999년에 각각 4억 2,400만 원과 1억 5,000만 원의 경영흑자를 기록했다. 의약분업이 시행된 첫해인 2000년에는 3억 1,500만 원의 적자로 돌아섰으나 2001년에는 다시 약 10억 원의 흑자를 기록하여 그해에는 전국 32개 의료원 중 최고의 경영흑자를 달성하였다. 또한 행정자치부의 지방공기업 평가 결과에서도 우수한 공기업으로 선정되어 상을 받기도 했다.

〈표 4-13〉 마산의료원의 총수지비율과 의업수지비율

(단위: %)

년 도	마산의료원		지방공사의료원 전체 평균	
	총수지비율	의업수지비율	총수지비율	의업수지비율
1993	89.3	86.91	95.8	91.5
1994	93.6	85.51	95.6	95.1
1995	75.3	69.26	92.5	88.4
1996	28.8*	14.3*	93.1	88.9
1997	90.4	73.34	94.1	89.2
1998	104.2	104.1	99.6	91.4
1999	101.3	102.09	98.4	93.4
2000	97.4	98.16	92.8	86.6
2001	109.2	106.84	89.9	84
2002	104.6	96.11	82.2	78.2

자료: 전국 지방공사의료원 연합회, 『의료원 편람』, 1998: 행정자치부,
　　『지방공기업 결산 및 경영분석』, 1993-2002년 자료로 작성.
　* 1996년은 마산의료원이 휴업한 해.

〈그래프 4-2〉 마산의료원의 총수지비율과 의업수지비율

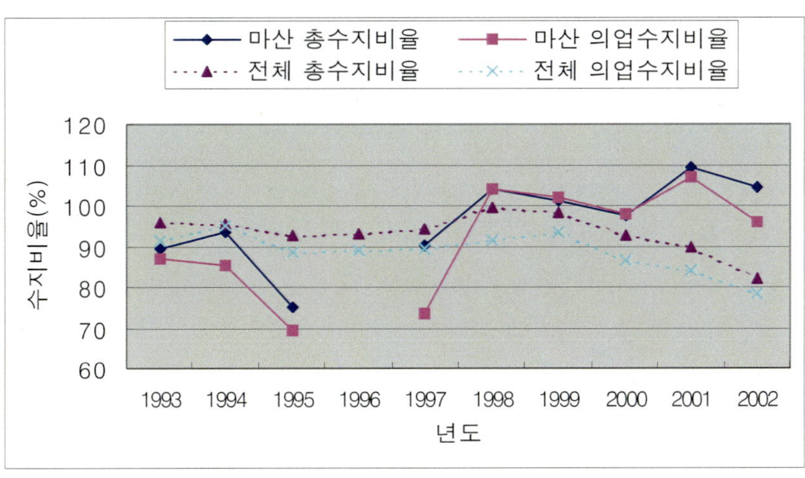

자료: 전국 지방공사의료원 연합회, 『의료원 편람』, 1998: 행정자치부,
　　『지방공기업 결산 및 경영분석』, 1993-2002년 자료로 작성.

<표 4-14> 마산의료원의 의료수익의료이익률

년 도	의업수입 (백만 원)	의업수입/ 소비자물가지수	의업비용 (백만 원)	의업비용/ 소비자물가지수	의료수익 의료이익률(%)
1993	2,270	2,270	2,476	2,476	-9
1994	2,511	2,362.183	2,981	2,804.33	-18.7
1995	2,427	2,184.518	3,358	3,022.50	-38.4
1996	-	-	-	-	-
1997	4,448	3,651.888	5,823	4,780.79	-30.9
1998	8,831	6,746.371	8,483	6,480.52	3.9
1999	10,192	7,721.212	9,983	7,562.88	2.1
2000	9,870	7,311.111	10,055	7,448.15	-1.9
2001	10,645	7,560.369	9,996	7,099.43	6.1
2002	12,635	8,713.793	13,147	9,066.90	-4.1

자료: 전국 지방공사의료원 연합회. 『지방공사 시·도 의료원 경영실적 평가보고서』.
1993-2002년 자료로 작성.

마산의료원의 수익 관련 지표들을 살펴보면 위탁 이후에 총수지비율은 거의 매년 흑자를 달성하였다. 위탁 첫해인 1997년과 의약분업을 시행하기 시작하던 2000년 만 흑자를 달성하지 못하였다. 또한 의업수지비율과 의료수익의료이익률도 위탁 이전 수준보다 상당히 높아졌다. 위탁 이전에는 전체 지방공사의료원의 평균 이하이던 수익성 지표들이 위탁 이후에는 평균 이상으로 크게 개선되었다.

한편 의업수입을 살펴보면 위탁 이후 수입이 대폭 증가하였음을 확인할 수 있다. 그러나 의업비용도 역시 크게 인상되고 있었다. 병원의 경영 상태에 영향을 가장 크게 미치는 요인 중 하나인 인건비율은 위탁으로 크게 개선되어 40% 정도를 보이고 있다. 이러한 지표들을 종합하여 살펴볼 때 마산의료원은 위탁으로 수익성이 증대되었다고 판단된다.

<표 4-15> 마산의료원의 요소별 원가 관리

(단위: %)

년 도	재료비율	인건비율	관리비율
1993	38.6	58	16.9
1994	13.5	53.6	17.5
1995	37.4	76.4	35.1
1996	16.7	419.2	266
1997	40.6	56.8	41.6
1998	38.6	42.8	18.3
1999	42.1	33.4	33
2000	40.1	39.2	35.2
2001	33.9	39.1	31.1
2002	43.4	43.4	22.2

자료: 행정자치부, 『지방공기업 결산 및 경영분석』, 1993-2002년 자료로 작성.

2. 이천의료원의 수익성

이천의료원은 지속적인 재정압박과 경영 부진으로 1998년 2월에 경기도지사, 고려중앙학원 이사장 및 고려대학교 의료원장 간에 병원 위탁계약을 체결하게 되었으며 1998년 4월부터 위탁운영되었다. 이천의료원은 민간위탁 이후 첫해 적자 규모가 잠시 주춤하다가 그 후 다시 증가하여 2000년 행정자치부의 경영평가 결과 부실 공기업으로 판정되었다. 이후 각종 경영진단을 받았으며,[92] 결국 2003년 계약기간의 종료와 함께 민간위탁 계약을 종료하였다.

---

92) 행정자치부가 이천의료원에 대한 경영진단을 실시한 결과 적자 규모가 지난 97년 11억 6천 2백만 원, 98년 4억 9천 6백만 원, 99년 9억 4천 4백만 원, 2000년 9억 6천만 원으로 드러났다(동부 교차로저널, 2001. 6. 11. http//news.kocus.com).

<표 4-16> 이천의료원의 총수지비율과 의업수지비율

(단위: %)

년 도	이천의료원		지방공사의료원 전체 평균	
	총수지비율	의업수지비율	총수지비율	의업수지비율
1993	100.3	86.04	95.8	91.5
1994	75.1	64.79	95.6	95.1
1995	92.4	75.51	92.5	88.4
1996	97.8	70.6	93.1	88.9
1997	81.2	65.92	94.1	89.2
1998	120.2	90.82	99.6	91.4
1999	84.5	85.61	98.4	93.4
2000	87.4	86.32	92.8	86.6
2001	82.3	88.84	89.9	84
2002	74.9	72.28	82.2	78.2

자료: 전국 지방공사의료원 연합회, 『의료원 편람』, 1998: 행정자치부,
　　　『지방공기업 결산 및 경영분석』, 1993-2002년 자료로 작성.

<그래프 4-3> 이천의료원의 총수지비율과 의업수지비율

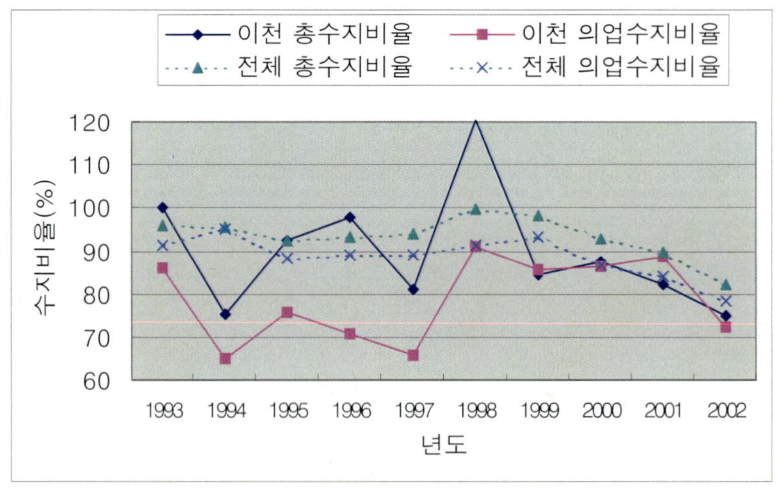

자료: 전국 지방공사의료원 연합회, 『의료원 편람』, 1998: 행정자치부,
　　　『지방공기업 결산 및 경영분석』, 1993-2002년 자료로 작성.

마산의료원의 수익성이 위탁으로 개선되었다고 판단되는 것과는 달리 이천의료원은 위탁 이후로 수익성이 별로 개선되지 않았다. 총수지비율은 위탁 첫해인 1998년에만 반등되었다가 그 다음 해부터 다시 위탁 이전과 비슷한 수준을 보이고 있다. 그나마 1998년의 총수지비율이 유달리 높게 측정된 것은 이 수치에는 의업수입 외의 기타의 모든 수입이 포함되고 정부의 각종 지원금도 포함되었기 때문이다. 1998년은 위탁계약이 체결되고 위탁이 시행된 해로 이천의료원의 시설과 장비 개선을 위해 막대한 예산이 투입되었고 이 때문에 규모가 75병상밖에 안 된 이천의료원의 종합 수지가 크게 개선된 것이었다.

한편 의업수지비율와 의료수익의료이익률은 위탁 이전과 비교하면 어느 정도 개선되었으나, 마산의료원이나 군산의료원이 위탁으로 전체 의료원 평균 이상으로 크게 개선된 것과는 달리 위탁 이전과 큰 차이를 보이고 있지 않다. 또한 인건비율 역시 1998년도에만 약간 감소하였다가 그 이후부터는 지속적으로 증가하고 있다. 이러한 지표들은 민간위탁이 이천의료원의 수익성을 약간만 개선시켰음을 보여준다.

〈표 4-17〉 이천의료원의 의료수익의료이익률

년 도	의업수입 (백만 원)	의업수입/ 소비자물가지수	의업비용 (백만 원)	의업비용/ 소비자물가지수	의료수익 의료이익률(%)
1993	1,705	1705	1,897	1,897	-11.3
1994	1,690	1,589.84	2,446	2,301.04	-44.7
1995	2,303	2,072.907	2,708	2,437.44	-17.6
1996	2,510	2,154.506	3,358	2,882.40	-33.8
1997	2,528	2,075.534	3,690	3,029.56	-46
1998	4,905	3,747.135	5,401	4,126.05	-10.1
1999	5,616	4,254.545	6,560	4,969.70	-16.8
2000	5,602	4,149.63	6,490	4,807.41	-15.9
2001	5,378	3,819.602	6,054	4,299.72	-12.6
2002	4,117	2,839.31	5,696	3,928.28	-38.4

자료: 전국 지방공사의료원 연합회, 『지방공사 시·도 의료원 경영실적 평가보고서』, 1993-2002년 자료로 작성.

〈표 4-18〉 요소별 원가 관리

(단위: %)

년 도	재료비율	인건비율	관리비율
1993	34.1	59.6	22.5
1994	44.3	65.7	19
1995	39.7	49.1	27.5
1996	45.2	52.4	25.9
1997	47.4	54.7	27.1
1998	44.5	47.3	16.5
1999	43.6	53.9	35.7
2000	39.8	57.9	30.8
2001	31.4	63.2	27.6
2002	31.6	91.9	29.2

자료: 행정자치부, 『지방공기업 결산 및 경영분석』, 1993-2002년 자료로 작성.

3. 군산의료원의 수익성

군산의료원은 1990년대 초반까지는 비교적 운영이 잘 되던 의료원이었다. 그러나 1996년 4월에 근처에 280병상 규모의 새로운 민간병원인 한사랑병원이 개원하면서 그 타격으로 1996년부터 경영이 악화되어 결국 1998년 말부터 민간위탁되었다.

〈표 4-19〉 군산의료원의 총수지비율과 의업수지비율

(단위: %)

년 도	군산의료원		지방공사의료원 전체 평균	
	총수지비율	의업수지비율	총수지비율	의업수지비율
1993	101.9	105.84	95.8	91.5
1994	101	97.33	95.6	95.1
1995	97.9	97.1	92.5	88.4
1996	92.4	87.44	93.1	88.9
1997	75.7	75.5	94.1	89.2
1998	68	66.15	99.6	91.4
1999	103.2	102.86	98.4	93.4
2000	100.1	104.23	92.8	86.6
2001	99.7	102.02	89.9	84
2002	85	92.96	82.2	78.2

자료: 전국 지방공사의료원 연합회, 『의료원 편람』, 1998; 행정자치부,
　　　『지방공기업 결산 및 경영분석』, 1993-2002년 자료로 작성.

〈그래프 4-4〉 군산의료원의 총수지비율과 의업수지비율

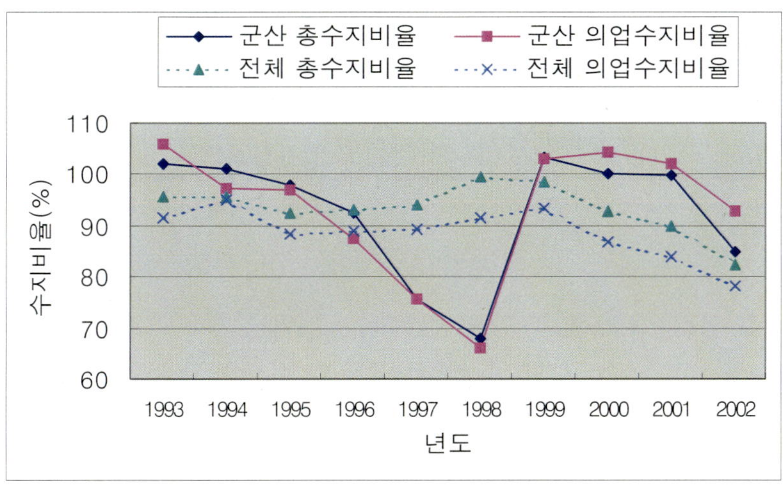

자료: 전국 지방공사의료원 연합회, 『의료원 편람』, 1998; 행정자치부,
　　　『지방공기업 결산 및 경영분석』, 1993-2002년 자료로 작성.

새로운 인근 병원의 개원 이후 위탁이 이루어지기까지의 3년 동안의 총수
지비율, 의업수지비율 등은 계속 하락하고 있었다. 그러나 위탁경영이 시작되
자마자 각종 수익성 지표는 급등하고 있다. 1999년부터 2001년까지의 3년 동
안 총수지비율 등의 수익성 지표는 많이 개선되었으며, 병상 규모가 훨씬 작
은 마산의료원과 달리 2000년도에 실시된 의약분업의 영향도 별로 받지 않은
것으로 나타났다. 하지만 2002년 신축 건물로 이사하고 병상수가 400여 병상
으로 증대되어 그해의 수익성 관련 지표들은 다시 하락하였다.

<표 4-20> 군산의료원의 의료수익의료이익률

년 도	의업수입 (백만 원)	의업수입/ 소비자물가지수	의업비용 (백만 원)	의업비용/ 소비자물가지수	의료수익 의료이익률(%)
1993	9,106	9,106	8,706	8,706	4.4
1994	10,666	10,033.87	10,672	10,039.51	-0.1
1995	12,116	10,905.49	11,875	10,688.57	2
1996	10,758	9,234.335	11,694	10,037.77	-8.7
1997	9,512	7,809.524	11,258	9,243.02	-18.4
1998	7,490	5,721.925	11,323	8,650.12	-51.2
1999	12,489	9,461.364	12,141	9,197.73	2.8
2000	14,128	10,465.19	13,554	10,040	4.1
2001	15,237	10,821.73	14,936	10,607.95	2
2002	19,649	13,551.03	21,137	14,577.24	-7.6

자료: 전국 지방공사의료원 연합회, 『지방공사 시·도 의료원 경영실적 평가보고서』,
1993-2002년 자료로 작성.

한편 인건비율을 살펴보면 1996년부터 급격히 증가하여 위탁 직전 해에
는 84%까지 높아지고 있다. 그러나 위탁경영이 시작되자마자 인건비율은
46%로 급격하게 감소하였다. 2001년에는 인건비율이 50%를 살짝 넘었고
2002년에는 신축된 건물로의 이사와 병상의 증대로 인건비율이 56.4%로
다시 약간 증가하였다. 그러나 위탁 이전의 경영 상황과 비교하여 보면 위
탁 이후의 인건비율은 상당히 개선되었다고 할 수 있다.

<표 4-21> 군산의료원의 요소별 원가 관리

(단위: %)

년 도	재료비율	인건비율	관리비율
1993	40.4	40.2	20.4
1994	36.7	43.9	22.2
1995	38	45.7	20.2
1996	33.5	58.9	28.3
1997	35	71	13
1998	36.7	84	34.4
1999	37.4	46	23.7
2000	35.6	46.9	23
2001	31.8	51.8	22.5
2002	34.8	56.4	30.5

자료: 행정자치부, 『지방공기업 결산 및 경영분석』, 1993-2002년 자료로 작성.

군산의료원의 위탁경영을 가져온 위탁 이전 몇 년 동안의 경영 상황과 위탁 이후의 경영 상황을 비교하여 보면, 총수지비율, 의업수지비율, 의료수익의료이익률 등의 지표들이 모두 개선되었음이 확인할 수 있다. 2002년의 지료는 다시 수익성이 약간 악화되는 모습을 보이나 이는 위탁의 영향이라기보다는 병상 증축과 신축 이전과 관련된 것으로 보인다. 결국 민간위탁은 군산의료원의 수익성을 증대시켰다고 할 수 있다.

4. 분석 및 논의

위탁의 결과 세 의료원 간의 수익성 증대 효과는 차이를 보이고 있다. 마산의료원과 군산의료원의 경우에는 위탁을 기점으로 총수지비율이 증대되어 적자의 폭이 감소하고 흑자를 달성하기도 하였다. 반면 이천의료원은

막대한 예산 지원이 이루어진 위탁 첫해인 1998년 만 흑자를 달성하고 그
이후는 예전과 비슷한 총수지비율을 보이고 있다.

<그래프 4-5> 위탁의료원의 총수지비율

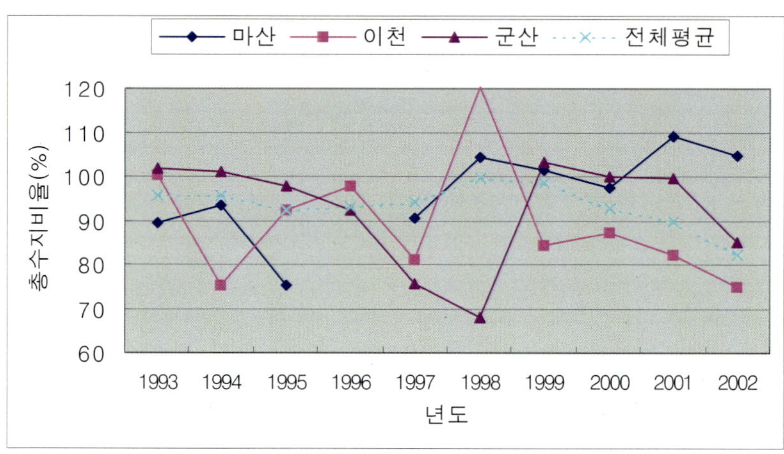

자료: 전국 지방공사의료원 연합회, 『의료원 편람』, 1998: 행정자치부,
『지방공기업 결산 및 경영분석』, 1993-2002년 자료로 작성.

<그래프 4-6> 위탁의료원의 의업수지비율

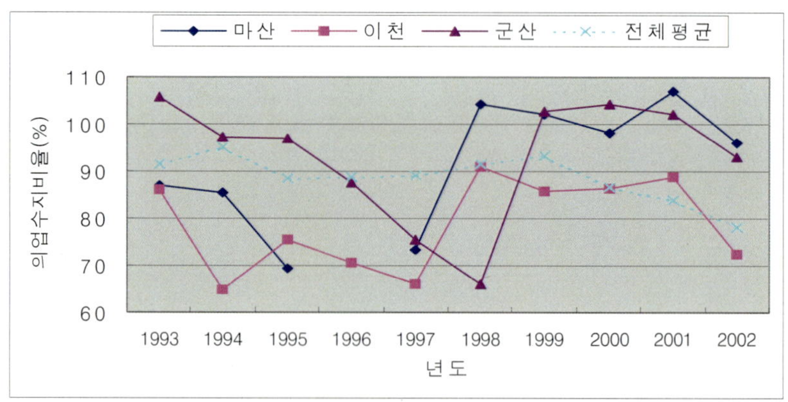

자료: 전국 지방공사의료원 연합회, 『의료원 편람』, 1998: 행정자치부,
『지방공기업 결산 및 경영분석』, 1993-2002년 자료로 작성.

한편 의업수지비율이나 의료수익의료이익률은 세 의료원 모두 상승하였음을 확인할 수 있다. 그러나 마산의료원이나 군산의료원이 큰 폭으로 개선되고 의업수지가 거의 균형이나 흑자를 달성한 것과는 달리 이천의료원은 예전보다는 약간 개선되었으나 의업수지가 여전히 상당한 정도의 적자를 보이고 있었다. 결국 위탁경영이 마산의료원이나 군산의료원의 경우에는 수익성 증대를 가져왔지만 이천의료원의 경우에는 별로 큰 수익성 효과를 가져오지 않았다고 판단된다.

제3절 의료원의 공공성 분석

기존의 연구들은 병원의 공공성을 분석하기 위해 주로 '의료보호(의료급여)환자 진료율', 즉 '총 환자 중 의료보호환자가 차지하는 비율'을 분석하였다. 본 연구에서는 '의료보호환자 진료율' 외에 '100병상당 외래 및 입원 의료보호환자수'와 '100병상당 의료원을 방문한 응급환자의 수'를 추가로 분석하였다.

1. 마산의료원의 공공성

의료보호환자가 병원의 총 환자 중 차지하는 비율로 판단할 경우에는 마산의료원의 공공성은 위탁으로 저하되었다고 판단된다. 1997년 4월 재개원 이후의 2002년까지의 6년간의 자료를 보면, 과거 위탁 이전 30%대였던 외래의료보호환자 비율이 위탁 이후 20% 정도로 상당히 떨어졌음을 알 수 있다. 입원의료보호환자의 경우에는 더 현격한 감소를 보인다.

그런데 환자의 절대수를 가지고 비교하면 오히려 외래의 경우에는 보호

176

환자들이 위탁 초기에는 급격히 줄었다가 그 후에는 위탁 이전의 2배가 되었음을 알 수 있다. 그러나 이러한 외래 의료보호환자의 증가를 공공성의 증가로 곧바로 연결짓기는 어려운 점이 있다. 우선 증가하는 외래의 추세와는 반대로 입원의 경우에는 의료보호환자들이 다소 줄어들었다. 공공병원에서의 장기 입원 의료보호환자는 의료 수익 감소의 원인 중 하나로 꼽히고 있다. 심지어 거주할 곳이 없는 사람들의 숙소로 악용된다는 비난이 제기되기도 한다. 마산의료원의 경우에는 위탁 이후에 많은 입원보호환자들을 외래로 돌리고 입원환자들의 수를 억제하기 위한 노력이 보인다.

<표 4-22> 마산의료원의 의료보호환자진료율

(단위: %)

년 도	마산의료원		지방공사의료원 전체 평균	
	외래의료보호환자 진료율	입원의료보호환자 진료율	외래의료보호환자 진료율	입원의료보호환자 진료율
1993	34.88	45.43	16.31299	30.87232
1994	23.82	50.87	14.77381	28.44804
1995	32.42	35.07	13.72794	29.52998
1996	-	-	13.25376	30.2736
1997	16.74	19.88	11.82453	29.23127
1998	15.55	18.77	13.65848	33.80067
1999	20.5	27.06	16.19091	38.15721
2000	24.42	33.16	18.63832	40.38911
2001	23.51	29.32	20.24014	39.887
2002	18.3	29.36	17.4224	37.32722

자료: 전국 지방공사의료원 연합회, 『지방공사 시·도 의료원 경영실적 평가보고서』, 1993-2002년 자료: 행정자치부, 『지방공기업 결산 및 경영분석』, 1993-2002년 자료로 작성.

<그래프 4-7> 마산의료원의 의료보호환자진료율

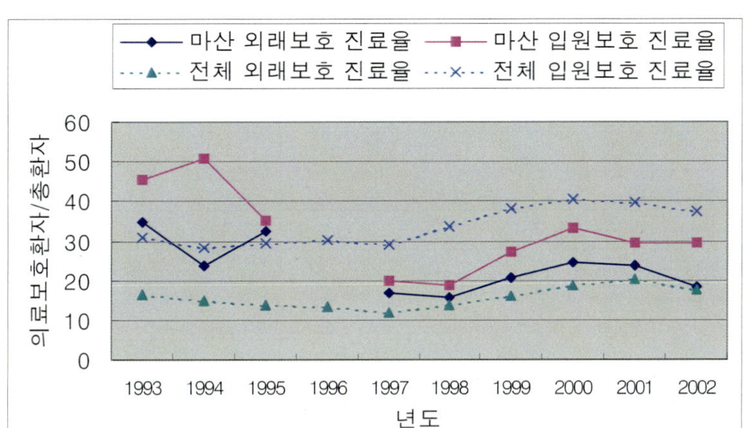

자료: 전국 지방공사의료원 연합회, 『지방공사 시·도 의료원 경영실적 평가
보고서』, 1993-2002년 자료: 행정자치부, 『지방공기업 결산 및 경영분
석』, 1993- 2002년 자료로 작성.

100병상당 의료보호환자의 비율을 가지고 공공성을 분석하면, 100병상당
외래 의료보호환자수는 위탁 직후에 급감했다가 다시 위탁 이전과 비슷한
정도를 회복하고 있으나, 입원환자의 경우에는 그 비율이 상당히 감소했다.
한편, 마산의료원의 응급환자수는 위탁 이전보다 위탁 이후에 증가하였다.
그러나 병상수도 증가하여 100병상당 응급환자수는 비슷하거나 약간 감소
한 정도를 보이고 있다.

<표 4-23> 마산의료원의 의료보호환자수

(단위: 명)

년 도	외래 의료보호환자수	입원 의료보호환자수
1993	11,704	18,058
1994	11,632	20,965
1995	11,820	11,516
1996	-	-
1997	5,169	5,524
1998	10,031	9,760
1999	17,016	15,562
2000	20,053	17,660
2001	22,236	16,826
2002	21,198	17,700

자료: 행정자치부, 『지방공기업 결산 및 경영분석』, 1993-2002년 자료로 작성.

결국 기존의 총 환자 중 의료보호환자가 차지하는 비율로 보거나, 100병
상당 의료보호환자 비율로 보거나 공공성은 대체로 감소한 것으로 판단된
다.[93] 또한 100병상 응급환자수도 감소하고 있어 종합적으로 마산의료원의
공공성은 떨어진 것으로 보인다.

---

93) 마산의료원은 위탁 이후 심장병 무료수술, 무료 진료 등에 적극적으로 나섰으
나 본 연구에서 사용한 공공성 지표로만 판단할 경우 공공성이 감소한 것으로
해석되었다.

〈표 4-24〉 마산의료원의 병상당 의료보호환자수

(단위: 명)

년 도	마산의료원		지방공사의료원 전체 평균	
	100병상당 외래 의료보호환자	100병상당 입원 의료보호환자	100병상당 외래 의료보호환자	100병상당 입원 의료보호환자
1993	32.07	49.47	21.98617	25.1799
1994	28.97	52.22	19.23497	22.88903
1995	26.99	26.29	18.54249	24.12899
1996	-	-	18.2352	24.69763
1997	11.74	12.55	17.98304	24.50442
1998	16.36	15.92	21.59836	30.97743
1999	23.19	21.21	24.13466	33.84954
2000	30.52	26.88	24.69472	32.0238
2001	33.84	25.61	24.8947	34.40769
2002	28.87	24.11	21.12746	30.28818

자료: 전국 지방공사의료원 연합회, 『지방공사 시·도 의료원 경영실적 평가보고서』, 1993-2002년
　　　자료: 행정자치부, 『지방공기업 결산 및 경영분석』, 1993-2002년 자료로 작성.

〈그래프 4-8〉 마산의료원의 병상당 의료보호환자수

(단위: 명)

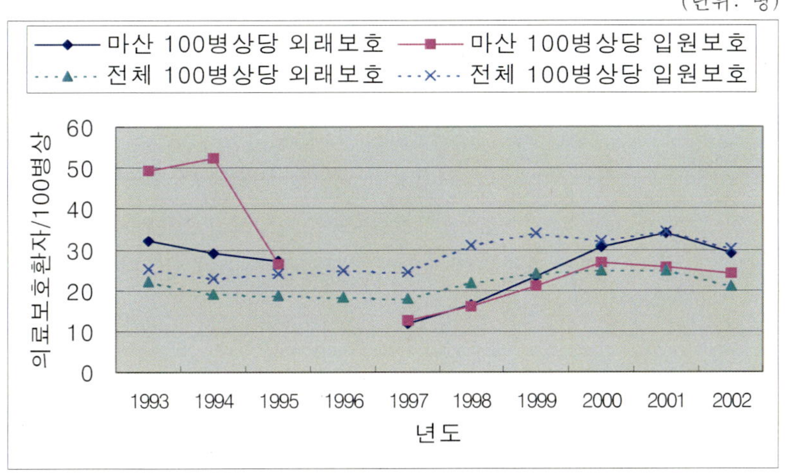

자료: 전국 지방공사의료원 연합회, 『지방공사 시·도 의료원 경영실적 평가보고
　　　서』, 1993-2002년 자료: 행정자치부, 『지방공기업 결산 및 경영분석』,
　　　1993-2002년 자료로 작성.

<표 4-25> 마산의료원의 응급환자수

(단위: 명)

년 도	응급환자수	100병상당 응급환자수
1993	3,728	10.21
1994	5,767	14.37
1995	6,835	15.61
1996	-	-
1997	3,814	8.67
1998	8,530	13.91
1999	9,720	13.24
2000	7,969	12.13
2001	6,446	9.81
2002	7,938	10.81

자료: 전국 지방공사의료원 연합회, 『지방공사 시·도 의료원 경영실적 평가보고서』,
1993-2002년 자료로 작성.

2. 이천의료원의 공공성

이천의료원의 의료보호환자 진료율은 앞서의 마산의료원의 경우와는 달리, 위탁 이후의 외래 의료보호환자들이 총 환자 중 차지하는 비율은 거의 위탁 전의 2/3~1/2 수준으로 떨어진 반면 입원 의료보호환자들은 비슷한 정도를 유지하고 있다. 그러나 환자의 절대수를 가지고 비교하면 외래의료보호환자수는 위탁 직후 증가하였다가 다시 위탁 이전 수준만큼 감소하였고 입원환자의 경우에는 위탁 이전보다 감소하였다.

〈표 4-26〉 이천의료원의 의료보호환자 진료율

(단위: %)

년 도	이천의료원		지방공사의료원 전체 평균	
	외래의료보호환자 진료율	입원의료보호환자 진료율	외래의료보호환자 진료율	입원의료보호환자 진료율
1993	15.56	17.77	16.31299	30.87232
1994	12.77	17.83	14.77381	28.44804
1995	15.49	20.39	13.72794	29.52998
1996	15.94	25.64	13.25376	30.2736
1997	15.58	28.92	11.82453	29.23127
1998	10.62	25.69	13.65848	33.80067
1999	12.29	19.6	16.19091	38.15721
2000	11.06	27.33	18.63832	40.38911
2001	11.64	22.47	20.24014	39.887
2002	8.37	21.62	17.4224	37.32722

자료: 전국 지방공사의료원 연합회, 『지방공사 시·도 의료원 경영실적 평가보고서』, 1993-2002년 자료: 행정자치부, 『지방공기업 결산 및 경영분석』, 1993-2002년 자료로 작성.

〈그래프 4-9〉 이천의료원의 의료보호환자 진료율

(단위: %)

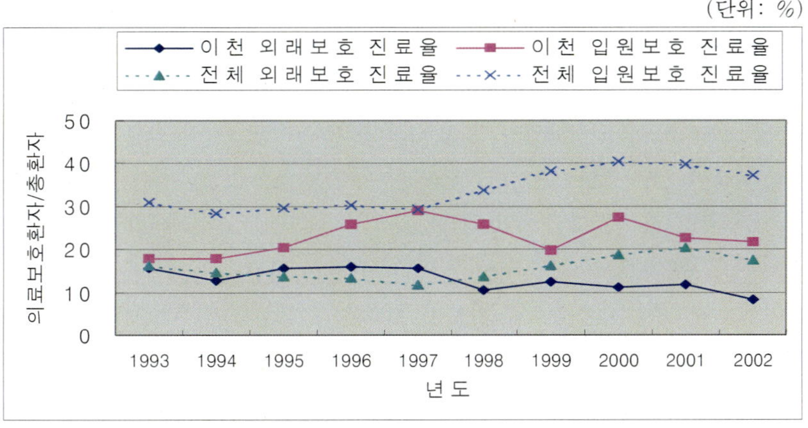

자료: 전국 지방공사의료원 연합회, 『지방공사 시·도 의료원 경영실적 평가보고서』, 1993-2002년 자료: 행정자치부, 『지방공기업 결산 및 경영분석』, 1993-2002년 자료로 작성.

이천의료원의 경우에는 기존의 총 환자 중 의료보호환자가 차지하는 진료 비율만을 가지고 분석한 결과와 100병상당 보호환자수를 분석한 결과가 괴리를 보인다. 기존의 진료비율을 가지고 보면 외래는 공공성이 줄고 입원은 공공성이 유지되는 것으로 보이나, 100병상당 외래 의료보호환자 비율은 위탁 이후 잠시 증가하였다가 다시 원 수준보다 더 떨어졌고 100병상당 입원 보호환자의 비율은 현저하게 감소하였다. 이미 위탁 이전부터 100병상당 입원환자수가 감소하는 추세를 보이고 있다는 점에서 과연 위탁으로 100병상당 입원환자가 줄었다고 할 수 있는가에 약간의 의문이 있을 수 있지만, 위탁이 이루어진 1998년 이후로는 이 지표는 위탁 이전보다 항상 낮은 수준을 유지하고 있다는 점에서 공공성이 저해되었다고 본다.

<표 4-27> 이천의료원의 의료보호환자수

(단위: 명)

년 도	외래 의료보호환자수	입원 의료보호환자수
1993	9,181	9,068
1994	6,899	7,452
1995	7,568	10,412
1996	8,931	8,595
1997	9,099	6,653
1998	8,930	5,319
1999	12,429	4,760
2000	12,165	6,538
2001	10,530	6,629
2002	7,767	4,627

자료: 행정자치부, 『지방공기업 결산 및 경영분석』, 1993-2002년 자료로 작성.

〈표 4-28〉 이천의료원의 100병상당 의료보호환자수

(단위: 명)

년 도	이천의료원		지방공사의료원 전체 평균	
	100병상당 외래 의료보호환자	100병상당 입원 의료보호환자	100병상당 외래 의료보호환자	100병상당 입원 의료보호환자
1993	33.54	33.13	21.98617	25.1799
1994	25.2	27.22	19.23497	22.88903
1995	27.65	38.03	18.54249	24.12899
1996	32.62	31.4	18.2352	24.69763
1997	33.24	24.3	17.98304	24.50442
1998	32.62	19.43	21.59836	30.97743
1999	45.4	17.39	24.13466	33.84954
2000	35.17	18.9	24.69472	32.0238
2001	25.76	16.22	24.8947	34.40769
2002	24.46	11.32	21.12746	30.28818

자료: 전국 지방공사의료원 연합회(편),『지방공사 시·도 의료원 경영실적 평가보고
　　　서』, 1993-2002년 자료: 행정자치부,『지방공기업 결산 및 경영분석』,
　　　1993-2002년 자료로 작성.

〈그래프 4-10〉 이천의료원의 100병상당 의료보호환자수

(단위: 명)

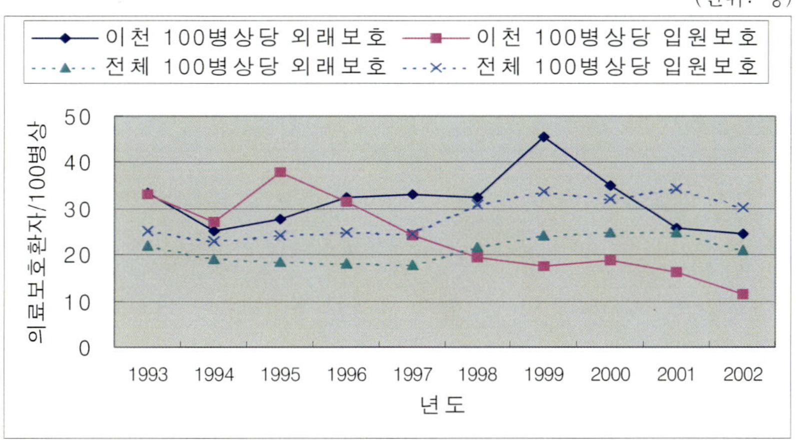

자료: 전국 지방공사의료원 연합회(편),『지방공사 시·도 의료원 경영실적 평가보
　　　고서』, 1993-2002년 자료: 행정자치부,『지방공기업 결산 및 경영분석』,
　　　1993-2002년 자료로 작성.

184

한편 응급환자의 수는 위탁 이후에 2배 이상 크게 증가하였다. 100병상당 응급환자수도 큰 폭으로 상승하였다. 그러나 병상수가 적고 응급실과 중환자실이 없는 이천의료원으로서는 이러한 응급환자수의 증대에 적절히 대처하지 못하고 다른 인근 병원으로 후송하는 등 어려움이 많았다.

<표 4-29> 이천의료원의 응급환자수

(단위: 명)

년 도	응급환자수	100병상당 응급환자수
1993	2,739	10.01
1994	3,738	13.65
1995	4,465	16.31
1996	5,246	19.16
1997	6,755	24.68
1998	11,257	41.12
1999	15,216	55.58
2000	17,124	49.51
2001	17,886	43.75
2002	18,932	46.31

자료: 전국 지방공사의료원 연합회, 『지방공사 시·도 의료원 경영실적 평가보고서』, 1993-2002년 자료로 작성.

결국 이천의료원의 공공성은 대체로 약간 저하되었다고 평가된다. 기존의 선행연구에서 사용되던 총 환자 중 의료환자비율의 추세와 100병상당 보호환자수의 추세가 외래와 입원의 경우에 반대로 나타나고는 있지만 공통적으로 모두 공공성이 유지 혹은 감소되었음을 확인할 수 있었다.

3. 군산의료원의 공공성

군산의료원은 위탁 이후 총 환자 중 의료보호환자가 차지하는 비율은 외
래건 입원이건 양자 모두 증가하였다. 특히 외래의 증가율은 2~3배에 달
하였다. 그러나 이 지표만을 가지고 볼 경우 군산의료원의 의료보호환자
진료율이 위탁 이전부터 증가하는 추세를 보이고 있어 위탁의 효과라고 해
석하기 조심스럽다.

<표 4-30> 군산의료원의 의료보호환자 진료율

(단위: %)

년 도	군산의료원		지방공사의료원 전체 평균	
	외래의료보호환자 진료율	입원의료보호환자 진료율	외래의료보호환자 진료율	입원의료보호환자 진료율
1993	4.61	19.74	16.31299	30.87232
1994	6.94	19.18	14.77381	28.44804
1995	6.1	15.56	13.72794	29.52998
1996	7.65	17.66	13.25376	30.2736
1997	8.73	18.67	11.82453	29.23127
1998	10.78	21.52	13.65848	33.80067
1999	13.64	23.8	16.19091	38.15721
2000	17.29	21.86	18.63832	40.38911
2001	17.1	24.41	20.24014	39.887
2002	15.06	23.68	17.4224	37.32722

자료: 전국 지방공사의료원 연합회, 『지방공사 시·도 의료원 경영실적 평가보고서』,
1993-2002년 자료: 행정자치부, 『지방공기업 결산 및 경영분석』, 1993-2002년 자
료로 작성.

<그래프 4-11> 군산의료원의 의료보호환자 진료율

(단위: %)

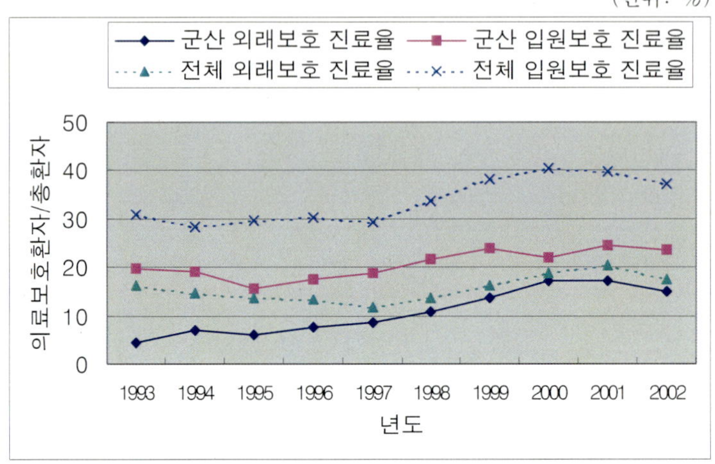

자료: 전국 지방공사의료원 연합회, 『지방공사 시·도 의료원 경영실적
    평가보고서』, 1993-2002년 자료: 행정자치부, 『지방공기업 결산
    및 경영분석』, 1993-2002년 자료로 작성.

<표 4-31> 군산의료원의 의료보호환자수

(단위: 명)

년 도	외래 의료보호환자수	입원 의료보호환자수
1993	4,787	25,369
1994	8,487	26,256
1995	8,466	21,203
1996	8,033	19,166
1997	8,630	18,593
1998	8,701	14,797
1999	17,289	18,294
2000	26,056	19,771
2001	26,477	23,007
2002	27,951	29,246

자료: 행정자치부, 『지방공기업 결산 및 경영분석』, 1993-2002년 자료로 작성.

〈표 4-32〉 군산의료원의 100병상당 의료보호환자수

(단위: 명)

년　도	군산의료원		지방공사의료원 전체 평균	
	100병상당 외래 의료보호환자	100병상당 입원 의료보호환자	100병상당 외래 의료보호환자	100병상당 입원 의료보호환자
1993	3.55	18.84	21.98617	25.1799
1994	6.46	19.98	19.23497	22.88903
1995	6.44	16.14	18.54249	24.12899
1996	6.88	16.41	18.2352	24.69763
1997	7.63	16.43	17.98304	24.50442
1998	8	13.6	21.59836	30.97743
1999	14.49	15.33	24.13466	33.84954
2000	21.83	16.56	24.69472	32.0238
2001	22.18	19.28	24.8947	34.40769
2002	20.62	21.58	21.12746	30.28818

자료: 전국 지방공사의료원 연합회, 『지방공사 시·도 의료원 경영실적 평가보고서』,
1993-2002년 자료: 행정자치부, 『지방공기업 결산 및 경영분석』, 1993-2002년 자
료로 작성.

〈그래프 4-12〉 군산의료원의 100병상당 의료보호환자수

(단위: 명)

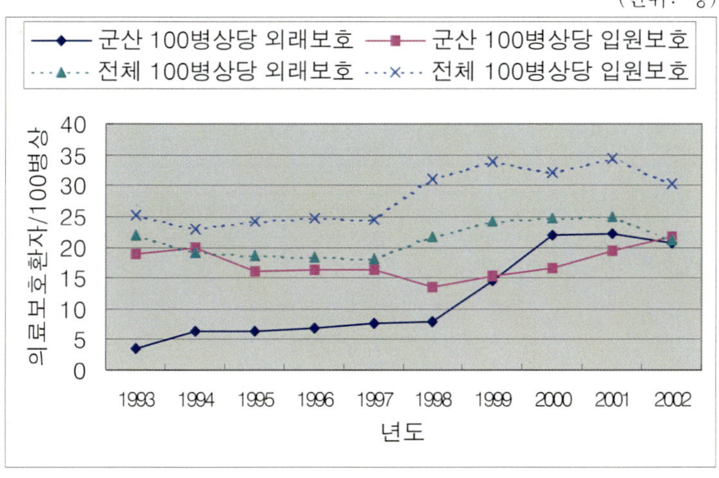

자료: 전국 지방공사의료원 연합회, 『지방공사 시·도 의료원 경영실적
평가보고서』, 1993-2002년 자료: 행정자치부, 『지방공기업 결산 및
경영분석』, 1993-2002년 자료로 작성.

<표 4-33> 군산의료원의 응급환자수

(단위: 명)

년　도	응급환자수	100병상당 응급환자수
1993	14,174	10.52
1994	18,700	14.23
1995	19,016	14.47
1996	18,441	15.79
1997	13,822	12.22
1998	11,554	10.62
1999	11,282	9.45
2000	15,911	13.33
2001	12,763	10.69
2002	13,916	10.26

자료: 전국 지방공사의료원 연합회. 『지방공사 시·도 의료원 경영실적 평가보고서』. 1993-2002년 자료로 작성.

100병상당 의료보호환자수를 가지고 비교하면 외래의 경우에는 현저히 그 수가 증가하였으나 입원의 경우에는 약간만 증가하는 정도를 보이고 있다. 한편 100병상당 응급환자수는 위탁 첫해 감소하였다가 이듬해부터 위탁 이전과 비슷한 정도를 유지하고 있다. 위의 지표들을 종합하면 군산의료원은 위탁 이후 공공성이 약간 증가하였다고 할 수 있다.

4. 분석 및 논의

기존의 공공성 지표를 가지고 종합적으로 분석해 보면 위탁 이후 마산의료원과 이천의료원은 공공성이 저해되었고 군산의료원은 오히려 공공성이 약간 증대되었음을 알 수 있다. 마산의료원은 위에서 사용된 여러 가지 지표들 중 100병상당 외래보호환자수만이 위탁 이전과 유사한 수준을 보이고 있고 다른 지표들은 모두 하락하여 위탁 이전보다 낮은 수준을 보이고 있다.

이천의료원도 사용된 지표들이 모두 제각각인 결과를 보이고 있어 해석하기가 어려운 점이 있지만 대체로 유지하거나 야간 하락하는 양상을 보였다. 반면 군산의료원은 지표들이 유지하거나 상승하는 양상으로 보여 공공성이 약간 증대되었다고 판단하였다.

그런데 이렇듯 군산의료원의 공공성이 증대되는 것으로 나타난 것은 대부분의 지표에서 위탁 이전의 군산의료원의 공공성 수준이 마산의료원이나 이천의료원의 수준보다 현저하게 낮았기 때문이다. 그 결과, 군산의료원의 공공성이 위탁 이후에 상당히 증가하였음에도 불구하고 여전히 마산의료원의 공공성 지표보다는 싼 값을 보이고 있고 지방공사의료원의 전체평균보다도 낮은 수준을 보이고 있다.

<그래프 4-13> 총 외래환자 중 외래보호환자 진료율

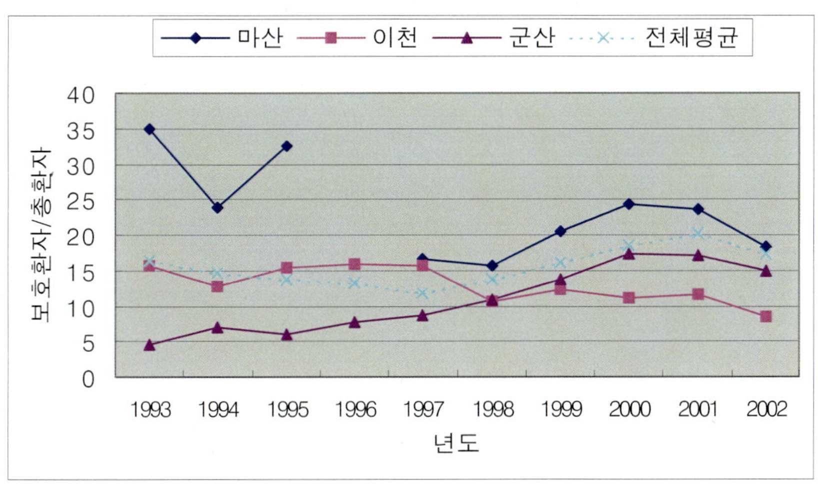

자료: 전국 지방공사의료원 연합회, 『지방공사 시·도 의료원 경영실적 평가보고서』, 1993-2002년 자료: 행정자치부, 『지방공기업 결산 및 경영분석』, 1993-2002년 자료로 작성.

<그래프 4-14> 총 입원환자 중 입원보호환자 진료율

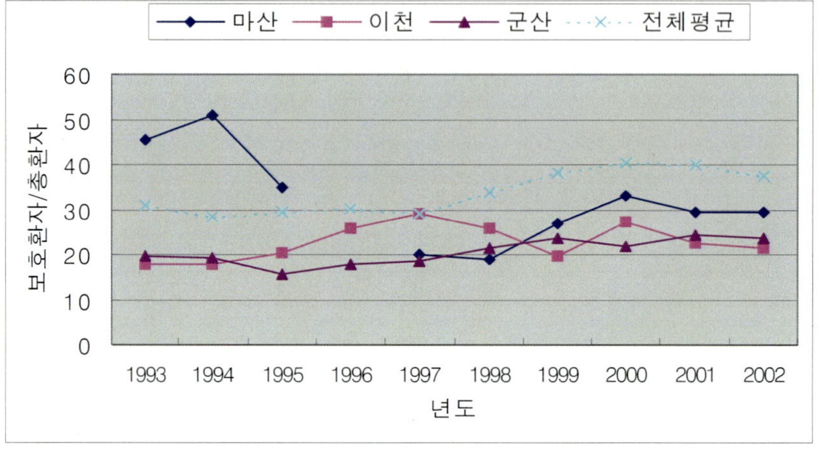

자료: 전국 지방공사의료원 연합회, 『지방공사 시·도 의료원 경영실적 평가보고서』, 1993-2002년 자료: 행정자치부, 『지방공기업 결산 및 경영분석』, 1993- 2002년 자료로 작성.

<그래프 4-15> 100병상당 외래보호환자

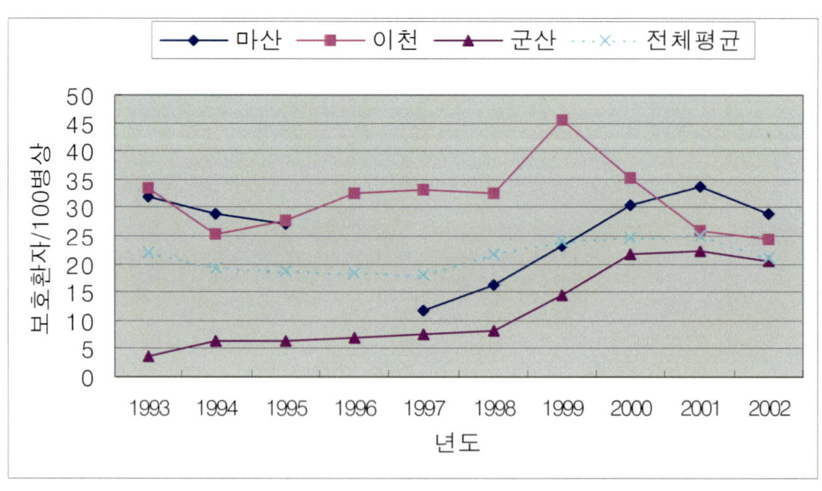

자료: 전국 지방공사의료원 연합회, 『지방공사 시·도 의료원 경영실적 평가보고서』, 1993-2002년 자료: 행정자치부, 『지방공기업 결산 및 경영분석』, 1993-2002년 자료로 작성.

〈그래프 4-16〉 100병상당 입원보호환자

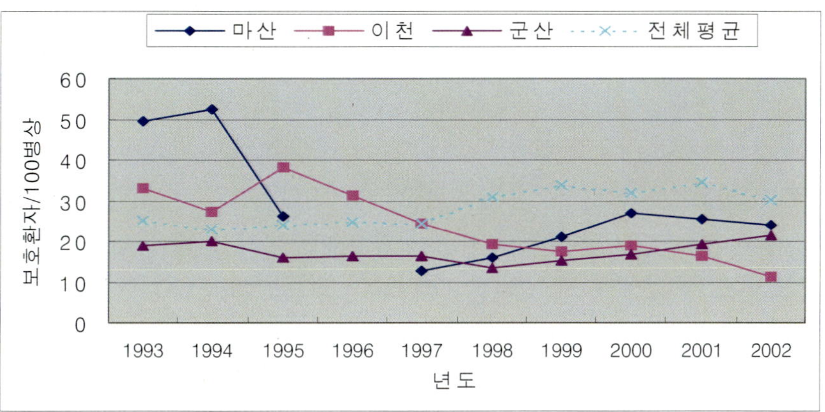

자료: 전국 지방공사의료원 연합회, 『지방공사 시·도 의료원 경영실적 평가보고서』,
1993-2002년 자료; 행정자치부, 『지방공기업 결산 및 경영분석』, 1993- 2002년
자료로 작성.

세 의료원에서의 위탁으로 인한 수익성 지표와 공공성 지표의 변화를 살
펴보면 마산의료원의 경우에는 수익성은 증가한 반면 공공성은 저해되었
고, 이천의료원은 수익성은 약간 증가한 반면 공공성은 저해되었다. 한편
군산의료원은 위탁 이후 수익성은 크게 개선되었고 공공성도 약간 증가한
것으로 나타났다.

따라서 수익성과 공공성 사이에 역의 관계가 있다는 주장은 부분적으로
는 만 옳다는 것을 확인할 수 있었다. 마산의료원이나 이천의료원의 경우
에는 양 지표간의 상반된 관계가 나타나고 있었다. 그러나 군산의료원의
경우에는 수익성 지표와 공공성 지표가 모두 개선되어 반드시 양 지표가
역의 관계를 보이지는 않음을 확인할 수 있었다.

제4절 서비스의 질 분석

서비스 질을 평가하기 위한 지표로는 각 년도의 100병상당 의료원의 일반환자와 보험환자수의 합계를 선정하였다. 의료원에서 치료받은 일반환자수와 보험환자수는 행정자치부가 발간하는 『지방공기업 결산 및 경영분석』에 수록되어 있다. 일반환자수와 보험환자수는 각각 외래와 입원환자수를 모두 합한 수이다. 한편 보험환자수에는 건강보험환자 외에 자동차보험환자와 산재보험환자 등이 포함되어 있다.

이들 환자의 경우에는 비용상의 문제 등으로 굳이 공공의료기관을 방문할 필요는 없는 환자들이다. 따라서 의료원을 방문하여 치료받는 일반환자수와 보험환자수의 추세를 파악하면 서비스의 질을 대략 알 수 있다. 세 의료원 모두 위탁 당시와 위탁 이후로 지속적으로 주변에 병원들이 새로 개원하고 병상이 증설되어, 간혹 이전하거나 휴업하는 병원이 있어도, 전체적으로는 진료권 내의 의료서비스의 공급이 증가하고 있었다. 의료서비스 공급이 증가하는 상황에서 위탁 이후로 의료원을 방문하는 이들 환자들의 수가 증가한다면 이는 의료원의 서비스의 질이 개선되었기 때문이라고 볼 수 있다.

한편 각 년도에 행정자치부의 경영평가 당시의 설문조사 자료를 보조적으로 참고하였다. 행정자치부 산하의 의료원 연합회의 경영평가에서는 2000년부터 매년 서비스의 질을 평가하고 있다. 설문항목은 크게 의사에 대한 평가, 간호사에 대한 평가, 기타 서비스에 대한 평가로 나뉜다. 의사에 대한 평가에서는 의사에 대한 만남의 용이성, 진료대기 시간 만족도, 진료과정에 대한 설명, 환자에 대한 진료 태도를 조사하고 있으며, 간호사에 대한 평가에서는 간호사와의 만남의 용이성, 간호사 대답의 성실성을 조사하고 있다. 또한 기타 서비스에 대한 평가에서는 병원 직원들의 태도와 식사의 질 등을 조사하고 있다.

1. 마산의료원의 서비스 질

마산의료원을 방문하는 일반환자와 보험환자수는 위탁 이후 크게 증대한 것으로 나타났다. 마산의료원의 병원 규모가 커진 것을 감안하더라도 100병상당 방문 일반환자와 보험환자수 역시 크게 증가하여 위탁 이후에 위탁 이전보다 많은 환자들이 방문한 것을 알 수 있다. 이 대리변수를 통해 위탁 이후 마산의료원의 서비스 질을 개선되었다고 볼 수 있다.

〈표 4-34〉 마산의료원의 100병상당 일반환자수와 건강보험환자수

년 도	운영병상수(개)	일반환자＋건강보험환자(명)	100병상당 수(명)
1993	36,500	43,540	119.2877
1994	40,150	38,040	94.74471
1995	43,800	14,705	33.57306
1996	-	828	-
1997	44,016	47,985	109.0172
1998	61,320	83,224	135.7208
1999	73,365	95,651	130.3769
2000	65,700	95,009	144.6104
2001	65,700	113,145	172.2146
2002	73,422	137,226	186.9004

자료: 전국 지방공사의료원 연합회, 『지방공사 시·도 의료원 경영실적 평가보고서』, 1993-2002년 자료: 행정자치부, 『지방공기업 결산 및 경영분석』, 1993- 2002년 자료로 작성.

<그래프 4-17> 마산의료원의 100병상당 일반환자수와 건강보험환자수

(단위: 명)

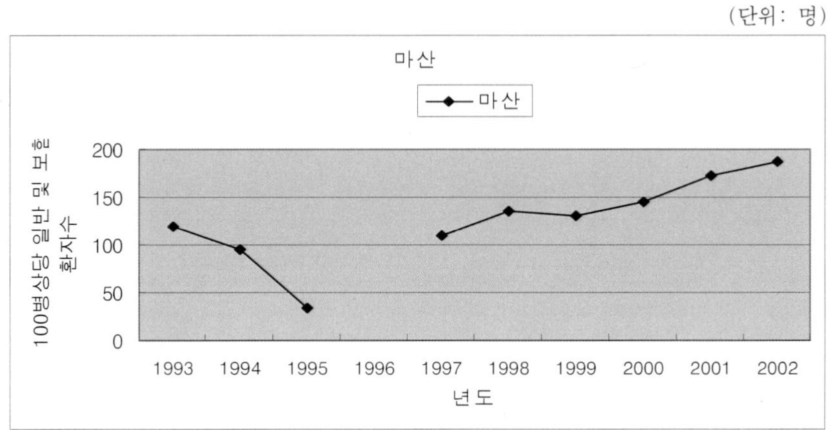

자료: 전국 지방공사의료원 연합회, 『지방공사 시·도 의료원 경영실적 평가보고서』,
   1993-2002년 자료; 행정자치부, 『지방공기업 결산 및 경영분석』, 1993-2002년
   자료로 작성.

의료원 연합회에서 2000년부터 매년 서비스에 대한 설문조사를 실시하고
있다. 마산의료원의 2000년도의 의사의 서비스에 대한 평가는 의료원 전체
평균(2.63)에 비해 높은 수준(2.96)이었으나 간호서비스에 대한 평가는 의
료원 전체평균(2.27)보다 약간 낮은 수준(2.08)이었다. 그러나 항목 중 간
호사에 대한 환자의 만족도는 평균에 비해 높은 것으로 나타났으며, 기타
서비스에 대한 평가는 의료원 전체 수준(2.92)에 비해 약간 낮은 수준
(2.85)이었다.

2001년도에는 의사의 서비스에 대한 평가는 전체 평균(1.48)에 비해 매우
높은 수준(1.81)이었다. 경상대 병원 교수 파견으로 사망사례 집담회나 원내
학술집담회와 같은 학술활동이 활발히 진행되고 있었으며, 지역주민 의학강
좌도 수회 시행되고 있었다. 의사에 대한 환자의 진료 만족도 조사 결과도
설문의 모든 항목에서 타 의료원보다 월등히 우수한 평가를 받았다.

동년의 간호사의 서비스에 대한 평가도 전체 평균(1.24)에 비해 높은 수

준(1.42)이었다. 또한 기타 서비스에 대한 평가도 전체 평균(1.07)에 비해 높은 수준(1.26)이다. 2000년 설문조사에서 간호나 기타 서비스에 대한 평가가 평균 수준에 미달했던 것에 비하면 크게 향상된 것으로 전체 항목에서 평균보다 월등히 높게 나타났다.

한편 2002년도의 의사의 서비스에 대한 평가는 전체 평균(3.12)에 비해 매우 높은 수준(3.57)이다. 학술활동에 있어서 각종 학회 활동은 미흡한 편이나 원내 학술집담회는 정기적으로 시행하고 있었다. 또한, 지역주민 의학 강좌도 활발히 시행하고 있는 것으로 파악되었다. 의사에 대한 환자의 진료 만족도 조사결과도 설문의 모든 항목에서 전체 평균보다 매우 높은 평가를 받았다.

동년의 간호사의 활동에 대한 평가도 전체 평균(2.51)에 비해 높은 수준(2.65)이었다. 간호사에 대한 교육은 원내 직무 교육과 외부 연수 교육으로 구분하여 체계적으로 시행되고 있었으며, 간호서비스 개선활동으로 설문조사를 정기적으로 시행하고 있다. 간호서비스에 대한 설문조사에서도 모든 항목에서 전체 평균보다 높게 평가되었다.

또한 기타 서비스에 대한 수준은 전체 평균(2.25)에 비해 매우 높은 수준(2.80)이다. 기타 서비스에 대한 평가가 계속 매년 크게 증가된 것은 직원들이 교대로 외래환자를 위한 '음료서비스' 활동을 하는 등 환자 만족을 위한 노력들에 기인한 것으로 설명되고 있다.

<표 4-35> 마산의료원의 서비스의 질에 대한 설문조사 결과

년 도	의 사		간호사		기타 서비스	
	마산	평균	마산	평균	마산	평균
2000	2.96	2.63	2.08	2.27	2.85	2.92
2001	1.81	1.48	1.42	1.24	1.26	1.07
2002	3.57	3.12	2.61	2.51	2.80	2.25

자료: 전국 지방공사의료원 연합회, 『지방공사 시·도 의료원 경영실적 평가보고서』, 2000-2002년 자료로 작성.

이러한 연합회의 설문조사 결과를 보면 마산의료원은 전국의 다른 의료원들에 비해 특히 의사의 서비스에 대한 평가가 상당히 좋다는 것을 알 수 있다. 한편 기타 서비스에 대한 인식도 계속 개선되고 있었으며 2002년의 경우에 다른 의료원들에 비해서 월등히 높게 나타나고 있다.

2. 이천의료원의 서비스 질

이천의료원의 경우에도 위탁 이후 3년간 100병상당 일반환자와 보험환자 수가 크게 증대되었다. 고려대학교 병원에의 위탁 이후 한동안 이천의료원 환자는 폭발적으로 증가하였다. 그러나 곧 의사들은 변화가 없고 그대로이고 그나마 충원이 제대로 안되어 공중보건의가 많은 비중을 차지하고 있어 별로 달리진 것이 없다는 인식이 퍼져나갔다.

그 결과 마산의료원이나 군산의료원의 100병상당 일반 및 보험환자수가 위탁 이후 계속적으로 증가 추세를 보이는 것과는 달리 이천의료원은 2001년부터는 다시 위탁 이전 수준 정도로 하락하였다. 그래프선상에서 위탁 이후의 3년간의 일시적인 일반환자와 보험환자의 증가부분을 빼버린다면 위탁 이전이나 이후의 서비스 질은 아주 약한 증가세를 완만히 보이고 있고 거의 비슷한 수준이라고 할 수 있다. 따라서 이 지표를 통해 위탁 이후의 서비스가 이전보다는 개선되었다고 보기는 어렵다.

〈표 4-36〉 이천의료원의 100병상당 일반환자수와 건강보험환자수

년 도	운영병상수(개)	일반환자＋건강보험환자(명)	100병상당 수(명)
1993	27,375	51,207	187.0575
1994	27,375	53,161	194.1954
1995	27,375	55,455	202.5753
1996	27,375	57,841	211.2913
1997	27,375	61,831	225.8667
1998	27,375	87,807	320.7562
1999	27,375	103,574	378.3525
2000	34,590	115,209	333.0703
2001	40,880	102,840	251.5656
2002	40,880	101,849	249.1414

자료: 전국 지방공사의료원 연합회, 『지방공사 시·도 의료원 경영실적 평가보고서』,
    1993-2002년 자료: 행정자치부, 『지방공기업 결산 및 경영분석』, 1993-2002년 자
    료로 작성.

〈그래프 4-18〉 이천의료원의 100병상당 일반환자수와 건강보험환자수

(단위: 명)

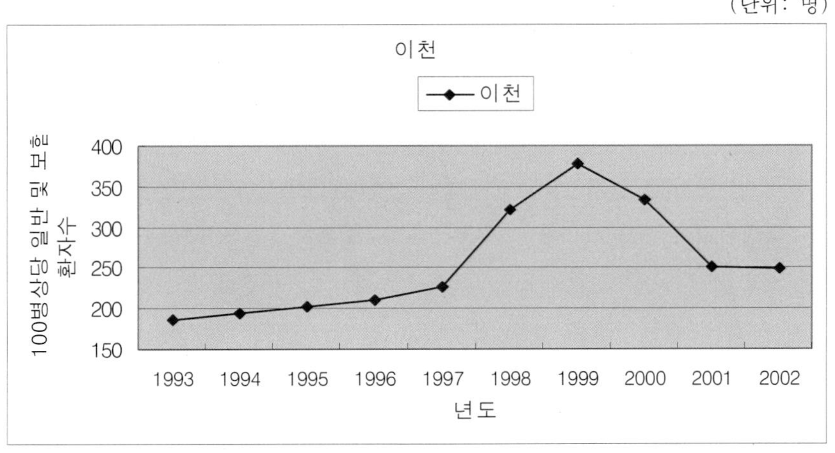

자료: 전국 지방공사의료원 연합회, 『지방공사 시·도 의료원 경영실적 평가보고서』,
    1993-2002년 자료: 행정자치부, 『지방공기업 결산 및 경영분석』, 1993-2002년
    자료로 작성.

2000년 이후의 이천의료원에 대한 의료원 연합회의 서비스 질에 대한 설문조사 결과는 다음과 같다. 2000년의 의사의 질적 활동에 관한 평가는 의료원 전체 평균에 비하여 매우 낮은 수준(2.13)이었다. 임상의의 학회 참석, 연수교육 및 학술연구, 사망사례에 대한 집담회, 지역주민을 위한 의학강좌 등의 실적이 부진하였다. 설문분석에 의한 의사에 대한 환자의 만족도는 진료과정 설명 등을 포함하여 대체로 전체 의료원 평균보다 낮게 나타났다.

한편 동년의 간호사의 활동에 대한 설문분석 결과는 전체 평균(2.27)보다 약간 높은 수준(2.44)으로 나타났으나 간호사를 쉽게 만나는 정도와 성실한 대답을 하는가란 항목에서는 평균보다 약간 낮게 나타났다. 기타 서비스에 대한 평가는 의료원 전체 평균(2.92)에 비하여 약간 높은 수준(2.95)으로 나타났다. 그러나 항목 중 병동의 청결성, 식사의 질, 주차서비스, 매점 등 시설 이용 서비스에 대한 만족이 대체로 평균 수준보다 낮았다.

2001년도의 서비스의 질 평가는 다음과 같다. 의사의 질적 활동에 대한 평가는 전체 평균(1.48)에 비해 약간 높은 수준(1.50)이었다. 사망사례 집담회는 정례화·체계화되어 있지 않은 반면, 원내 학술집담회는 체계적으로 이루어지고 있었으며, 지역주민 의학강좌 실적은 크게 부진한 것으로 파악되었다. 의사에 대한 환자 만족도 조사에서는 모든 문항이 전체 평균과 비슷한 수준인 것으로 나타났다.

한편 간호사의 질적 활동에 대한 평가는 전체 수준(1.24)에 비해 높은 수준(1.35)이었다. 원내 자체 직무교육이 정례적으로 이루어지고 있었으며 대학병원에서 시행하는 연수교육도 체계적으로 시행되고 있었다. 간호 분야의 만족도 설문평가는 모든 항목에서 의료원 전체 평균보다 높게 평가되었다. 또한 기타 서비스에 대한 평가는 전체 평균(1.07)에 비해 약간 높은 수준(1.16)이었으나, 항목 중 원무과와 안내에 대한 친절 및 만족도가 낮게 나타났다.

2002년도의 서비스 질 평가 결과는 다음과 같다. 의사의 질적 활동에 대한 평가는 전체 평균(3.12)에 비해 약간 낮은 수준(3.03)이었다. 의료 분야의 최신지견 습득을 위한 학회활동이 부진한 편이었으며, 특히 원내 학술집담회는 크게 미흡한 것으로 파악되었다. 지역주민을 위한 의학강좌도 병동 당뇨교육에 국한되어 실적이 거의 없는 것으로 나타났다. 의사에 대한 환자 만족도 조사에서는 모든 항목에 전체 평균과 비슷한 수준을 보이고 있다.

간호사의 질적 활동 수준은 전체 평균(2.51)에 비해 낮은 수준(2.25)이었다. 간호사 연수교육의 경우 자체교육은 직무교육중심으로 이루어지고 있었기는 하나 미흡한 편이었으며, 외부연수교육도 부진한 것으로 판단되었다. 한편 기타 서비스에 대한 평가는 전체 평균(2.25)에 비해 낮은 수준(2.09)이었다.

〈표 4-37〉 이천의료원의 서비스의 질에 대한 설문조사 결과

년 도	의 사		간호사		기타 서비스	
	이천	평균	이천	평균	이천	평균
2000	2.13	2.63	2.44	2.27	2.95	2.92
2001	1.50	1.48	1.35	1.24	1.16	1.07
2002	3.03	3.12	2.25	2.51	2.09	2.25

자료: 전국 지방공사의료원 연합회, 『지방공사 시·도 의료원 경영실적 평가보고서』, 2000-2002년 자료로 작성.

이천의료원의 서비스 질에 대한 인식은 대체로 각 항목에 대한 평가가 전국 평균과 비슷하거나 낮은 편이었다. 특히 의사들에 대한 서비스 평가는 전국 의료원 평균보다 낮은 정도를 보이고 있다.

3. 군산의료원의 서비스 질

군산의료원의 위탁 이후의 100병상당 일반환자와 보험환자수 추이를 살펴보면 위탁 직전의 몇 년간의 수치가 저조하다 위탁 이후 지속적으로 상승하는 것을 볼 수 있다. 또한 2002년 신축 이후 환자수가 크게 증가하였다. 이 지표를 통해서 위탁 이후 군산의료원의 서비스 질이 상당히 개선되었다고 볼 수 있다.

〈표 4-38〉 군산의료원의 100병상당 일반환자수와 건강보험환자수

년　도	운영병상수(개)	일반환자+건강보험환자(명)	100병상당 수(명)
1993	134,685	192,728	143.0954
1994	131,400	209,629	159.535
1995	131,400	228,948	174.2374
1996	116,800	186,257	159.4666
1997	113,150	148,932	131.6235
1998	108,770	125,980	115.8224
1999	119,355	168,633	141.2869
2000	119,355	199,333	167.0085
2001	119,355	199,571	167.2079
2002	135,524	251,884	185.8593

자료: 전국 지방공사의료원 연합회, 『지방공사 시·도 의료원 경영실적 평가보고서』, 1993-2002년 자료: 행정자치부, 『지방공기업 결산 및 경영분석』, 1993- 2002년 자료로 작성.

〈그래프 4-19〉 군산의료원의 100병상당 일반환자수와 건강보험환자수

(단위: 명)

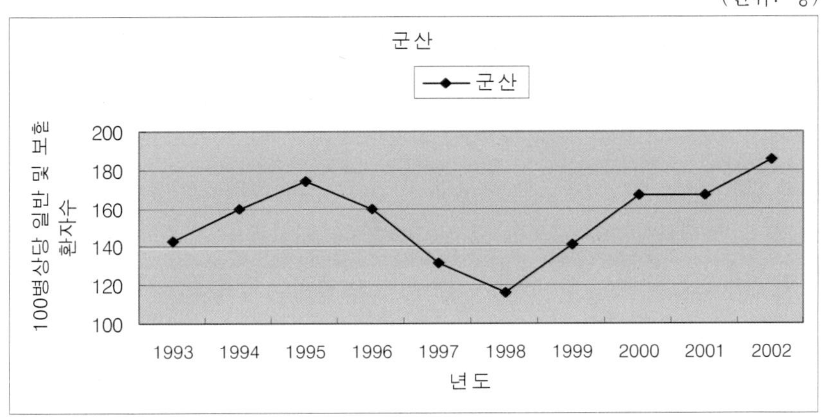

자료: 전국 지방공사의료원 연합회, 『지방공사 시·도 의료원 경영실적 평가보고서』,
1993-2002년 자료: 행정자치부, 『지방공기업 결산 및 경영분석』, 1993-2002년
자료로 작성.

의료원 연합회의 2000년도의 서비스 질 평가 설문조사 결과는 다음과 같
다. 의사의 질적 활동에 대한 평가는 의료원 전체 평균(2.63)보다 높은 수
준(2.82)이었으나, 간호 활동에 대한 평가는 전체 평균(2.27)과 비슷한 수
준(2.26)이었고, 기타 서비스에 대한 평가는 전체 평균(2.92)에 비해 약간
낮은 수준(2.86)이었다.

그런데 2001년도에는 의사의 질적 활동에 대한 평가는 의료원 전체 평균
(1.48)에 비해 약간 높은 수준(1.55)을 보이고 있었다. 사망사례 집담회 실
적은 미흡한 상태이나 원내 학술집담회는 정례화하여 활발하게 진행되고
있었으며, 지역주민을 위한 강좌는 당뇨교실에 개설되어 있고 방송매체와
연계하여 강좌를 실시하고 있었다. 의사에 대한 환자 만족도 조사 결과, 진
료 대기 시간 항목이 전체 평균보다 현저하게 낮게 나타났고 그 밖에 의사
의 친절도와 의사와 만남의 용이성 항목도 낮은 점수를 기록했다.

간호사의 질적 활동 수준은 2000년도보다 개선되어 전체 평균(1.24)보다

202

높은 1.30으로 나타났다. 그러나 간호서비스에 대한 설문조사 항목에서는 환자들의 평가는 평균 이하로 나타났고 교육의 현장 접목과 실천이 필요한 것으로 평가되었다. 또한 기타 서비스에 대한 수준은 전체 평균(1.07)에 비해 낮은 수준(1.00)이었다. 따라서 2001년도에는 의사, 간호사, 지원부서 등 병원의 전반적인 서비스에 대해 비교적 만족하지 못하는 것으로 조사되었다.

2002년도에는 의사의 질적 활동에 대한 평가가 크게 개선되어 전체 평균(3.12)에 비해 높은 수준(3.43)으로 나타났다. 의사들의 각종 학회활동은 활발하지는 못한 편이나 원내 학술집담회는 정례적으로 활발하게 실시하고 있는 것으로 파악되었다. 지역주민을 위한 강좌는 골다공증, 치매, 뇌졸중, 당뇨병 등 다양한 질환을 대상으로 실시하고 있었다. 의사에 대한 환자 만족도 조사 결과 모든 항목에서 전체 평균과 비슷한 수준으로 나타났다.

동년의 간호사의 질적 수준은 전체 평균(2.51)보다 높은 2.69로 평가되었다. 간호사에 대한 원내 교육은 활발하나 외부 연수교육은 다소 미흡한 것으로 판단되었다. 간호서비스 개선 활동에서는 고객 만족도 조사 및 직원 만족도 조사를 통하여 적극적인 개선의지를 보이고 있었다. 기타 서비스에 대한 평가는 전체 평균(2.25)에 비해 약간 높은 수준(2.32)이었다. '환자를 위한 작은 음악회'를 실시하는 등 환자를 배려하는 작은 노력들이 있었다.

<표 4-39> 군산의료원의 서비스의 질에 대한 설문조사 결과

년 도	의 사		간호사		기타 서비스	
	군산	평균	군산	평균	군산	평균
2000	2.82	2.63	2.26	2.27	2.95	2.92
2001	1.55	1.48	1.30	1.24	1.00	1.07
2002	3.43	3.12	2.69	2.51	2.32	2.25

자료: 전국 지방공사의료원 연합회, 『지방공사 시·도 의료원 경영실적 평가보고서』, 2000-2002년 자료로 작성.

결국 2000년 이후의 의료원 연합회 설문조사 결과에 의하면 군산의료원의 의사의 서비스에 대한 만족도는 전국 평균에 비해 비교적 높았다. 반면 간호사와 기타 서비스에 대한 평가 결과는 전국 수준과 대체로 비슷하였다.

4. 분석 및 논의

서비스의 질을 분석하기 위해 사용한 대리변수인 100병상당 일반 및 보험환자수의 추세를 살펴보면, 위탁을 기점으로 마산의료원과 군산의료원은 하강국면에서 상승국면으로 전환하고 지속적으로 지표가 상승하고 있음을 확인할 수 있다. 그리고 상승한 정도는 과거 위탁 이전의 최고 수준을 넘고 있다. 반면 이천의료원을 살펴보면 역시 위탁을 기점으로 상승국면으로 변하고 지표가 크게 증가한 것은 마산이나 군산의 경우와 같지만, 곧 다시 하강국면으로 전환하여 예전의 수준을 되찾고 있다. 따라서 마산의료원과 군산의료원은 서비스 질이 상승하였지만 이천의료원은 서비스 질이 개선되지 않고 그대로였다고 판단된다.

한편 의료원 연합회의 2000부터 2002년까지의 의사의 서비스 질에 대한 설문조사 결과를 보면 마산의료원과 군산의료원은 전국 의료원 평균보다 우수하였으나, 이천의료원은 전국 평균 이하였다. 특히 마산의료원은 3년 내내 평균보다 상당히 높은 의사에 대한 만족 수준을 보이고 있다.

<그래프 4-20> 의료원 연합회의 의사의 서비스 질에 대한 설문조사

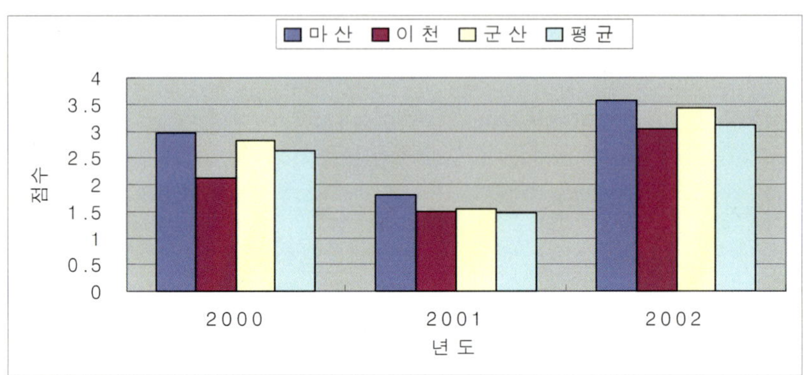

자료: 전국 지방공사의료원 연합회, 『지방공사 시·도 의료원 경영실적 평가보고서』, 2000-2002년 자료로 작성.

제5절 서비스 소비자의 진료비 분석

본 연구에서는 의료서비스 소비자(환자)의 진료비 변화도 분석하였다. 생산자 측의 비용절감이나 수익성 증가가 소비자에 그 비용을 전가하여 이루어진 것일 수도 있기 때문이다. 서비스 소비자인 환자들이 지불하는 비용의 변화를 분석하기 위해 1인 1일당 외래 및 입원진료비의 변화를 살펴보았다. 진료비 데이터는 행정자치부가 매년 발간하는 『지방공기업 결산 및 경영분석』 자료와 의료원 및 지방자치단체의 내부자료를 통해 수집하였다. 이 지표를 소비자물가지수를 사용하여 실질가치로 환산하여 분석하였고, 아울러 의료보험수가 인상을 고려하여 그 효과도 제거하여 분석하여 보았다. 또한 그 수치를 같은 광역지방자치단체 내의 다른 의료원 진료비와 전국 의료원의 전체 평균과도 비교하였다.

1. 마산의료원의 진료비

마산의료원은 위탁 이후 1997년도부터 입원과 외래진료비가 대폭 상승하였다. 특히 위탁 첫해인 1997년에는 1인 1일 입원진료비가 1996년의 41만 원에서 116만 원으로 위탁 이전보다 거의 3배가 될 정도로 많이 상승하였다. 1인 1일 입원진료비도 50% 정도 상승하였다.

소비자물가지수로 실질가치를 환산하더라도, 위탁 이전인 1996년까지와 위탁이 시작된 1997년 이후의 입원과 외래진료비는 상당한 격차를 보이고 있고, 특히 입원진료비의 상승폭이 컸음을 확인할 수 있다. 그런데 동 기간 동안 의료보험수가가 물가를 능가하는 정도로 여러 번 인상되어 이러한 인상 효과가 미친 영향도 아울러 검토하여 보았다. 보험수가 인상을 고려할 경우위탁 이후의 외래진료비의 상승은 거의 상쇄되지만 입원진료비는 여전히 위탁 이후 급격히 상승하였음을 확인할 수 있었다.

〈표 4-40〉 마산의료원의 연도별 외래/입원 환자 1인 1일당 평균진료비

(단위: 천 원)

구 분 년 도	입원환자 1인 1일당 진료비	전년 대비 증가율	외래환자 1인 1일당 진료비	전년 대비 증가율
1993	27		13	
1994	28	3.7	23	76.9
1995	42	50	22	△4.3
1996	41	△2.4	20	△9.1
1997	116	182.9	30	50
1998	126	8.6	34	13.3
1999	106	△15.9	41	20.6
2000	112	5.7	46	12.2
2001	109	△2.7	39	△15.2
2002	135	23.9	36	△7.7

자료: 행정자치부, 『지방공기업 결산 및 경영분석』, 1993-2002년 자료로 작성.

〈표 4-41〉 마산의료원의 연도별 입원환자 1인 1일당 평균진료비

년 도	입원환자 진료비 (천 원)	의보수가 누적 지수*	진료비/ 의보수가 지수	소비자 물가지수*	진료비/ 물가지수
1993	27	100	27	100	27
1994	28	105.8	26.465	106.3	26.3405
1995	42	125.2	33.5463	111.1	37.8038
1996	41	125.2	32.7476	116.5	35.1931
1997	116	143.3	80.9491	121.8	95.2381
1998	126	147.7	85.3081	130.9	96.2567
1999	106	161.6	65.5941	132	80.303
2000	112	199.2	56.2249	135	82.963
2001	109	213.3	51.1017	140.8	77.4148
2002	135	207.1	65.1859	145	93.1034

자료: 행정자치부, 『지방공기업 결산 및 경영분석』, 1993-2002년 자료로 작성.
* 1993년 기준.

〈표 4-42〉 마산의료원의 연도별 외래 환자 1인 1일당 평균진료비

년 도	외래환자 진료비 (천 원)	의보수가 누적 지수*	진료비/ 의보수가 지수	소비자 물가지수*	진료비/ 물가지수
1993	13	100	13	100	13
1994	23	105.8	21.73913	106.3	21.63688
1995	22	125.2	17.57188	111.1	19.80198
1996	20	125.2	15.97444	116.5	17.16738
1997	30	143.3	20.9351	121.8	24.63054
1998	34	147.7	23.01963	130.9	25.97403
1999	41	161.6	25.37129	132	31.06061
2000	46	199.2	23.09237	135	34.07407
2001	39	213.3	18.28411	140.8	27.69886
2002	36	207.1	17.38291	145	24.82759

자료: 행정자치부, 『지방공기업 결산 및 경영분석』, 1993-2002년 자료로 작성.
* 1993년 기준.

<표 4-43> 경상남도 의료원의 환자 1인 1일당 평균진료비

(단위: 천 원)

년 도	입원환자 1인 1일당 진료비			외래환자 1인 1일당 진료비		
	마산의료원	진주의료원	지방공사 의료원 전체 평균	마산의료원	진주의료원	지방공사 의료원 전체 평균
1993	27	38	40	13	24	20
1994	28	40	56	23	24	22
1995	42	42	62	22	29	25
1996	41	56	76	20	33	31
1997	116	53	78	30	33	30
1998	126	52	82	34	31	33
1999	106	52	88	41	37	35
2000	112	62	94	46	33	33
2001	109	62	84	39	32	30
2002	135	61	80	36	27	27

자료: 행정자치부, 『지방공기업 결산 및 경영분석』, 1993-2002년 자료로 작성.

한편 이러한 마산의료원의 진료비의 상승은 같은 경상남도의 진주의료원의 진료비가 완만하게 상승한 것과는 대비된다. 위탁 이전에는 진주의료원의 1인 1일 입원 및 외래진료비는 각각 5만 6천 원과 3만 3천 원으로 마산의료원의 입원진료비 4만 천 원과 외래진료비 2만 원보다 높은 수준이었다. 그러나 위탁 이후로는 역전되어 2002년의 입원진료비는 마산의료원이 13만 5천 원, 진주의료원 6만 천 원이며, 외래진료비도 마산의료원이 3만 6천 원, 진주의료원이 2만 7천 원이었다.

2. 이천의료원의 진료비

이천의료원의 경우에도 마산의료원과 마찬가지로 위탁 이후 외래와 입원

환자의 1인 1일 평균진료비가 대폭 상승하였다. 입원진료비는 거의 2배로 100% 정도 인상되었으며, 외래진료비도 30% 정도 상승하였다.

소비자물가지수로 환산할 경우에도 입원진료비는 2배 정도로 상승하였음을 확인할 수 있다. 하지만 물가지수로 환산한 외래진료비는 위탁 초기 2년 동안을 상승하다가 그 이후에는 오히려 하락함을 볼 수 있다. 한편 의료보험수가의 인상을 고려하면 입원진료비는 위탁을 기점으로 2배 정도 인상된 것으로 분석되며 외래진료비는 위탁 첫해에 상승하였다가 점차로 하락하는 추세를 보인다.

시계열적인 추세를 보면 입원진료비나 외래진료비 모두 위탁 시점에 크게 인상되고 있으며 물가의 상승이나 의료보험수가의 상승으로 그 인상폭이 완화됨을 알 수 있다. 다만 물가와 의료보험수가의 인상을 모두 고려하더라도 1인 1일 입원진료비가 위탁으로 대폭적으로 상승하였다는 사실은 변함이 없다.

〈표 4-44〉 이천의료원의 연도별 외래/입원 환자 1인 1일당 평균진료비

(단위: 천 원)

구 분 년 도	입원환자 1인 1일당 진료비	전년 대비 증가율	외래환자 1인 1일당 진료비	전년 대비 증가율
1993	39		16	
1994	37	△5.1	20	25
1995	46	24.3	18	△10
1996	46	0	21	16.7
1997	52	13	24	14.3
1998	107	105.8	31	29.2
1999	133	24.2	28	△9.7
2000	124	△6.8	23	△17.9
2001	108	△12.9	23	0
2002	103	△4.6	19	△17.4

자료: 행정자치부, 『지방공기업 결산 및 경영분석』, 1993-2002년 자료로 작성.

〈표 4-45〉 이천의료원의 연도별 입원환자 1인 1일당 평균진료비

년　도	입원환자 진료비 (천 원)	의보수가 누적 지수*	진료비/ 의보수가 지수	소비자 물가지수*	진료비/ 물가지수
1993	39	100	39	100	39
1994	37	105.8	34.97164	106.3	34.80715
1995	46	125.2	36.74121	111.1	41.40414
1996	46	125.2	36.74121	116.5	39.48498
1997	52	143.3	36.28751	121.8	42.69294
1998	107	147.7	72.44414	130.9	81.74179
1999	133	161.6	82.30198	132	100.7576
2000	124	199.2	62.249	135	91.85185
2001	108	213.3	50.63291	140.8	76.70455
2002	103	207.1	49.73443	145	71.03448

자료: 행정자치부, 『지방공기업 결산 및 경영분석』, 1993-2002년 자료로 작성.
　　* 1993년 기준.

〈표 4-46〉 이천의료원의 연도별 외래 환자 1인 1일당 평균진료비

년　도	외래환자 진료비 (천 원)	의보수가 누적 지수*	진료비/ 의보수가 지수	소비자 물가지수*	진료비/ 물가지수
1993	16	100	16	100	16
1994	20	105.8	18.90359	106.3	18.81468
1995	18	125.2	14.377	111.1	16.20162
1996	21	125.2	16.77316	116.5	18.02575
1997	24	143.3	16.74808	121.8	19.70443
1998	31	147.7	20.98849	130.9	23.6822
1999	28	161.6	17.32673	132	21.21212
2000	23	199.2	11.54618	135	17.03704
2001	23	213.3	10.78293	140.8	16.33523
2002	19	207.1	9.174312	145	13.10345

자료: 행정자치부, 『지방공기업 결산 및 경영분석』, 1993-2002년 자료로 작성.
　　* 1993년 기준.

다음으로 경기도 내의 다른 5개 의료원의 진료비와 이천의료원의 진료비를 비교하였다. 이천의료원은 위탁 이전의 5년 동안 1995년 만을 제외하면 경기도의 6개 의료원 중 입원진료비가 가장 낮은 의료원이었다. 그러나 위탁 이후에는 진료비가 거의 매년 두 번째로 가장 높은 병원(2001년에는 6개 의료원 중 가장 높은 병원)으로 변하였다. 반면 외래 평균진료비는 위탁 첫해인 1998년도에만 다른 의료원들보다 높았고 그 이후로는 다른 도내 병원들과 비슷하거나 오히려 낮은 수준을 유지하였다.

<표 4-47> 경기도 의료원의 입원환자 1인 1일당 평균진료비

(단위: 천 원)

년 도	이천 의료원	수원 의료원	의정부 의료원	금촌 의료원	안성 의료원	포천 의료원	지방공사 의료원 전체 평균
1993	39	55	42	44	54	68	40
1994	37	62	47	54	58	76	56
1995	46	73	43	56	53	87	62
1996	46	81	49	67	59	93	76
1997	52	86	56	74	69	100	78
1998	107	94	66	80	81	110	82
1999	133	93	92	78	94	135	88
2000	124	87	80	92	108	134	94
2001	108	96	83	74	91	97	84
2002	103	86	113	73	43	104	80

자료: 행정자치부, 『지방공기업 결산 및 경영분석』, 1993-2002년 자료로 작성.

<표 4-48> 경기도 의료원의 외래 환자 1인 1일당 평균진료비

(단위: 천 원)

년 도	이천 의료원	수원 의료원	의정부 의료원	금촌 의료원	안성 의료원	포천 의료원	지방공사 의료원 전체 평균
1993	16	10	15	16	21	20	20
1994	20	14	17	19	22	21	22
1995	18	22	20	20	23	25	25
1996	21	23	25	21	23	29	31
1997	24	25	29	23	27	27	30
1998	31	23	31	25	26	29	33
1999	28	22	38	26	24	33	35
2000	23	20	30	22	24	28	33
2001	23	26	30	21	26	28	30
2002	19	20	28	20	10	25	27

자료: 행정자치부, 『지방공기업 결산 및 경영분석』, 1993-2002년 자료로 작성.

3. 군산의료원의 진료비

군산의료원도 위탁 이후로 입원과 외래의 평균진료비가 갑자기 상승하였다. 다만 마산의료원이나 이천의료원과는 달리 입원진료비가 44% 정도만 상승하여 다른 위탁의료원들이 100% 이상 상승한 것에 비해 좀 더 완만한 상승을 보여준다. 반면 마산의료원이나 이천의료원의 진료비 상승이 주로 입원환자에 해당하고 외래의 경우에는 입원진료비에 비해 별로 상승하지 않고 비슷한 정도를 유지한 것과 달리, 군산의료원은 외래진료비도 50% 넘게 상승하였다.

〈표 4-49〉 군산의료원의 연도별 외래/입원 환자 1인 1일당 평균진료비

(단위: 천 원)

구 분 년 도	입원환자 1인 1일당 진료비	전년 대비 증가율	외래환자 1인 1일당 진료비	전년 대비 증가율
1993	49		19	
1994	53	8.2	19	0
1995	57	7.5	22	15.8
1996	62	8.8	27	22.7
1997	59	△4.8	25	△7.4
1998	63	6.8	25	0
1999	91	44.4	38	52
2000	91	0	37	△2.6
2001	103	13.2	33	△10.8
2002	102	△1	35	5.7

자료: 행정자치부, 『지방공기업 결산 및 경영분석』, 1993-2002년 자료로 작성.

군산의료원의 진료비 상승 내역을 소비자물가지수를 고려하여 실질가치로 환산하면, 입원진료비의 경우에는 위탁 이후 상당히 많이 인상되었고 외래진료비의 경우에는 약간 인상되었음을 확인할 수 있다. 그러나 재미있는 것은 의료보험수가의 인상까지 고려하면 입원진료비이건 외래진료비이건 위탁 첫해만 상승한 것으로 파악되고 그 이후에는 진료비의 상승이 대부분 의료보험수가의 인상으로 설명됨을 알 수 있다.

〈표 4-50〉 군산의료원의 연도별 입원환자 1인 1일당 평균진료비

년 도	입원환자 진료비 (천 원)	의보수가 누적 지수*	진료비/ 의보수가 지수	소비자 물가지수*	진료비/ 물가지수
1993	49	100	49	100	49
1994	53	105.8	50.09452	106.3	49.85889
1995	57	125.2	45.52716	111.1	51.30513
1996	62	125.2	49.52077	116.5	53.21888
1997	59	143.3	41.17237	121.8	48.44007
1998	63	147.7	42.65403	130.9	48.12834
1999	91	161.6	56.31188	132	68.93939
2000	91	199.2	45.68273	135	67.40741
2001	103	213.3	48.2888	140.8	73.15341
2002	102	207.1	49.25157	145	70.34483

자료: 행정자치부, 『지방공기업 결산 및 경영분석』, 1993-2002년 자료로 작성.
  * 1993년 기준.

〈표 4-51〉 군산의료원의 연도별 외래 환자 1인 1일당 평균진료비

년 도	외래환자 진료비 (천 원)	의보수가 누적 지수*	진료비/ 의보수가 지수	소비자 물가지수*	진료비/ 물가지수
1993	19	100	19	100	19
1994	19	105.8	17.95841	106.3	17.87394
1995	22	125.2	17.57188	111.1	19.80198
1996	27	125.2	21.5655	116.5	23.17597
1997	25	143.3	17.44592	121.8	20.52545
1998	25	147.7	16.9262	130.9	19.09855
1999	38	161.6	23.51485	132	28.78788
2000	37	199.2	18.5743	135	27.40741
2001	33	213.3	15.47117	140.8	23.4375
2002	35	207.1	16.90005	145	24.13793

자료: 행정자치부, 『지방공기업 결산 및 경영분석』, 1993-2002년 자료로 작성.
  * 1993년 기준.

한편 도내의 남원의료원과 비교할 때 진료비는 별로 차이를 보이지 않는다. 이는 위탁 이전에는 남원의료원의 진료비가 군산의료원보다 상당히 높았고 위탁을 기점으로 군산의료원에서도 남원의료원 수준으로 비슷하게 진료비가 인상되었기 때문이다.

<표 4-52> 전라북도 의료원의 환자 1인 1일당 평균진료비

(단위: 천 원)

년 도	입원환자 1인 1일당 진료비			외래환자 1인 1일당 진료비		
	군산의료원	남원의료원	지방공사 의료원 전체 평균	군산의료원	남원의료원	지방공사 의료원 전체 평균
1993	49	61	40	19	20	20
1994	53	56	56	19	30	22
1995	57	*	62	22	*	25
1996	62	70	76	27	34	31
1997	59	84	78	25	39	30
1998	63	99	82	25	39	33
1999	91	106	88	38	38	35
2000	91	93	94	37	37	33
2001	103	100	84	33	37	30
2002	102	103	80	35	37	27

자료: 행정자치부, 『지방공기업 결산 및 경영분석』, 1993-2002년 자료로 작성.
* 1995년도 남원의료원 자료 수치 이상.

4. 분석 및 논의

위탁의 결과 세 의료원에서 발견되는 공통점은 입원진료비의 급격한 상승이다. 상승의 정도에는 차이가 있었지만 위탁을 기점으로 모두 큰 폭으로 입원진료비가 올랐다. 의료보험수가의 인상을 고려하면 그 상승폭이 줄어들기는 하지만 여전히 위탁 이후로 진료비가 인상되었음을 알 수 있다.

〈그래프 4-21〉 1인 1일 평균 입원진료비(물가지수로 실질가치 환산)의 추이

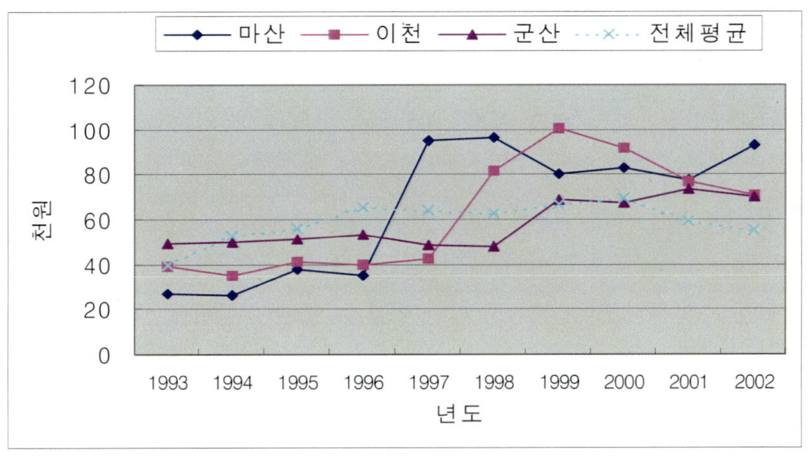

자료: 전국 지방공사의료원 연합회, 『지방공사 시·도 의료원 경영실적 평가보고서』,
     1993-2002년 자료; 행정자치부, 『지방공기업 결산 및 경영분석』, 1993- 2002년
     자료로 작성.

〈그래프 4-22〉 1인 1일 평균 입원진료비(의료보험수가 인상효과 제거)의 추이

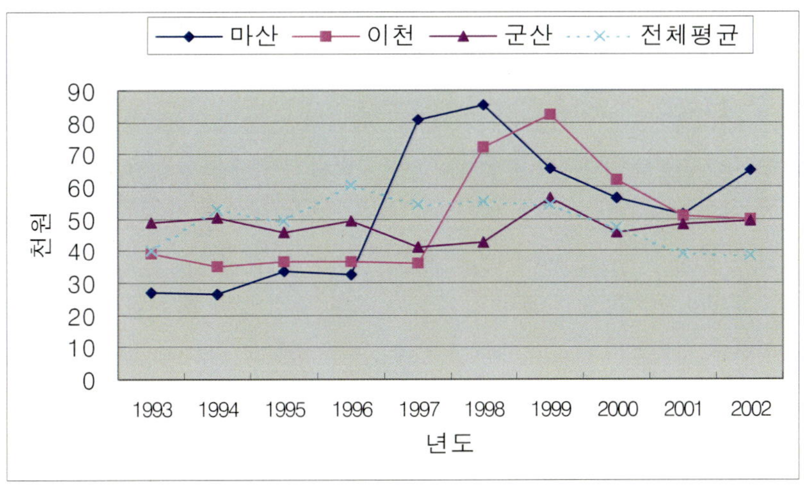

자료: 전국 지방공사의료원 연합회, 『지방공사 시·도 의료원 경영실적 평가보고서
     』, 1993-2002년 자료; 행정자치부, 『지방공기업 결산 및 경영분석』, 1993-
     2002년 자료로 작성.

세 의료원 중 위탁으로 가장 급격하게 입원진료비가 상승한 곳은 마산의료원이었다. 두 번째로 입원진료지가 크게 인상된 곳은 이천의료원이었고 가장 상승폭이 적었던 곳은 군산의료원이었다. 1999년과 2000년에는 이천의료원의 입원진료비가 세 위탁의료원 중 가장 높았고, 2001년에는 세 의료원이 비슷한 수준을 보이다가 2002년에는 마산의료원의 입원진료비가 가장 높았다.

이러한 입원진료비 증가의 원인은 입원환자의 경우에는 오랜 기간을 입원 하면 수익률이 떨어지는데, 위탁 이후로 모든 병원에서는 장기입원환자 비율을 줄이고 환자의 회전율을 높이려고 노력했던 결과로 보인다. 입원환자의 경우에는 입원 초기 며칠 동안 많은 처치와 검사 등이 이루어지고 이로 인한 수익의 창출이 많이 이루어진다. 따라서 입원기간을 단축시키고 새로운 환자를 받아 입원시키는 것이 병원의 수익 확보에 용이하다.

"다른 의료원이라든지 유사 규모의 병원에 비해서 1인당 진료비가 높게 나오는 데 대해서, 물론 저희들이 생각 할 적에는 우리가 하는 일들이 가장 환자가 많이 돈을 병원에 지불할 시기가 보통 수술하고 난 뒤 5일째까지 입니다. 보통 저희들이 위암 수술을 하더라도 5일째까지는 여러 가지 약들이 들어가고 가장 비싸게 치료가 됩니다. 그렇지만 5일쯤 지나고 나면 오히려 입원해 있는 것이 입원비, 식비 이런 것은 나오지만 다른 진료행위가 거의 끝나는 상태이기 때문에 그때부터는 병원의 환자가 적자가 된다고 합니다.

그래서 저희들은 수술하고 나면 환자를 빨리 퇴원을 시킵니다. 어떻게 보면 회전율(turn of rate)라고 할까요, 이런 것들을 가급적 빨리 가져 갈려고 하고 있고요, 해서 물론 그 자체를 수익 때문에 그런 것이 아니고, 그렇게 하지 않으면 의료원 자체가 계속 자본이 잠식당할 테니까 없어지겠죠, 결국 재정적인 것을 생각하기 때문에 그런 환자의 수익성이 높은 시기에 수술해서 빨리 퇴원시켜 주는 대신 합병증이 없어야 그 시기에 퇴원이 가능하겠죠, 하여튼 여러 가지 진료비가 비싼 요인이 있을 수가 있습니다."

(경상남도의회 회의록, 기획행정위원회, 1999. 1. 27, 최상경 마산의료원장 발언).

  "저희들이 위수탁 전에 입원환자의 1일 평균 진료수입하고요, 위·수탁 후에 물론 조금 올랐습니다. 그것이 입원환자들의 입원기간하고도 관계가 있습니다. 저희들이 입원환자들을 분석했을 때에 입원해서 3일째까지는 진료수입 발생이 1일에 한 20만 원 정도 됩니다. 그리고 4일째부터 떨어지기 시작해서 한 10일째가 되면 한 10만 원이 되고요. 2주가 넘어가면 하루에 한 5만 원 정도의 진료수입이 발생하게 됩니다.
  그래서 과거에는 저희 병원에 장기입원환자가 아주 많았습니다. 저희들이 위수탁하고 나서 그런 평균입원 재원 일수가 단축되고요. 입원환자가 전반적으로 늘고 해서 입원환자 진료수입이 늘어난 그런 경향이 있습니다. 지금 참고로 전북대학하고 원광대학의 1일 입원환자의 진료발생 수입이 28만 원 내지 29만 원입니다. 그에 비해서 저희들은 한 10만 원 정도 밖에 안 되고 있습니다."(전라북도의회 회의록, 2001. 8. 31, 임정식 군산의료원장 발언).

  "저희 병원에 제가 2001년 1월에 군산의료원원장으로 취임했을 때 입원환자가 그 당시 220명~230명 있었습니다만 6개월 이상 장기입원환자가 한 30몇 분이 계셨어요. 저희 병원의 경영에 있어서 일반적으로 환자가 한 달 이상 입원을 할 경우는 병원에 이익이 없습니다. 그래서 그러한 장기 환자를 다른 병원으로 이송시킴으로 해서 새로운 환자를 저희들이 받을 수가 있었죠. 그래서 상대적으로 1일 진료수입이 올라간 것입니다."(전라북도의회 회의록, 2002. 11. 28, 임정식 군산의료원장 발언).

  "장기입원환자는 대개 다른 개인의원이라든지 이런 쪽으로 돌리고 입원환자의 입원기간을 단축한다든지 해서 입원진료수입을 올리기 위한 노력의 결과로 생각됩니다."(전라북도의회 회의록, 행정자치위원회, 2003. 2. 26. 임정식 군산의료원장 발언).

　한편 외래진료비의 경우에는 마산의료원과 군산의료원의 경우에는 위탁을 기점으로 상당히 증가하였으나 이천의료원의 경우에는 위탁 첫해에만 증가하였다가 그 후로는 다시 감소하여 위탁 이전과 비슷한 정도를 보이고 있다. 의료보험수가 인상으로 인한 진료비 상승효과를 제거할 경우에는 마산의료원과 군산의료원은 위탁 이후 1999년까지는 진료비가 상승하는 것으로 나타나고 그 이후로는 감소하고 있음이 나타난다. 이는 2000년 의약분업의 시행과정에서 수차례 대폭적으로 의료보험수가를 인상하였기 때문이다. 이천의료원은 민간위탁 첫해인 1998년을 정점으로 하여 그 이후로는 진료비가 하락하는 모습을 보여준다.

　위탁 시점에 가장 크게 외래진료비가 상승한 곳은 군산의료원이었고 이천의료원의 외래진료비 증가가 가장 완만하였다. 위탁된 세 의료원 중 위탁 이후 외래진료비가 가장 높은 곳은 마산의료원이었으며 가장 낮은 곳은 이천의료원이었다.

〈그래프 4-23〉 환자 1인 1일 평균 외래진료비(물가지수로 실질가치
환산)의 추이

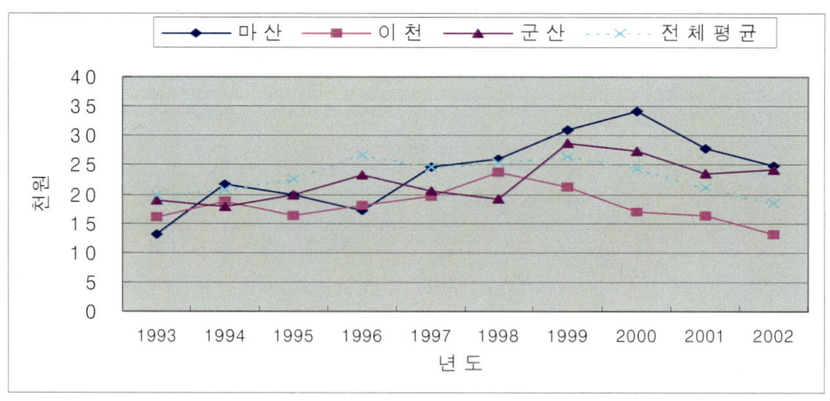

자료: 전국 지방공사의료원 연합회, 『지방공사 시·도 의료원 경영실적 평가보고서』,
1993-2002년 자료: 행정자치부, 『지방공기업 결산 및 경영분석』, 1993-2002년 자
료로 작성.

〈그래프 4-24〉 1인 1일 평균 외래진료비(의료보험수가 인상효과 제거)의 추이

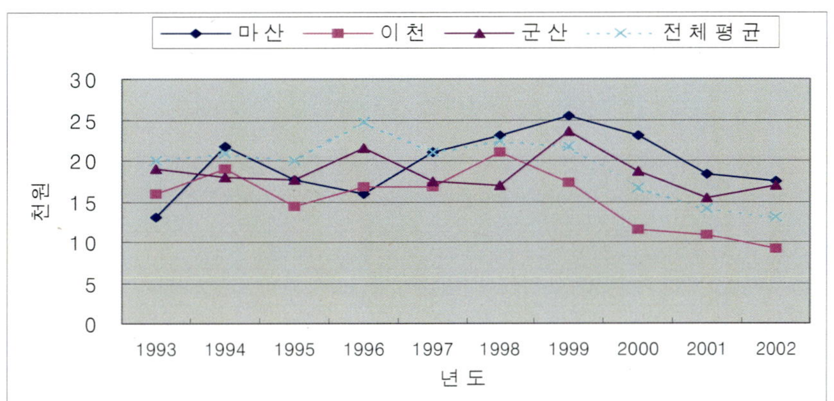

자료: 전국 지방공사의료원 연합회, 『지방공사 시·도 의료원 경영실적 평가보고서』,
      1993-2002년 자료; 행정자치부, 『지방공기업 결산 및 경영분석』, 1993-2002년
      자료로 작성.

세 의료원의 입원진료비와 외래진료비를 종합하여 볼 경우 공공서비스의
계약공급은 대체로 서비스 수요자가 부담하는 비용의 상승을 가져온다고
본다. 의료보험수가 인상 효과를 제거하면, 위탁으로 인한 환자의 부담비용
의 상승 정도가 줄어들고 이천의료원의 외래진료비는 하락하는 것으로 나
오기는 하지만, 그래도 여전히 환자의 부담은 증가하고 있음을 알 수 있다.
이러한 서비스 소비자의 비용 증가는 정부의 비용 절감으로 인한 비용
전가라기보다는 병원의 수익성 추구로 비롯된 비용 전가로 보인다. 사례의
세 의료원의 경우에는 정부가 부담하는 지원 비용이 별로 줄어들지 않고
오히려 증가하였기 때문이다. 결국 진료비 증가는, 병원이 정부의 지원금을
장비나 시설에 투자하고, 다시 투자한 자금을 회수하고 수익을 추구하기 위
해 주민에 대한 각종 검사와 치료행위를 늘렸기 때문인 것으로 분석된다.

제6절 성과평가의 요약

〈표 4-53〉 공공서비스 계약공급의 성과 평가

		성과평가기준과 평가지표	마산	이천	군산
정부	예산	보조금	증가	감소	증가
		총지원금	증가	증가	증가
의료원	수익성	총수지비율	증가	유지	증가
		의업수지비율	증가	약간 증가	증가
		의료수익의료이익률	증가	약간 증가	증가
	공공성	외래 의료보호환자비율	감소	감소	증가
		입원 의료보호환자비율	감소	유지	약간 증가
		100병상당 외래 의료보호환자수	유지	약간 감소	증가
		100병상당 입원 의료보호환자수	감소	감소	유지
		100병상당 응급환자수	약간 감소	증가	유지
소비자(환자)	서비스질	100병상당 일반환자와 보험환자수	개선	비슷	개선
		의사의 서비스에 대한 연합회 설문조사	평균 이상	평균 이하	평균 이상
	진료비	외래진료비	증가	감소	약간 증가
		입원진료비	증가	증가	약간 증가

　　민간위탁에 관한 찬성론자들은 위탁의 성과로 정부예산은 절감되고, 효율성은 증가하고 서비스의 질은 개선될 것이라고 주장하였다. 반면 위탁 반대론자들은 정부의 예산 절감으로 정부가 부담하던 비용이 서비스 소비자란 일부 국민에게 전가되어 그들이 부담하는 비용이 상승하고, 공공성은 저해될 것이라는 우려를 제기하였다. 지방공사의료원의 위탁 사례를 통해 그동안의 위탁 관련 이론들이 제기한 성과 관련 쟁점들을 고찰하면 다음과 같다.

　　마산의료원은 위탁 이후 병원의 수익성은 증가하고 아울러 서비스 질도 개선되었다고 나타났다. 하지만 정부가 부담하는 지원 예산은 오히려 증가하였고, 의료원의 공공성이 저해되고 환자들의 진료비가 증가하였다는 부정적인 결과가 나타났다.

<표 4-54> 마산의료원의 성과평가

관련 주체	성과평가기준	성과의 측정
정부(위탁자)	예산 지원	증가 (×)
의료원(수탁자, 서비스 생산자)	수익성	증가 (○)
	공공성	감소 (×)
환자 (서비스 소비자)	서비스 질	개선 (○)
	진료비	증가 (×)

※ ○: 바람직한 위탁성과, △: 보통인 위탁성과, ×: 바람직하지 않은 위탁성과.

한편 이천의료원은 위탁 이후로도 병원의 수익성이 별로 개선되지 않고 서비스 질도 별로 나아지지 않았다. 공공성도 하락하였고 진료비는 외래의 경우는 다소 감소했지만 입원의 경우에는 상당히 증가하였다. 다만 유일하게 위탁된 세 의료원 중 경상보조금이 줄어들었다.

반면 군산의료원은 위탁 이후 의료원의 수익성과 공공성이 모두 증가하고 서비스 질도 크게 개선된 것으로 나타났다. 정부의 예산 지원은 증가하였지만 세 의료원 중 진료비 상승을 가장 억제하여 위탁 이전에 비해 물가상승률과 의료보험수가 인상을 고려할 때 진료비가 그다지 많이 증가하지 않았다.

〈표 4-55〉 이천의료원의 성과평가

관련 주체	성과평가기준	성과의 측정
정부(위탁자)	예산 지원	감소 (○)
의료원(수탁자, 서비스 생산자)	수익성	약간 증가 (△)
	공공성	감소 (×)
환자 (서비스 소비자)	서비스 질	유지 (△)
	진료비	외래진료비 감소 (○) 입원진료비 증가 (×)

※ ○: 바람직한 위탁성과, △: 보통인 위탁성과, ×: 바람직하지 않은 위탁성과.

〈표 4-56〉 군산의료원의 성과평가

관련 주체	성과평가기준	성과의 측정
정부(위탁자)	예산 지원	증가 (×)
의료원 (수탁자, 서비스 생산자)	수익성	증가 (○)
	공공성	약간 증가 (△)
환자 (서비스 소비자)	서비스 질	개선 (○)
	진료비	약간 증가 (△)

※ ○: 바람직한 위탁성과, △: 보통인 위탁성과, ×: 바람직하지 않은 위탁성과.

결국 위의 성과평가 내용을 보면 민간위탁 이론이 주장하는 긍정적인 효과가 가장 많이 나타나고 우려하는 부정적인 효과가 가장 적게 나타난 의료원은 군산의료원이었다. 그 다음이 마산의료원이고, 이천의료원은 정부의 경상보조금 지원이 줄어든 것 외에는 별 다는 위탁의 효과를 찾기 어려웠다. 일반적인 지역사회의 평가도 마산의료원과 군산의료원의 위탁은 성공적이었고 이천의료원의 위탁은 성공적이지 않았다는 것으로 위의 평가 내용과 비슷하다.

그런데 이러한 결과는 일면 행정자치부의 경영평가 결과와는 괴리를 보이는 것으로 생각될 수 있다. 행정자치부 산하의 의료원 연합회에서는 매년 다양한 지표를 통해 전국의 의료원을 평가하고 있는데, 그 평가 결과에서는 대체로 위탁 이후 마산의료원은 30여 개 의료원 중 상위그룹에 포함되었고, 군산의료원은 중위그룹, 이천의료원은 최하위그룹에 포함되었다.

본 연구의 평가 결과와 행정자치부의 평가 결과가 차이를 보이는 이유는 기본적으로 본 연구에서는 민간위탁과 관련된 지표들만을 분석하고 있고 위탁 이전과 이후의 변화 방향과 변화 크기에 관심을 두고 있기 때문이다. 반면 행정자치부의 경영평가는 보다 복합적인 다양한 지표와 그 지표에 따른 점수를 사용하여 평가하고 있고 각종 지표의 절대적인 수치를 위탁과 무관하게 매년 횡단면적인 비교를 하여 평가하고 있기 때문이다.

예를 들어 공공성 지표만 보더라도 마산의료원은 위탁 이후 지표가 하락하였고 군산의료원은 공공성 지표가 상승하였다. 따라서 공공성과 관련되어서는 군산의료원의 위탁성과가 더 바람직한 것으로 분석된다. 하지만 마산의료원의 공공성 지표가 애초에 매우 높은 수준을 유지하고 있어 비록 하락하였을지라도 군산의료원의 공공성 지표보다 상당히 높다. 위탁 이전 반대로 너무 낮은 공공성 수준을 보이다가 위탁 이후 그 수준이 증가한 군산의료원은, 상승한 이후의 공공성 지표의 수치가 여전히 별로 높지 않아 행정자치부 경영 평가에서는 마산의료원보다 더 낮은 점수를 받는다.

민간위탁 전후를 기준으로 얼마나 지표가 개선되었는가보다 횡단면적으로 어느 의료원이 가장 운영을 잘 하고 있는가를 기준으로 평가할 경우에는 위탁된 세 의료원 중 마산의료원이 가장 우수한 성적을 보이고 있다. 본 연구에서의 성과평가기준을 가지고 세 의료원의 위탁 이후의 경영성과 지표의 절대적 크기를 횡단면적으로 비교하면, 대체로 마산의료원의 지표들이 가장 우수하게 나타나고 이천의료원의 지표들이 가장 저조한 수치를 보이고 있다. 하지만 위탁과 관련된 평가기준에 의거하여 시계열적으로 변화 방향과 크기를 평가하여 보면, 군산의료원의 경우에 가장 바람직한 변화가 많이 나타나고 이천의료원의 경우에 가장 적게 나타났음을 확인할 수 있다.

제5장 계약과정과 계약관리능력 분석

본 연구가 제기하는 두 번째 질문은 위탁성과의 차이를 가져오는 요인은 무엇인가이다. 이에 대한 답으로 본 연구에서는 계약과정에서의 정부의 계약관리능력을 중요한 매개요인으로 제시한다.

우선 기존의 주요 논의 변수였던 경쟁과 수탁기관의 전문성 등을 간략히 살펴보고 본 연구에서 관심을 가지는 주요 변수인 계약과정과 정부의 계약관리능력을 보고자 한다.

본 연구에서는 계약관리능력을 역선택과 도덕적 해이란 대리인 문제에 대처하는 능력으로 보고 다음 요인들을 고찰한다. 우선 계약체결과정, 계약내용, 계약의 평가·감독시스템에서의 정부의 계약관리능력을 분석하고, 계약의 이행과정에서의 수탁기관인 대리인의 노력을 살펴볼 것이다.

제1절 위탁성과의 영향요인에 관한 기존 논의의 한계

기존의 위탁성과에 영향을 미치는 주요 변수로 가장 관심을 많이 받았던 변수는 경쟁의 유무였다. 많은 연구들은 수탁자 선정과정에서의 경쟁의 존재가 위탁성과에 긍정적인 영향을 미친다고 설명하고 있다. 그러나 경쟁이 항상 위탁성과에 긍정적인 영향을 끼친다고 주장되는 것은 아니었고 일부 연구들은 경쟁의 존재로 오히려 위탁과정의 거래 비용이 증가하고 위탁성과가 저해된다는 결과들도 보여주고 있다. 특히 연성서비스나 복지서비스의 경우에는 경쟁의 효과에 대한 의문들이 제기되고 있다.

연구 대상인 세 의료원의 위탁과정에서 경쟁이 있었던 경우는 군산의료원의 위탁과정뿐이었다. 마산의료원이나 이천의료원의 경우에는 수탁기관 선정과정에서 경쟁이 없었고 일찌감치 수탁자가 정해져 그와 협상을 전개하여 계약을 체결하였다.

한편 경쟁의 유무만큼 관심을 받지는 않았지만 역시 성과에 영향을 미치는 변수로 논의되는 것은 수탁자의 특성이다. 수탁기관의 전문성과 이윤추구 정도 등이 위탁성과에 미친다는 연구 결과들이 발견된다. 사례의 경우, 수탁기관 선정과 관련된 여러 병원들의 특징을 간략히 살펴보면 다음과 같다.

우선 마산의료원의 수탁기관으로 선정된 경상대학교 병원은 1986년 10월 13일에 경상남도 진주시에 설립된 종합병원이었다. 수탁기관 선정 당시 경상남도 내의 유일한 공공의료기관으로 조례상의 수탁기관 제한 요건을 만족시키는 유일한 병원이었다. 수탁기관 선정 당시인 1996년에는 21개과 592병상을 운영하고 있었으며 1998년에는 763병상으로, 또 2000년 이후에는 810병상 정도로 규모를 확대하였다.

한편 이천의료원의 수탁기관으로 선정된 고려대학교 병원은 1941년 9월 1일에 설립되어 수탁병원들 중 가장 오랜 역사를 가진 병원이었다. 1996년 협상대상자로 선정 당시 서울 안암병원이 1,050병상, 구로병원이 600병상, 경기도 안산병원이 150병상, 경기도 여주병원이 50병상을 운영하고 있었으며, 여주병원을 제외한 다른 병원들은 모두 종합병원이었다. 안암병원 이외의 병원들은 모두 1983년에서 1985년 사이에 설립된 병원들이었으며, 1998년 이천의료원의 위탁을 계기로 여주병원을 폐쇄하였다. 1999년에는 안암병원의 병상수를 800병상으로 축소하는 대신 2000년에는 경기도 안산 병원의 병상수를 150병상에서 500병상 이상으로 크게 확대하였다.

이천의료원의 민간위탁을 권고했던 아주대학교의 대학병원은 1994년에 수원시 팔달구에 설립된 신설병원으로 개원 당시에는 843병상 21개 진료과의 종합병원이었다. 1996년에는 905병상 24개 진료과로 병원 규모를 증설하였으며, 2003년에는 다시 이를 1,033병상으로 확대하였다. 이천의료원의 수탁협상이 시작된 1996년을 기준으로 고려대학교 병원과 비교하여 보면, 병원 명성이나 역사, 실제의 병원 운영 경험과 규모 및 진료과의 전문성 등이 고려대학교 병원보다 열세였다.

또한 군산의료원의 수탁기관 선정과정에서 경쟁하던 전북대학교 병원과 원광대학교 병원의 특징은 다음과 같다. 전북대학교 병원은 전라북도 전주시에 위치한 종합병원으로 1975년 2월 1일에 설립되었으며, 수탁기관 경쟁 당시 859병상 23개과의 병원 규모를 가지고 있었다. 한편 원광대학교 병원은 1980년 12월 15일 설립되었으며 전라북도 익산시(이리시)에 위치하고 있었다. 수탁병원 경쟁 당시 850병상 22개과의 종합병원이었다. 연혁이나 명성, 전문성 등의 여러 면에서 전북대 병원이 원광대 병원보다 더 선호되던 병원이었다.

서비스의 성격이 위탁성과에 영향을 끼친다는 연구 결과들도 있다. 대체로 경성서비스의 위탁성과가 연성서비스의 위탁성과보다 좋다는 결과들을 보여주고 있다.

본 연구의 분석 사례는 공공의료기관의 민간위탁으로 이는 연성서비스에 해당한다. 세 의료원 모두 동일한 의료서비스의 위탁을 내용을 하고 있다.

환경적 요인에 대한 관심도 나타나고 있으나 비교적 다른 변수들에 비해서 부차적인 관심을 받는다. 환경적 요인은 경험적 연구에서 아예 간과되는 경우도 많았다.

사례의 세 의료원 모두 병원의 경영성과에 영향을 미칠 수 있는 인근 지역의 다른 병원들의 동향을 살펴보면 대체로 지역의료시장의 경쟁이 치열해지고 있음을 발견할 수 있었다. 특히 마산의료원의 경우에 동일 진료권 내 많은 수의 신축 병원들이 개원하였고 기존 병원들도 병상수를 증설하였다. 군산의료원도 분석기간인 1990년대 초 이후로 거의 2년에 한 번씩 인근에 새로운 병원이 개원하고 있었으며, 이천의료원도 다른 위탁의료원보다는 덜 하지만 역시 의료시장의 경쟁이 심화되고 있었다.

한편 계약형성이나 집행에 관한 연구는 거의 이루어지지 않은 반면 정책결정과 집행에 관한 연구는 매우 풍부하게 이루어졌다. 또한 정책결정과정과 정책집행과정의 관계, 정책결정과정이 정책의 집행과 정책의 성과에 미치는 영향에 관한 연구들도 상당수 발견된다.94) 대체로 정책결정과정에서 갈등 정도가 높게 나타날수록 정책의 성과가 저해된다는 연구 결과를 제시한다. 본 연구의 세 의료원의 위탁과정 중 마산의료원과 군산의료원은 갈등이 표출되고 매우 역동적인 과정을 걸쳐 계약이 체결된 반면 이천의료원은 비교적 조용히 위탁이 전개되었다.

기존의 위탁 이론으로 성과를 예상한다면 그 내용은 다음과 같을 것이다. 우선 경쟁을 주요 성공요인으로 주장하는 학자들은 세 위탁의료원 중 경쟁이 있었던 군산의료원의 위탁성과가 가장 좋을 것이라고 예상할 것이다. 그러나 경쟁요인의 역할을 너무 강조하는 경우, 경쟁이 없었던 마산의료원의 비교적 성공적인 위탁성과를 설명하기에는 어려움이 있다.

또한 수탁기관의 전문성이 중요하다고 보는 견해는 전국적인 면에서 평판과 지명도가 가장 높은 고려대학교 병원이 수탁한 이천의료원의 위탁성과가 가장 좋을 것이라고 예상할 것이다. 그러나 이러한 예상과는 달리 위탁된 세 의료원 중 이천의료원의 위탁성과가 가장 안 좋은 것으로 나타났다.

한편 경성서비스의 경우에는 위탁성과가 좋으나 연성서비스의 경우에는 나쁠 것이라고 서비스의 성격을 가지고 논할 경우에는, 사례의 의료서비스는 연성서비스로 세 의료원의 위탁성과가 모두 나쁘게 나타날 것으로 예상

---

94) 정책과정과 정책집행의 관계에 관한 주요 논문은 S. Winter, 최종원 등의 논문이 있다. Winter는 정책과정상의 특징으로부터 정책집행과 정책성과에 대한 가설을 연역적으로 도출하였는데, 정책과정에서의 참여자 간의 갈등은 집행과정에서도 이어져 정책성과가 저해된다고 주장하였다.

할 수 있다. 그러나 세 의료원은 다양한 성과를 보여주고 있고 일률적으로 좋다거나 나쁘다거나 한 결과를 보이고 있지 않다.

본 사례에 정책과정과 집행에 관한 이론을 적용할 경우, 계약형성과정에서의 갈등의 정도가 심하였던 마산의료원이나 군산의료원의 위탁성과가 나쁠 것이라고 예상할 것이다. 그러나 갈등 정도가 비교적 심하게 나타났던 마산의료원과 군산의료원의 위탁은 성공이었다고 평가를 받는 반면, 이천의료원의 위탁은 좋은 평가를 받지 못하고 있을뿐더러 이 때문에 다른 의료원들이 위탁계약을 갱신하여 연장한 것과는 달리 1차 위탁기간이 끝나자 위탁을 종료하였다.

〈표 5-1〉 기존 위탁 논의와 정책이론의 사례에의 적용과 한계

경쟁 요인 강조	-군산의료원의 위탁성과가 가장 좋을 것이라고 예상
수탁기관의 전문성 요인 강조	-고려대학교에 위탁된 이천의료원의 위탁성과가 좋을 것이라고 예상
서비스의 종류 강조	-연성서비스의 위탁이므로 세 의료원의 위탁성과는 모두 나쁠 것이라고 예상
정책결정과 집행의 연계에 관한 이론	-정책 결정과정의 갈등의 정도가 심하였던 마산의료원과 군산 의료원의 위탁성과가 나쁠 것이라고 예상

결국 기존의 위탁 이론이나 정책과정에 관한 연구 결과들만으로는 실제의 본 사례에서의 위탁성과를 제대로 설명할 수 없다. 경쟁이 있었던 군산의료원의 위탁성과가 좋을 것이라는 설명만 사례의 경우에 설명력이 있고, 수탁기관의 전문성이나 정책형성과정의 갈등 정도로 위탁성과를 설명하는 이론들은 별로 설명력이 없다.

이러한 기존 논의의 설명력의 한계를 보완하기 위해 본 절에서는 계약과정에 관심을 갖고, 그러한 과정에서 정부가 어떻게 계약을 관리하였는가란 시각으로 사례에 접근해보고자 한다. 정부의 계약관리에 대한 논의는 그동안 단편적으로만 논의되고 경쟁 등의 요인에 비해 부차적인 관심만을 받는

변수였다. 최근 이에 대한 관심이 주장되고 있으나 아직 체계적인 연구가 많이 이루어진 바가 없으며 위탁 관련 부서 예산 등을 사용하여 관리능력을 분석하는 연구가 몇 편 등장하고 있는 정도이다. 본 연구에서는 정부의 계약관리능력을 위탁에서의 대리인 문제에 대처하는 능력으로 보고 사례를 설명하고자 한다. 기존의 논의에 이러한 계약관리능력에 대한 논의를 추가할 경우 사례를 더 잘 이해하고 설명할 수 있을 것으로 본다.

제2절 계약체결과정 분석

본 연구는 공공서비스 위탁공급의 성과는 계약체결과정에서의 정부의 계약관리능력의 영향을 받는다고 본다. 계약체결과정은 대리인의 선정과정에 관한 것으로 주인 대리인 이론에서 논하는 역선택과 관련이 있다. 계약과정에서의 정부의 사전적 계약관리능력을 분석하기 위하여 정부가 수탁병원을 선정하는 과정상의 특징을 우선 고찰하였다. 그리고 정부가 대리인 선정과정에서 역선택을 방지하기 위해 어떤 노력을 하였는지를 살펴보았다. 정부가 역선택으로 적절하지 않은 수탁기관을 선정하였을 경우 공공서비스 계약공급의 성과는 저해되고 좋은 수탁기관을 선정하였을 경우에는 그 성과는 개선될 것이다.

계약체결과정에 관한 자료는 다양한 경로를 통해 수집하였다. 우선 지방정부인 광역자치단체의 관계 공무원과 행정자치부의 담당부서를 통해 위탁과정과 관련된 각종 내부 문서와 자료를 수집하였다. 관련사건 일지와 지방정부와 수탁기관과의 협의안, 경쟁이 있었던 경우에는 비교 기준과 질의서 및 경쟁 수탁기관의 답변 등이 이에 해당한다. 중앙일간지의 경우에는 별로 관련된 사항을 발견할 수 없어 관련 지역의 지방일간지를 검색하였다. 또한 각 도의회 회의록을 검색하여 많은 자료를 수집할 수 있었다. 특

히 도의회 회의록의 경우에는 시·도 의료원이 정기적인 행정업무감사대상
이자 수시로 현안보고되는 기관이어서 위탁 관련 자료가 매우 풍부하였다.
일단 관련 자료를 최대한 수집하고 이를 바탕으로 각 의료원별로 별도의
질문지를 마련하여 관련 공무원과 병원관계자를 만나 면접조사를 실시하였
다. 이하 각 의료원의 계약체결과정에 관한 기술은 기본적으로 내부 문서
와 도의회 회의록 내용을 바탕으로 면접 결과, 관련 언론의 기사를 추가하
여 구성한 것이다.

1. 마산의료원의 계약체결과정

1914년: 진주자혜병원 마산분원으로 설립.

1919년: 도립 마산병원으로 발족.

1975년: 도립 마산의료원으로 승격 개원.

1983년 7월 1일: 지방공사 마산의료원으로 발족. 80병상으로 개원.

1995년 7월 1일: 120병상이 됨. 김재만 원장 취임.

1995년 8월 1일: 설립 이후 최초의 대대적 인사 실시.

1995년 8월: 공금횡령사건 적발.

1995년 10월 4일: 오염물질 무단 방류 적발.

1995년 12월: 원장의 사표 제출과 도의 사표 반려.

1995년 12월 20일: 허진수 의원과 김상로 의원의 의료원 방문.

1996년 1월 12일: 내과장과 정형외과장이 사직.

1996년 1월 15일: 원장 및 의료진의 집단 사직으로 진료 중단.

1996년 1월 23일: 의료원 긴급이사회 개최. 휴업 결의.

1996년 2월 1일: 휴업 시작.

1996년 3월 5일: 도의회 기획위원회 회의.

1996년 3월 12일: 도의회 마산 출신 의원 6명이 마산의료원의 조기정상화

　　　　　를 촉구하여 단식농성.

1996년 3월 16일: 도지사가 마산의료원과 관련된 도의 입장을 기자회견으로 밝힘. 매각이나 폐쇄는 하지 않겠다고 공언.

1996년 3월 18일: 도의회 기획위원회에서는 위원회를 개최하여 지방공사 마산의료원을 조기정상화할 것을 집행부(경상남도)에 촉구 건의.

1996년 3월 19일: 경남여성회의 의료원 정상화 촉구 성명서 발표.

1996년 3월 20일: 마산상공회의소의 마산의료원 정상화 촉구 건의서 제출.

1996년 4월 20일: 도민 공청회. 공청회 결과 공공의료기관인 경상대학병원에의 위탁이 가장 최선의 대안이란 의견.

1996년 8월 13일: 경상대학교 병원 이사회에서 마산의료원을 별도의 법인으로 등록하는 조건으로 수탁하는 것을 의결.

1996년 8월 30일: 마산의료원을 지방공사체제에서 위탁하고자 개정조례안을 심사. 참석위원 전원 찬성으로 원안 가결.

1996년 9월 19일: 경상남도의 조례 개정 공포.

1996년 10월 10일: 마산의료원 이사회에서 마산의료원 정관 개정 의결. 위탁할 수 있는 규정을 신설하고 관련 조항을 개정.

1996년 10월 11일: 마산의료원이 경상남도에 정관 개정 및 위탁운영 승인 신청.

1996년 11월 4일: 경상남도가 정관 개정 및 위탁운영을 승인.

1996년 11월 7일: 마산의료원은 개정된 정관을 공포.

1996년 11월 19일: 경상대학교 병원과 위탁운영계약을 체결. 전국에서 최초.

1996년 11월 21일: 원장 임명 동의를 위한 이사회 개최.

1996년 11월 22일: 원장 임명 승인 신청.

1996년 11월 30일: 인계인수 절차 시행. 경상대학병원 일반외과 교수 최상경 원장 취임.

1996년 12월 2일: 인계인수가 끝나고 본격적인 위탁운영체제로 발족.

1996년 4월 2일: 도의원들의 마산의료원 방문.

1996년 4월 14일: 재개원.

1996년 5월 2일: 개원식.

　지방공사 마산의료원으로 개원할 당시 병상수는 80병상[95]이었으나 1994년 12월에 40병상을 증축하기 시작하여 1995년 7월 1일 120병상의 병원이 되었다. 마산의료원은 지방공사의료원 중 가장 영세한 규모에 해당하였고 경영 상황도 좋지 않았다. 마산의료원의 1996년도 2월부터의 휴업을 가져온 노사간의 내분은 원장직무대리였던 김재만 원장이 1995년 7월 1일 정식으로 원장으로 취임한 이후에 시작되었다.

　원장과 노조의 안 좋은 관계는 원장 취임 이전으로 거슬러 올라간다. 김재만 원장이 진료부장이던 시절에 그 당시 원장이 그만두었었는데, 그때까지 일반적으로 진료부장을 원장으로 임명하는 것이 관례였다. 그런데 진료부장을 원장으로 임명하자는 견해가 있는 반면, 노조와의 관계가 원만치 못하다는 이유로 임명하지 말자는 견해가 있어 그 당시에는 원장으로 취임하지 못하였다. 그러나 새로 온 도의원 출신 원장이 불과 한 달여 만에 그만 둔 후 새로운 원장을 또 구하기 어려웠고, 병원에 있는 직원들 일부도 진료부장을 임명하면 좋겠다는 의견을 제시하여 어렵게 원장으로 임명되었다. 하지만 바로 원장으로 임명된 것은 아니었고 업무를 정상적으로 할 수 있는가를 검증하기 위해 약 6개월간 직무대리기간을 거쳐 이후 노조와 협의를 통해 원장으로 발령되었다.

　1995년 7월 1일 제5대 원장으로 취임한 김재만 원장은 임기 시작 한 달 만에 마산의료원 설립 이후 한번도 이루어지지 않았던 대대적인 인사이동을 8월 1일에 실시하였다. 그동안 직원들은 정년까지 한 자리에 있을 정도

---

[95] 동일한 지방공사의료원이라도 서울 강남, 제주, 홍성, 청주의료원 등은 400-600병상, 진주의료원 등은 250병상인 반면 경기도 이천의료원이라든지 만산의료원은 최소의 병상수를 가진 영세한 규모였다.

로 의료원 내에서는 인사 교류가 거의 없었다. 과장급에서만의 인사 조치가 아닌 간호사까지 포함된 전 직원을 대상으로 한 인사이동이 단행되었고 이사도 전면 교체되었다. 그런데 인사를 하고 업무를 파악하는 과정에서 총무과장의 횡령이 노출되었다. 총무과장 윤주하와 경리보조 박종숙이 약품 대금을 횡령하고 업체(우승약품)에는 외상으로 관리하고 있는 내용이 1995년 8월 1일자 총무과장·원무과장 자리바꿈 인사 후에 업무 인계인수하는 과정에서 드러나게 되었다.

횡령은 우승약품 등 10개 업체에 1993년 9월 21일부터 1995년 7월 31일까지 약 2년 동안 28회에 걸쳐서 이루어져 왔다. 이러한 횡령이 가능하였던 것은 1995년 8월 1일 이전에는 대금결제방식으로 회계법상 요구되는 은행계좌 송금을 이용하지 않고 공기업용 통상환 지급증서를 발행하는 방법을 사용했기 때문이다. 횡령액은 총 3억 4,878만 9,917원이었고 적발 이후 횡령자의 퇴직금과 급여 등으로 통해서 회수된 것은 7,079만 600원 뿐이었다. 총무과장은 부동산도 소유하고 있었으나 의료원 측은 그 부동산에 대한 후순위 채권밖에 확보하지 못하여 이로부터는 횡령액을 하나도 회수하지는 못하였다.

연이어 1995년에는 마산의료원의 폐수방류사건이 발생하였다. 1995년 10월 4일에 실시된 경남지방경찰청 주관 공해 방지 시설 합동 단속 결과 마산의료원의 세탁물 폐수처리시설 미가동 및 무단 방류 사실이 적발되어 10월 9일 담당직원들이 구속되었다. 이 사건으로 담당직원들은 징역 1년에 집행유예 2년을 선고받았고 의료원장은 벌금 100만 원을 부담하게 되었다.[96]

이러한 여러 사건으로 마산의료원의 대외적인 이미지가 나빠지는 가운데 내부적으로는 원장 및 의료진, 그리고 노조 양자 간의 불편한 관계가 점차로 악화되었고 40여 억 원의 부채가 누적되었다. 또한 관리부장, 총무부장 등도 사퇴하게 되었는데 마산의료원의 열악한 경영 상태로 도에서는 인건비를 절약하기 위해 비어있던 관리부장과 뒤이어 역시 비게 된 총무부장을

---

96) 이후 의료원에서 발생되는 세탁물을 민간처리업자에게 계약에 의해 위탁하였다.

새로 고용하는 대신 몇 개월간 공무원을 파견하기도 하였다.

원장은 경영 개선을 시도하고 이를 위해 인사이동을 하는 등 여러 조치들을 취하였으나 노조 측에게는 이는 원장이 자기 입지를 강화하기 위해 탄압하는 것으로 비춰졌다. 원장은 어려운 여건의 난국을 타개하기 위해 협의를 요청한 가운데 노조 측은 원장에 대한 불신임안을 결의하였다. 이에 의료진은 정상적으로 진료가 불가능하다고 보아 12월 12일에 원장을 포함하여 의료진 전원이 사의를 표명하였다. 이러한 내분으로 도에서는 1995년 12월분 적자분의 보전 지원을 끊었다. 다행히도 보건복지부가 의료보호비를 약 30억 정도 긴급 배정하는 과정에서 마산의료원에도 추가 자금이 배정되어 자금 부족으로 인한 급여 중단 사태는 면할 수 있었으나 사태는 점점 악화되고 있었다.

도의회에서도 마산의료원의 내분 사태가 심각해짐에 따라 간담회에 원장과 노조위원장을 동시에 불러 질의를 하기도 하였고, 이어 1995년 12월 20일 허진수 의원과 김상로 의원은 마산의료원을 직접 방문하기도 하였다. 그러나 노조 측에서는 원장의 사표를 도에서 수리하는 조건으로 노조의 유니언샵을 폐지하고 오픈샵을 수용하겠다고 답변하였다. 도는 노조의 의견을 받아들이지 않았고 원장의 사표를 반려하여 원장은 1월 말까지 참아보고 호전되면 계속 있기로 하였다.

1996년 1월 12일 내과장과 정형외과장이 사직하였는데 이들은 도내에서 상당히 인기가 있는 의사들이었다. 1월 12일 당시 환자수는 79명이었는데 곧이어 1월 15일 의료진의 집단 사직으로 진료가 중단되었다. 원장과 나머지 의사들이 모두 사표를 제출하였던 것이다. 원장의 사표 수리는 도에서 하도록 되어 있었고, 다른 의사들의 사표는 원장이 수리하도록 되어 있었다. 원장은 다른 의사들의 사표를 수리하고 진료를 거부하기 시작하였다. 도에서는 후임 의사를 모집하라고 원장과 관리부장에게 지시하고 의료진 모집공고를 다시 냈다. 그리고 "원장은 적어도 병원이 정상화 된 이후에 가야지 일반 의사들이 간다고 원장마저 팽개치고 가버린다면 그에 대한 책임을 면할 수 없다"고 질책하여 원장의 사표는 수리되지 않았고 원장은 계속 근무를 하게 되었다.

16일 이후에는 응급실환자와 60여 명의 입원환자에 대한 진료만 이루어졌고 일반 외래 환자들의 진료는 중단되었다. 이 당시 언론사와의 인터뷰에서 마산의료원 노조 측은 "의료원 측이 의사 2명의 결원을 문제 삼아 외래진료를 중단한 것은 노조 와해에 목적을 둔 부당행위"이며, 특히 "경상남도와 의료원 측이 합세해 마산의료원 노조방식을 '유니언숍'에서 '오픈숍'으로 전환토록 강요하고 있으며 노조원도 20명 이상 줄이도록 종용하는 등 노조탄압에 나서고 있다"며 도와 원장 측에 대한 강한 불신을 토로했다(국제신문, 1996. 1. 16).

1996년 1월 23일 의료원에서는 긴급이사회를 소집 개최하고 2월 1일부터 1달간 휴업에 들어가기로 의결하였다. 총 9명의 이사진 중 참석자는 김재만 원장, 김상문 마산 부시장, 김종기 진료부장, 이계식 예산담당관, 김종기 경남 투자금융 부사장, 관리부장, 추정호 도 보건과장의 7명이었고, 동마산병원에 근무하는 의사와 인제대학 부속병원에 근무하는 의사는 참석하지 않았다. 이사회 회의록에 의하면 김상문 부지사는 의료원을 정상화시켜야 한다면서 3차례 노조 측의 입장을 들어보자고 했지만 이는 이사회에서 받아들여지지 않았다.[97]

1월 23일부터 병원에서는 환자들을 대상으로 전원할 것인지 자가치료를 할 것인지 의사를 타진하였다. 입원 중인 40여 명의 환자들은 타 병원으로의 이송을 거부하며 서명운동을 벌이는가 하면 직원들도 27일부터 시민들을 상대로 정상화 촉구 시민서명운동을 벌이기 시작하였다. 또한 직원들은 경비를 각출하여 각 언론(부산일보 등)에 호소문을 게재하였는데, 호소문을 통해 파국으로 치닫게 한 원장의 무책임성과 사태악화에도 불구하고 수수방관하고 있는 경상남도의 태도를 비난하였고 영리를 목적으로 운영되는

---

[97] 23일 이사회에서의 휴업 결의 이후 원장은 휴가를 제출하고 사이판으로 여행을 다녀오고 더 이상 병원에는 오지 않았다고 한다.

일반병원과 달리 영세민, 보훈대상자, 생활보호대상자들이 주로 이용하는 공공병원을 폐업하는 사태는 있을 수 없다고 주장하였다. 또 병원장은 현 사태를 책임질 것과 경남도의회와 마산시의회는 휴업사태의 해결에 적극적으로 나설 것 등 조속한 정상화를 위한 대책을 발표하라고 촉구하였다.

1996년 1월 30일에는 마산의료원 직원 20여 명은 도의회를 찾아 도의원들에게 '사랑의 꽃'을 나눠주며 의료원의 존치대책을 세워줄 것을 호소하였다. 도의회는 이날 임시회에서 도로부터 마산의료원 문제를 보고받고 2월 휴업기간 동안 흑자경영을 하고 있는 도내 진주의료원과 경북 안동의료원 등 모범의료원 견학을 실시하여 마산의료원의 존립방안을 마련키로 하였다.

의료원 휴업 전날인 1월 31일 남은 환자 29명은 강제 퇴원당했다.[98] 다른 병원으로 전원하지 않은 환자들의 사유는 다른 병원에서의 새로운 검사에 대한 부담과 다른 병원에서의 보호자 없는 환자의 거부 등 때문이었다. 휴업으로 다른 병원으로 이송된 환자들과 퇴원하여 자가 치료 중이던 환자들 중 몇 명은 끝내 사망하는 등 문제가 계속 발생하였다.

1996년 2월 1일 마산의료원은 한 달간의 기간으로 드디어 휴업에 돌입하였다.[99] 휴업기간 중 마산의료원에서는 간부직원과 총무·원무과 필수직원, 경비요원 등 필수요원 약 16명 정도가 계속 근무를 하였고[100] 다른 직원들

---

98) 29명의 환자들의 구성은 당시 마산의료원에 관한 경상남도의회 회의록에 의하면 다음과 같다. 2층에 총 15명, 3층에 14명의 환자가 입원해 있었다. 2층에 입원되어 있는 환자들은 중환자실에 있다가 의료진 사태로 2층으로 내려온 환자 4명, 보호자가 있으면서도 외면하는 환자 5명, 그리고 암, 간경화, 당뇨 등의 말기 지병환자 6명이었다. 또한 3층 환자들은 거의 다 거동이 힘들고 거주지가 일정치 않은 사람들, 또 암 말기 환자들이었다. 그중에는 산재환자로서 사지가 마비된 환자들도 있었는데, 이런 환자들은 치료는 더 받을 것 없이 계속 입원만 하고 있어 입원비밖에 못 받는 환자들로 일반병원에서는 타산이 안 맞는다고 기피하는 환자들이었다.

99) 휴업은 관련 법상 1차적으로는 1개월간밖에 못한다는 제한이 있었지만 연장은 무제한으로 가능하였다.

100) 이후 휴업은 계속 연장되었고 나중에는 정상근무자는 8명(관리부장 1명, 과장

238

은 유급휴가에 들어갔다. 유급휴가 중이더라도 근로기준법에 의해 평균 임금[101]의 70%를 지급하였다. 적출물이나 쓰레기 수거, 구내식당, 구내매점, 분향소 식당 등 휴업으로 필요 없게 된 용역업체에는 휴업을 통보하고 잠정적으로 용역을 중단하는 것으로 조치하였다. 그리고 의료원과 계약체결된 지정 의료기관 즉 마산교도소나 보훈처 마산지청 또는 창원병무지청 등에는 일단 휴업을 통보하여 다른 의료기관을 알아보도록 조치를 취하였다.

마산의료원이 휴업하게 되자 노조는 유니언샵을 오픈샵으로 전환하고 1996년의 임금을 동결하겠다고 결의하였다. 또한 직원들은 휴업 중에도 전원 출근하여 정상화되었을 때 보다 나은 의료서비스를 제공하기 위해 경상북도에 소재한 안동병원을 견학하고 자발적인 친절교육 및 토론회를 실시하기도 하였다. 그러나 마산의료원의 실질적인 지휘 감독기관인 경상남도가 아무런 정상화 방안을 제시하지 않고 있는 가운데 2월 28일에 마산의료원 임시이사회(원장 직무대리 윤상휴)가 개최되었다. 그리고 이 회의에서는 의사 충원이 단 1명도 안 된 데다 약품비, 물품대금 등 11억 7천 9만 원의 부채가 해결되지 않았다는 이유로 휴업을 4월 30일까지 2개월간 연장하기로 결정되었다. 휴업의 연장으로 의료원을 폐업시킨다는 불안도 여기저기서 터져 나왔고 김혁규 경상남도지사가 선거 공약사항인 노인치매병원 설립을 위해 마산의료원을 매각한다는 우려도 제기[102]되었다.

3월 초에는 도에서 대략 4가지 안이 논의되고 있었다. 제1안은 마산의료원을 정상화하여 운영하는 것으로 재정부담이 54억으로 예상되었고, 제2안은 민간위탁하여 운영하는 것으로 재정부담이 20억 원으로 산정되었다. 제3안은 타 의료 및 복지시설로의 전환이었고, 제4안은 민간에 임대하여 운

2명, 직원 5명)이었고 휴업인원은 63명이었다(경상남도의회 회의록, 업무보고, 1996. 11월).

101) 수당을 포함한 전체 금액을 말한다.

102) 그러나 이 당시 노인성 치매센터 건립은 이미 마산시 교방동에 위치한 성로원에 30억 원의 예산 중 15억 원을 중앙정부가 부담하는 국비투자사업으로 추진 중에 있었다.

영한다는 것이었다. 그 당시 제2안인 민간위탁과 관련하여 마산의료원에 인접한 마산 성모병원에서 위탁 관리에 관심을 보여 왔다. 마산 성모병원 홍일부 원장은 성모병원이 마산의료원에 연접해 있고 상당한 의료진을 확보하고 있기 때문에 자기들에게 위탁을 하지 않겠느냐는 의사를 표명하였고, 또 어느 정도 조건이 돼야 위탁을 할지에 대한 조건을 제시해 달라고도 이야기하였다. 도에서는 이를 한 방법으로 검토하겠다고는 했으나 몇 번의 의사교환만 있었을 뿐 그 후 구체적인 이야기가 진행되지는 않았다.

그러다가 1996년 3월 12일 마산 출신 도의회 의원 8명 중 6명[103]이 기자회견을 갖고 오후 5시부터 도의회 의사당에서 마산의료원의 조기정상화를 촉구하며 무기한 단식농성에 돌입하였다. 이들 의원들은 이날 성명서를 발표하여 "도민의 조세부담률이 이미 20%를 넘어 25% 수준에 육박하고 있다"고 전제하고, "도민들의 복지와 관련된 사회적인 문제는 국가 및 관할 자치단체가 그 책임을 져야한다"며 의료원 정상화 방안을 집행부에 촉구했다. 의원들은 또 "경상남도는 경영진단이라는 허울 아래 도민과 의회를 기만하는 졸렬한 작태를 거듭하고 있다"면서 "정상화를 위한 노력을 소홀히 해 온 이유를 밝히라"고 추궁했다(국제신문, 1996. 3. 13). 도는 이들의 단식농성에 대해 '명분 없는 단식투쟁'이라고 대응했고, 도의회 기획위원회에 의료원의 정상화 방안에 대한 도의 방침과 추진계획을 보고하고 단식농성을 해제토록 촉구했다. 그러나 이러한 도의회 의원들의 움직임 외에도 마산시의회(의장 김광수) 의원들도 의료원 정상화를 촉구하는 등 강경한 움직임을 보이기 시작하여 마산의료원의 향후 진로가 조속히 매듭지어져야 할 필요성이 점차로 증대했다.

그런 와중에 3월 15일 마산의료원의 휴업으로 인해 입원치료를 중단하고 강제 퇴원한 영세민 환자들 중 6명이 사망한 것으로 드러나 충격을 주었다. 이 같은 사실은 의료원 정상화를 요구하며 단식농성 중인 마산 출신 경상남도의회 의원들이, 마산의료원 휴업 결정 후 병원 측의 퇴원 종용에

---

103) 6명의 의원은 허종태, 강우석, 정수상, 김천태 . 신용석, 김상로 의원이었다.

도 대책이 없어 휴업 직전 1월 31일까지 병원에 남아있다 강제 이송된 영세민 환자 등의 환자실태를 조사하는 과정에서 밝혀졌다. 특히 1월 말 이송환자 35명 중 가정 형편이 어렵거나 보호자가 없다는 이유 등으로 다른 일반병원에 입원이 불가능해 자택으로 이송된 환자는 무려 26명에 달하는 것으로 집계됐다. 또 이 자택 치료 환자들도 강제퇴원 후 거의 다 상태가 더욱 악화되었거나 별 차도가 없는 것으로 조사됐다. 이러한 조사 결과로 12일부터 의사당 내에서 기존의 마산의료원 기능을 살릴 것을 주장하며 농성을 벌이고 있던 도의원들은 김혁규 경상남도지사의 즉각 퇴진을 요구하였다(국제신문, 1996. 3. 15).

환자들의 사망이 발생하고 언론에서도 여러 문제를 지적하자 3월 16일에 김혁규 경상남도지사는 마산의료원과 관련된 공식적인 도의 입장을 기자회견으로 밝혔다. 총선 이후 폐업 방침설에 대해 일축하고 '대다수 도민들이 공감할 수 있는 새로운 운영방안을 모색할 것과 매각이나 폐쇄는 하지 않겠다는 도의 입장을 밝혔다.

1996년 3월 18일에는 도의회 기획위원회가 다시 한 번 지방공사 마산의료원을 조기 정상화할 것을 도에 촉구 건의하였다. 그리고 3월 19일에는 경남여성회(회장 장정임)도 마산의료원 휴업사태 파문과 관련하여 의료원 정상화를 촉구하는 성명서를 발표했다. 경남여성회는 성명서를 통해 "마산의료원은 대부분 민간병원이 기피하는 중부 경남의 생활보호대상환자, 행려환자, 보훈환자 등을 진료해온 지역 유일의 공공의료시설"이라며 "경남 도민을 대표하는 도의원 6명이 단식농성을 하는 상황까지 만들고도 김혁규 도지사는 독선적이고 책임 회피적인 태도로 이들의 단식을 외면하고 있다"고 주장하며 의료원 개원을 촉구했다.

한편 3월 19일 오후에는 8일째 단식농성을 벌여오던 마산지역 출신 도의원들이 민간위탁을 배제한 공공의료기관으로서의 존속을 촉구하는 성명서를 발표하고 농성을 풀었다. 농성의원들은 그동안의 강제이송환자 실태를 발표하였는데 처음에 사망한 것으로 발표되었던 6명 중 한 사람은 부산고

신대에 생존하여 있음이 확인되었지만, 추가적으로 다른 두 사람이 사망한 것으로 확인되었다고 밝혔다.104) 단식농성 도의원들은 이날까지 강제 이송된 환자 가운데 28명의 퇴원환자 실태를 파악하여, 사망 7명, 상태가 더욱 악화된 자 11명, 별차도가 없는 자 9명, 상태가 호전된 자 1명이라고 밝혔다. 이들은 특히 "상태가 악화된 환자 가운데 타 병원 입원 중 치료비 부담으로 인해 중도 퇴원했거나 아예 입원을 못하고 자택에서 치료중인 환자도 다수가 포함되어 있다"고 말했다(국제신문, 1996. 3. 19).

1996년 3월 20일에는 마산상공회의소가 마산의료원의 휴업사태와 관련하여 조속한 개원과 정상화를 촉구하는 건의서를 경남도 및 경남도의회 등에 제출하였다. 마산상공회의소는 이날 건의서에서 "마산의료원은 1914년 진주자혜병원 마산분원으로 출발해 지난 '83년 7월 지방공사로 전환된 이후 지금까지 82년간 경남도민의 의료 및 건강증진과 전염병 예방사업을 수행해 온 공공기관"이라며 "서민과 영세민의 의료서비스를 위해 조속히 개원하고 나서 정상화를 위한 개선방안을 찾아야할 것"이라고 주장했다. 상공회의소는 또한 "경남도가 많은 도민의 기대와는 달리 마산의료원을 노사문제와 '경영마인드'라는 구호 속에 단순히 손익계산의 잣대로만 평가한다면 전국 34개소 의료원은 모두 문을 닫아야 마땅할 것"이라고 지적했다(국제신문, 1996. 3. 20).

4월 10일에는 도는 1996년 1월에 서울의 현대병원경영연구소에 용역을 의뢰하였던 '마산의료원 개선방안'의 결과를 제시받았다. 그러나 도는 현대병원경영연구소에서 제시된 민간위탁, 임대, 매각대금으로 특수병원 설치, 병원경영 조건부 매각, 무조건 매각처분 등 5개 대안 중 어느 것도 현실적으로 선택하기 어렵다고 보고 새로운 대안을 모색하였다.

당시에는 민간위탁 대안이 점차 유력해지는 분위기 속에서 위탁에 대한

---

104) 그 두 사람 중 한 사람은 성모병원에 입원 중 사망하였고 다른 한 사람은 자가 치료 중 상처 악화로 휴업 시작 며칠 후인 2월 7일 사망하였던 것으로 확인되었다.

여러 우려가 제기되고 있었다. 우선 민간업자에게 의료원을 맡길 경우 수익성 위주의 진료 즉 과잉진료를 하고 의료보험수가에서 제외되는 비급여 항목이 증가할 것이며 결국 도민의 의료비 부담이 커질 것으로 우려되었다. 또한 과거 경기도의 6개 의료원(인천, 수원, 의정부, 안성, 금촌, 이천의료원)이 1960년대 초에 몇 년간 민간의 개인의사에게 위탁된 적이 있었는데 위탁경영을 부실하게 하다가 '60년대 중반에 다시 지방자치단체에 돌려주어 병원 정상화를 위한 막대한 손해가 뒤따랐다는 지적도 있었다. 보건복지부에서도 민간에게 위탁한 차관병원[105] 60개 중 5개 병원만 제대로 운영되고 나머지는 전부 적자와 도산을 경험하였다는 사항들도 제기되었다. 이러한 배경에서 도는 자체대안으로 경상대 의대 부속병원에 위탁운영하는 '공공의료법인 위탁운영'안을 마련했다.

경상대학교 병원은 경상남도 내에 소재하는 종합 병원급의 유일한 공공의료기관이었다. 당시 경상대학병원은 지방공사로 전환하여 법인이 된 지는 약 1년밖에 안 되었었다. 도가 내놓은 이 새로운 대안은, 수탁법인인 경상대 의대 부속병원이 저소득층 시민과 지역주민에 대한 공공의료기능을 수행하고 현 직원을 최대한 인수하며 계약기간을 3년으로 하고, 도는 현 의료원의 채권 채무를 청산하고 위탁기간 중 발생하는 적자부분은 도비로 보전한다는 것 등을 내용(국제신문, 1996. 4. 20)으로 하고 있었다.

1996년 4월 20일로 예정된 공청회 이전에 도는 경상대학 측의 의사를 우선 타진하였다. 경상대학교의 1차 교수회의에서는 위탁을 상당히 긍정적으로 평가하는 반응을 보였다. 경상대학에서는 도가 시설을 보완하고 장비를 현대 장비로 교체해주고 상당기간 동안은 운영에 적자가 나는 부분에 대해서 보전을 해 준다면 긍정적으로 검토하겠다는 답변을 하였다. 다만 직원 인수에 대해서는 문제가 다소 있는 직원들을 인수하기는 어렵겠다는 의사를 표시하였다. 경상대학병원의 긍정적 의사표시에 따라 1996년 4월 18일

---

105) 복지부가 1978년부터 1985년까지 의료취약지에 차관으로 건립한 67개의 병원.

에 개최된 도의회 기획위원회에서는 경상대에의 위탁방안을 운영개선 검토
안에 추가시켰다. 도가 경상대 의과대학 부속병원에 마산의료원을 위탁운
영할 것을 추진하는 계획에 대해 마산 출신 도의원을 포함한 다수 도의원
들도 긍정적인 반응을 보였다.

1996년 4월 20일 오전 10시에 드디어 '마산의료원 운영개선방향 도민공
청회'가 개최되었다. 이날 도 주관으로 도청 대회의실에서 열린 도민 공청
회에는 사회복지단체, 대학교수, 전문가, 언론인, 도의원 등 각계각층 도민
2백 50여 명이 참석하여 현대병원경영연구소가 진단한 마산의료원의 운영
개선 방안에 대한 용역결과를 놓고 진지한 토론을 벌였다. 이날 김경훈 창
원대 교수, 허종태·정세영 도의원, 손재현 경남의사회장 등 7명의 지정토
론자들의 단상토론 및 객석토론으로 3시간 동안 진행된 도민 공청회에서는
대다수 의견이 도가 제안한 경상대학 의과대학 부속병원에 운영을 위탁하
는 것이 최적의 대안이라는 것이었다. 또한 노인병원 등 타 복지 시설로
전환하자는 의견도 있었다.[106] 그러나 용역을 의뢰받았던 현대병원경영연
구소장은 경상대에의 위탁운영은 지방공사체제보다 더 큰 적자가 날 것이
라고 이에 반대하였다.

도는 이날 공청회에서 나타난 도민들의 공공의료기관 위탁운영안에 대한
대체적인 지지 분위기를 존중하여, 경상대 부속병원에 마산의료원을 위탁
운영하는 방안을 적극 수용키로 하고 경상대 병원과 마산의료원 노조 등과
의 실무절차 이행준비에 임했다. 도는 의료원 노조 측과 경상대 병원 측이
실무협의에서 합의점을 찾게 되면 조례 개정 등을 거쳐 도의회의 승인을
얻고 위탁을 최종 확정할 계획이었다. 이 당시만 하더라도 공공의료기관에

---

[106] 단상토론에서 나타난 의견 중 김경훈 창원대 교수는 매각 후 타 복지시설로
전환을 주장했고 도의회 의원들은 공공의료법인 위탁운영의 타당성을 주장했
다. 손재현 경남의사회장은 공공법인 위탁 후 노인전문병원으로의 전환을, 현
외성 경남대 교수는 공공법인 위탁 후 타 복지시설 전환 등 운영체제 방안을
제시했다. 객석토론에서 이외율 씨(마산시 평통위원)는 현 의료원 체제안을
내놓았으며, 한국부인회 마산시지부 송외희 지부장은 민간병원 임대운영을,
창원시 김종기 씨는 노인전문병원 전환방안을 제시했다.

244

의 위탁은 사실상 지방공사체제를 해체하고 도립의료원 체제로 환원시켜 위탁한다는 것을 의미하는 것이었다.

그러나 이러한 공공의료기관에의 위탁 결정은 환영만 받은 것은 아니었다. 마산의료원 노조는 경상남도가 지난해 의료원 간부의 공금횡령과 누적되는 적자로 운영의 어려움이 대두되었는데도 정상화를 위한 관리감독을 외면한 채 경영행정이라는 미명 아래 폐업을 위한 전단계로 휴업을 선언한 것으로 받아들이고 있었다. 마산시 의원들도 "마산의료원을 경상대학병원에 위탁운영한 경남도의 결정은 우선 반대에 부딪치는 폐업의 비난을 피하는 동시에 향후 또 다시 적자를 이유로 치매센터 등 타 진료기관으로 전환을 모색하는 전 단계"로 분석하고 있었다. 결국 도는 공공성을 외면한다는 비난을 피하기 위해 대학병원의 위탁운영방법을 강구했다는 비난을 받았다. 많은 시민들도 단순히 적자라는 이유로 의료원을 폐지하는 것에 반대하는 입장이었으며 "합리적인 투자와 관리로 의료원을 정상화시킨다는 발상의 대전환만이 실질적인 정상화방안"이라고 주장하였다(부산일보, 1996. 4. 27).

공청회 4일 후, 전국지방공사의료원 노동조합협의회(의장 주동호)는 마산의료원의 경상대학병원 위탁운영에 반대하며 마산의료원에서 24일부터 26일까지 2박 3일 일정으로 비상대책회의를 갖고 경남도가 추진하고 있는 위탁운영에 반대하는 성명서를 발표했다. 협의회는 경남도가 마산의료원의 정상화보다는 공공위탁 등 의료원을 없애는 방안의 일환으로 대학병원에 위탁운영토록 방침을 세웠다고 주장하였고, 지역 주민에 대한 의료에 중심을 두고 있는 지방공사의료원의 역할을 포기하는 처사라며 반대 입장을 분명히 했다. 이날 회의에서 협의회는 마산의료원의 정상화를 촉구하는 성명서와 함께 전국 지방공사의료원 노조원이 참여하는 연대집회를 개최하고 항의공문을 발송하는 등 공동으로 투쟁하기로 결정했다(부산일보, 1996. 4. 25).

4월 말 공공의료기관에의 위탁안이 결정된 이후로 상반기 안으로 계약을 체결한다는 원 계획과는 달리 위탁계약은 계속 지연되고 있었다. 1996년 5월 30일에는 경상대학병원 과장급 이상의 회의에 예산담당관이 참여하여 도의 입장을 설명하고 질문을 받았다. 또 5월 31일에는 도 부지사가 경상대 병원을 방문하여 총장실에서 총장, 원장과 관계과장이 참석한 가운데 위탁 문제를 논의하였다. 이러한 도의 노력들에도 불구하고 이 당시 계약 체결이 지연된 이유는 계약내용보다도 계약당사자인 경상대학병원의 내부 문제에 기인하였다.

당시 경상대학병원에서 노사문제가 대두되어 이를 협의하는 과정에서 노와 사가 심한 마찰을 일으켰다. 노조와의 갈등과정에서 마산의료원과 위탁계약을 추진하던 경상대학병원의 기획조정실장이 목이 부러지는 부상으로 장기간 입원하는 관계로 계약 추진이 지연되었다. 또 위탁이 원장이나 총장 한 사람의 의사만으로 결정할 수 있는 사안이 아니고 상당히 많은 대학 교수를 겸임하고 있는 진료과장들의 의사를 결집하여야 가능한 것이어서 대학병원의 체제상 오래 걸리는 측면도 있었다. 게다가 그 와중에 병원에서 자체 의료사고까지 발생하였다. 이러한 여러 문제로 인해 경상대에서는 계약을 추진하기 어려워, 노사문제가 타결된 이후에 다시 합의가 진행될 수 있었다.

그러나 지방공사 마산의료원 노조원들은 위탁 결정 이후 몇 개월째 계속 철야농성을 벌이는 등 해결 전망은 쉽사리 보이지 않았다. 마산의료원 노조는 임금을 동결하겠다, 유니언샵을 오픈샵으로 바꾸겠다 등의 언약을 하며 위탁에 계속 반대하고 있었다. 노조는 1996년 7월에 마산의료원 위탁 시 전제되어야 할 노동조합의 요구안을 제시하였는데, 노동조합의 형태 전환은 위탁 시 수용할 수 없다, 간호사 직급제 전환을 위탁의 선결조건으로 결코 수용할 수 없다, 그리고 1996년 임금을 인상하라 등의 내용을 담고 있었다.

9월로 예정되었던 개원은 여러 가지 이유로 계속 연기되었다. 위탁에 따른 노조 측과의 임금 협상 문제와 간호사 직급 환원, 노조 활동 보장 문제 등에 대한 노조와의 사전 협의가 원만히 타결되지 않았고, 경남도의 예산 지원과 관련 법규 정비 등이 따르지 않은데다 경상대 의대도 의료원 운영 을 위해서는 건물 내부 수리와 각종 의료 기자재의 충원을 요구하고 있어 개원은 계속 연기되게 되었다.

그러던 와중에 1996년 8월 13일, 경상대학교 병원 이사회에서 마산의료 원을 별도의 법인으로 등록하는 조건으로 수탁하는 것을 의결하였다. 즉 일반 도립병원으로서의 마산의료원이 아닌 지방공사로서의 마산의료원을 수탁하기로 결정한 것이다. 일반병원의 위탁과 지방공사의 위탁의 차이는 일반병원이 수탁경영의 자율성을 더 확보한다는 것이다.

그 이전에는 이를 문제 삼지 않았으나 이날은 이사회에 재정경제원과 교 육부에서 온 이사 두 사람이 문제를 제기했다. 서울에서 왔던 이 두 사람 은 법인이 아닌 일반병원으로 위탁하였을 경우에는 위탁운영 시 문제가 생 기면 경상대학교가 책임을 져야 하므로 법인으로 운영하는 것이 타당하다 는 견해를 피력했다. 마침 도 측에서도 비영리법인은 법인세가 면세되나 법인을 해산할 경우에는 마산의료원이 지방자치단체로 환원되어 광의의 양 도에 해당하여 특별부가세 20%가 부과된다는 국세청의 유권해석이 있었던 터라 세금까지 물면서 해산하는 것에 대한 우려가 제기되고 있었다.

이에 따라 1996년 8월 16일 경상남도지사는 경상남도 도립 마산의료원 설치 조례 철회요구안을 제출하였고, 1996년 8월 22일에는 동 요구안은 위 원회의 동의를 얻어 도의회에서 철회되었다. 그리고 1996년 8월 30일 10시 30분 기획위원회에서 마산의료원을 지방공사체제에서 위탁하고자 개정조례 안을 심사하여 참석위원 전원의 찬성으로 원안이 가결되었다. 이 조례안은 9월 11일에 열린 2차 본회의에서 최종 확정되었고, 9월 19일에는 조례 개 정이 공포되었다.

조례 개정에 이어 1996년 10월 10일 마산의료원 이사회에서 마산의료원 정관의 개정을 의결하여, 의료원을 위탁할 수 있는 규정을 신설하고 관련 조항을 개정하였다. 1996년 10월 11일 마산의료원은 경상남도에 정관 개정 및 위탁운영 승인을 신청하였고, 11월 4일 경상남도는 이를 승인하였다. 그리고 11월 7일 개정된 정관이 공포되었다.

1996년 11월 19일에 드디어 경상대학교 병원과의 위탁운영계약이 체결되었다. 지방공사의료원의 위탁계약은 전국에서 유례가 없던 일이었다. 곧이어 11월 21일에는 원장 임명 동의를 위한 이사회가 개최되었고, 11월 22일에는 원장 임명의 승인을 도에 신청하였다. 11월 30일에는 인계인수 절차가 시행되기 시작하여 경상대학병원 일반외과 최상경 교수가 원장으로 취임하고 의료원 임직원을 선임하였다. 그리고 1996년 12월 2일에는 인계인수가 끝나고 마산의료원은 본격적인 위탁운영체제로 발족하였다.

동일한 장소에서 동일한 업종으로 운영할 때에는 위탁을 하더라도 관련 법상 직원을 전원 인수하여야 하기 때문에 경상대학병원과의 위탁계약에서 경상대학병원 측은 마산의료원 직원을 전원 인수하는 것으로 하였다. 따라서 승인된 정원은 그대로였으나 휴업과 그 이전의 의료원의 파행적 운영과정에서 발생한 결원은 개원하면서 새로이 충원하였다. 실질적인 개원을 앞둔 1997년 3월 26일 경까지 의사는 단지 5명밖에는 충원되지 않았다. 전체적으로는 총 66명의 직원은 21명이 충원되어 87명이 되었다.

위탁이 결정되기 전까지는 마산의료원 노조는 병원의 주인을 경남도청이라고 보고 노사문제를 도와 의논하려 하였으나, 막상 경상대학병원과의 위탁이 결정된 후에는 노조위원장은 이젠 도는 노사관계를 의논할 상대가 아니고 직접 사용자는 경상대학병원이니 경상대학병원 측과 이야기하겠다는 입장으로 선회하였다. 그러다 또 다시 병원이 정상화된다면 여러 노사문제는 어차피 병원장하고 논의되어야 될 사항이라고 하여 노조형태와 임금협상 등의 노사문제에 관한 협의는 한동안 유보상태에 있었다. 노조위원장 이하 간부 한 두 명은 일단 유니언숍 체제에서 6개월이나 1년 정도 지내본 후에 오픈숍으로의 변화를 생각해보자는 의견을 제시한 반면, 경상대학병원 측에서는 유니언샵의 해체를 요구하였다.

몇 가지 사항에 대해 의견이 조정되지 않은 부분도 있었으나 전반적으로는 많은 직원들이 하루 빨리 병원이 정상화되길 바라고 있었고 노조위원장도 병원 재개원에 적극 협조하는 분위기였다. 1996년 3월 24일 도지사가 마산의료원을 방문하자 전 직원이 집에서 걸레하고 물수건을 가지고 와서 병원 내부 청소를 실시하기도 하였다. '좋은 병원 만들기 한마음다짐대회' 등이 개최되기도 하였고 새로 임명된 최상경 원장은 이 모임에 직접 참여하기도 하였다. 또 위탁 결정 이후 개원 전에 많은 간호사와 노조의 핵심 간부들은 진주 경상대학병원에서 두 달간 재교육을 받았다.

당초에는 1997년 4월 2일에 재개원하기로 되어 있었으나 시설 개보수 및 의료장비 구입과 인력충원 문제로 14일 재개원한다는 것으로 연기하게 되었다. 마산의료원의 재개원은 지역 주민의 많은 관심을 받고 있었고, 4월 2일에는 도의회 의원들이 마산의료원을 직접 방문하여 여러 가지를 살펴보고 가기도 했다. 한편 경상대 병원 측은 마산의료원 개원을 위해 정교수 2명과 임상교수 5명, 레지던트와 인턴 등 모두 20명의 의료 인력을 배정(국제신문, 1997. 4. 4)하고 신규직원을 24명으로 인력 충원도 마쳤다. 계속 논란이 되던 노조 형태 문제는 극적으로 타결되어, 4월 10일 마산의료원 노조(위원장 김홍길)[107]는 개원 직전 성명을 발표하고 노조원 자격문제를 유니온숍에서 오픈숍으로 변경하고 단체교섭과 임금협상을 원장에게 일임키로 했다.

마침내 1997년 4월 14일에 지방공사 마산의료원은 휴원 15개월 만에 재개원하였다. 휴업 이전에 6개 부문이던 진료과목을 내과, 일반외과, 정형외과, 성형외과 등 9개과로 증설하였고, 전문의 16명, 간호사 39명 등 총 1백 14명의 의료진과 직원을 배치하였다. 또 기존의 120병상에서 168병상 규모로 확대하였다. 도는 개원에 앞서 29억 원의 도비를 들여 낡은 병원 시설

---

107) 마산의료원의 노조위원장이 정규직으로 전환된 이후 노조는 매우 협력적인 태도로 위탁에 임하였다고 한다.

물을 개수하고 첨단의료장비를 도입하는 등 병원을 현대화시켰다.

5월 2일 2시에는 개원식을 별도로 마련하였다. 김혁규 경남도지사, 남기옥 경남도의회 의장, 서영배 경상대학교 총장을 비롯해 지역의료계 인사, 마산 시민 등 3백여 명이 참석하여 새롭게 태어난 마산의료원의 개원을 축하하였다. 마산의료원은 지난 4월 14일부터 5월 1일까지 실시한 임시 개원 운영에서 대학병원 진료시스템에 따른 양질의 의료혜택을 기대하여 환자들이 몰려들면서 불과 보름동안 외래 1천 5백 명, 입원 85명 등 총 1천 8백 50명의 환자를 진료하여 종래의 만성적 적자운영의 늪에서 벗어나 정상운영의 가능성을 보여줬다.

1997년 7월 21일 마산의료원은 개원 1백 일을 맞아 자체 경영진단을 실시한 결과를 발표하였다. 발표에 의하면 환자수, 진료 수익, 환자들의 진료 만족도가 당초 기대보다 높게 나타났다. 의료원은 장기간 휴업에도 불구, 4월 첫 진료에서 외래환자 2천 4백 7명, 입원환자 1천 3백 94명 등 3천 8백 1명의 진료성과를 올렸다. 이어 5월에는 외래 2천 6백 87명, 입원환자 2천 4백 3명 등 모두 5천 90명을 진료해 첫 달보다 34%가 늘어났고, 6월에는 외래 4천 2백 10명, 입원 2천 8백 50명 등 7천 60명을 진료하여 전월에 비해 무려 39%가 증가했다. 진료수익은 1일 평균 1천 3백 28만 1천 원으로 그해 수익목표 57억 2천 5백만 원 달성이 무난할 것으로 기대되었다(부산일보, 1997. 7. 22).

이 같이 의료원을 찾는 환자수가 급격히 늘어나면서 의료원은 병상이 만원사태를 빚어 입원환자 수용을 위한 병상 확장을 새로이 계획하였다. 그 당시의 외래환자 80명, 입원환자 80명 총 160명을 대상으로 전화 설문조사를 2회 실시한 결과는 많은 환자들이 마산의료원의 진료에 상당히 만족하고 있음을 보여주었다. 이러한 100일 성과의 보도 등으로 위탁의 성과가 윤곽을 드러내자 그러한 성공적인 결과를 접한 다른 도에서도 지방공사의료원의 민간위탁을 고려하게 되었다.

〈표 5-2〉 마산의료원 위탁 초기 전화 설문조사 결과

	잘 함	보 통	미 흡
1차 설문조사	76%	17%	7%
2차 설문조사	81%	14%	5%

자료: 경상남도의회 회의록, 주요업무보고, 1997. 6월.

2. 이천의료원의 계약체결과정

1934년 12월: 수원자혜병원 이천출장소 개설.

1946년 4월: 경기도립 이천병원으로 변경.

1961년 8월: 민간인 경영위탁.

1966년 1월: 경기도립 이천병원으로 환원.

1983년 7월 1일: 지방공사 경기도 이천의료원으로 변경.

1995년: 아주대학교 경영연구소에 용역 의뢰.

1996년 2월: 아주대학교 경영연구소의 연구 결과가 나옴. 이천의료원의 민
간위탁 권고.

1996년 6월 19일: 이천의료원의 위수탁 운영협의.

1996년 7월 10일: 고려대학교 의료원 측에서 수탁 의향을 제시.

1996년 8월 13일: 고려대학교 의료원 측의 수탁안 제시.

1996년 9월 4일: 고려대학교 제시안에 대한 경기도 협의안 제시.

1997년 3월 5일: 고려대학교에서 사무국장 외 1명의 이천의료원 방문 및
현지답사.

1997년 3월 14일: 이천의료원 현황 및 운영 실적 자료를 고려대학교에 제출.

1997년 3월 24일: 경기도의회 기획위원회에 그간의 추진 상황을 보고.

1997년 4월 10일: 위수탁 운영계획 및 실행 위원 편성.

1997년 5월 1일: 경기도 기획관리실장과 고대 의료원장 협의.

1997년 5월 7일: 이천의료원 운영자료를 고려대학교에 추가 제출.

1997년 5월 8일: 경기도의회 기획위원회에 그간의 추진 상황을 보고.

1997년 6월 10일: 내무부 및 고려대학교 의료원과 위탁경영 실무 협의.

1997년 6월 12일: 경상남도 마산의료원 위탁경영 추진 실태 출장 파악.

1997년 7월 1일: 이천시 거주 경기도의회 의원 및 국회의원에 위탁 추진 설명.

1997년 7월 10일: 경기도의회 기획위원회에 그간의 추진 상황을 보고.

1997년 9월 20일: 경기도 지방공사의료원 설치 및 운영 조례 개정.

1997년 10월 7일: 고려대학교 병원의 이천의료원 실사.

1998년 3월 3일: 위수탁계약 체결.

1998년 4월 1일: 인계인수 및 조인식. 고려대학교 운영 지방공사 경기도 이천의료원.

1998년 5월 8일: 개원식.

마산의료원이나 군산의료원이 각종 설명회나 공청회, 서명운동, 시위 등의 역동적인 과정과 의료원 직원과 주민들의 참여를 통해 위탁의 매 단계가 추진된 반면, 이천의료원의 고려대에의 위탁은 비교적 조용하게 이루어졌다. 이천의료원은 열악한 규모와 여건으로 경영 상태가 가장 안 좋은 지방공사의료원 중 하나였다. 그런데 1990년 대 초반 이후 여러 가지 문제가 발생하고 노사간의 갈등도 심하여지고 있었다. 그런 와중에 민간위탁을 하자는 의견이 제시되었다.

1990년대 초반에는 이천의료원에서 여러 가지 문제들이 불거져 나왔다. 도의 경고를 무시하고 기준에 부적합한 총무과장을 임용한 문제로 원장이 해임되는 사태가 발생하기도 하였고, 새로 온 원장보다 10년 동안 장기 근무를 하였던 관리부장이 더 실세여서 관리부장이 오히려 원장을 좌지우지하기도 한다는 것이 감사에 지적되어 관리부장이 해임되기도 하였다. 또 위탁 이전의 의료 분위기는 응급환자가 들어오면 다른 병원으로 가라고 거부하고, 퇴근시간이 임박해서 환자가 들어오면 관리직이나 의사들이 도외시하는 정도여서 이러한 점은 감사에서 여러 번 지적되고 있었다.

경영이 어려워 CT장비 구입 명목으로 받은 출연금이 절차를 무시하고 약품대금으로 차압된 사태도 발생하였다. 1994년 4월 1일에 강종두 당시 이천의료원장은 이석일 방사선과 과장을 새로이 채용하였다. 그해 경기도 예산에 CT 비용이 계상되어 있어 병원에 들어오면 곧 CT를 사주겠다고 약속하여, 5월 12일자로 CT장비 구입 건의서를 도 총무과로 제출하였고, 약 1개월 후에 원장실에서 CT 구입업자와 히따찌, 시마스, 도시바, GE 등의 메이커와 당 의료원 직원들이 참석하여 CT장비 카달로그를 가지고 품평회를 가졌다. 이천의료원에 CT장비 구입비로 '94년도에 2억 5,000만 원, '95년도 1억 5,000만 원 도합 4억 원이 도비 지원예산으로 계상되었다. 자금도 확보되어서 방사선과 과장과 관리부장 등 여러 사람들이 원장에게 CT장비 구입을 건의하였으나 이는 우여곡절 끝에 받아들여지지 않았다. 그 이유는 CT 자금이 병원 운영비 적자가 심하였기 때문에 운영비에 충당되었기 때문이었다. 그 당시에 약품대금 등의 부채가 많아 채권자였던 우신약품이란 회사가 재판을 통해 여러 번 의료원 자금을 차압하여 도의 지원금은 약품대금으로 고스란히 지급되는 사태가 발생한 것이었다.

1995년 10월 2일에는 함영환 원장이 5대 원장으로 취임하였다. 그러나 당시 관리부장 정동백은 고대 임학과 출신으로 이천의료원에서만 10여 년을 근무한 사람이었다. 환경직 공무원으로 20년 근무하다 1983년에 이천의료원이 지방공사로 발족할 때 서무과장으로 입사하여 후에 관리부장까지 되었다. 그러나 이천의료원에 대한 1995년 11월 27일의 도 감사에서는 14년 전에 도입된 고가의 기기가 중요한 부품이 빠져 있어 14년 동안 사용하지 않고 있던 것이 감사 당일 발견되는 등 이천의료원의 관리가 허술함이 드러나 관리부장의 관리 소홀 문제가 지적되었다.

1995년에는 분기별로 열리던 노사협의회도 원장이 그만두고 진료부장이 직무대행 하는 관계로 공식적으로는 제대로 열리고 있지 않아 불신과 알력이 심해지고 있었다. 노조 측의 각종 자료 요청에 대해 사측은 성의 있게 대응하니 않았고 경영은 더욱 나빠져 10월에는 봉급이 기본급만 지불되기도 하였다. 경기도에서는 6개 의료원의 적자 등으로 1995년도에는 아주대학교 경영연구소에 경기도 의료원의 경영평가를 용역 의뢰하였다.

경영부실과 운영 자금 부족 등으로 경영 압박이 가중되어 오던 중 이천의료원에 대한 아주대학 경영연구소의 경영진단 결과가 1996년 2월 20일 발간된 최종보고서에서 제시되었다. '대학병원에 의한 위탁경영 방안'이 제시되었다[108]는데, 의료원의 운영난이 심하여 직원들의 봉급조차 제때에 주기 어려운 실정에서 당시 이천시장이었던 유승우 시장은 모교인 고려대학교에의 위탁을 추진하게 되었다.[109] 의료원의 여건상 운영을 잘 한다고 흑자를 내기 어려웠고, 서울에서의 거리 관계로 의료진을 파견하기도 쉽지 않아서 고대의료원에서는 선뜻 내키지 않았으나 이천시의 적극적인 노력으로 대학 측이 위탁운영에 동의하게 되었다.

1996년 6월 19일 이천의료원의 고대에의 위수탁 운영에 관한 협의가 시

---

108) 아주대학교에서 발간된 이 보고서는 기본적으로는 민영화에 대해서 신중한 입장을 취하고 있다. 경영의 수익성과 효율성이라는 잣대만으로 지방공사의료원을 분석하면 민영화의 범주에 들지 않는 것이 없을 것(1996: 8)이라고 하면서, 이천의료원은 도시화가 빠르게 진행되는 지역에 소재하여 첨단의 병원이 설립되면 타격을 받을 것으로 예상되므로 우선 노인병원이나 정신병원, 재활병원, 모자보건센터 등으로의 전문화를 권고하였다. 특히 노인병원으로의 전문화를 권고하고 이를 아주대학교 병원과 협력하여 수행하거나, 자율적인 협력이 어렵다면 대학병원에 위탁경영하는 것을 고려하라고 권고하고 있다(1996: 9-10).

109) 당시의 지방언론 중 일부는 이천의료원이 고려대학교에 위탁되게 된 배경을 도지사가 고려대학교 출신이어서라고 기술하고 있다. 그러나 위탁 협의가 시작되던 당시의 이인제 도지사는 서울대 출신이었고 계약당사자였던 임수복 도지사 직무대리나 계약 성립 이후 취임한 임창렬 도지사도 고려대 출신은 아니었다. 일부 언론에서 알려진 것과 달리 당시 고대로 처음 수탁업체가 논의된 배경은 이천시장이 고대 사회학과 출신이어서 모교를 추천했기 때문이라고 한다. 위탁이 처음 협의되기 시작한 것은 이인제 도지사 시절이었으나 정작 위탁계약이 체결된 당시에는 대선출마로 인한 도지사의 공백이 있어 이 때문에 계약내용이 제대로 협상되지 않은 측면이 있었다.

작되었다. 경기도의 투자담당관이 고대 의료원장을 방문하여 고려대학교 의료원 측에 위탁경영 의향을 타진하였다. 7월 10일에 고려대학교 의료원 측에서 수탁 의향을 제시하였고 8월 13에 고려대학교 의료원 측의 수탁안이 도착하였다. 그리고 9월 4일에는 고려대학교 수탁안에 대한 경기도 협의안이 제시되었다.

1997년 3월 5일에는 고려대학교 사무국장 등이 이천의료원을 방문하여 현지답사를 하였다. 3월 14일에는 이천의료원은 병원 현황과 운영 실적에 대한 자료를 고려대학교에 제출하였다. 3월 24일에는 경기도의회 기획위원회에서의 위탁 추진 상황 보고가 있었고, 1997년 4월 10일에는 위수탁 운영계획 및 실행 위원이 편성되었다.

1997년 5월 1일에는 경기도 기획관리실장과 고대 의료원장이 위수탁안에 대한 협의를 하였다. 서로 간의 이견을 보인 것은 잉여금의 처리, 결손금의 보전 등의 사항에 관한 것이었다. 고대에서는 잉여금의 일부를 인건비, 연구비, 이월금으로 사용할 것을 주장하였고 결손금에 대해서는 경기도와 고대가 6 : 4의 비율로 부담할 것을 제시하였다. 반면 경기도는 결손금에 대한 지원은 50%를 넘을 수 없다고 규정하고자 하였다. 경기도는 계약당사자를 경기도지사(협의 당시는 이인제 도지사)와 고려대학교 의료원장으로 제시한 반면, 고대 측에서는 지방공사의료원장과 고려대학교 의료원장 간의 계약으로 제시하였다.

1997년 5월 7일에는 이천의료원은 운영자료를 고려대학교에 추가로 제출하였다. 그리고 그 다음날인 5월 8일에는 경기도의회 기획위원회에서 위탁 추진 상황보고가 한 번 더 열렸다. 6월 10일에는 내무부와 고려대학교 의료원과의 위탁경영에 관한 실무 협의가 있었다. 1997년 6월 12일에야 드디어 위탁경영 추진 실태를 파악하기 위해 당시로서는 지방공사의료원 중 유일하게 위탁경영체제이던 경상남도 마산의료원에 출장을 갔다.

1997년 7월 1일에는 이천시에 거주하는 경기도의회 의원 및 국회의원들을 대상으로 위탁 추진 설명회가 개최되었다. 그러나 주민이나 의료원 직

원들을 대상으로 한 설명회는 정작 개최된 바가 없었고 이 점에서 마산의
료원이나 군산의료원의 위탁과정과는 차이를 보인다.

이천의료원의 민간위탁 추진은 위탁을 허용하는 조례 개정 이전에 추진
된 것으로 1997년 9월 20일에야 보건위생정책과 소관의 경기도 지방공사의
료원 설립 및 운영 조례가 개정되어 위탁이 법적으로 허용되게 되었다. 동
법은 제7장에 위탁운영에 관한 장을 별도로 편성하여 위탁 관련 제반 사항
을 규정하였다.

1997년 10월 7일에는 고려대학교 병원의 이천의료원 실사가 이루어졌다.
그러나 당시의 이천의료원은 매우 낙후된 시설을 가진 열악한 병원이었
다.110) 원래는 1997년 12월에 정식 계약을 체결할 예정이었으나 여러 가지
사항에 대한 이견을 좁히는 과정에서 시간이 흘러 1998년 3월 3일에 공식
적으로 계약이 체결되었다. 의료원의 적자가 병상 규모가 작고 시설이 열
악한 것과 무관치 않은 여건을 감안하여 병원 운영에서 발생한 수익금을
전액 의료원에 재투자하도록 하는 내용을 두고 계약을 체결하는 마지막 단
계에서 고대 의료원을 설득하는 데 어려움이 있었다. 따라서 수익금 전액
을 재투자하도록 함과 동시에 의업손실에 대한 경영책임에 대한 내용이 위
수탁계약에서 제외되게 되었다. 그러나 이러한 경영책임에 대한 내용이 제
외됨으로써 나중에 경영이 어려워졌을 때 상당히 문제가 되기도 하였고,
이 때문에 고대에의 위탁은 완전한 민간위탁의 성격을 지니지는 못하였다.

이천의료원의 위수탁계약은 거의 2년에 걸친 협의 끝에 어렵게 성사되었
다. 그러나 협의가 진행된 기간이 길어, 협의 시작 단계에서의 참여자가 계
약체결 당시에는 다른 사람으로 바뀌었고, 대선으로 인한 도지사의 공
백111)으로 계약체결자는 당시 경기도지사 직무대리였던 임수복 부지사였

---

110) 2000년 11월 24일의 도의회에서 당시 이천의료원장 백병석은 "그 당시 이 병
　　 원에 와봤으면 (수탁을) 신청할 병원이 하나도 없을 겁니다."라고 말할 정도
　　 로 병원은 시설 면이나 규모 면에서 열세였다.
111) 1997년 말 당시 이인제 경기도지사는 대통령 선거에 출마하여 도지사 자리는
　　 비어있었다.

다. 도지사의 공백 등 리더십의 부재는 도 측의 협상력을 저해하여 필수적인 계약내용의 누락을 가져왔다.

여주병원을 폐쇄하고 그 시설을 개인에게 임대해주었으며 여주병원의 행정 파트 근무자 일부를 이천의료원으로 파견하였다. 4월 1일에 인계인수 및 조인식이 있었고 5월 8일에 개원식을 거행하였다.

3. 군산의료원의 계약체결과정

1922년 2월 15일: 군산자혜의원 설립.

1925년 4월 15일: 전라북도립 군산병원으로 변경.

1981년 12월 23일: 병원 현대사업 준공. 100병상.

1983년 7월 1일: 지방공사 전라북도 군산의료원으로 전환.

1991년 12월 20일: 종합병원으로 변경. 340병상.

1996년 4월: 군산시에 한사랑병원 개원과 군산의료원의 경영 악화.

1997년: 군산의료원의 경영 개선 자구노력.

1997년 9월: 마산의료원의 성공적인 위탁운영 100일 성과 발표를 접한 전
          라북도의 위탁운영 검토. 전북대가 아니면 안 된다는 군산의
          료원장의 강경한 의사에 위탁경영안 백지화.

1998년 4월 8일: 지방공사 전라북도 의료원 설치 조례 개정.

1998년 4월 6일~6월 5일: 지방자치경영협회 2개월간 실사.

1998년 6월 26일: 임시이사회 개최. 전라북도 예산담당관의 의료원 위탁경
          영의 필요성 설명.

1998년 6월 29일: 전라북도에서는 수탁병원 후보에 14개의 항목에 대한 수
          탁 의향서를 제출하도록 공문을 발송.

1998년 7월 9일: 위탁운영에 관한 설명회.

1998년 7월 15일: 전 직원 위탁운영 찬반투표.

1998년 7월 18일: 임시이사회와 직원 설명회 개최. 전라북도 예산담당관이
　　　　　　　　 수탁의향서 제출 문건을 요약 설명.

1998년 7월 22일: 도지사가 의료원장에게 위탁운영 추진 권고 공문 발송.

1998년 7월 29일: 위탁운영과 수탁병원 선정을 위한 이사회 개최 무산.

1998년 7월 30일: 도지사의 군산의료원 폐쇄방침 기자 회견.

1998년 7월 31일: 전 직원 비상총회 개최.

1998년 8월 1일: 비상대책위원회 개최.

1998년 8월 2일: 전 직원 동참 군산의료원 살리기 범시민 서명 운동을 전개.

1998년 8월 3일: 도 기획관리실장과 노동조합지부장이 CBS 방송국과의 인
　　　　　　　　 터뷰. 경실련 모임에는 관리부장과 노조위원장이 참석.

1998년 8월 4일: 기독교연합 등 10개 단체 대표 14인이 군산의료원 퇴출
　　　　　　　　 및 위탁에 관한 시민대책위원회 결성. 외래 및 창구 근무
　　　　　　　　 자들은 '군산의료원 폐쇄 절대 반대', '군산의료원을 살리
　　　　　　　　 자' 등의 어깨띠를 착용한 채 근무하기 시작.

1998년 8월 5일: 군산시민 대책 위원회 성명서('시민의 병원 군산의료원
　　　　　　　　 퇴출 방침 철회와 정상화를 촉구하는 성명서') 발표.

1998년 8월 6일: 노동조합 주관 기관장 면담.

1998년 8월 7일: 설명회 개최.

1998년 8월 8일: 전 직원 2차 총회 개최.

1998년 8월 10일: 전 직원 투표 실시.

1998년 8월 11일: 시민단체 대표 도지사 면담. 노동조합 대표 도지사 방문.
　　　　　　　　 임시이사회 개최.

1998년 8월 12일: 민관합동위원회 구성.

1998년 8월 14일: 공청회 개최.

1998년 8월 18일: 임시이사회 개최.

1998년 8월 19일: 민관합동소위원회 양 대학병원 방문.

1998년 8월 26일: 임시이사회 개최. 원광대학교 병원으로 수탁병원 선정.

수탁기간 3년.

1998년 9월 5일 도지사의 위탁운영 승인.

1998년 9월 7일~9월 19일: 2주 동안 수탁병원인 원광대학교 병원이 군산
의료원의 업무 전반에 걸쳐 실사.

1998년 9월 27일: 원광대학교 병원에 교섭권을 위임. 임금 및 단체협약 체
결 후 위탁하기로 결정.

1998년 9월 28이: 실사 점검에 따른 결과 대책 회의 실시.

1998년 11월 2일: 임금 및 단체 협상에 대한 노사간 잠정 합의.

1998년 11월 4일: 노조 비상임시총회. 잠정합의안에 대해 다음날 찬반투표
실시 의결.

1998년 11월 5일: 도지사와 원광학원이사장간 군산의료원 위수탁계약 체결.

1998년 11월 6일: 구조조정에 관한 조인식 연기 및 재교섭 요청.

1998년 11월 9일: 위수탁계약 개시.

1998년 11월 19일: 노조 비상임시총회. 위탁 관련 임금 및 단체 협약에 대
한 잠정합의안 결정을 위해 다음날 투표 실시 의결. 투
표 방식은 잠정합의안과 보건의료산업 노동조합 수정안
중 하나를 선택하는 투표로 진행하기로 함.

1998년 11월 20일: 투표 실시. 잠정합의안 채택.

전라북도에는 지방공사의료원이 남원의료원과 군산의료원 두 곳이 있다. 1990년대 후반에 군산의료원의 경영 상태가 너무 악화되어 결국 민간위탁 하기에 이르렀지만 1995년도까지는 오히려 양 의료원 중 군산의료원의 경영 상태가 더 괜찮은 편이었다. 군산의료원은 1983년 공사화 후 1995년까지 13년간 병원시설 규모와 진료기능이 10배로 신장되었고 인건비 보조 없이 99.6%의 자립을 달성한 기관이었다. 1995년까지는 전라북도의 양 의료원 중 남원의료원이 적자에 가까운 상태였고 군산의료원은 전국에서 약 5위 안에 들어가는 흑자 의료원이었다.

그런데 양 의료원의 명암이 달라지 게 된 것은 주변 지역의 민간병원의 설립 때문이었다. 남원의료원의 경우에는 경영이 별로 좋지 않은 상황에서 1995년 4월 15일에 남원에 기독병원이 개원하였다. 그 여파로 1995년은 10억 적자가 나왔으나 그 후 기독병원이 부도가 나서 다시 폐쇄되는 바람에 다시 정상을 되찾고 흑자로까지 돌아섰다. 반면 군산의료원은 계속 경영 상황이 좋은 편이었으나 1996년 4월 말 군산에 한사랑병원이란 큰 병원이 새로 생기면서 급격하게 경영이 악화되었다.

한사랑병원이 개원하면서 군산의료원 의사들 중 2명이 한사랑병원으로 이직하였다. 군산의료원에서 공중보건의로 3년간 근무했던 정형외과과장과 1년간 근무했던 내과과장112)이 각기 한사랑병원으로 자리를 옮겼는데, 정형외과 과장의 경우에는 이직 1달 전에 충원이 되었으나 내과과장은 반년이 지나도록 충원되지 못하는 등 의료진 충원에 어려움이 있었다. 그런데 군산의료원은 신경외과와 정형외과 환자들이 환자의 1/3을 차지할 때도 있을 만큼 이들 진료과가 주된 진료과여서 정형외과 의사의 한사랑병원으로의 이직은 많은 환자들의 감소를 가져왔다.

그 후 병원의 경영 상태는 급속도로 악화되어 1996년부터 군산의료원은 본격적으로 손실이 나기 시작하였다. 1995년에는 흑자가 1억 원이었으나 1996년도에는 10억의 적자가 발생하였고 의업수입의 약 74%가 인건비로 지급되었다. 또 그해 10월 달에 임금 지불을 충분히 할 수 없어 봉급일인 10월 20일에는 수당 부분을 제외한 2/3만을 지급하고, 10월 말일 나머지 부분은 전부 지급하기도 하였다. '97년에는 경영이 더욱 악화되어 거의 33억 원의 손실이 발생하였다. 임금체불도 1997년에 3억 원, 1998년에 11억 원이 발생하였다.

병원의 사정이 계속 나빠지자 군산의료원은 1997년 2/4분기에 의료원 정상화 추진 위원회를 노사동수로 구성하여 자구계획을 수립하는 등의 노력

---

112) 군산의료원의 내과는 당시 1내과, 2내과, 3내과의 3개과가 있었는데, 한사랑병원으로 간 의사는 3내과 과장이었다.

을 보였다. 당시 병원장도 6개월 만 시간을 주면 병원을 개선하겠다는 보고서를 도에 제출하고 경영 개선에 노력하였다.

자구노력의 내용은 다음과 같았다. 첫째, 서비스 향상을 위해 유명 외래 강사를 초빙하여 지속적으로 친절 교육 등 서비스 향상 교육을 실시하였고, 둘째, 1997년 임금 동결이라는 난제를 노사합의를 통해 도출하였다. 셋째, 휴가 반납, 년·월차 휴가 반납을 통해 임금 5억 9천만 원의 반납 효과를 보았고, 넷째, 근로자의 날과 개원기념일 등의 휴일에 무보수로 근무하는 분위기를 조성하였다. 다섯째, 24명의 자연감소를 통해서 인건비를 1억 4천만 원을 절감하였고, 여섯째, 재료비를 38%에서 33%로 감소시켜 연간 3억 9천만 원의 절감을 가져왔고, 관리비도 3,500만 원을 절감하였다. 일곱째, 응급실의 기능 정상화를 위해 간부, 수간호사를 중심으로 무료 당직제를 실시하였고, 여덟째, 의료원 이미지 개선을 위하여 낙도, 산동네, 불우시설의 무료진료를 지속적으로 시행하였다. 아홉째, 월 2회의 당뇨교실을 통해 환자와 보호자에게 건강교육을 실시하였고, 열째, 8시 30분까지 조기 출근하여 진료대기 시간을 단축시켰으며, 현관 안내제도도 활성화하였다.

이러한 자구노력으로 1997년 2/4분기부터 경영상황이 조금씩 호전되기는 하였으나 그럼에도 불구하고 획기적인 경영 개선에는 실패하였다. 경영 상황이 별로 개선되지 않고 경영악화의 탓을 노사간에 서로 미루는 과정에서 노사간의 관계도 나빠졌다. 경영 상황이 나빠지자 공중보건의의 임기가 끝나는 등의 사유로 결원이 발생해도 인건비 때문에 의사를 제대로 충원하지 못하였다. 의사가 없어 1997년도 초부터 차례대로 흉부와과, 성형외과, 비뇨기과가 사실상 폐쇄되었고 17개과 중 14개과만을 운영하게 되었다.

한편, 1990년대 후반에는 의료원의 민간위탁 추진과는 별도로 군산의료원의 신축 이전사업이 추진되었다.113) 군산의료원의 시설에 대한 안전진단

---

113) 남원의료원도 당시 협소한 부지와 노후한 건물 때문에 1996년에 착공하여 1999년에 완공 예정으로 신축 이전사업이 진행되고 있었다.

은 1995년 삼풍백화점의 붕괴 직후에 이루어지게 되었다. 우선 군산의료원이 자체적으로 안전진단을 시행하였고, 감사원에서도 다중 시설물 안전진단 감사를 시행하였다. 당시 의료원 건물의 문제가 육안으로도 보이는 정도여서 1995년 10월에는 전북산업대 산업기술연구소에 안전 정밀진단 용역을 의뢰하였다.

진단 결과 지은 지 15년밖에 안 된 건물임에도 콘크리트 강도가 미달이고, 지하층 기둥과 지층보의 균열이 진행되고 있었고 건물의 붕괴 우려도 심각하였다. 이러한 문제가 발생한 이유는 1차적으로 부실시공 때문이었고 2차적으로는 옥상에 식당 가건물을 증축[114]한 것이 건물에 무리를 준 것으로 판단되었다. 안정성에 문제가 드러나자 단기적으로는 그해 11월과 이듬해인 1996년 3월, 2회에 걸쳐 H빔과 파이프 지지 보강 등의 응급보수공사를 실시하였다. 보수는 원시공사인 세대건설이 맡았다. 또한 장기적으로는 신축 이전과 현부지 증축의 두 가지 대안 중 신축 이전을 택하여 이를 추진하게 되었다.

환자들이 입원한 건물의 안전에 이상이 발생할 경우 많은 문제가 야기될 수 있어 건물에 대한 안전 점검과 관리는 중첩적으로 이루어졌다. 도 민방위재난관리과 안전점검 기동반은 1997년 10월부터 매월 1회 점검을 하였고, 군산시 재난관리과 안전지도계에서도 3개월에 1번씩 건물안전 점검카드 기록 관리의 이상 유무를 점검하였다. 군산의료원 자체에서도 매주 1회 이상 총무과장 책임하에 영선계장이 점검 관찰하여 그 결과를 안전점검부에 기록하였다.

신축 이전이 결정된 이후, 1998년 5월에 제2차 안전진단이 이루어지게 되었다. 그때에도 안전진단은 호원대(구 전북산업대) 부설 산업기술연구소에서 맡았는데, 본관의 균열, 처짐 등의 진행은 일단 정지되었으나, 1995년에 세대건설에 의해 지어진 의사숙소동이 북측으로 심하게 기울어져 시급한 보수공사가 필요하다고 또 다시 진단되었다.

---

114) 식당 증축은 군산시에서 허가를 해 준 사안이었다.

262

　1997년 9월 마산의료원의 성공적인 위탁운영 100일 성과 발표를 접한 전
라북도 관계관은 군산의료원 위탁운영을 검토하고 군산의료원 백진현 원장
과 협의에 착수하였다. 전라북도 관계관과 원장 간에 2~3차례의 의견 교
환이 있었는데, 군산의료원 원장은 위탁운영방침에는 원칙적으로는 찬성하
였으나 의료원 성격상 수탁자를 전북대학병원으로 하여야 한다고 주장하였
다. 이에 도 관계관은 원광대학병원이 좋은 조건으로 위탁운영에 적극적이
라는 것을 지적하면서도 원장 의견을 존중하여 전북대 병원과 위탁운영을
추진하도록 권고하였다. 그러나 전북대 병원장과 전북대 총장과 면담하여
수탁의사를 타진한 결과 부정적인 대답을 듣게 되었다. 위탁운영 추진 주
체인 의료원장의 의견이 전북대가 아니면 안 된다는 강경한 의사[115]에 전
라북도 관계관은 위탁경영안을 백지화하고 재론하지 않기로 합의를 보았
다. 1997년도에 처음으로 제기되었던 군산의료원의 위탁은 이렇게 끝나버
렸다.

　그러나 군산의료원의 경영 상태는 호전될 기미가 전혀 안 보이고 날이
갈수록 부채가 늘어 1997년 결산 결과 1일 1천만 원씩 적자가 발생하고 있
음이 확인되어 군산의료원의 민간위탁 문제는 다시 한 번 논의되기 시작하
였다. 의료원 생존 방안의 일환으로 의료원 설립 목적이 퇴색되지 않고 시
민의 의료 혜택을 한 차원 높은 수준으로 끌어 올릴 수 있는 방안으로 위
탁경영이 바람직하고 현실적이라는 판단하에 의료원 설립자인 도지사는 위
탁경영 방침을 결정하였다.

　1998년 3월경에는 도에서 위탁운영의 기본계획을 수립하였다. 그리고
1998년 4월 8일에는 위탁이 가능하도록 지방공사 전라북도의료원 설치조례
를 개정하였다. 당시 조례 개정의 주요 내용은 크게 세 가지였는데 모두
의료원의 경영 개선과 관련된 것이었다. 첫째, 경영자인 원장에 대한 직권
면직 조항을 신설하고 부실운영에 대한 책임을 묻도록 하여 책임운영체계
를 확립하고자 하였고, 둘째, 의료원의 경영활성화를 위해서 필요한 경우

---

115) 당시 원장은 전북 의대 출신이었다.

의료원 상호간 임직원에 대한 인사교류근거를 신설하고 일정기간 상호 파견근무토록 하였다. 또 셋째로는, 지방공사의료원의 신뢰성 제고와 운영의 정상화를 위해서 필요한 경우에 대학교 병원 등에의 위탁운영을 할 수 있도록 규정하여 군산의료원 위탁의 근거를 법적으로 마련하였다.

한편 전라북도청의 지시에 의하여 군산의료원 경영 진단을 전문기관에 의뢰하여 1998년 4월 6일부터 6월 5일까지 2개월간 실사를 하였다. 의료원의 문제점과 해결방안, 그리고 장기적인 대책을 강구하기 위한 것으로 연구 용역을 의뢰받은 기관은 지방자치경영협회였으며, 경영학 박사, 공인회계사, 유명 교수 3명 등 총 5명이 참여하였다.

지방자치경영협회가 '95년부터 '97년까지의 최근 3년간의 군산의료원 경영 상태를 분석한 결과, 간호직과 사무직의 고령화로 인건비 부담이 가중하고[116) 의료직의 단일호봉제로 직종 간 임금 격차가 심하여 직원 간의 위화감이 조성되었다고 진단하였다. 또 퇴직금 지급의 지나친 누진율 적용으로 퇴직급여 충당금 부담이 재정압박 요인으로 작용하고 있고 경영 악화에 따른 책임공방으로 노사갈등이 심각하여 운영이 어렵다고 판단하였다. 그리고 이러한 문제에 대한 대안으로 현 지방공사체제 유지 방안, 민간위탁 방안, 매각 처분 방안의 세 가지 방안을 제시하였다. 용역 결과를 접한 전라북도에서는 의료원 설치목적을 유지하면서 시민의 의료의 질을 향상시킬 수 있고 고용승계가 가능한 민간위탁 방안이 최선책이라는 결론에 도달하였다.

1998년 6월 26일 군산의료원은 임시이사회를 개최하였고 여기에서 전라북도 예산담당관은 의료원 위탁경영의 필요성을 설명하였다. 수탁병원은 전북대학교 병원, 원광대학교 병원 중 유리한 조건을 제시하는 병원으로 결정될 것이라고 설명하였다. 군산의료원의 이사회에서 거론된 위탁운영 방침을 전해들은 양 병원에서는 교수회의를 소집하는 등의 대책을 강구하였다.

---

116) 의업수익대비 인건비 비율이 통상 45-50%를 초과할 경우 적자운영이 되는데, 군산의료원의 의업수익대비 인건비 비율은 1995년은 51.3%, 1996년은 65.4%, 1997년은 74.2%로 계속 증가하였다.

1998년 6월 29일 전라북도에서는 수탁병원에 14개의 항목에 대한 수탁 의향서를 제출하도록 공문을 발송하였다. 7월 9일에는 군산의료원에서 위 탁운영에 관한 설명회과 개최되어 전라북도 예산담당관이 의료원 전 직원 을 대상으로 위탁운영을 할 수 밖에 없는 이유와 필요성을 설명하였다. 설 명회는 총 2회로 노동조합과 의사를 대상으로 각각 개최하였다.

〈표 5-3〉 수탁의견 회시 결과 중 상이한 내용

의견 조회 요목	전북대 병원	원광대 병원
인력관리 -전 임직원 승계인수 -위탁자의 권고가 있을 시 귀 병원 임직원으로 채용 혹은 교류가 가능한지	-고소득 의사직 및 주요 보직자는 조정 제안. -위탁자의 권고 시 전북대 병원에 채용은 불가능하나 교류는 가능.	-전임직원 승계인수. -위탁자의 권고 시 원광대 병원에 채용이나 교류 가능.
채권 채무 -확정된 채권과 채무 승계 -유동부채 상환을 위한 자금 활용 여부	-포괄적 승계는 가능하되 1차적 상환의무는 의료원 에 있음. -67억 원의 유동부채 상환 을 위해 자금 활용할 수 없다.	-공동평가 후 확정된 채권 채무 승계. -67억 원의 유동부채 상환 을 위해 원대법인에서 대여 상환할 수 있다.
체불임금 -총 9억 원의 체불임금 해소를 위한 대학 측의 자금 활용 용의	-자금 활용 불가.	-97년 체불임금 수탁계약 이후 2개월 내 우선 지급. 98년 체불임금은 노사협의 후 지급.
운영결손 책임 -수탁 후의 운영 결손 책 임 수용 여부	-수용 어렵다. 1~2년간 적 자 운영이 불가피하므로 그 동안의 도의 최소한의 결손 보전 필요.	-수용. 책임경영하겠다.
의료장비 보강 -대학 측 장비 활용 또는 투자 가능 여부	-장비 활용은 가능하나 투자 는 어려움.	-필요시 적극 투자.
신축 이전 추진	-도의 주관사업으로 이로 인 한 책임과 의무 부담은 과중 한 것. 다만 계획대로 진행 되도록 최대한 노력하겠다.	-의료원 산하 7개 병원을 신축 이전한 풍부한 경험이 있다. -자금 조달의 책임과 의무를 다하여 국비보조 지연 시 본 대학법인의 자금을 활용할 수 있음.
수탁희망기간	-3년(필요시 연장).	-5년(도 사정에 따라 3년도 가능).

자료: 전라북도 내부자료.

1998년 7월 11일에는 도에서 전북대 병원, 원광대 병원을 직접 방문하여 민간위탁의 배경을 설명하고 수탁의견을 조회하였다. 고용승계, 체불임금 문제, 유동부채 상환, 손실책임 등 14개 항목에 관한 양 대학 측의 의견을 조회하였다. 지방공사 체제의 유지 등의 일부 사항에 대해서는 양 대학은 당연히 그 체제를 유지한다는 비슷한 답변을 보였지만 수탁대학의 책임과 의무에 관해서는 도의 의견에 대해 상이한 답변을 하였다. 전북대는 도의 요구 사항을 선별적으로 수용하고 거절할 것은 거절한 반면, 원광대는 도의 의견을 되도록이면 많이 수용하고, 원광대 병원이 전북대 병원보다 군산의료원과 지리적으로 더 가깝다는 이점 등을 강조하면서 수탁에 적극적인 모습을 보였다. 원광대학교는 원래 서북 전북 지역의 진료권을 확보하기 위해 군산 지역에 대학병원을 설립하려고 하는 중이어서 더욱 적극적인 수탁 의지를 표시하였다.

1998년 7월 15일 군산의료원에서는 전 직원을 대상으로 위탁운영 찬반투표가 실시되었다. 노사 각 2명씩 총 4명이 투표를 관리하였고 오전 9시부터 오후 5시 반까지 당원 회의실에서 비밀투표가 진행되었다. 찬반투표 결과 투표대상 217명 중 177명이 투표하여 투표율은 81.6%였으며, 157명이 찬성하여 찬성률은 88.7%였다.

이어서 1998년 7월 18일에는 직원을 대상으로 하는 설명회가 개최되어 전라북도 예산담당관이 수탁의향서 제출 문건을 직원들에게 요약 설명하였다. 그리고 7월 22일에는 도지사가 군산의료원장에게 공식적으로 도내 대학병원에 위탁운영을 추진하라는 권고 내용의 공문을 보냈다.

당시의 군산시민을 비롯한 지역 주민들은 대체로 원불교 재단이 운영하는 원광대 병원보다는 국립인 전북대 병원에 군산의료원이 수탁되기를 원하는 분위기였다. 수탁기관을 전북대와 원광대 중 어느 기관을 할 것인가에 관해 도의회에서 도의원들 간에도 논쟁이 있었고, 기독교단체들은 원광대가 수탁할 것을 우려하여 위탁 자체를 반대하기도 하였다.

1998년 7월 29일에 위탁운영과 수탁병원 선정을 위해 예정되었던 이사회 개최가 무산되었다. 종교단체와 시민단체들이 피켓시위 등을 통해 이사들의 출입을 방해117)하였고, 이사회 의장이었던 백진현 의료원장도 애매모호한 독단적 결정으로 이사회를 무산시켜 버렸다.

이러한 혼란 속에 유종근 전라북도지사는 급기야 1998년 7월 30일 기자회견을 통해 군산의료원의 폐쇄방침을 발표하였다. 수탁기관 결정을 위한 이사회가 시민단체의 물리적인 저지로 무산되었으므로 군산의료원을 폐쇄하겠다고 발표하였고, 단 절차를 이행하고 합리적인 의사결정으로 위탁 결정이 가능할 경우에는 폐쇄 방침을 즉각 철회하겠다고 하였다.

도지사의 폐쇄발표를 접한 군산의료원은 다음날인 7월 31일 전 직원 비상총회를 개최하여 군산의료원 살리기 범시민 서명 운동을 결의하였다. '군산시민에게 드리는 글'이란 결의문을 채택하고, 군산의료원이 정상화될 때까지 병원 노사 각 8인으로 구성된 비상대책위원회를 구성하여 운영하기로 하였다. 결의 내용은 도의 위탁방침을 적극 지지하고 능력 있는 기관에 수탁을 희망한다는 것과 일부 단체의 이익을 위한 과열 유치, 불법 시위, 방해 행위 등을 반대한다는 것이었다.

1998년 8월 1일에는 군산의료원의 비상대책위원회가 개최되었다. 범시민 서명운동 방법에 대한 구체적인 논의가 이루어졌고, 관리부장·총무과장·간호과장·노조위원장 등이 각 시민단체 연합 모임을 방문하여 위탁경영을 설득하도록 하는 계획을 수립하였다. 8월 2일부터는 전 직원이 동참하는 군산의료원 살리기 범시민 서명 운동을 전개하였다. 8월 2일 당일이 공휴일임에도 불구하고 50여 명의 직원이 참가하였으며 하루 동안 서명자가 7,290명이나 되었다.

---

117) 시민들이 이사회 개최를 저지한 배경은 다음과 같은 여러 우려 사항 때문이었다. 일단 위탁운영이 시민의 여론 수렴 없이 밀실에서 진행되었다고 보고 이에 대한 불만이 있었으며, 위탁의 결과로 진료비가 증가하여 시민들의 부담이 증가할 것이라고 판단하였다. 또한 의료원의 공공성이 유지되지 않을뿐더러 수탁병원에 합병되고 수익금을 모두 수탁병원이 가져갈 것으로 생각하였다. 따라서 년 수백억 원이 타지로 유출되고 군산대학교 의과대학 신설은 물 건너 갈 것이라고 보고 있었다.

1998년 8월 3일 오후 5시에는 도 기획관리실장과 노동조합지부장이 CBS 방송국과의 인터뷰를 가졌고, 경실련 모임에는 관리부장과 노조위원장이 참석을 하여 위탁의 필요성을 설명하였다. 이날도 서명운동이 계속 실시되었는데 군산의료원 직원들은 근무에 필요한 필수 인원을 제외하고 각 실과별로 조를 편성하여 서명운동에 참가하였다. 이날까지의 이틀 동안의 서명자 누계는 18,120명이었다. 한편 같은 날, 기독교 연합에서는 '군산의료원 정상화에 따른 우리의 입장'이란 전단지를 배포하여 기독교 측의 입장을 전달하였다.

1998년 8월 4일부터 군산의료원의 외래 및 창구 근무자들은 '군산의료원 폐쇄 절대 반대', '군산의료원을 살리자' 등의 어깨띠를 착용한 채 근무하기 시작하였다. 또한 이날 오후 6시부터 9시까지 군산시 나운동 돌탑진에서 전 직원 및 가족이 동참하여 200여 명이 침묵시위를 벌였다. 한편 오후 4시 성결교회에서는 기독교연합 및 시민단체와의 대표자 회의가 개최되었다. 기독교연합 등을 비롯한 10개 시민단체 대표 14인이 참가하여 군산의료원 퇴출 및 위탁에 관한 시민대책위원회가 열렸으며 의료원 직원들도 일부 참석하였다. 이날까지 3일 동안 이루어진 서명운동으로 서명자 누계는 26,835명가 되었다.

1998년 8월 5일에는 군산의료원 관리부장·원무과장·비상대책위원장·사무국장·여성부장 등이 시민단체와 만남을 가졌다. 또한 군산시민대책위원회 는 '시민의 병원 군산의료원 퇴출 방침 철회와 정상화를 촉구하는 성명서'를 발표하였다. 한편 입원환자들의 군산의료원 살리기 동참 집회가 열려 KBS 9시 뉴스에 보도되기도 하였다. 이날은 서명운동 4일째로 서명자 누계는 32, 610명이었다.

1998년 8월 6일 군산의료원 노동조합 위원장 외 5명(위원장, 이상식, 이윤, 김성중, 배선홍)은 군산부시장과 면담을 하여 퇴출과 관련된 군산시의 입장을 표명해 줄 것을 요청하였다. 또한 노조위원장 외 5명(위원장, 권혁면, 이상식, 오병철, 김성중)은 도의회 부의장을 면담하여 퇴출 저지에 대한 협조를 요청하였다.

1998년 8월 7일 오후 2시부터 5시까지 위탁방침에 관한 시민 여론을 수렴하기 위하여 설명회를 개최하였다. 48개 단체 및 시민 120여 명이 참석하였다. 도와 군산의료원 관계자는 위탁의 배경, 경영진단 결과 및 위탁운영의 필요성 등을 설명하였다. 이날까지 전개된 서명운동의 종결 결과 총 41,555명이 서명하였다.

1998년 8월 8일에는 전 직원 2차 총회가 개최되어 수탁병원을 선정하기 위한 의견수렴방법으로 비밀투표를 실시하기로 결정하였다. 그리고 그 결정에 따라 8월 10일 오전 8시부터 오후 6시까지 전 직원을 대상으로 수탁병원 결정에 관한 비밀 투표가 실시되었다. 투표결과 원광대학이 78.5%, 전북대학이 20.5%의 지지를 받았다.

1998년 8월 11일에는 군산시민단체 대표들과 군산의료원 노동조합 대표가 각기 도지사를 방문하였다. 오전 10시부터 군산기독교연합회 손병선 목사, 강계선 목사 등 5명과 도 기획관리실장 등 4명이 도지사를 방문하여 50분간 면담하였다. 도지사와의 면담을 통해 군산의료원 폐업방침 철회, 민관합동위원회 구성, 그리고 공청회 개최 등에 관한 3개 협의안을 도출하였다. 한편 군산의료원 노동조합 대표도 이날 도지사를 방문하여 최종적으로 41,555명이 서명한 서명지를 전달하고 위탁운영 문제를 빠른 시일 안에 마무리해 달라고 요청하였다.

같은 날 군산의료원에서는 임시이사회를 개최하여 위탁운영의 합리적인 추진을 위한 대책을 협의하였다. 이 회의에서 의결된 것은 세 가지로 다음과 같다. 첫째는 민관합동위원회의 구성과 기능에 관한 것으로, 공무원 2명, 의료원 관계자 2명, 경영인 1명, 시민단체 3명으로 구성하며, 그 기능은 공청회 개최와 이사회의 합리적인 결정에 필요한 시민들의 의견을 결집하여 제시하는 것이었고, 둘째는 공청회에 관한 것으로, 1998년 8월 14일 금요일 오후 3시에 의료원 회의실에서 공청회를 개최하되 군산의료원이 주관하기로 결정하였다. 셋째로 이 공청회에서 제시된 의견은 이사회에서 합리적인 결정을 하는데 적극 활용기로 결정하였다.

바로 그 다음날인 8월 12일 민관합동위원회가 곧바로 구성되었다. 위원장은 군산시 불교신도협회장 성광문, 위원은 기독교연합회 2명(손병선, 강계선), 시민단체 2명(채성석, 강우식), 의료원 인사 2명(상태웅, 류용희), 공무원 2명(장재식, 노병일)의 8명으로 구성되었다. 그리고 구체적인 활동을 위한 민관합동소위원회도 구성되었다.

1998년 8월 13일에는 도의회 행정자치위원회가 의료원을 방문하였다. 조현식 위원장 외 8인이 방문하여 경영악화와 위탁과 관련하여 원장과 노조위원장과 질의응답 시간을 가졌다.

8월 14일에 이틀 전 이사회에서 의결되었던 군산의료원 위탁운영 공청회가 개최되었다. 의료원 회의실에서 개최된 공청회에 시민단체 및 시민이 100여 명 참석하였다. 사회자는 성광문 군산시 불교신도협회장 겸 민관합동위원장이었고, 주발제자는 지방자치경영협회 전문위원 정응하였으며, 토론자는 군산의료원 상태웅, 예산담당관 장재식, 기독교연합회 손병선, 시민연대 이민우, 노조 류용희 등이었다. 객석에서도 20여 명이 활발히 토론에 참여하여 조속한 위탁을 희망하는 의견과 위탁을 지지하는 여론 조사 결과를 제시하였다. 1998년 8월 18일 오후 3시에 개최된 임시이사회에서는 군산의료원의 위탁운영이 의결되었다. 이사 9명이 전원 참석하여 전원이 찬성하였다.

8월 19일에는 민관합동소위원회가 양 대학병원을 방문하여 의견 회시 내용 및 수탁기관 결정 관련 사항을 질의 확인하였다. 전북대 병원은 기존의 입장에서 정부 측의 의견을 더 수용하는 입장으로 선회하였다. 양 병원 간 임직원의 교류는 가능하나 채용은 안 된다는 기존의 의견에서 결원 발생 시 우선적으로 전북대에 채용한다는 의견으로 바꾸었고, 신축 이전에 따른 책임과 의무도 기존에는 과중하다고 거부하였으나 그 책임을 다하겠다는 입장으로 바뀌었다. 또한 체불임금 및 유동부채 해결을 위해 전북대의 자금을 활용할 수 없다는 의견도 변경하여, 군산의료원의 1997년 체불임금 3

억 원은 성금 등으로 해결하고, 1998년 체불임금은 도와 긴밀한 협조를 통해 해결하고, 유동부채는 정부의 승인을 받아 병원 자금으로 해결하겠다는 의사를 표시했다. 한편 원광대학교는 다시 한 번 유동부채와 체불임금 해결을 위해 재단의 자금을 활용할 것임을 강조하고 6개월 무이자 지원 후 저리 지원을 하겠다는 의사를 표시하였다.

1998년 8월 20일로 민관합동위원회는 짧은 기간 동안의 활동을 종결하고 군산의료원 이사회에 제출할 자료를 결정하였다. 제출 자료는 양 대학 14개 항목 의견 회시 내용, 민관합동위원회 주관 공청회 결과로 제시된 각종 의견 내용, 전북리서치에서 실시한 여론조사 결과, 양 대학병원 방문 시 질의답변 내용, 양 대학병원 1997년 결산 재무제표 내용 등이었다.

8월 26일 군산의료원에서는 임시이사회가 개최되어 원광대학교 병원이 수탁병원으로 선정되었다. 단 수탁기간은 원광대가 당초 제시하였던 5년보다 짧은 3년간으로 하기로 하였다. 이사 9명이 전원 참석하여 2명은 기권하고 7명이 투표하였으며, 투표 결과는 원광대가 6표, 전북대가 1표 나왔다. 이어 9월 5일에는 도지사가 군산의료원의 위탁운영을 승인하였다.

원광대학교 병원은 수탁이 결정된 이후 9월 7일부터 19일까지 2주 동안 군산의료원의 업무 전반에 걸쳐 실사를 실시하였다. 전라북도는 9월 27일에 원광대학교 병원에 교섭권을 위임하였고, 임금 및 단체협약 체결 후 위탁하기로 결정되었다. 1998년 9월 28일에는 의료원 실사 점검에 따른 결과 대책 회의가 열렸고, 참석자는 도 관계자 5명, 원광대학교 병원 측 인사 5명, 의료원 측 인사 4명과 노조위원장이었다.

교섭권을 위임받은 원광대학교 병원은 11월 2일에야 임금 및 단체 협상에 대한 노사간의 잠정합의에 이르렀다. 잠정합의안이 나오자 11월 4일에 노조 비상임시총회가 소집되어 합의안에 대한 찬반투표를 다음날인 11월 5일에 실시하기로 결정하였다.

1998년 11월 5일 오전 11시에 위수탁계약이 원광학원 이사장실에서 체결되었다. 도지사와 원광학원 이사장간 군산의료원을 위수탁하는 계약을 체결하였고, 참석자는 도 예산담당관, 김영천 원광학원 이사장, 나용호 원광대학교 병원장, 상태웅 군산의료원장 직무대리였다. 그러나 본래 이날 실시되기로 결정된 노사 잠정합의안 찬반투표는 보건의료산업 노동조합의 관여로 무산되었다. 노조총회에서는 그 다음날인 11월 6일에 재교섭을 의결하였고 이 때문에 조인식은 연기되고 원장으로 내정된 김종문 원장도 곧바로 취임할 수 없었다. 그동안 노사협상을 주도했던 나용호 원광대학교 병원장은 합의 하의 조인을 조건으로 개원을 하기로 한 것인데 조건이 달성되지 않아 노사합의가 이루어질 때까지 기다리라고 지시하였다. 그러나 마냥 미룰 수는 없어 1998년 11월 9일 일단 군산의료원은 위탁운영체제로 재개원하였다. 그리고 12일 오전 10시 김종문 원장[118]이 취임하였다.

1998년 11월 19일 노조 비상임시총회가 개최되어 위탁 관련 임금 및 단체 협약에 대한 잠정합의안 결정을 위해 11월 20일 투표 실시를 의결하였다. 투표 방식은 잠정합의안과 보건의료산업 노동조합 수정안 중 하나를 선택하는 투표로 진행하기로 하였다. 익일인 20일 실시된 투표 결과, 원래의 잠정합의안은 64표, 수정안은 56표, 무효는 한 표여서 임단협 내용은 잠정합의안으로 결정되었다.

4. 분석 및 논의

1) 계약체결과정상의 특징

우선 지방공사의료원의 위탁과정상의 특징을 살펴보면 군산의료원의 위탁과정이 가장 공개적이고 분권적이었음을 알 수 있다. 위탁된 세 의료원

---

118) 전북 군산 출신으로 전남대학교 의과대학을 졸업하고 원광대학교 병원 8대 병원장을 지냈다. 원장 선임 당시에는 52세로 원광대학교 병원 신경외과 과장이었다.

중 유일하게 수탁기관 선정 당시 경쟁이 있었으며, 의료서비스의 수요자인 주민의 참여도 가장 활발하였다. 군산의료원 직원들은 위탁 여부 결정과 수탁기관 선정 당시 모두 투표를 통해 의사를 결집하였고 일단 위탁으로 결정이 나자 의료원의 위탁을 반대하는 지역의 시민단체와 종교단체를 직접 설득하는 등의 적극성을 보였다.

그러나 그러함에도 불구하고 군산의료원 위탁의 논의는 주민이나 의료원 측에서 처음 제기된 것은 아니었고 정부 측에서 처음 제기되었던 것이다. 또한 의료원 직원들이 다른 위탁의료원들과 달리 위탁을 적극적으로 찬성하고 이를 주장하고 서명운동까지 벌인 것은 도지사의 군산의료원 폐업 발표 때문이었다. 도지사는 기자회견에서 군산의료원의 폐업 방침을 발표하면서 민간위탁을 할 경우에는 이 방침을 철회한다고 하여 군산의료원 측에서는 폐업보다는 위탁을 선택하였던 것이다.

군산의료원의 위탁과정에서 전라북도는 의도적으로 수탁기관의 경쟁 체제를 만들기 위해 전북대학교와 원광대학교의 두 곳을 후보로 선정하고 교섭하기 시작하였다. 경쟁을 통해 수탁기관을 선정한 전라북도는 마산의료원이나 이천의료원의 위탁 경우보다 훨씬 유리한 조건의 위수탁계약을 체결할 수 있었다. 처음에는 분위기가 전북대에 더 우호적이었으나 뚜껑을 열어보니 원광대학교 측이 위탁에 더 적극적임이 밝혀졌고, 체불임금의 해결, 원대 재단의 자금 활용 등 전라북도가 요구하는 사항들을 거의 다 수용하고자 하고 있었다.

개방적이고 공개된 분위기에서 다수의 참여로 군산의료원이 민간위탁 되었다면 이천의료원의 위탁과정은 그 반대의 경우라고 할 수 있다. 이천의료원은 위탁과정에서 경쟁이 없었으며 고려대학교와의 협상과 조율을 통해 위탁계약을 성사하게 되었다. 위탁과정이 특별히 지역 매스컴에 조명된 적도 없었고 별다른 큰 이슈를 제기하지도 않았으며 따라서 공청회 등의 주민의 위탁과정에의 참여도 거의 없었다.

이천의료원 직원의 의사도 위탁에 거의 반영되지 않았고 위탁과정은 지방자치단체와 고려대학교 양자 간에 비교적 조용히 체결되었다. 특히 수탁기관인 고대 의료원은 자발적으로 수탁에 임하지 않았고 수탁은 고려중앙학원 이사장과 도지사의 합의로 이루어지게 되었다.

원래 이천의료원의 민간위탁은 1996년에 아주대학교 경영연구소에서 제안하였던 것이다. 1996년 보고서에 이천의료원의 위탁을 권고한 것은 바로 아주대학교 병원에 위탁하기를 희망해서였다는 소문도 있다. 이후 아주대학교는 수원의료원의 민간위탁을 추진하고 그 수탁기관이 되고자 노력하였으나 주민의 반대 등으로 끝내 민간위탁이 무산되었다. 당시 아주대학교 병원이 경기도의 6개 지방공사의료원을 모두 대학병원의 분원으로 삼으려 한다는 의구심을 제기하는 사람들도 있었다. 그러나 정작 경기도 측에서는 고려대에 위탁하기를 희망하여 거의 2년 동안 협상하여 끝내 1998년 3월에 고대와 위수탁계약을 맺게 되었다.

마산의료원의 위탁과정은 군산의료원과 이천의료원의 위탁과정의 특징을 섞어놓은 모습을 보인다. 우선은 경쟁이 없었다는 점, 그리고 경상남도의 유일한 공공의료기관으로 일치감치 수탁기관 후보로 결정되고 협상에 임한 점이 이천의료원 위탁과정과 유사하다. 그러나 파업과 그로 인한 환자의 사망 등으로 언론의 주목을 받고 주민들을 대상으로 공청회를 실시하는 등의 모습은 군산의료원 위탁과정과 더 비슷하다.

<표 5-4> 계약체결과정의 특징 비교

	마산의료원	이천의료원	군산의료원
주민 의사의 반영 정도: 수요자 중심 vs. 공급자 중심	중간	주민(수요자) 참여 정도 없음. 정부(공급자) 중심	강
위탁대상기관인 의료원의 계약체결과정에의 참여 정도: 집권화 vs. 분권화	중간	집권화	분권화(참여자 다양)
절차의 엄격성	비교적	개인 간 계약 (조례 등 절차)	비교적
경쟁의 유무	없음	없음	있음

2) 공공의료기관 위탁경영에서의 대리인의 유형

주인이 사적 정보를 가진 대리인에게 업무를 위임할 경우에 역선택의 문제가 발생한다. 대리인만이 자신에 대한 정보를 제대로 가지고 있고 자신이 좋은 대리인인지 나쁜 대리인이지 자신의 유형을 알지만, 주인은 그러한 사적 정보에 대한 정확한 내용을 알기 어렵다. 해당 거래의 성격에 따라 대리인의 유형을 결정하는 정보는 다르며, 연역적 모델에서는 흔히 한 가지나 소수의 정보만을 가지고 유형을 설정하나 현실에서는 다양한 정보가 대리인의 유형을 결정하고 있다.

사례의 경우에는 모든 지방자치단체에서 수탁병원의 자격을 대학병원이나 종합병원급으로 조례를 통해 제한하고 있다. 게다가 경상남도의 경우에는 조례에서 종합병원급의 공공의료기관으로 수탁기관의 자격을 더욱 제한하고 있다. 이러한 자격 제한은 기본적으로 수탁기관의 전문성과 생산성에 대한 보장을 받기 위한 것으로 보인다.

그런데 분석 사례의 경우, 지방공사의료원의 위탁경영을 수탁받은 대학병원은 지방공사의료원만을 경영하는 것이 아니라 자신의 원 대학병원을 운영하는 가운데 동시에 지방의 위탁된 공공의료기관을 경영하여야 한다는 상황에 직면한다. 따라서 지방자치단체로부터 의료원 경영을 수탁받은 대학병원으로서는 원래 운영하던 대학병원의 인력 기타 자원의 일부를 지방공사의료원의 경영에 투입하여야 하는 것이고, 결국 이 사례에서는 대리인의 유형은 수탁받은 병원이 의료원 경영에 참여할 경우의 기회비용에 의해서 결정된다고 본다.

〈표 5-5〉 의료기관의 위탁경영과 대리인의 유형

의료기관의 위탁경영	good type: 위탁경영의 기회비용이 낮은 병원
	bad type: 위탁경영의 기회비용이 높은 병원

이러한 대학병원의 지방공사의료원 수탁 경영의 기회비용은 원 병원에서의 의료서비스 생산비용, 원 병원에서의 수익, 지방의료원 위탁경영 시의 비용, 지방의료원 위탁경영 시의 보상 등의 다양한 정보에 의해 결정된다. 이러한 기회비용 관련 정보를 수탁받은 대리인이 위탁한 주인보다 더 많이 보유할 경우 역선택이 일어날 수 있다.

지방공사의료원의 경영만을 전담할 대리인을 구하는 것이라면 평판이나 대리인의 생산비용에 대한 정보를 획득하여 대리인을 선정하는 것이 바람직할 수 있다. 그러나 의료원의 위탁경영 사례에서처럼 자신의 병원을 따로 운영하는 대리인에게 위탁하는 경우에는 평판 등이 대리인의 유형 판별의 좋은 단서가 되기 어렵다. 오히려 원 대학병원을 잘 운영하고 있다는 평판이나 원 대학병원 운영 시의 저렴한 생산비용과 높은 수익성은, 대학병원 운영자원의 일부를 수탁받은 지방공사의료원 경영에 투입할 경우에 위탁의 기회비용이 훨씬 높게 나타나는 결과를 가져올 수도 있다.

이러한 상황은 특히 군산의료원과 이천의료원의 수탁병원 선정과정에서 드러난다. 군산의료원의 위탁과정에서 처음에는 의료원 관계자, 관련 공무원, 해당 시민들이 모두 원불교 재단이 운영하는 원광대학병원보다는 지명도가 훨씬 좋은 전북대학병원에 위탁되기를 선호하였다. 그런데 전북대를 고집하는 과정에서 위탁 계획이 무산되고 연기되기도 하였다. 전북대 측은 최초에 위탁 제의를 받았을 때에도 그 후에 다시 민간위탁 논의가 재개되었을 때에도 위탁경영에 그다지 열성적인 모습을 보이지는 않았다. 이는 전북대의 위탁경영의 기회비용이 상당히 높았기 때문이라고 해석될 수 있다.

반면 군산지역에 병원 분원을 지으려던 계획을 가졌던 원광대학교 병원과 원광재단은 훨씬 저렴한 비용으로 병원을 가질 가능성을 엿보았다. 원광대학교는 수탁기관으로 선정되기 위하여 지방자치단체가 요구하는 바를 모두 수용하였다. 그리고 대리인으로 선정된 후 지속적으로 계약조항에 민영화 시 원광대학병원에 우선권을 준다는 조항을 추가할 것을 요구하였다.

한편 고려대학교 병원의 위탁경영의 기회비용이 매우 높았던 이유는 여러 가지이다. 일단 마산의료원이나 군산의료원과는 달리 고대는 위탁 병원과의 거리가 너무 멀었고, 그 때문에 고대 의사가 1주일에 반나절이라도 파견근무를 할 경우에 하루를 다 허비하여야 하는 등의 비용이 너무 높았다. 그리고 이천에서의 진료가 주는 보상과 고대 병원이 주는 이익을 비교하더라도 원 병원에서의 수익이 훨씬 높았다.

그 결과로 실제로 고대 병원에서 이천의료원에 파견한 의료진은 처음 10개월 동안 레지던트 2명을 파견한 것 외에는 단지 2명의 인턴만을 위탁기간 5년 내내 파견하였고, 고대 병원 교수들의 순회진료나 파견근무 등은 일체 없었다. 이는 군산의료원이나 마산의료원의 경우에 수탁대학병원이 교수급 의사들을 파견근무나 순회진료하도록 하고 각종 클리닉을 개설한 것과는 상당히 대비된다. 이러한 고대의 이천의료원에 대한 인력 지원은 기회비용을 감안하였을 때 명확히 설명된다. 고대 입장에서는 이천의료원에서 근무하는 기회비용이 낮은 인력만을 파견하였던 것이다. 원장 파견에서도 이러한 측면이 엿보이는데 원광대학병원은 원광대학교 병원장 경험이

있는 50대 초반의 의사를 군산의료원 원장으로 임명한 데 비해 고대 병원
은 병원 경영 경험이 없고 정년퇴임이 얼마 남지 않은 의사를 이천의료원
원장으로 임명하였다.

3) 수탁기관 선정과 대리인 유형에 관한 정보의 획득

대리인과 주인 간에 의료원 위탁경영의 기회비용에 대한 정보비대칭이
있을 경우 주인은 자신에게 좋은 유형의 대리인을 선정하기 위해서 여러
가지 메카니즘을 활용할 수 있다. 정보를 보유하지 않은 주인이 대리인이
신호를 보내기에 앞서 대리인에 대한 정보를 획득하기 위해 행동하는 경우
를 스크리닝(screening)이라고 하고, 정보를 보유한 대리인이 먼저 자신의
정보를 주인에게 드러내는 것을 시그널링(signaling, 신호 보내기)이라고
한다.119) 그 외에 평판을 활용하는 등의 방법이 흔히 논의된다.

본 사례의 경우에는 정부가 과연 필요한 정보를 획득하기 위해 어떠한
행위를 하였는가를 보고자 한다. 스크리닝은 주인이 여러 가지의 다양한
계약 조건들(menu of contracts)을 제시하여 각 유형의 대리인이 자신의
유형에 맞는 계약조건을 선택(self-selection)하도록 하여 대리인의 정보를
획득하는 방법이다. 본 사례에서는 군산의료원의 위탁과정에서 전라북도가
수탁 후보자들에게 14가지의 구체적인 계약내용에 대한 질의를 한 것이 일
종의 계약 메뉴를 제시한 것과 비슷하다. 전라북도는 경쟁을 위탁과정에
설계하고 대리인만이 보유하는 위탁경영의 기회비용을 회시내용을 통해 파
악하였던 것으로 해석할 수 있다.

반면 이천의료원의 협상과정에서 고려대 병원 측은 결손금 조항 등을 자
신들에게 유리하도록 수정할 것을 요구하고 자신들의 의무를 최소화하는
등 계약과정에서 매우 소극적인 모습을 보여주었다. 2년 가까이 진행된 협

---

119) 스크리닝과 시그널링의 차이는 대리인과 주인 중 누가 먼저 움직이는가에 있다.

상과정에서 계약은 계속 모호하게 수정되어 갔다.[120]

중요한 것은 이러한 위탁과정 속에서 정부는 끊임없이 대리인의 유형을 파악하기 위해 그에 대한 정보를 획득하기 위해 노력하여야 한다는 것이다. 수탁기관 선정과정의 공개와 공청회 등을 통한 주민의 참여도 수탁기관의 유형에 대한 정보를 획득하는 데 도움을 주는 방법이다. 그리고 계약과정에서의 협상되는 내용, 변경되는 내용을 대리인의 유형을 드러내는 정보로 이해하여야 한다. 최악의 경우에는 대리인은 끊임없이 자신의 유형에 대한 신호를 보내는데도 주인이 이를 읽지 않고 막연한 믿음으로 계속 일을 추진하는 것이다. 이러한 면에서 전라북도의 군산의료원 선정과정에서의 계약관리능력이 가장 뛰어났고 경기도의 경우가 가장 저조하였다고 판단된다.

〈표 5-6〉 정부의 대리인 유형에 대한 정보 획득 노력

마산의료원	−전문성과 공공의료기관이란 특징으로 수탁자 선정. −수탁자 선정 후 반년 가까이 계약내용 협상.
이천의료원	−원 병원 운영에 대한 평판과 전문성으로 수탁자 선정. −관심을 가진 아주대는 처음부터 배제. −96년 8월경부터 시작되어 거의 2년 가까이 걸려 계약 성사. −협상과정에서 계약내용은 원 협의한보다 계속 모호하게 수정.
군산의료원	−시민, 군산의료원 등은 애초에 전북대를 원. −그러나 정부는 경쟁체제를 의도적으로 만들어 계약조건들을 제시하여 전북대와 원광대로 하여금 계약조건을 선택하도록 함. −계약의 메뉴를 제시하여 대리인이 자신의 유형을 드러내도록 하는 스크리닝과 유사. −원광대가 수탁자로 선정된 이후 3개월 만에 계약체결 완료. −경쟁체제를 통해서 대리인 유형에 대한 정보 획득.

---

120) 이는 계약 참여 조건(participation constraint)의 제약 때문이라고도 보인다. 즉 대리인은 계약을 체결하는 것이 체결하지 않은 것에 비해 효용이 커야 계약관계에 참여하게 된다.

한편 기존의 민간위탁에 관한 연구들은 경쟁이 위탁성과에 긍정적인 영향을 미치기도 하지만 부정적인 영향을 미치기도 한다는 상반된 결과들을 보여준다. 이를 근거로 경쟁이 위탁에 좋다 혹은 나쁘다는 등의 논란이 있었고, 경성서비스의 경우에는 경쟁은 좋지만 연성서비스의 경우에는 나쁘다는 주장들도 제기되었다.[121]

그런데 주인 대리인 이론으로 다시 한 번 위탁 이론을 살펴볼 경우 경쟁이 왜 어떤 경우에는 바람직한 위탁성과를 가져오지만 그 반대로 나쁜 결과도 가져오는 지에 대한 새로운 설명가능성을 찾을 수 있다. 경쟁이 담합이나 정보의 왜곡으로 연결될 경우에는 경쟁을 하더라도 나쁜 유형의 대리인을 선정하는 역선택이 있을 수 있고 이 때문에 위탁의 성과는 저해될 수 있다. 반면 경쟁이 대리인이 가진 사적인 정보를 노출하도록 설계된다면 역선택을 방지하여 위탁성과의 제고를 가져올 수 있는 것이다. 군산의료원의 경쟁 상황은 대리인으로 하여금 자신이 보유한 기회비용에 대한 사적 정보를 제공하도록 하였던 것으로 볼 수 있다.

제3절 계약내용 및 감독시스템 분석

계약이 체결되기까지의 과정에서 나타나는 대리인 문제가 역선택이라면, 계약체결 이후에 발생하는 대리인 문제는 대리인의 도덕적 해이이다. 이는 주인이 대리인이 실제로 하는 행위나 노력에 대한 정보를 획득하지 못한다는 점에 기인하는 문제이다. 이러한 도덕적 해이를 발생시키는 정보비대칭을 해결하기 위한 기제로는 첫째, 계약내용에 인센티브 등을 설계하여 자기 이익을 추구하는 대리인의 목표가 주인의 목표와 조화될 수 있도록 하는 방법과 둘째, 대리인의 계약이행에 대한 정보를 획득하기 위해 감시·

---

121) 본 연구 p.44 참조.

감독하는 방법의 두 가지가 있다. 본 연구에서도 정부가 수탁기관인 대리인의 도덕적 해이를 줄이기 위한 노력을 어느 정도 보여주었는지를 계약서의 구체적인 내용과 사후적인 평가와 감독 시스템을 통해서 살펴보았다.

계약내용의 주요 자료원은 각 지방자치단체 조례와 각 위탁의료원의 위수탁계약서이다. 지방공사의료원의 설립은 조례에 의거하고 있어 형태의 변경이나 위탁의 경우에는 조례의 개정을 필요로 한다. 위탁계약의 구체적인 형태에 따라 각 지방자치단체는 계약의 내용을 수용할 수 있도록 조례를 개정하고 계약서를 작성하였다. 계약서를 미리 입수한 후 이를 분석하여 병원관계자와의 면접에서 그 내용을 다시 확인할 수 있었다.

한편 계약내용과 아울러 정부의 사후적 계약관리능력으로 정부의 감독과 모니터링 수준을 파악하였다. 평가의 정도와 수준이 계약의 성과에 영향을 미친다고 볼 수 있다. 그런데 평가 및 감독 시스템의 경우 중앙정부에서 실시하여 세 의료원 모두에게 공통적으로 적용되는 행정자치부의 경영평가나 감사원의 감사 등은 고찰하지 않았다. 행정자치부의 경영평가는 위탁 전후로, 또 각 지방별로 평가상의 큰 차이를 보이지 않는 변수이기 때문이다. 대신 각 지방정부의 지도·감독의 체계와 해당 도의회의 감사 수준은 세 의료원의 경우 차이를 보일 수 있어 변수로 선정하였다. 이에 대한 자료는 정부 내부자료와 도의회 회의록 등을 통해 수집하였다.

1. 마산의료원의 계약내용과 감독시스템

1) 계약내용

경상대학교 병원과 경상남도는 1996년 11월 19일에 경남도청 도지사실에서 마산의료원 위탁운영계약을 정식으로 체결하였다. 계약당사자는 위탁인을 지방공사 경상남도 마산의료원장(직무대행 윤상휴)으로 하였고 수탁인을 경상대학교 병원장(정순일)으로 하였다. 의료원의 공식명칭을 '지방공사 경상남도 마산의료원'으로 하였으며, 마산의료원의 수탁운영을 표기할 수 있다(제3조 제2항)고 정하였다. 병원장에 최상경 경상대학교 병원 의대교수(일반외과)를 내정했다.

양측은 위수탁계약에서 마산의료원은 지방공사체제로 유지하고 경영의 자율성을 보장(제6조)하여 병원장이 경영·인사권을 갖고 책임운영을 하되, 최근 3년간 평균적자액인 연간 5억 원 이내에서 도가 경상비부족분을 지원키로 했다. 채권 채무는 정산하여 경상대학교 병원이 포괄승계 하되 채무에 대하여는 마산의료원이 상환(제5조 제1항)하도록 하였으며, 마산의료원의 근무 직원은 경상대학교 병원이 전원 승계인수(제9조 제3항)토록 하였다. 위탁기간은 1996년 11월 19일부터 1999년 11월 18일까지 3년으로 하되 연장가능토록 했다(제4조 제1항). 또한 계약 해지 통지가 없을 때에는 3년간 재계약된 것으로 본다(제4조 제2항)고 규정하여 재계약 시 우선권을 인정하였다.[122]

계약내용 중 공익성을 고려한 부분은 운영 목표로 첫째, 의료보호환자 등 지역 주민에 대한 진료 사업, 둘째 재난 시 응급구호 및 지역사회 공중보건활동을 들고 있다(제1조 운영 목표 1호와 2호). 또한 계약의 해지 사유 중 공익상 위탁운영을 계속할 수 없는 사유가 발생할 경우도 포함되어 있었다(제15조 제1항 계약 해지 사유 3호).

---

122) 관련 조례 제30조 제4항에서도 위탁기간을 3년 이내로 하며 필요할 시 연장할 수 있다고 규정하고 있다. 하지만 조례에는 재계약 시 우선권을 보장한다는 내용은 없다.

<표 5-7> 마산의료원의 계약내용

구 분	마산의료원의 계약내용
계약체결일	1996년 11월 19일
계약당사자	위탁인 지방공사 경상남도 마산의료원장(직무 대행 윤상휴)과 수탁인 경상대학교 병원장(정순일)
의료원 명칭	지방공사 경상남도 마산의료원/ 군산의료원의 수탁운영을 표기할 수 있다.
계약기간	1996년 11월 19일부터 1999년 11월 18일까지 3년간/연장가능
재계약	해지 통지가 없을 때에는 3년간 재계약된 것으로 본다.
채권 채무	경상대학교 병원이 포괄승계 하되 채무에 대하여는 마산의료원이 상환
경영의 자율성	보장
진료과목 명시 여부	개원 시 내과, 일반외과, 정형외과, 신경외과, 성형외과, 마취과를 개설
원장 및 의사직에 대한 규정	의료원장과 진료부장은 경상대학교 병원 교수로 하고, 의사직은 경상대학교 병원 교수 또는 전문의로 배치한다.
직원 승계	전원 승계
수탁재산의 사용과 처분	무상으로 사용하되, 일체의 처분행위와 재산의 원상을 변경하는 것은 금지
의료원의 운영비 또는 수익금으로 획득한 재산	마산의료원에 귀속
결손금	불가피하게 발생한 결손금은 마산의료원이 도지사로부터 출연받아 보전
손해배상	계약 위반이나 법령 위반으로 상대방에게 손해를 끼쳤을 때

자료: 마산의료원 위수탁계약서.

경상대학교 병원은 수탁재산인 마산의료원을 무상으로 사용하되, 일체의 처분행위와 재산의 원상을 변경하는 것은 금지되었다(제10조 제1항). 또한 경상대학교 병원이 의료원의 운영비 또는 수익금으로 획득한 재산은 마산의료원에 귀속(제11조)하고, 의료원 위탁기간 중 의료원 운영에서 불가피하게 발생한 결손금은 마산의료원이 도지사로부터 출연 받아 보전(제14조)하는 것으로 정해졌다. 한편 마산의료원이나 경상대학교 병원은 계약 위반이나 관계 법령 위반으로 상대방에게 손해를 끼쳤을 때에는 손해를 배상하여야 한다(제18조)는 손해배상규정도 계약내용에 포함되었다.

그런데 마산의료원 위수탁계약서의 커다란 특징은, 그 후에 위탁된 이천의료원이나 군산의료원과는 달리, 계약서에 진료과목과 수탁병원이 지원하는 의사직의 신분 등에 대한 규정을 담고 있다는 것이다. 총괄적인 위탁과 전체적인 경영 내용 외에 구체적인 의료행위에 대한 내용을 유일하게 담고 있다. 진료과목에 대해서는 개원 시 내과, 일반외과, 정형외과, 신경외과, 성형외과, 마취과를 개설하고 그 외의 진료과목을 증감할 경우에는 마산의료원장, 경상대학교 병원장과 도지사가 협의하여 결정한다(제8조)고 규정하였다. 또 의료원장과 진료부장은 경상대학병원 교수로 하고(제9조 제1항), 진료과장 등 의사직은 경상대학병원 교수 또는 전문의로 배치한다(제9조 제2항)고 규정하고 있다.

2) 감독과 모니터링

마산의료원에 대한 정부의 감독 체계는 중앙정부와 지방자치단체의 중첩적인 감독 장치이다. 도지사의 감독, 도의회의 감독, 중앙정부의 감독 등이 이루어지고 있다. 도의 출연법인으로 경상남도에서 의료원을 지도·감독하며, 행정사무감사 규정[123)에 의하여 도의회의 감사도 받는다.

경상남도에서는 1993년까지는 보건환경국의 보건위생과에서 마산의료원에 대한 지도·감독 업무를 다루었다. 그러나 의료원의 경영상의 어려움으로 1993년 7월부터는 기획관리실 예산담당관실 공기업계가 의료원의 지도·감독을 맡게 되었다. 이 때문에 마산의료원에 대한 지방정부의 감독은 경영상의 문제는 기획관리실 예산담당관실 소관이나 의료정책상의 문제는 보건환경국 보건위생과(후에 보건복지여성국 보건위생과) 소관으로 분리되었다.

---

123) 지방자치법 제36조와 경상남도의회 행정사무감사 및 조사에 관한 조례 제9조 제2항 규정.

경상남도의 기획관리실 예산담당관실은 예산담당, 투자심사담당과 공기업담당의 3개 부서로 이루어졌다. 의료원은 이 중 공기업계에서 담당하였다. 공기업계는 사무관 1인과 직원 3인으로 구성되었으며, 공기업 경영의 종합 기획·조정, 지방공기업 육성지도, 민·관 공동출자사업 지도, 지역개발기금 특별회계 운영, 지방공사 설립 지도·감독, 지방공사 회계제도 운영지도, 지방공기업 예산편성·결산지도, 경영수익사업 지도·육성 총괄 등의 업무를 담당하였다. 도에서는 마산의료원장과 관리부장에 대한 임명동의권도 가지고 있었다. 마산의료원이 관제계를 만들 때에도 도와 상의하였다.

직원 3인이 각각 경상남도개발공사, 지방공사의료원, 상하수도와 공영개발사업 등의 지방공기업을 분담하여 담당하였다. 공기업계에서 의료원을 대상으로 각종 징계조치나 시정조치를 하달하고 있으나 그러한 시정조치를 하달하고 난 이후 실제로 그 조치들이 시행되었는지 여부를 확인·점검하는 등의 관리는 철저히 이루어지지 않는 경향이 있었다.124)

도(집행부) 감사관실에서는 출연기관을 정기적으로 감사하였다. 도 직속기관을 비롯한 공기업, 도에서 출자한 공기업을 대상으로 2년을 주기로 감사계획을 수립하였다. 감사주기는 지사의 방침을 시달 받아서 감사관실에서 결정하였는데, 정기감사의 주기는 종전에는 2년 주기였으나 위탁이 이루어지기 직전인 1995년 쯤에는 거의 3년 주기로 늘어났다.125) 그 후 감사주기가 1999년까지는 대략 3년 정도였으나, 징계 사유가 2년이 되면 소멸

---

124) 1994년에는 수의 계약 부당 및 예정 가격 미작성, 의약품 구입단가 입찰에 따른 입찰공고 부적정 등에 대해 징계조치만 내려졌고 그 이후 지방자치단체의 관리가 이루어지지 않아 실제로 그 조치들이 시행되었는지 여부를 확인하지 않았었다. 또 다른 예로 1995년 5월 23일자로 예산담당관실에서 생수업자를 철거하고 기숙사 샤워실을 보수하라는 등의 공문을 의료원 측에 시달하였으나 몇 개월이 지나도 이행되지 않고 있음이 발견되었다. 또한 징계조치가 의료원 도착 후 서류가 바로 캐비닛으로 들어가 아무런 조치도 취해지지 않았던 사항들도 감사에서 지적되었다.

125) 피감사기관의 부담을 덜어주기 위해서 주기가 늘어났던 것이다(경상남도의회 회의록, 기획위원회 행정사무감사, 1995. 11. 27).

한다는 지적에 따라 2년 주기로 단축되었다. 반면 마산의료원에 대한 경상남도의회의 감사는 매년 상당히 심도 있게 이루어졌다. 군산의료원이나 이천의료원에 비해 행정사무감사의 회수로나 시간과 양으로 보나 마산의료원의 경우가 가장 많이 이루어지고 있었다.

2. 이천의료원의 계약내용과 감독시스템

1) 계약내용

계약당사자는 경기도지사(직무대리 행정부지사 임수복)·지방공사 경기도 이천의료원장(직무대리 이경우)을 위탁인으로 하고 학교법인 고려중앙학원 이사장(채문식)·고려대학교 의료원장(이기찬)을 수탁인으로 하였다. 병원 명칭은 '고려대학교 병원 운영 이천의료원'으로 하였고(제2조), 위탁기간은 1998년 4월 1일부터 2003년 3월 31일까지 5년으로 하였으며, 필요시 상호 협의하여 연장 가능토록 하였다(제4조).

이천의료원 위수탁계약서에서도 마산의료원의 계약서와 마찬가지로 경영의 자율성 보장과 협력을 규정하였다(제5조). 또 수탁인은 갑이 위탁한 재산을 무상으로 사용(제6조)하나 수탁인의 처분행위는 금지된다(제7조)고 규정하였다. 고려대 측이 병원의 운영비 또는 수익금으로 취득한 재산은 당연히 경기도 측에 귀속되며(제8조), 병원 운영에서 발생한 잉여금에 대해서는 병원에 대한 투자 및 운영 이외의 목적에 사용할 수 없고 다만, 병원 발전을 위한 투자와 교육, 임상연구에 대해 경기도 측과 협의하여 시행하도록 하였다.

고려대 측은 병원의 운영을 위하여 재산을 취득·확장 또는 처분·폐기하고자 할 때에는 미리 경기도 측의 승인을 얻도록 하고 있으며, 단 1,000만 원 미만의 재산 중 내용연수가 경과되고 원 기능을 상실한 재산은 제외하였다(제9조). 고려대 측은 수탁받은 재산을 훼손한 경우에는 이를 변상하도록 정해졌으나(제10조), 경기도 측과 고려대 측은 계약해지의 경우에는 상대방에게 손해배상을 청구할 수 없다(제20조 제2항)고 규정하여 손해배상의무를 규정한 마산의료원 계약서와 차이를 보인다.

이천의료원 위수탁계약서에는 또한 보조금에 대한 규정이 별도로 있었다. 경기도가 이천의료원 운영에 필요한 경상비로 매년 5억 원을 3년간 지원한다는 것이 원 계약의 내용이었다. 그러나 의약분업의 실시 등으로 경영이 계속 어려워지자 고려대학교 병원은 이전의 3년에 준하는 계속적인 지원을 요청하였고, 정부는 몇 개월의 논란 끝에 이천의료원에 대한 추가적인 지원을 위하여 보조금의 지원에 관한 계약 제14조를 2002년도 6월에 드디어 갱신하였다.

한편 병원 운영을 위하여 병원운영위원회란 기구를 별도로 설치하기로 계약에서 정하였다(제15조). 이는 병원 운영에 관한 주요 사항을 협의하기 위한 기구로 위원장을 포함한 7인으로 구성하되, 그 위원장은 고려대가 임명하고, 경기도와 고려대가 위원을 각 3명씩 임명하는 것을 내용으로 하였다.

계약서는 경기도가 이천의료원을 민영화할 경우에는 고려대에 우선권을 부여한다는 규정(제23조 제2항)도 포함하고 있다. 마산의료원 위수탁계약서에는 재계약 시의 우선권만 인정하고 민영화 시의 우선권에 관한 내용은 담지 않고 있었으나, 이천의료원은 이를 구체적으로 언급하고 있었다.

한편 위수탁계약 선행조건에 대해서는 위수탁계약과는 별도로 협약을 하기로 하여(제26조) 협약서가 따로 체결되었다. 협약서는 총 9개 사항에 관한 것이었는데 중요한 내용은 다음과 같다. 우선 경기도는 병원시설의 개보수 및 의료장비 교체에 따른 소요경비 24억 2,430만 9천 원을 개원에 지장이 없도록 조속히 지급하여야 하고, 인계인수일 현재 확인되는 채무와 추가로 확인되는 채무의 전액 상환을 책임지기로 하였다. 또 개원 전까지 미체결된 1997년 병원노조와의 단체협약을 종결하고, 고려대가 요구하는 임원 및 과장, 실장의 보직자에 대하여 보직을 해임하기로 하였다. 고려대가 파견하는 직원에 대한 인건비 및 제반 경비에 대해서는 고려대의 제 규정을 적용하고, 고려대가 위수탁 운영에 필요한 제 규정의 개정을 요구할 경우에는 경기도는 지체 없이 이에 협조하기로 하였다. 그리고 개원 준비를 위하여 경기도와 고대의료원이 공동으로 실무팀[126]을 구성하여 개원 전까지 운영하기로 협약을 체결하였다.

〈표 5-8〉 이천의료원의 계약내용

구 분	이천의료원의 계약내용
계약체결일	1998년 3월 3일
계약당사자	위탁인 경기도지사·지방공사 경기도 이천의료원장과 수탁인 고려중앙학원 이사장·고려대학교 의료원장
의료원 명칭	고려대학교 병원 운영 이천의료원
계약기간	1998년 4월 1일부터 2003년 3월 31일까지 5년/연장가능
재계약	5년 후에 일방의 파기의사가 없으면 1년 이내로 자동 연장
민영화 시 우선권 부여	경기도가 이천의료원을 민영화할 경우에는 고려대에 우선권을 부여한다.
채권 채무	규정 없음
경영의 자율성	보장
진료과목 명시 여부	규정 없음
원장 및 의사직에 대한 규정	규정 없음
보조금 규정	경기도가 이천의료원 운영에 필요한 경상비로 매년 5억 원을 3년간 지원한다.
직원 승계	인계인수서에 의한다(고대가 요청하는 보직자에 대하여 보직을 해임한다).
수탁재산의 사용과 처분	무상 사용, 처분행위는 금지
병원 운영을 위한 재산의 취득, 확장 또는 처분, 폐기	미리 경기도 측의 승인, 단 1000만 원 미만의 재산 중 내용연수가 경과되고 원 기능을 상실한 재산은 제외
수탁재산 훼손	변상 의무
병원의 운영비 또는 수익금으로 취득한 재산	당연히 경기도에 귀속
병원 운영에서 발생한 잉여금	병원에 대한 투자 및 운영 이외의 목적에 사용할 수 없다.
결손금	규정 없음
손해배상	계약 해지 시 상대방에게 청구 불가
병원운영위원회 설치	병원 운영에 관한 주요 사항을 협의하기 위한 기구로 위원장을 포함한 7인으로 구성하되, 그 위원장은 고려대가 임명하고, 경기도와 고려대가 위원을 각 3명씩 임명하는 것을 내용

자료: 이천의료원 위수탁계약서.

---

126) 경기도 측의 실무책임자는 경기도 기획관리실장, 실무자는 이연복 계장이었고, 고대 측의 실무책임자는 고대의료원 사무국장, 실무자는 박성호 계장이었다.

  마산의료원이나 군산의료원이 위수탁계약서에 의료원 전 직원의 승계인수를 명시적으로 약속한 반면 이천의료원은 그러한 내용을 계약서에 담고 있지 않았다. 그리고 오히려 협약서에 고려대가 요구하는 임원 및 과장, 실장 등의 보직자에 대하여 보직을 해임하기로 명시적으로 규정하여 전 직원 인수를 계약서에 규정한 마산의료원이나 군산의료원의 경우와는 다른 양상을 보이고 있다.

<표 5-9> 이천의료원의 계약 갱신 내용

구 분	구 계약내용	신 계약내용
제14조 (보조금의 지원)	"갑(경기도 측)"은 "을(고대 측)"에게 이천의료원 운영에 필요한 경상비로 매년 5억 원씩 3년간 지원하기로 한다.	"갑"은 "을"에게 이천의료원 경영 악화 시 운영에 필요한 경상비를 일부 지원한다.

자료: 이천의료원 갱신 위수탁계약서.

2) 감독 및 모니터링

  지방공사의료원 업무는 1993년도 이전에는 경기도 보사환경국의 보건과에서 통합 관리하다가 1993년 1월에 기획관리실 예산담당관실로 이관되었다. 예산담당관실에는 예산 1계, 예산 2계, 공기업 1계, 공기업 2계 등 4개 계에 총 24명의 직원이 근무하고 있었으며, 지방공사의료원 업무에 대한 지도·감독은 공기업 2계의 담당이었다. 이러한 관리 체계로 말미암아 한동안 의료부문에 대한 지도 내지 감독은 보건과에서 하고 전반적인 운용관리에 관한 문제는 기획관리실 공기업계에서 관리하였다.

  그러나 2000년 경 의료원 관련 지도·감독 업무는 다시 환경보건국의 위생보건과로 이전되었다. 그리고 현재는 보건위생정책과장 외에 담당직원 2

인이 실질적으로 의료원 관련 업무를 담당하고 있다. 그런데 6개 의료원의 지도·감독이 부족한 인원 등의 이유로 서류 등에 의존하는 상당히 형식적인 형태로 운영되고 있었다.[127) 게다가 1999년 당시의 경기도 내 의료원 구조조정사업에서, 이천의료원이 위탁되었다는 이유로 대상에서 제외되는 등 위탁을 이유로 지도·감독이 느슨해진 측면도 발견되었다.

운영 지도·감독 부서인 보건위생과의 수시적인 지도·감독 외에, 이천의료원은 도 감사과가 2년에 1회씩 실시하는 정기 행정감사도 받고 있었다.[128) 또한 도의회의 행정감사 대상이기도 하였다. 도의회에서는 6개의 의료원을 3개씩 격년으로 감사하고 있었다. 그러나 이러한 도의회의 행정감사는 회계감사까지 포함하는 것은 아니었으며 짧은 기간 동안만 이루어졌다. 도의회의 행정사무감사는 마산의료원이나 군산의료원에 비해 이천의료원이 특히 빈약하였다. 우선 다른 두 의료원에 대해서는 매년 감사가 이루어진 반면 이천의료원에 대한 감사는 격년마다 실시되었을 뿐더러, 경상남도나 전라북도의 경우에는 도내 의료원이 각기 2개원 시에 없어 비교적 각 의료원에 대한 심도 있는 감사가 이루어진 반면, 이천의료원은 의료원의 개수 자체가 많아 1개 의료원에 대한 관심의 정도가 적은 편이었다.

---

127) "서울의 경우 강남의료원 하나 있고 시립병원 4~5개, 노인병원 3개, 9개해서 의약과에 12명의 의료관리계가 있습니다. 그런데 (경기도) 6개 의료원을 담당하는 지역보험계에서 6급 직원 혼자, 맨 처음에는 행정직 6급 하나를 기획관리실에서 줬다가 그것도 월드컵으로 파견시키고 보건 6급 혼자서 6개 의료원을 담당하는 데 서류만 주고받을 정도로, 점검을 지금 한 번이나 가봤을 겁니다. 그리고 저도 업무가 있다 보니까 먼저 작년에 강 위원장님 모시고 파주 한 번 가봤고 금촌, 의정부에 한 번 가봤고 안성 한 번 가봤고 수원은 가까우니까 한 번씩 가보고, 실질적인 지도 내지 감독이 지금 도에서 이뤄지기가 상당히 어려운 것에 대해서 나온 김에 위원님들께 부탁을 드리는 겁니다." (경기도의회 회의록, 2002. 10. 4, 박원용 보건위생정책과장 발언).

128) 지방공사 이천의료원은 조례 제7조 제1항 제5호의 규정에 의한 위탁사무처리기관에 해당되어 감사대상기관이다.

3. 군산의료원의 계약내용과 감독시스템

1) 계약내용

계약체결일은 1998년 11월 5일이었으며 계약당사자는 전라북도지사(유종근)와 학교법인 원광학원 이사장(김영천)이었다. 그리고 병원의 공식적인 명칭은 '원광대학교 병원 운영 군산의료원'으로 정하여졌다(제3조). 위수탁 계약기간은 1998년 11월 9일부터 2001년 11월 8일까지 3년으로 하였으며, 계약 기간 만료 후 필요할 시 상호 협의에 의하여 연장하거나 재계약할 수 있다(제5조)고 규정하였다.

마산의료원이나 이천의료원과 마찬가지로 경영의 자율성 보장과 협력을 명시하여 전라북도지사는 원광학원이사장에게 경영권과 인사권을 위임하였다(제6조). 원광학원은 군산의료원의 재산 일체를 무상으로 사용하되(제7조), 병원 이외의 목적으로 사용하거나 담보 설정, 대여, 매매 또는 교환할 수 없다(제8조 제1항)고 규정하여 이 점에서는 마산의료원이나 이천의료원의 계약서 내용과 차이를 보이지 않는다.

원광대학교 병원이 군산의료원의 예산으로 취득한 재산은 당연히 전라북도에 귀속하는 것으로 하여(제9조) 재산의 귀속에 대해서는 마산의료원, 이천의료원, 군산의료원이 모두 비슷한 내용을 규정하고 있다. 또 원광대학교 병원이 병원의 운영을 위하여 재산을 취득, 처분 및 폐기하고자 할 때에는 미리 전라북도지사의 승인을 얻도록 하였으며, 다만 취득가액이 1천만 원 미만의 장비 등의 경우는 예외로 하였는데(제10조), 이는 이천의료원의 계약을 참조한 내용으로 보인다. 한편 병원 운영에서 생긴 잉여금은 원광대학교 병원이 전라북도지사와의 협의하에 병원 발전을 위한 투자와 교육, 임상연구비로 사용할 수 있다(제11조 제2항)고 규정하여 마산의료원이나 이천의료원에 비해 수탁기관이 잉여금에 대해서 재량을 발휘할 여지의 폭이 컸다.

그러나 군산의료원의 계약서 내용 중 일부는 중복되거나 해석에 이견이 있을 수 있는 부분도 더러 포함되어 있었다. 제12조에서는 수탁받은 재산을 원광대학교 측이 고의나 과실로 훼손하면 훼손 당시의 평가액으로 전라북도지사에게 변상하되 손해보험 등에서 손해가 전보되는 경우나 천재지변 등 불가항력적인 경우에는 예외로 하기로 하였는데, 제22조에서 또다시 원광학원은 계약이 만료나 해지된 때에는 병원 재산을 전라북도지사에게 반환하여야 하며 재산의 훼손 등에 대해서는 변상하도록 하는 유사한 내용을 규정하고 있다. 또한 계약당사자들이 중대한 위수탁계약 사항을 위반하여 계약이 해지된 경우 외에는 서로 상대방에게 일체의 손해배상을 청구하지 않는다(제20조)고 규정하면서도 다른 조항에서는 원광학원이 의료원을 운영함에 있어 본 계약과 관계법령 등의 위반으로 상대방에게 손해를 끼쳤을 때에는 이를 배상하여야 한다(제30조)고 규정하고 있다.

군산의료원의 위수탁계약에서도 마산의료원처럼 근무직원을 전원 승계인수한다(제14조 제1항)는 규정이 포함되었다. 그런데 마산의료원이나 이천의료원의 계약서에는 없는 인사 관련 내용이 군산의료원 계약에 새로이 포함되어 있었다. 병원 운영상 필요할 때 임직원에 대하여 전라북도나 원광학원이 운영하고 있는 병원에 채용 또는 상호교류 할 수 있다(제14조 제2항)는 규정이 그것이다.

군산의료원의 채권 채무에 대해서는 원광학원이 인수이계 당시 확정된 채권 채무를 승계인수하되, 그 효력은 전라북도지사와 원광학원 간에만 인정한다(제15조)고 규정하였다. 군산의료원은 위탁 당시 경영 악화로 인한 임금의 체불이 누적되어 있었는데 계약서에는 이에 대한 내용도 명시되어 있었다. 1997년의 체불임금은 수탁 후 2개월 이내에 원광학원이 지급토록 하고, 1998년 체불임금은 노사협의 후 지급하도록 노력한다(제17조)고 규정되어 있었다.

군산의료원은 또한 마산의료원이나 이천의료원의 계약에는 포함되지 않은 수탁기관의 의료원에 대한 자금 지원에 관한 내용이 있다. 수탁 후 원활한 병원 운영을 위하여 필요한 경우 원광학원의 자금을 활용할 수 있도록 하였다. 다만 이 자금은 계약 해지 이전이라도 회수할 수 있고 계약 만료 시에는 원광학원이 투자한 자금은 원금과 1년 정기예탁금리를 적용한 이자와 함께 회수하기로 하였다. 또한 전라북도지사 측의 원인으로 인하여 원광학원에게 불이익이 발생되었을 경우에는 시중 은행 금리를 복리로 계산하여 원금과 이자를 원광학원에게 상환하도록 하였다(제16조).

<표 5-10> 군산의료원의 계약내용

구 분	군산의료원의 계약내용
계약체결일	1998년 11월 5일
계약당사자	전라북도지사와 학교 법인 원광학원이사장
의료원 명칭	원광대학교 병원 운영 군산의료원
계약기간	1998년 11월 9일부터 2001년 11월 8일까지 3년/연장가능
재계약	가능
채권 채무	원광학원이 인수이계 당시 확정된 채권 채무를 승계인수하되, 그 효력은 전라북도지사와 원광학원 간에만 인정
수탁기관의 자금 활용	필요한 경우 원광학원의 자금을 활용 가능
체불임금	97년의 체불임금은 수탁 후 2개월 이내에 원광학원이 지급토록 하고, 98년 체불임금은 노사협의 후 지급하도록 노력
경영의 자율성	보장
진료과목 명시 여부	규정 없음
원장 및 의사직에 대한 규정	규정 없음
직원 승계 및 채용과 교류	전원 승계인수, 필요시 전라북도나 원광학원이 운영하고 있는 병원에 채용 또는 상호교류 가능
수탁재산의 사용과 처분	무상 사용, 처분행위는 금지
병원 운영을 위한 재산의 취득, 확장 또는 처분, 폐기	미리 전부도지사의 승인을 얻어야 한다. 다만 취득가액이 1천만 원 미만의 장비 등의 경우는 예외
수탁재산 훼손	고의 과실 변상, 손해가 전보되거나 불가항력인 경우 제외
군산의료원 예산으로 취득한 재산	당연히 전라북도에 귀속
병원 운영에서 발생한 잉여금	전라북도지사와의 협의하에 병원 발전을 위한 투자와 교육, 임상연구비로 사용
결손금	의업이익(의업수익-의업손실) 기준으로 손실 발생하면 그에 대한 책임을 진다(책임경영)
손해배상	중대한 위수탁계약 사항을 위반하여 계약이 해지된 경우 외에는 서로 상대방에게 일체의 손해배상을 청구하지 않는다. 원광학원이 의료원을 운영함에 있어 본 계약과 관계법령 등의 위반으로 상대방에게 손해를 끼쳤을 때에는 이를 배상하여야 한다.

자료: 군산의료원 위수탁계약서.

군산의료원 계약의 가장 큰 특징은 또한, 마산의료원이나 이천의료원과는 달리 책임경영에 관한 내용이 수록되어 있다는 것이다. 원광학원은 수탁일 현재로부터 의업이익(의업수익－의업비용)을 기준으로 손실이 발생할 시 그에 대한 책임을 지는 것으로 정하여졌다(제18조).

군산의료원은 1995년 안전진단 이후 신축 이전을 추진 중에 있었기 때문에 신축 이전 관련 내용도 계약서에 포함되어 있었다. 원광대학과의 협조하에 신축 이전 사업기획단을 구성하고 국·도비 출연금 지원이 지연될 경우 일정기간 원광학원의 자금을 활용할 수 있다는 내용이 계약서에 있었다(제23조~제25조).

그 외에 마산의료원이나 이천의료원과는 달리 군산의료원 위수탁계약서에만 규정된 특이한 내용으로는 종교 관련 규정이 있다. 원광학원은 원불교재단이 설립한 것이어서 수탁기관 선정과정에서도 기독교 단체들의 반대가 있었다. 이 때문에 계약서에 원광학원은 병원 시설물 내에 어떠한 종교적인 표시도 할 수 없다는 내용이 규정되었다(제28조).

계약서를 체결할 당시 미진한 사항에 대해서는 제33조의 규정에 의해서 별도의 협약을 체결할 수 있다고 규정하고 있어 그 후에 이 조문에 의거하여 몇 번 협약이 체결되었다. 우선 원광대 병원에서 투자한 20억 원에 대해서 복리로 계산한다고 되어있는 것을 시중은행 금리로 적용한다고 협약서를 수정했고, 두 번째로는 직원 상호교류에 있어서 필요한 경우에 한해서 본인이 원하면 6개월 이내로 서로 교류할 수 있다고 수정하였다. 또한 의업수입 대 의업비용에서 발생된 손실금에 대해서는 건물 신축예산에 따른 이자로 보전하는 것으로 협약 내용을 조정하였다.

위탁기간이 2001년 11월 8일로 끝나자 전라북도지사 유종근과 학교법인 원광학원 이사장 조연구를 계약당사자로 하여 위수탁 연장계약이 체결되었다. 연장계약의 내용 중 이전 계약과 달라진 내용은 다음과 같다.

재계약기간은 2001년 11월 9일부터 2004년 12월 31일까지의 3년으로 정해졌다. 또한 이의가 없을 경우에는 2007년 12월 31일까지 3년간 재계약된 것으로 본다고 규정하여 자동 연기 조항이 추가되었다. 원 계약에서는 시설의 담보 설정이나 대여 등을 금지하였으나 연장계약에서는 환자 진료와 직접 관계없는 시설은 제3자에게 임대할 수 있다고 변경되었다. 또한 잉여금의 사용에서 있어서도 예전의 전북도지사와의 협의 의무를 삭제하였다.

전라북도 측은 원광대가 요구할 경우, 공중보건의의 배치 요청을 우선적으로 처리하도록 노력한다는 규정을 신설하였고, 원광대는 의료원 위탁기간 중 의료원 운영에서 불가피하게 발생한 경상비 부족분·신축 이전비·전산개발비·의료장비 구입비는 전라북도 측으로부터 출연 받아 보전할 수 있다(제19조)는 규정을 신설하였다. 책임경영의 내용도 원광대는 수탁일 현재로부터 재무제표상의 당기순손실이 발생할 시 그에 대한 책임을 진다(제17조)는 내용으로 변경되었다. 또한 예전 계약에서와 마찬가지로 병원 시설물 내에는 종교표시를 여전히 금지하나 홍보물, 게시판 등에는 표시할 수 있다고 새롭게 규정하였다.

연장계약에는 이전 계약보다 원광대에 전반적으로 더 유리한 내용이 반영되었다. 위수탁 당시 처음 체결되었던 계약은 불공정 계약이란 평을 들을 정도로 원광대학교 측이 정부의 요구를 많이 수용한 면이 있었으나, 그 이후 계약 개정을 계속 요구하여 연장계약에서는 그러한 내용이 일부 반영되었다. 이미 협약으로 완화된 원대의 경영책임은 연장계약의 내용 수정으로 더욱 완화되었으며, 종교 홍보도 어느 정도 허용되게 되었다. 그러나 민영화 시 원광대학교의 우선권을 인정해달라는 원대 측의 요구는 연장계약에 명시되지는 않았다.

2) 감독과 모니터링

의료원 사무는 전라북도 기획관리실 예산담당관실 소관이었다. 기획관리실은 기획관실, 예산담당관실, 법무담당관실, 정보통신담당관실의 4개 부서로 이루어져 있고, 예산담당관실은 지방공사의료원 운영·지도, 지방공기업 경영 평가 외에도 예산이나 재정 관련 다양한 업무를 담당하고 있었다. 예산담당관실에서 실질적으로 의료원 관련 사무를 담당하고 있는 공무원은 세 사람으로 공기업 담당 1인과 공기업 계원 2인이었다.

그런데 민간위탁된 군산의료원의 경우, 이를 지도·감독해야 할 지방자치단체에서는 민간위탁을 지도·감독의 예외 사유로 인식하고 있는 모습이 발견되었다. 같은 도내의 남원의료원은 지도·감독의 대상으로 인식하면서도 군산의료원은 위탁되었다는 이유로 지도나 감독에서 제외한 경우가 더러 발견되고 있다.

남원의료원 같은 경우는 저희가 지도·감독 차원에서도 그렇고 손실이 발생하지 않도록 지도·감독을 해야겠습니다마는 기본적으로 군산의료원은 저희가 관여를 할 필요는 없습니다. (전라북도의회 회의록, 행정자치위원회 행정사무감사, 1999. 11. 24, 장재식 예산담당관 발언).

행정부지사 한계수: 군산의료원 건은 마침 계약부적정 지적건이 있습니다마는 저도 기억나는 것은 입찰과정 속에서 약간의 무리가 있어서 지적된 것으로 알고 있습니다.

정환배위원: 약간의 무리가 아니라 아까도 말씀드렸지만 입찰무효 사유예요. 관련 법규정을 전부다 위반했어요. 도청 공무원들이 다 책임져야 될 부분입니다.

행정부지사 한계수: 사실 그때 당시 민간위탁한 상태에서 이루어진 행사이기 때문에 일일이 감독할 수 있는 그런 건은 아니었습니다. (전라북도의회 회의록, 행정자치위원회, 2003. 2. 26).

또한 2001년 4월에는 조례 개정을 통해 도의 원장 임명에 대한 통제력이 약화되었다. 위수탁 운영계약에 의해 운영되는 의료원 원장 임명 시 수탁

자에게 실질적인 인사권과 경영권을 보장하기 위하여 지방공사사장추천위
원회의 추천 절차를 생략하고, 이사회 추천을 거쳐 도지사의 승인을 얻어
수탁자가 임명토록 조례를 개정하였다. 이는 실제로 전라북도 측이 원대재
단 이사회에서 추천한 의료원장을 심사하는 과정에서 원장을 변동시킨다거
나 하기 어렵다는 현실을 반영한 것이기도 했다. 사장추천위원회의 추천이
민간위탁기관의 경우에는 단지 형식적인 통과의례일 뿐이고 절차상 시간만
더 소요하게 만든다는 판단에서 이 절차를 생략하도록 한 것이었다.

한편 도의회의 군산의료원에 대한 행정업무감사는 마산의료원처럼 매년
이루어졌으나 감사의 시간과 양은 마산의 경우보다는 적은 편이었다. 민간
의료원 출신 원장들은 이러한 도의회의 감사에 대해 상당히 부정적인 모습
을 보이기도 하였다.[129]

4. 분석 및 논의

업무의 위임은 주인과 대리인 간의 정보 갭(information gap)을 발생시
킨다. 이러한 업무의 위임으로부터 발생하는 정보 문제는 역선택 외에도
도덕적 해이의 문제가 있다. 대리인은 계약체결 이후 업무의 성과에 영향
을 미치는 노력(행위)의 정도를 선택(choose from a menu of actions)할
수 있다. 그러나 그러한 대리인의 노력 수준을 주인이 입증할 수 없거나
입증하는 데 막대한 비용이 수반할 경우, 주인이 이를 통제할 수 없어 도
덕적 해이가 발생한다.

도덕적 해이의 원인은 두 가지이다. 하나는 대리인은 기본적으로 자신의
이익을 추구하기 때문에 주인과 다른 이익을 추구할 유인(인센티브)이 있
기 때문이고, 또 다른 하나는 주인이 대리인의 행위에 대한 정보를 제대로

---

129) 2000년 행정업무감사 도중 김종문 군산의료원장이 양말을 벗어 의원들로부터
지적되기도 하였다(전라북도의회 회의록, 2000. 11. 30).

획득하기 어렵거나 획득하는 데 비용이 들기 때문이다. 따라서 도덕적 해이란 대리인 문제에 대한 대처도 두 가지 방식이 있다. 하나는 대리인이 추구하는 목적이 주인의 목적과 일치할 수 있도록 계약내용을 설계하는 방식이고 또 다른 하나는 대리인의 행위에 대한 정보를 획득할 수 있도록 노력하는 것이다.

1) 계약내용상의 입증가능한 행위 규정과 인센티브 규정

가장 좋은 계약은 대리인으로 하여금 주인의 목적을 추구하는 것이 바로 자신의 이익이 되도록 설계된 계약으로 그러한 계약은 자동적으로 대리인의 노력이 보장된다. 계약을 설계하는 데 있어서는 두 가지 제약이 있다. 하나는 대리인이 최소한 계약을 체결하고 계약당사자가 되고자 할 정도의 만족과 효용을 내용에 설계(계약 참여 조건: participation constraint, individual rationality)[130]하여야 한다는 것이고, 다른 하나는 대리인이 주인의 이익을 위해 노력하도록 하는 인센티브를 계약내용에 설계(인센티브 조화 조건: incentive compatibility constraint)하는 것이다. 정부의 계약관리능력이 도덕적 해이에 대해 어떻게 대처하였는가를 분석하기 위해서는 각 위탁의료원의 계약이 수탁기관인 대리인에게 어떤 인센티브를 제공하는가를 평가하여 볼 필요가 있다.

대리인이 택할 수 있는 노력 행위의 수준을 크게 두 가지로 나누어 높은 수준의 노력과 낮은 수준의 노력으로 나눌 경우 주인은 대리인이 높은 수준의 노력을 할 경우에 자신의 목적을 달성한다.[131] 반면 대리인은 자신을

---

130) 계약 메뉴의 제시와 계약 참여 조건의 만족 등에 관한 논의는 계약내용(도덕적 해이)이 대리인의 선정(역선택)과 상당히 관련이 많음을 보여준다. 그런데 본 연구에서의 사례처럼 주인과 대리인이 계약내용을 협상하는 경우에는 대리인의 선정과 계약내용은 더욱더 밀접한 관계를 가진다고 할 수 있다. 과연 역선택과 도덕적 해이가 구별되는 다른 개념인가 관한 연구들(Bradley, 2002)도 있다.

131) 노력수준을 모형에 포함할 경우 높은 수준과 낮은 수준의 두 가지로 나누기도

298

위해 더 낮은 수준의 노력을 할 유인이 있다. 이 때문에 주인으로서는 계약이 대리인으로 하여금 주인의 목적으로 추구하도록 할 수 있도록 내용을 규정하는 것이 중요하다.

그런데 계약은 관찰가능(observable)하고 입증가능(verifiable)한 변수만을 제대로 고려할 수 있다는 한계가 있다.[132] 법원에서 입증할 수 없는 사안을 계약내용으로 작성하는 것은 계약성과에 별로 도움을 주지 못한다.[133]

입증가능한 변수는 노력행위에 관한 것일 수도 있고 결과물에 대한 것일 수도 있다. 예를 들어 노동자라면 몇 시간을 근무하라는 등의 내용이 노력행위에 관한 것이며 얼마어치를 팔았는가가 결과물에 관한 것이다. 의료원 위탁경영의 경우에는 위탁경영에의 자금이나 인력 지원 등이 입증가능한 노력행위변수이고, 총수지비율이나 의업수지비율 등이 입증가능한 결과물 변수이다. 따라서 계약내용에 이러한 내용을 규정하는 것이 수탁병원의 도덕적 해이에 대처하는 방법이다.

그런데 입증가능한 노력변수를 계약내용에 포함시킨 경우는 마산의료원과 군산의료원의 위수탁계약이며 이천의료원의 계약에는 이러한 내용이 포함되어 있지 않다. 마산의료원의 위수탁계약 내용에는 개원 시 내과·일반외과·정형외과·신경외과·성형외과·마취과를 개설하고, 의료원장과 진료부장은 경상대학교 병원 교수로 하고, 의사직은 경상대학교 병원 교수 또는 전문의로 배치한다는 규정이 포함되어 있었다. 이러한 의료서비스와 직결되는

하고 보통 수준을 추가하여 세 가지로 나누기도 한다. 또 연속적인 확률로 표현하기도 한다. 현실세계에서는 두 범주로 나뉘기보다는 연속선으로 파악하여야 할 것이다.

[132] 계약은 단지 관찰가능하고 입증가능한 변수만을 구체적으로 내용에 규정할 수 있다. 관찰이 불가능한 변수가 계약에 규정되면 주인은 계약 위반을 알 수 없고, 입증이 불가능한 변수가 계약에 규정되면 주인은 이를 법원에서 입증할 수 없다.

[133] 보상과 제재는 반드시 대리인의 업무수행과 직접적인 관계가 있는 객관적인 평가기준에 근거하여야 한다(권순만·김난도, 1995: 91).

진료과의 개설이나 의사직의 지원에 대한 내용은 마산의료원만이 규정하고 있었고 이로써 경상대학교 병원이 택할 수 있는 노력 수준이 어느 정도 결정되었다. 게다가 계약위반을 할 경우의 손해배상의무를 명백히 규정하고 있어 그 이행이 어느 정도 담보되었다. 이러한 구체적인 대리인의 행위에 대한 규정이 마산의료원의 위탁성과에 긍정적인 영향을 미쳤던 것으로 보인다.

한편 군산의료원의 경우에는 의료서비스와 직결되는 노력행위에 대한 규정은 없었으나 각종 채무나 체불임금, 신축 이전 자금 등에 대한 재단 자금의 활용을 약속하고 있다. 또한 필요한 경우 의료원 직원의 채용 등을 약속하고 있었다.

대리인이 낮은 수준의 노력을 하지 않고 높은 수준의 노력을 택하도록 하기 위해서는 결과물에 근거한 보상이나 벌 등을 계약내용에 규정하는 것이 또한 매우 중요하다.[134] 도덕적 해이를 해결하기 위해서는 정보를 감시·감독 등을 통해서 획득하는 방법과 대리인의 목표가 주인의 목표와 조화될 수 있도록 계약에 인센티브를 설계하는 방법이 있는데, 전자가 현실적으로 불가능하거나 때로는 과도한 비용을 유발한다는 점에서 후자가 더 좋은 방법으로 논의된다.

도덕적 해이를 방지하기 위한 인센티브의 설계를 위해서 이윤(residual claims)의 일부를 대리인에게 나누어 주는 방법(profit sharing)과 손해

---

134) Lazear(1998: 365-68)에 의하면 보상(reward, bonus)과 벌(punishment, penalty)은 대체된다. 최저 수준의 임금에 성과에 대한 보상을 추가한 계약이나 최고수준의 임금에 성과에 따른 벌을 규정한 계약은 계약 당사자들이 동일하게 받아들인다는 것이다. Kahneman & Tversky(1979, 1986)도 보상과 벌은 대체되며, 그중 무엇을 택하는가는 사안이 긍정적인 강화가 요청되는지 부정적인 강화가 요청되는지에 따라 결정된다고 설명하였다. Aron & Olivella (1994)는 양자의 대체를 인정하면서도 다른 방식으로 그 이유를 설명한다. 즉 업무 성과가 정확히 측정될 경우 벌을 사용하고, 업무 성과가 측정이 어려우면 보너스를 사용한다고 한다.

그러나 현실에서는 보상과 벌 중 하나만을 택하지는 않고 양자를 모두 계약에 규정하는 경우가 많다. 보상과 벌 양자를 최적의 인센티브 계약에 포함시킨 연구로는 Horstmann, Mathewson & Quigley(2002)의 논문이 있다.

(residual risks)의 일부를 대리인에게 부담하도록 하는 방법(loss sharing)이 흔히 주장된다. 그런데 정부의 위탁계약에서는 인센티브를 부여하기 위해 수탁병원에 대해 보상을 지급하는 것은 여러 가지 법적인·사회적인 제약으로 규정하기 어려운 경우가 많다. 실제로 군산의료원의 민간위탁과정에서 주민들은 위탁으로 생긴 이익을 모두 원광대학교가 가져갈 것이라고 우려하여 위탁에 많은 반감을 표출하였다. 이러한 제약으로 위탁된 세 의료원 모두 잉여금 전액을 지방자치단체에 귀속하는 것으로 규정하였다. 따라서 이 점에서는 세 의료원의 차이를 발견하기 어렵다.

그런데 잉여금 규정과 관련하여 또 한 가지 짚고 넘어가야 할 점은 이윤이 모두 주인인 정부에 귀속되므로 대리인이 굳이 흑자를 많이 보아야 할 유인이 없다는 것이다. 실제로 원광대학교의 위탁경영에 대해서는 수익성이 되는 환자들은 모두 원광대학교로 이송하고 군산의료원의 최소한의 수지비율만을 맞추고 있다는 비판들도 제기되었다. 실제로 그러하였는지는 판단하기 어려우나 계약내용상의 인센티브 설계가 그러한 가능성을 배제하지는 않음을 알 수 있다.

반면, 결손금의 규정에 관해서는 세 의료원이 차이를 보여 이 점에서 세 의료원 간의 인센티브 차이를 발견할 수 있다. 군산의료원은 결손금에 대한 책임을 전적으로 지는 것으로 규정되었으며, 마산의료원은 불가피한 경우에만 결손금에 대해 도의 지원을 받는 것으로 규정되었다. 반면 이천의료원의 경우에는 결손금에 대한 조항은 협상과정에서 논란을 일으키다 결국 계약에서 삭제되어 아무런 사항을 규정하지 않았다. 결국 계약내용상 위험부담은 군산의료원이 가장 크고 이천의료원이 가장 작다고 볼 수 있다.

한편 계약기간은 이천의료원이 5년으로 가장 장기간이며, 민영화 시의 우선권도 이천의료원만이 인정하고 있었다. 반면 계약 위반과 관련한 손해배상에 관한 내용은 마산의료원이나 군산의료원은 규정하고 있었으나, 이천의료원은 청구할 수 없다고 규정하고 있었다.

위험부담, 계약기간, 또한 위반 시의 손해배상의무 등에 대한 규정 내용

을 가지고 세 수탁기관의 위탁경영 인센티브를 평가하여 보면, 군산의료원
의 경우가 가장 위탁경영을 잘 하고자하는 유인이 강하고 이천의료원의 경
우가 가장 약하다. 이를 통해 위탁성과를 예상해보면 군산의료원의 경우가
가장 좋고 이천의료원의 경우가 가장 나쁠 것이라고 예상된다. 그런데 이
러한 예상은 실제의 위탁성과와 상당히 부합하고 있다.

세 의료원의 위탁 사례에서는 마산의료원과 이천의료원의 위탁은 기본적
으로 DeHoog가 말한 협상모델135)에 해당한다. DeHoog는 민간위탁과정에
서 누가 선정되는가 보다 어떤 내용을 협상하는가가 더 중요하다고 주장하
였지만 오히려 주인 대리인 이론은 누가 선정되는가가 여전히 큰 영향을
미치고 어떤 내용을 협상하는가는 역시 수탁자가 누구로 선정되었는가에
영향을 받는다는 사실을 보여준다.

이천의료원의 위탁과정에서는 기회비용이 너무 높은 대리인이 선정되었다.
이 경우 대리인은 자신의 업무와 책임이 모호하여야만 계약 참여 조건이 충족
되어 계약을 체결하려 할 것이다. 그러나 업무와 책임이 모호하면 대리인이
이기적이라는 가정하에서는 당연히 도덕적 해이가 발생한다. 반면 도덕적 해
이를 극복하도록 인센티브를 설계하려면 너무 과도한 비용이 수반될 수 있다.
결국 경기도는 계약의 성사를 위해서 전자를 택하여 계약 참여 조건만을 충족
시켰고, 계약내용은 도덕적 해이를 야기할 정도로 모호하게 규정되어 고려대
학교 병원은 Mitnick가 말한 상징적 대리인136)과 유사하게 기능하게 되었다.

---

135) 본 연구 pp.44-46 참조.

136) Mitnick은 주인 대리인 관계야말로 정치활동의 근간을 이룬다고 보고, 정치에
서 가장 중요한 것은 자신의 대리인을 창조하는 것이라고 보았다. 그는 대리
인의 유형을 목표-지향적 대리인(ends-related use)과 수단-지향적 대리인
(means-related use)으로 나누고 있는데, 어떤 목표를 달성하고자 대리인을
사용하는 경우가 목표-지향적 대리인이며 그 대리인을 사용하는 것 자체가
중요한 경우는 수단-지향적 대리인에 해당한다고 설명한다. 그는 목표-지향
적 대리인을 다시 내용상의 대리인(contentful agency)과 실용상(구조상)의 대
리인(practical or structural agency)으로 나누어 내용상의 대리인은 의사 등

한편 군산의료원의 수탁자 선정은 기본적으로는 DeHoog의 경쟁모델에 해당하지만 일단 수탁기관으로 선정된 후에 다시 구체적인 계약의 조항 등에 대한 협상을 거친 후 계약내용이 최종적으로 결정되었다. 수탁기관 선정과정에서의 경쟁은 대리인 선정과정에서 대리인에 대한 정보 획득을 용이하게 하여 역선택을 방지하기도 있지만, 또한 정부의 계약내용에 대한 협상력을 크게 제고시켜 인센티브를 설계하기 용이하도록 해주었다. 이러한 경쟁의 이점은 군산의료원의 위탁과정에서 잘 드러나고 있다. 경쟁체제를 통하여 체결된 군산의료원의 위수탁계약의 내용은 마산의료원이나 이천의료원의 위수탁계약보다 결손금에 대한 수탁기관의 책임이라는 강력한 인센티브를 설계할 수 있었다.

〈표 5-11〉 계약내용의 비교

		마산의료원	이천의료원	군산의료원
입증 가능한 노력	진료과와 의사직에 대한 규정	규정 있음	규정 없음	규정 없음
	각종 자금 지원	규정 없음	규정 없음	규정 있음
	직원 승계와 처우	전원 승계	규정 없음	전원 승계, 수탁병원에 채용
인센티브	잉여금(보상)	정부에 귀속	정부에 귀속	정부에 귀속
	결손금 (위험부담)	불가피한 경우 도가 보전	규정 없음	책임경영(의업이익: 의업수익−의업비용)
	계약기간	3년	5년	3년
	연장과 재계약	인정	인정	인정
	민영화 시 우선권	규정 없음	인정	규정 없음
	손해배상	인정	청구 불가	인정

으로 주인 자신이 할 수 없는 일을 해 주는 대리인이고 실용상의 대리인은 주인이 할 수는 있지만 시간 혹은 비용 등으로 대리인을 두는 경우라고 설명하였다. 한편 수단−지향적 대리인은 상징적 대리인(symbolic agency)으로 대리인의 활동 자체가 중요한 것이 아니라 그러한 대리인을 두는 것 자체가 주인에게 의미가 있는 경우이다.

2) 계약체결 이후의 대리인의 행위에 대한 정보 획득

의료서비스의 전문성으로 정부로서는 의료원에 대한 정확한 개입과 감시를 하기 어렵다. 지방공사의료원을 대학병원에 수탁하는 경영위탁의 경우에도 정부의 이러한 측면은 별로 개선되지 않는다.

오히려 감독기관인 정부나 피감독기관인 의료원이나 양자 모두 위탁으로 개입과 감시의 필요성이 줄어드는 것으로 인식하고 있었다. 대상기관인 의료원도 정부의 감독과 평가로부터 자유로워지는 것으로 인식하고 있는 경우가 많았고 실제로도 감사원 감사, 지방자치단체의 지도·감독으로로부터 더 자유로워진 측면이 발견된다. 의료원 연합회 평가보고서에서는 위탁이 이루어진 당시 군산의료원에 대하여 정부의 감독과 평가로부터 벗어난다는 인식을 바꾸어야 한다는 권고도 발견된다. 마찬가지로 정부 입장에서도 위탁 이후에는 관여와 감독을 줄이려는 모습이 드러난다.

게다가 이천의료원의 경우에는 위탁 이후 지방자치단체의 담당기관이 기획관리실 예산담당관실에서 환경보건국의 위생보건과로 바뀌어 감시·감독 체계에 더욱더 혼란이 있게 되었다. 감독기관의 변화 후 고대 의료원 측과의 계약내용 조정 과정에서 양자 간의 신뢰가 결정적으로 깨어져 버렸다.

위탁 이후의 지도·감독과 관련하여 중간에 관리부서가 바뀌고 업무가 매끄럽게 인수되지 못하여 고대와 갈등을 겪었던 이천의료원의 경우에 지방자치단체의 의료원에 대한 감독과 정보 획득 기능이 가장 약하였던 것으로 판단된다. 이러한 정부의 감시·감독 기능의 약화는 위탁성과에 부정적인 영향을 미칠 것으로 예상되는데 실제로도 이천의료원의 위탁성과는 그다지 좋지 않았다. 위탁 직후 경영성과는 잠시 개선되다 다시 악화되는데 그 악화 시점이 의약분업 때문에 영향 받은 바도 있지만 관리부서가 바뀐 시기와도 공교롭게 비슷하게 나타나고 있다.

한편 지방자치단체 도의회에서의 행정감사수준은 세 의료원 간 차이를 보이고 있다. 감사의 빈도와 양을 볼 경우 마산의료원이 가장 많았고, 그 다음은 군산의료원이었으며, 이천의료원이 가장 적었다.[137) 마산의료원과 군산의료원에 대해서는 매년 도의회 감사가 이루어진 반면 이천의료원에 대한 도의회 감사는 격년마다 실시되었을 뿐더러, 경상남도나 전라북도의 경우에는 도내 의료원이 각기 2개씩밖에 없어 비교적 각 의료원에 대해 심도 있는 감사가 이루어진 반면, 경기도는 의료원이 6개나 되어 1개 의료원에 대한 관심의 정도가 적은 편이었다. 도의회 감사의 수준이 가장 약하게 이루어진 이천의료원의 위탁성과가 가장 나쁠 것으로 예상할 수 있는데, 그러한 예상은 실제결과와도 부합한다.

3) 주인과 대리인의 목표의 공유와 평판의 역할

주인은 계약내용에 대리인의 목표가 자신이 추구하는 목표와 조화되게끔 인센티브를 설계하는 대신, 자신과 가장 유사한 목표를 가진 대리인을 선정하여 도덕적 해이에 대처할 수도 있다(Waterman & Meier, 1998).의료원 위탁경영 사례에서는, 위탁경영을 잘 하는 것이 별다른 금전적 보상이나 손해를 주지 않더라도 수탁대학병원에게 다른 유리한 결과를 가져와야 대리인이 주인의 목표를 공유할 것이다. 결국 수탁기관에게는 자신이 받는 사회적인 보상과 간접적인 금전적 보상이 중요하게 작용한다.

군산의료원과 마산의료원은 그나마 수탁대학병원과 의료원 간의 거리가 가까워 진료권의 확대나 지역에서의 평판 제고로 원 대학병원의 환자 증가, 환자의 교류 등의 긍정적 면이 있어 수탁받은 의료원을 잘 경영하려는 목표를 주인과 공유할 수 있었다. 반면 계약내용에 인센티브가 제대로 설계되어 있지 않은 이천의료원의 경우에 특히 이러한 주인과의 목표의 공유

---

137) 회의록의 양, 회의 시간, 회의 내용으로 볼 때 이천의료원 감사는 비교적 형식적으로 진행되었고, 마산의료원 감사가 가장 많은 자료를 활용하고 오래 지속되었으며, 그 빈도도 가장 많았다.

가 중요한데, 이마저도 상당히 결여되어 고려대학교 병원은 수탁받은 의료원을 제대로 경영하려는 목표를 주인과 별로 공유하고 있지 않았다.

○ 정운천 위원; 고려대학교 쪽에서는 어떤 이점이 있습니까?

○ 이천의료원장 백병석; 이점은 고려대학교의 위상이 이천에서 높아졌다는 것 외에는 없습니다.

○ 정운천 위원; 그 외에는 없습니까? 별도로…….

○ 이천의료원장 백병석; 아무 이익이 없습니다.

○ 정운천 위원; 위탁운영수수료도 없습니까?

○ 이천의료원장 백병석; 없습니다. 단지 저까지 합쳐서 6명 나와 있는 사람도 고려대학교라는 그것만 생각하고 있습니다. 욕심[138]이 없는 것이죠. (경기도의회 회의록, 기획위원회, 1998. 11. 30).

주인의 계약내용 설계나 지도·감독 등과는 별도로 대리인이 평판 (reputation)[139]에 민감할 경우 그는 높은 수준의 노력을 하려고 할 수 있다. 세 의료원의 사례를 보면 군산의료원이나 마산의료원은 인근의 대학병원이 수탁병원으로 선정되었다. 양 수탁병원 모두 가까운 거리에 있어 지역의 평판은 어느 정도 원 대학병원에 영향을 미칠 것으로 보인다. 지역 언론은 지속적으로 이들 수탁병원의 위탁경영 사실과 그 성과를 보도하고 있었다.

반면 이천의료원은 동일 진료권이나 가까운 진료권이 아닌 서울의 고려대학교 병원과 위수탁계약을 맺었다. 고려대학교 병원의 잠재적인 주 고객층인 서울 시민 중 고려대학교의 이천의료원 위수탁을 아는 사람도 별로 없었

---

138) 주인 대리인 이론은 기본적으로 대리인이 자신의 이익을 극대화하려는 '욕심'이 있는 것으로 가정한다.

139) 평판이란 기제가 대리인 문제에 제대로 대처하지 못하는 경우는 다음과 같다. 평판과 순위를 결정할 수 있는 기준이 불분명하거나, 명성과 순위가 조작가능하거나, 판단 자료가 부족하거나, 나쁜 평판의 부정적인 영향(the shadow of the future)이 별로 없을 때이다.

고, 이들은 고려대학교가 이천의료원을 어떻게 운영하고 있었는지에 대한 관심은 더 더욱 없었다. 중앙의 언론이나 매스컴, 그리고 서울의 지역 언론도 당연히 고대의 이천의료원 위탁경영에는 관심이 없었고 언론에도 거의 보도된 바가 없었다. 이천의 지역 언론은 당연히 고대의 위탁성과에 관심을 가졌지만 그 내용은 고려대학병원의 주 고객층인 서울 시민들에게는 전달되는 사안이 아니었다. 따라서 고려대학교 병원의 경우, 위탁경영의 부정적인 평판이 미래에 부정적인 영향을 줄 여지는 별로 없었다. 고려대학교가 특별히 지방 곳곳의 영세한 병원을 위탁경영하고자 하는 경력을 쌓고 그러한 평판에 관심이 있는 병원이 아니라면 원광대학병원이나 경상대학병원보다는 지역 평판 등이 도덕적 해이를 막을 수 있었던 여지는 적었다고 판단된다.

제4절 계약의 이행과정 분석

지방공사의료원 위탁의 목적은 양질의 의료진의 확보를 통한 경영 개선이다. 본 연구에서는 계약의 이행과정에서는 대리인인 수탁병원이 얼마나 위탁경영에 노력하였는가를 중심으로 분석하였다. 계약의 이행과정 중에서 가장 관심 있게 살펴 본 부분은 위탁 이후의 의료진의 변화와 의료서비스의 전문화 등이다. 수탁기관이 얼마나 위탁된 의료원의 경영에 관심을 갖고 의료진을 파견 지원하였는가, 또한 의사진이나 직원 혹은 환자의 교류가 있었는가를 살펴보았다. 또한 위탁의료원의 노조의 입장과 협조 정도도 간략히 다루고 있다.

의료진의 변화와 병원의 전문화, 경영혁신에 관한 자료는 기본적으로 각 의료원의 내부자료와 면접, 『지방공사 시·도 의료원 경영실적 평가보고서』, 도의회 회의록의 감사자료를 통해 수집하였다. 또한 조례와 계약서를 기반으로 개정된 해당 의료원의 정관, 전국 지방공사의료원 연합회 홈페이지, 각 의료원별 홈페이지, 지방공사의료원 편람, 지방공사의료원 연보 등을 참조하였다.

1. 마산의료원의 계약이행과정

1997년 8월 1일: 5층 병동 개설(60병동).

1998년 3월 2일: 소아과 개설.

1998년 3월 16일: 산부인과 개설.

1998년 5월 25일: 치과 개설.

1998년 6월 1일: 흉부내과, 순환기내과 개설.

1999년: '다시 찾는 병원 만들기' 슬로건.

2000년 1월 29일: '99년도 지방 공기업 경영 대상 수상(노사화합상).

2000년 2월 1일: 한종우 원장 취임(신경외과 주임교수).

2000년 2월 14일: 자활의학과 개설.

2000년 2월 18일: 집중 치료실 9병상 증설.

2000년 4월 8일: 노사화합을 위한 '제1회 마산의료원장 배 볼링대회' 개최.
　　　　　　　　친절한 병원상을 위하여 '소리함' 설치.

2000년 4월 10일: 화상 원격 진료 시스템 개통(마산의료원과 통영시 사량
　　　　　　　　면 욕지면 보건지소 간 개통).

2000년 4월 14일: 의약분업 관련 대책위원회 구성.

2000년 5월 1일: 척추·통증 치료 전문센터 개설.

　마산의료원은 위탁 이전부터 의료진의 부족 문제가 상당히 심각하였다. 위탁 이전 몇 년 동안 의료진의 결원이 지속되고 있어 적은 수의 의사로 병원을 운영하고 있었다. 의료진의 결원이 발생한 가장 큰 이유는 우선 보수 때문이었다. 시중병원보다 낮은 보수 때문에 의료진의 확보가 어려웠다. 심지어 인건비 부담을 줄이기 위해 고액 월급으로 스카우트된 의사들을 권고사직시키고 새로 온 의사들은 낮은 호봉으로 계약하기도 하였다.[140]

---

140) "지난해 내과, 정형외과, 신경외과 일반진료과장이 3명 교체되었다. 일부는 권
　　고 사직시켰다. 의사가 귀할 때 스카우트 형식으로 고액 월급으로 책정되어

마산의료원의 의료진 부족의 두 번째 이유는 공중보건의의 지원을 받지 못하게 되었기 때문이다. 1994년 4월부터 의료원은 의료보호와 공중보건의 사에 대한 지원은 보건복지부에서 지원을 받게 되었고, 모든 예산은 내무부 공기업과로 넘어가게 되었다. 그런데 마산의료원은 규모는 전국에서 제일 작은 편에 속하는 데도 대도시에 위치해 있는 이유로 공중보건의의 지원을 받지 못하였다.[141]

<표 5-12> 마산의료원의 의사와 전공의 수

(단위: 명)

구 분	1993	1994	1995	1996	1997	1998	1999	2000	2001	2002
의 사	5	6	5	12	11	15	14	11	12	10
전공의	3	0	0	0	0	0	0	0	2	2

자료: 행정자치부, 『지방공기업 결산 및 경영분석』 1993-2002년 자료(현원 기준)로 작성.

<표 5-13> 경상대학교 병원이 파견한 의사 수와 의사 직급

(단위: 명)

구 분	1997	1998	1999	2000	2001	2002
전문의	2	2	1	2	1	1
인 턴	3	2	2	3	2	2
계	5	4	3	5	3	3

자료: 마산의료원 내부자료.

들어왔던 분이다. 봉급을 깎을 수가 없어 권고 사직시켰고 지금 온 의사들은 모두 2년씩 계약제로 호봉을 낮게 책정하였다. 의사들은 이렇게 하지만 고 호봉 간호사는 어떻게 할 방법이 없다." (경상남도의회 회의록, 기획위원회, 1995. 3. 24. 김재만 마산의료원장 발언).

141) 보건복지부의 공중보건의 관리지침에 의하면 50만 이하의 인구를 가진 도시에는 공중보건의를 파견할 수 있다. 단, 50만 미만이라도 중소도시 중 창원, 울산, 마산 등은 공중보건의를 파견할 수 없는 제외지역으로 분류된다.

위탁 이후 경상대학교 병원에서의 의료진의 지원 규모는 군산의료원의 경우보다는 적고 이천의료원의 경우보다는 많았다. 그러나 파견의사의 수와는 별도로 위탁 이후 경상대학교 교수들이 주 1~2회 마산의료원에서 특진을 실시하였으며, 경상대학교 병원 장비도 마산의료원 측이 무상으로 사용토록 하였다. 또한 경상대학교 병원 환자를 마산의료원에서 수술하는 등[142]의 병원 간의 환자의 교류도 있었다. 이러한 경상대학교 병원과의 교류와 아울러 무료심장병 수술을 홍보하는 등 대외적인 이미지 개선에도 노력하였다.

경상대학교 병원에서 파견된 의료원장과 진료부장은 봉급은 경상대학교 병원으로부터 받았고, 수당 등은 마산의료원으로부터 받았다. 반면 관리부장은 마산의료원 출신이 임명되어 의료원에서 월급을 받았다.

한동안 마산의료원의 의료진의 보강이 잘 이루어졌으나 1999년 9월 이후 임상과장들의 대폭적인 이직이 발생하였다. 이는 물론 임상과장들의 보수가 낮았기 때문이기도 하지만 더 큰 이유는 따로 있었다. 마산의료원의 임상과장들은 본래 경상대학병원 임상교수들로 충원하였었는데 1998년 구조조정으로 경상대학교 병원은 교육부로부터 1999년에 인원수를 줄이라는 지시를 하달 받았다. 이 때문에 마산의료원 임상과장들을 경상대학병원 임상교수에서 제외시켜 철수시켰는데 이로 인해 임상과장들의 대폭적인 이직이 발생하였다.

1999년 9월부터 2000년 3~4월까지 서너 명이 철수하고 진료과장들도 몇

---

142) "정형외과 같은 경우 주당 3명 정도가 대학병원 교수가 병원 환자를 데리고 와서 수술하는 경우이다. 원장은 지금까지 4건 정도 수술, 원장은 경상대학 직장암 환자 4건을 의료원에서 수술하였는데 대기하는 시간 때문에 혹은 집이 마산 쪽이어서 그렇게 되었다. 또한 대학병원에서 수술하는 경우보다 의료원에서 수술하는 경우가 더 비용이 덜 든다. 대학병원에서는 의료비 자체에 가산료가 30% 붙게 되고 교수들이 수술할 경우에는 특진비로 수술비의 100%를 붙여야 한다. 게다가 환자 한 사람 한 사람에 대한 검사의 경우에도 대학병원의 경우에는 검사기구들이 많아 검사항목이 많고 의료원의 경우에는 워낙 갖고 있는 검사기종이 적기 때문에 많은 검사가 이루어지지 않는다." (경상남도의회 회의록, 1997. 6. 30. 최상경 마산의료원장 발언).

명이 개업하였다.[143] 그래서 2000년 3~4월 동안 경상대학 총장과 경상대학병원장이 협의하여 부족한 의료진을 기근교수로 모두 충원시키기로 결정하였다. 임상교수는 대학병원장이 발령을 내는 교수이고 기근교수는 대학총장이 발령을 내는 교수이다. 그런데 국립대학교 의과대학교수 정원이 동결되어 총장이 기근교수를 뽑아 임상과장들로 충당하기로 한 것이다.

위탁 이전에는 마산의료원은 여러 명의 의사가 결원인 상태로 운영되고 있어 진료과가 많지 않았고 환자수가 많은 진료과인 소아과, 산부인과, 치과 등이 개설되어 있지 않았다. 도립의료원 시절에는 마산의료원에도 소아과와 산부인과가 개설되어 있었는데[144] 1983년에 지방공사가 되면서 폐지되었다. 91년에 잠시 공중보건의 소아과 의사를 둔 적이 있었지만 도저히 운영이 안 되었다. 거의 10년 동안 소아과를 운영하지 않았고 홍보도 안 되어서 한 달 수입이 50만 원도 안 되어 수입이 월급의 1/4도 안 되었기 때문이다.

그러다 마침내 1997년 4월 14일에 지방공사 마산의료원은 휴원 15개월 만에 재개원하면서, 휴업 이전에 6개 부문이던 진료과목을 내과, 일반외과, 정형외과, 성형외과 등 9개과 168병상 규모로 확대하였다. 의료원 측은 이와 함께 17억 원을 들여 마취기, 수술기, 수술현미경 등 필수적인 첨단의료장비를 도입하고, 제 기능을 못 하던 엘리베이터, 냉·온방시설 및 건축·전기·통신·기계 등의 시설을 재보수했다.

또한 마산의료원은 위탁 이후 특수 클리닉을 활성화하였다. 척추·통증 전문 센터, 특수내시경 클리닉, 뇌졸중 클리닉, 뇌종양 클리닉, 슬관절·견관절 클리닉, 고관절 클리닉, 관절염 클리닉, 소아정형 클리닉, 소아비만 클리닉, 대장·직장·항문 질환 클리닉, 심장·폐질환 혈관 질환 클리닉, 안

---

143) 이비인후과, 내과 2명, 신경과, 정형외과, 마취과, 소아과, 치과, 성형외과, 흉부외과 총 10명이 개업하였다.

144) 산부인과는 도립병원 시절에는 둘이나 있었다.

면기형·수부질환 클리닉 등 12개의 클리닉이 개설되어 경상대학교 병원 전문의들이 1주일에 1-2회 진료를 실시하였다.

마산의료원이 1983년에 지방공사가 되었을 때 당시 근무하던 공무원들 중 반 정도는 일반행정직 공무원으로 전환되었고, 나머지 반 정도는 의료원 직원으로 계속 남게 되었다. 의료원에 계속 남은 이들은 지방공사화 이전에는 신분보장을 받던 공무원들이었으나, 지방공사로의 전환으로 그때까지의 퇴직금을 정산하고 그 호봉만 인정받으면서 신분이 전환되었었다. 그리고 이들이 지방공사의료원의 장기근속자들이 되었다.145)

마산의료원은 위탁 이전에는 노조의 유니언샵이 결성되어 있었다. 공기업이어서 58세까지 정년이 보장되고 있었고 과장, 실장을 뺀 전 직원이 유니언샵에 가입되어 있었다. 따라서 의료원장은 직원에 대한 해고권이 없었다. 휴업 이전의 보수체계는 단일호봉제로서 인센티브가 결여되어 있었다. 1983년 지방공사 설치 시 준칙에 의하여 직급별 호봉제를 처음 시작하였다. 그러나 의사, 약사, 간호사들의 건의에 의하여 1987년부터 다시 단일호봉제가 되었다. 노조의 결성으로 고액을 받는 일반직원들이 많았으며,146) 간호원의 경우만 하더라도 23호봉이 최고 호봉인데 23호봉을 넘긴 사람들이 많았다. 위탁 이전의 지방공사의료원의 임금은 일반공무원의 임금표에서 1직급 하향 조정된 것에 근거하고 있어 공무원 8급과 의료원 7급 임금이 동일하였다.

경상대학병원 측은 계약 협상과정에서 노조의 전원 수용에 대해서 문제 있는 인물들을 지적하였으나 도 측은 전원 수용 입장을 분명히 하였다. 결국 계약서상에 전 직원의 인수를 명문화하였다. 1996년 휴업이 발생하자

---

145) 1996년 당시 10년 이상 장기근속자는 진주의료원에 55명, 마산의료원에 33명이 있었다.

146) "위탁 이전 수위를 보는 사람의 월급이 의사 반 정도 근 이백얼마를 받고 있었다." (경상남도의회 회의록, 기획위원회, 1996. 3. 5, 심상원 위원장 발언).

노조는 마산의료원 정상화를 위해 그동안 고수하던 유니언샵을 오픈샵으로 바꾸고 1996년의 임금도 동결하기로 하였다. 노조위원장도 사표를 냈고 대외협력을 약속하였다. 그러나 뒤이어 위탁안이 제시되자 노조는 위탁에 강력히 반발하였고 다시 유니언샵을 고수하고 임금 인상을 요구하였다.

마산의료원 노조는 1997년 개원 직전에 드디어 유니언샵을 오픈샵으로 변경시켰다. 그리고 1999년 말까지 임금 협상을 한 번도 하지 않았다. 노조 측의 입장은 임금 협상은 원장에게 일임한다는 입장이었다. 마산의료원의 위탁 이후의 노사관계를 보면 전혀 마찰적인 관계는 아니었고 노조원들은 노조 활동보다는 병원 활동이나 개별 동아리 활동[147]을 주로 하였다. 이 때문에 2000년 1월에는 노사화합상을 받기도 하였다.

마산의료원은 매월 확대간부회의에 노조 간부도 참석하도록 하여 의료원 경영에 대해 이해하고 경영개선에 참여하도록 하였다. 직원 종례 시 병원 재정상태 및 경영성적을 제공하여 각종 정보를 공유하고 결산서, 회계감사 보고서 등 각종 보고서를 제시하여 투명성을 확보하도록 노력하였다. 병원장과 노조위원장은 상시 대화채널을 유지하고 있었으며 노조원을 위한 조합사무실 확장 및 자판기 설치, 노조원을 위한 병원 회의실의 상시 개방과 직원 및 노조원을 위해 상시 원내 차량을 제공하고 있었다. 노사화합을 위하여 각종 모임이 활성화되어, 다과회, 래프팅, 워크샵, 동아리 모임 등이 다양하게 이루어지고 있었으며, 경영진에서는 낚시, 등산, 탁구 등의 동아리 활동금을 지원하고 있었다.

이 때문에 노동조합과 병원 측의 고소·고발 등 법적 대응사항은 거의 없었고 서로 대립하는 사항도 별로 없었다. 노동조합이 자진하여 근로자의 날이나 개원기념일 등에도 정상근무를 시행하였고 2000년 의약분업 사태 시 노동조합의 적극적인 협조로 공공의료기관의 역할을 충실히 수행하였다.

---

147) 마산의료원은 특히 각종 동아리가 활성화되어 있었는데, 비공식 조직인 동아리 활동을 적극 장려하여 조직의 활성화 및 화합력을 증진시키도록 노력하였기 때문이다. 마산의료원은 개인 회비 외의 활동비를 의료원에서 지원하였다.

한편, 마산의료원은 위탁 이후에도 직원들에게 퇴직금[148]을 지급하지는 않았고 계속 적립하고 있었다. 그러다 1998년 2월 경상남도에서는 자체 경영평가를 실시하고 2월부터 구조조정[149]을 시작하였는데 공무원 수준보다 적은 수준으로 퇴직금을 조정하는 것에 대한 합의를 보았다. 노조위원장이 퇴직금 누진제를 없애기 위해 일일이 가정을 방문하여 설득하고 합의를 이끌어낸 결과, 마산의료원의 새로운 퇴직금 제도는 1998년 7월 1일부로 시행되기 시작하였다.[150]

또한 마산의료원은 경상대학교보다 호봉이 낮았지만 이를 경상대학교 병원 수준으로 변화시키지는 않았다. 오히려 현재 단일호봉제로 되어 있는 것을 직급별 호봉제로 바꾸었다. 1999년도에는 부장과 임상과장에 대한 연봉제를 실시하기 시작하였고, 2000년도에는 4급 이상 과장급에 대해서도 연봉제를 실시하기 시작하였다.

병원에서의 수익성 사업은 매점, 식당, 영안실, 주차장 운영 등을 통해 이루어진다. 마산의료원의 경우에는 의업외수익 중 영안실 수입이 가장 많았고 그 다음은 식당 임대료 수입이었다.

위탁 이후 마산의료원은 영안실을 직영하기 시작하였는데 초기의 직영

---

148) 퇴직충당금은 전국의료원연합회에 매월 일정 금액을 납부해서 적립하는 것인데, 이러한 퇴직금 적립제도는 공무원보다 약 40%가 많았고 누진제로 되어 있어 의료원의 적자 요인으로 지적되는 사안이었다. 마산의료원은 1996년 1월에는 직원들의 퇴직충당금까지도 운영비로 다 전환하여 사용하고 있을 정도로 경영이 악화되었다.

149) 원래 행정자치부가 구조조정을 실시할 계획이었다. 그러나 행자부가 구조조정을 실시한다는 사실이 시·도 등의 지방자치단체에 먼저 알려지지 않았고 각 지역의 노조에게 먼저 전달되었고 지방자치단체는 오히려 노조와 언론을 통해 그 소식을 알게 되었다. 노조 측이 지방자치단체보다 먼저 구조조정의 실시를 알게 된 것은, 구조조정은 노사정위원회에 보고 되고 협의를 거치는 사항이었는데, 그 과정에서 노사정위원회가 노조 측에 공문은 아니나 구두로 먼저 그 사실을 시달하였기 때문이다.

150) 같은 전라북도 내의 진주의료원은 11월 1일부로 새로운 퇴직금 제도가 시행되기 시작하였다.

과정에서는 기존 업자와 그와 연계된 깡패 조직의 협박과 방해로 어려움도 겪었다.151) 장례문화를 개선시키고 관련 염사나 장의차량 등이 일체의 부당 수입을 요구하지 않고 거래 명세서에 있는 내역만을 징수하도록 마산의료원 측에서는 철저히 관리하고 유족들을 대상으로 설문조사를 실시하기도 하였다.

주차장은 1995년 3월까지는 병원 뒤쪽에 먼지 자갈로 되어 있었던 것을 그해 4월에 확대 포장하였다. 시청에 유료화를 문의하였으나 주차료를 징수할 수 있는 차량대수는 9대밖에 면적이 나오지 않아 처음에는 허가를 포기하였다. 결국 위탁 이후인 1997년 7월에 법정 주차대수 88대(실제주차대수 100대), 30분당 500원의 비용으로 주차장이 유료화되었다. 환자는 하루당 1,000원의 주차료를 지불했고, 주차요원은 임시직 4명으로 월 100만 원의 임금을 받았다. 주차관리실에서 경비도 겸하고 있다.

위탁 이후에는 병원 홍보를 위한 활동도 다방면으로 이루어졌다. 병원의 직접적인 홍보가 규제되었기 때문에 적극적인 홍보에는 제약이 있어 간접적인 홍보전략을 추구하였다. 첨단의료장비 및 우수의료진과 특수클리닉 소개, 최신 수술 기법 보도, 우수한 의료진의 시민 건강강좌 출연 등 매스컴을 활용한 방법 외에, 무의촌 진료, 불우이웃 심장병 무료 수술, PC통신 무료 건강 상담 등 의료봉사활동을 통해 병원을 홍보하기도 하였다.

한편 친절교육을 정례화하여 매주 화요일 일과 시간 이후 30분간 이를 실시하였다. 친절교육의 강사는 전 직원이 순번제로 맡아 실시함으로써 강

---

151) "가장 크게 힘든 점이 무엇이냐 하면 지역의 깡패 조직들하고 영안실에서 돈을 버는 업자들하고는 굉장히 연계가 되어 있고, 그리고 실제로 저희들이 하겠다라고 하면서 많은 충돌이 있었습니다. 주먹을 쓰시는 분들이 영안실에 와서 밥상도 엎기도 하고 이렇게 되면 저희들은 5분대기조를 만들어 가지고 가서 싸우게 하고 이런 과정이 몇 차례 있었고 또 이 사람들은 여러 가지 경로를 통해서 진정도 하고, 청와대, 감사원, 검찰 이런 곳에도 진정도 하고 또 제 방에 들어와서 큰소리를 치기도 하고 심지어는 관리부장 집으로는 죽이겠다는 협박전화도 하고 했는데, 그래서 이런 부분에 대한 힘을 끊어주는 부분에 상당히 힘들었다는 것을 말씀을 드리고……"(경상남도의회 회의록, 기획위원회, 1997. 11. 28. 최상경 마산의료원장 발언).

사료를 절약하고 직원 스스로 친절에 대한 연구 및 실천기회를 높였다. 또한 주기적인 전문교육은 매주 금요일 6시부터 실시되었고 임상교수가 강사를 맡았다. 관리동 3층 회의실에 도서실을 개설하였는데, 전문서적은 진료과장들이 매월 5만 원씩 갹출하여 구입하였고 일반교양서적은 직원과 유관기관의 협찬으로 마련하였다.

마산의료원은 또한 조기 정문 친절 팀을 운영하였는데 매일 아침 8시부터 40분 동안 전 직원이 순번제로 5~6명씩 근무하였다. 정문에서 방문객을 맞아 인사를 함으로써 친절한 병원, 생동감 있는 병원이란 이미지를 제고하고 직원들의 조기 출근과 친절의 습관화를 유도하도록 노력하였다. 또한 매일 오전 10시 30분, 그리고 오후 3시에 외래환자들에게 녹차, 율무 등의 음료수와 사탕 등을 제공하였다. 원내 각 부서에서 선발한 11명으로 고객만족팀을 구성하여 운영하기도 하였다.

한편, 정문 우측의 담장을 헐고 시민들이 잠시 휴식할 수 있는 소규모 휴식공간을 조성하였다. 보도블럭으로 바닥을 정리하고 벤치를 5개 설치하고 담장 일부를 철거하여 계단으로 출입구를 설치하였다. 정원 잔디밭에서는 환자와 환자 가족을 위한 작은 음악회를 저녁 때 개최하기도 하였다.

또한 매주 토요일 아침 8시부터 8시 40분까지를 환경 미화의 날로 정해 잡초 및 쓰레기 수거 등 대청소를 하였다. 그리고 담당구역별 조기 청소를 매일 아침 20분간 실시하여 외곽 청소를 하도록 하였다.

2. 이천의료원의 계약이행과정

2000년 3월: 이비인후과 개설.
2000년 6월: 37병상 증축(75병상→112병상).
2002년 11월 4일: 고려대학교 의료원의 만기 해지 요청.
2003년 3월 31일: 계약 만료.

고대의료원의 이천의료원에 대한 실질적인 의료진의 지원은 매우 미흡하였다. 위탁의 목적이 양질의 의료진의 확보를 통한 경영 개선이었다는 점에서 의료진의 지원이 미흡한 것은 위탁의 가장 중요한 장점이 사라졌음을 의미한다.

〈표 5-14〉 이천의료원의 의사와 전공의 수

(단위: 명)

구 분	1993	1994	1995	1996	1997	1998	1999	2000	2001	2002
의 사	12	12	10	9	8	7	10	14	15	18
전공의	0	0	0	0	0	0	0	0	0	2

자료: 행정자치부, 『지방공기업 결산 및 경영분석』 1993-2002년 자료(현원 기준)로 작성.

〈표 5-15〉 고려대학교 병원이 파견한 의사 수와 의사 직급

(단위: 명)

구 분	1998	1999	2000	2001	2002	2003
전문의						
레지던트	2	2*				
인턴	2	2	2	2	2	2
계	4	4	2	2	2	2

자료: 이천의료원 내부자료.
 * 레지던트 2명은 99년 2월까지만 파견. 휴가 등으로 진료과가 공석인 경우 일일 동안 레지던트 파견.

고려대의 이천의료원에의 의료진 지원은 응급실 환자의 진료, 수술 시 수술보조 등을 위한 인턴을 2명 파견한 것만이 지속적으로 위탁기간 내내 이루어졌을 뿐, 레지던트의 파견도 잠시 동안만 이루어졌고 전문의의 파견이나 고대 의사의 순회진료152)는 아예 없었다. 단지 휴가 등으로 진료과가

152) 이천의료원 측에서는 최소한 고려대학교 병원 의사들이 정기적으로 1주일에

공석일 경우 레지던트가 일일 동안 파견되었다. 고려대학교 병원과 이천의료원 간에는 의료진의 교류도 별로 없었다. 그나마 고려대학교의 예방의학 팀이 이천의료원과 프로그램 연계를 시도하였으나 그들이 상주할 수 있는 공간을 확보하지 못하여 이천의료원이 거절하기도 하였다.153)

고려대학교에서 파견된 직원은 위탁 초기에는 6명이 있었으나 구조조정 차원에서 파견인원을 점차적으로 줄여 위탁 종료 시에는 총무과장 1명만이 남아있었다. 행정관리 개선을 위해 위탁 초기에는 관리부장, 총무과장, 원무과장, 총무계장, 원무계장, 간호과장이 파견되었는데, 간호과장이 가장 먼저 감축되었고, 원무계장은 2001년 4월까지, 원무과장과 총무계장은 2001년 11월까지, 또 관리부장은 2002년 10월까지만 파견되고 그 이후에는 오지 않았다.

고대 병원에서 파견된 직원들은 이천의료원 직원이 아닌 고대 병원 직원의 신분을 유지하여 그들에 대한 급여는 고대 병원의 봉급체계로 지급되었다. 고려대에서 파견된 직원들과 기존의 이천의료원 직원들에 대한 이원적인 관리체계로 노조와의 갈등도 심화되었다. 이천의료원의 직원들은 고대 측에서 파견한 직원들을 자신들을 감독하고 자신들 위에서 군림하려는 존재로 인식하였다.154)

또한 고려대학교의 이천의료원에 대한 재정적인 지원은 일체 없었다. 한편 계약에 의해 설치하기로 한 병원운영위원회는 이사회로 대체하기로도

하루라도 순회근무를 해주길 원하였으나 마산의료원이나 군산의료원과는 달리 그러한 순회진료가 일체 이루어지지 않았다. 단지 파견된 수련의가 고대에서 자기의 지도교수를 모셔와 하루 동안 수술한 예가 있다.

153) "잠깐 그 말씀을, 예방학 팀들도 여기 왔었어요. 왔는데 스페이스를 달래요, 장소를. 돌아보셨지만 장소라는 것은 하나도 없습니다. 다 이용하고 있습니다. 75베드 있는 방을 자기들이 여기 와서 연구할 수 있는, 상주할 수 있는 데를 달라고 하는데 제가 할 수 없이 거절했습니다." (경기도의회 회의록, 2000. 11. 24. 백병석 이천의료원장 발언).

154) "위탁한 팀과 여기 있던 직원과의 융화가 잘 안 됩니다. 기름하고 물과 같기 때문에 정말 힘듭니다." (경기도의회 회의록, 2002. 11. 25. 백병석 이천의료원장 발언).

공기업계와 합의를 보아 설치되지 않았다.

이와 같은 고려대학교의 지원 내용을 보면, 위탁 이후 고려대학교의 의료진의 지원이 체계적이고 지속적으로 이루어지지 못한 채 필요에 따라 간헐적으로 이루어진 것을 알 수 있다. 이 때문에 실제로 의료진의 진료활동이 계획적으로 이루어지지 않았으며 지역주민의 신뢰성을 확보하는 데에도 어려움이 있었다. 위탁 초기에는 고려대학교가 경영한다는 기대감이 지역주민들에게 있어 환자들이 폭발적으로 증가하였으나 실질적인 진료는 그 이전과 같다는 인식이 퍼져 환자는 다시 감소하였다.

고려대학교가 이천의료원에 대한 의료인력을 실질적으로 지원하지 않을 경우 의사 등의 인력을 이천의료원 스스로 확보할 수밖에 없었는데, 병원의 명성과 규모가 열악하고, 지리적인 위치도 의사직을 유인하기에는 어려웠던 이천의료원은 그나마 프리미엄을 지급할 수밖에 없어 인력 규모의 증가율에 비해 인건비의 증가율이 과다하였다. 의료원의 규모가 수지 균형을 달성하기에는 열악한데다가 응급실과 중환자실도 제대로 없어 이천의료원의 경영은 위탁 초기에 잠시 좋아졌다가 다시 나빠졌다.

고려대학교의 미흡한 의료진 지원은 일차적으로 계약서상에 그 지원 내용을 명확히 규정하지 않은 것이 문제였다. 계약과정에서도 별로 적극적인 태도로 임하지 않았고 위탁을 마지못해 수락하여 계약서의 내용이 비교적 추상적이고 모호하게 규정되었다. 특히 의업손실에 대한 책임이 모호하여 고려대학교의 책임경영을 확보하기 어려웠다. 고려대학교의 실질적인 의료진 지원이 미약했던 궁극적인 원인도 책임에 대한 규정이 명확하지 않았기 때문이었다.

위탁 초기에는 대학병원의 이미지로 인해 환자가 폭발적으로 증가하여 입원실이 부족할 정도였으나 고대 병원의 사정으로 유능한 의료인력 확보에 실패하면서 의료진의 불안정성은 커지고, 노조의 득세로 구조조정의 탄력성이 없어진데다 주민들 간에는 당초의 기대에 미치지 못한다는 인식[155)

이 퍼지면서 환자가 줄어들었다.

계약 당시 경기도에서 매년 5억씩 3년간 경상비를 지원하기로 하였는데 4년째에도 적자가 계속되자 고대의료원 측에서는 예상치 못한 여건을 감안하여 계속 지원해줄 것을 요구하였으나 경기도에서는 계약 이행만을 요구하여 서로가 불신으로 갈등을 빚게 되었다. 이는 경기도의 의료원 관리부서가 위탁 도중에 예산담당관실에서 보건위생과로 바뀌면서 경기도 담당자들의 이해부족과 적자 책임 떠넘기기가 맞물려 일어난 것으로 보인다. 고대의료원에서도 계약상 흑자에 대한 수익은 물론 적자에 대한 책임도 없어 적자를 메울 형편이 아니었고, 임금문제로 노조와 심한 갈등을 빚게 되었다.

고대 위탁운영 직후 퇴직자는 총 7명으로써 관리부장 1명, 응급실 당직의사 3명, 간호사 2명, 간호조무사 1명이 퇴직하였다. 또한 위탁 이전의 총무과장, 원무과장 등의 관리직 보직자는 직위를 해제하고 평직원으로 근무하였다.

이천의료원은 위탁 첫해인 1998년에는 의욕적으로 임직원 직무교육을 2회 실시하였다. 1998년 5월 23일~24일까지 마장면에 소재하는 LG인화원에서 68명을 대상으로 하계직원연수교육을 실시하였고, 10월 24일~25일까지 광주군 실촌면에 소재하는 중부연수원에서 78명을 대상으로 추계직원연수교육을 시행하였다.

1998년에는 무료 건강강좌도 2회 개최되었다. 6월 26일 시민회관 대강당에서 참석인원 252명을 대상으로 고대 안암병원 소화기내과 유호상 교수가 간질환의 치료 및 예방법을 강좌하였고, 9월 25일에는 총 150명을 대상으로 시청 회의실에서 고대 구로병원 산부인과 서호석 교수가 자궁암의 예방

---

155) "현재 고려대학교에서 위탁운영하면서 이천의 여론은 의료진이 많이 바뀌지를 않았다, 그대로다 하는 여론이 있습니다. 그래서 홍보가 굉장히 부족하지 않았는가 하는 생각이 들고요……의료진이 옛날 그대로다. 그 다음에 사실 초진료 등 수가만 비싸졌다는 여론이 있는데 그런 것은 홍보가 부족해서 온 것이 아니냐는 생각입니다." (경기도의회 회의록, 1998. 11. 30. 이세구 위원 발언).

과 치료에 대해서 강의하였다. 또한 모범직원을 해외연수 보내는 등의 노력도 있었다. 그러나 그 이후로는 직원 교육이나 시민 건강 강좌는 열리지 않았고 이천의료원은 다시 침체되어갔다.

이천의료원의 노조는 유니언샵으로 과장급만 제외하고 모두 조합에 가입할 수 있었다. 이천의료원은 3개월에 한 번씩 분기별로 노사협의회를 시행하도록 되어 있었으나 위탁 중반 이후로는 그마저도 계속 지연되는 등 제대로 시행되지 않았다. 노사간의 고소·고발이나 파업 등의 극한적인 대립은 없었으나 노사간의 불신은 매우 심하였다.

의업외수익을 창출할 수 있는 영안실이나 매점 등의 관리도 제대로 이루어지고 있지 않았다. 이천의료원은 업자 선정 시 영안실은 공개입찰(경쟁입찰)하였고 의료원 외부에 컨테이너로 설치된 매점은 수의계약을 체결하였다. 영안실은 2년 혹은 3년 기간 동안 임대하였고 공개입찰을 위해 병원 앞 게시판에 공고를 하였다. 그러나 다른 경기도 의료원들보다 훨씬 저렴한 비용으로 임대해주고 있어 특정 업자에게 특혜를 주는 것이라는 이야기도 있었다.

한동안 이천 지역에 종합병원이 없다는 이유로 이천의료원을 종합병원으로 키우자는 운동이 전개되기도 하였다. 종합병원유치 이천시민회(회장 민병효)가 구성되어 10만 서명 운동에 돌입하기도 하였다.156)

2002년 말 위탁이 끝나갈 무렵 이천의료원은 무려 7개과를 공중보건의로 운영하고 있었다. 정부에서는 내과 2명, 정형외과, 신경외과, 소아과, 산부인과, 이비인후과 각 1명 씩 총 7명의 공중보건의를 지원하였다. 공중보건의의 인건비 처리는 보건복지부로부터 시달된 공중보건의 관리지침에 따라 연구비만을 지급한다. 이천의료원으로부터 보수를 받는 페이닥터는 일반외

---

156) 민병효 회장은 "이천의료원이 명실상부한 종합병원으로 성장하기 위해서는 300여 병상 이상의 현대식 시설과 진료과목이 2배 이상 확대되어야 한다"며 "20만 이천시민이 모두 염원하고 있는 이천 종합병원 유치를 위해 시민회는 사활을 걸겠다"고 말했다(경기일보, 2001. 3. 6).

과, 정형외과와 소아과 의사뿐이었고 무엇보다도 핵심적인 내과도 공중보건의로 운영하고 있었다. 보수 때문에 의사들을 구하는 데 어려움이 많았는데[157], 특히 군복무의 일환으로 지방으로 파견된 공중보건의사의 경우 무성의하게 진료에 임하[158]는 경우가 많아 더욱더 문제가 되었다. 점심시간이나 퇴근 시간 즈음에 오는 환자를 거부하는 사례가 지적 될 정도로 근무 분위기가 해이하였다.[159]

3. 군산의료원의 계약이행과정

98년 11월 5일: 계약체결일.

98년 11월 9일: 위수탁 개시.

98년 11월 9일: 원광대학교 병원 운영 군산의료원 김종문 원장 임명.

98년 11월 12일: 김종문 원장 취임.

98년: 21개과 운영.

---

157) "내과선생을 구하려고 해도 현재 없습니다. 서울에서 심지어 1,200만 원을 네트로 주고 있기 때문에 여기서 우리가 줄 수 있는 한도 가지고는 오지를 않습니다." (경기도의회 회의록, 2002. 11. 25, 백병석 이천의료원장 발언).

158) "그건 지금 계도하고 해결해야 할 점인데 공중보건의들하고 페이닥터 차이점이 그겁니다." (경기도의회 회의록, 2002. 11. 25, 백병석 이천의료원장 발언).

159) "저는 이천의료원에 대해서 여러 군데서 이야기를 들었기 때문에 사실은 제가 몇 번 위장으로 전화를 드렸습니다. 그랬을 때 오전 11시가 돼도 환자를 받을 수 없다, 제가 알기로는 보통 점심시간이 12시에 시작하더라도 만약 환자가 오면 의사선생님한테 환자가 오니까 조금 양해를 해달라고, 조금은 기다려 줄 수 있다라고 보는데 제가 전화한 건 11시였고요, 오후 4시에도 마찬가지였습니다. 환자를 거부하시더라고요. 그랬을 때 아! 정말 이천의료원은 많은 환자를 가지고 리퓨즈할 정도로, 환자를 거부할 정도로 환자가 많은 게 아니냐라는 생각이 들고요. 물론 학회가 많으셔서 대학에 관여를 하시기 때문에 학회에 참석하신다라는 건 좋은 뜻으로 받아들이겠는데 사실은 제가 2주전에 병원에 왔을 때요, 휴진안내라는 게 굉장히 많이 붙어있어서 굉장히 쇼킹했습니다." (경기도의회 회의록, 2002. 11. 25, 장정은 위원 발언).

99년: 19개과 운영(피부과, 재활의학과 폐지).

2000년: 18개과 운영(성형외과 폐지).

2001년: 20개과 운영(응급의학과, 재활의학과 증설).

2001년 3월 26일: 인공신장실 개설.

2001년 11월 5일: 위수탁 연장계약 체결.

2002년 4월 8일: 지곡동 신축 병원 진료 시작(400병상 규모).

2002년 4월 16일: 군산의료원 부설 한방병원 운영(30병상).

2002년: 21개과 운영(성형외과 증설).

군산의료원은 위탁 후 진료과를 증설하고 전문클리닉160)도 개설하는 등 의료서비스 확충에 의욕적이었다. 원광대 병원에서는 군산의료원에의 의사의 파견 외에 의대 교수들의 순회진료를 대폭적으로 실시하였고 마산의료원이나 이천의료원의 수탁기관들과는 달리 재정적인 지원도 원대 재단을 통하여 상당한 규모로 하였다. 1999년 3월에는 군산의료원 부설 한의원도 개원하였다. 또한 평일에도 야간 진료를 실시하였고 토요일에는 연장 진료를 실시하였다. 당뇨와 고혈압 예방을 위한 시민 건강교실 운영하였으며, 2002년 9월부터 진료과별 진료목표를 설정하는 성과급제를 도입하였다.

<표 5-16> 군산의료원의 의사와 전공의 수

(단위: 명)

구분	1993	1994	1995	1996	1997	1998	1999	2000	2001	2002
의사	22	25	24	22	15	12	19	24	27	37
전공의	13	24	26	24	12	6	0	1	1	0

자료: 행정자치부, 『지방공기업 결산 및 경영분석』 1993-2002년 자료(현원 기준)로 작성.

---

160) 고혈압 협심증, 유방, 성기능장애, 방광암, 전립선질환 클리닉의 6개 전문 클리닉이 개설되어 각 클리닉별로 주 1회 운영하였다.

<표 5-17> 원광대학교 병원이 파견한 의사 수와 의사 직급

(단위: 명)

구 분	1998	1999	2000	2001	2002	2003
전문의	4	11	6	10	19	23
일반의	0	0	0	0	1	1
계	4	11	6	10	20	24

자료: 군산의료원 내부자료.

원광대학교 병원이 위탁된 세 의료원의 수탁병원 중 전문의의 파견에 가장 적극적이었는데 이는 의업손실에 대한 책임[161]을 지기로 한 상황 때문이었다. 의약분업으로 대부분 병원에서 의사의 확보에 어려움을 겪고 원광대학교 병원 역시 그러한 어려움에 당면했으나, 손실에 대해 경영책임을 져야 했기 때문에 원광대학교 병원에서는 전문의를 계속적으로 지원하였다. 특히 낮은 보수로 인해 의료진 수급이 어려워 신분보장 측면에서 원광대학교 교수로 발령을 내어서 군산의료원에 파견하는 형식으로 의사들을 지원하였다.

군산의료원은 실질적으로 의업수입에서 의업비용을 뺀 손실액을 수탁기관인 원광대학병원에서 책임을 지도록 되어 있었기 때문에 가능한 한 인건비를 줄이기 위해서 많은 노력을 하였다. 위탁 직후 의사들 위주로 보수를 현저하게 줄여 전체적으로 17억 원 정도의 인건비가 줄어들었다. 의사들의 보수는 위탁 이전에는 5백만 원에서 7백만 원 정도였으나 위탁 이후 350만 원 이하로 줄었다.

이러한 임금의 삭감으로 군산의료원은 위탁 직후 퇴직한 의사가 10명이나 되었다. 원광대학교 측에서는 군산의료원이 어려우니 의사들의 임금을

---

161) 군산의료원은 건물 신축을 위해 받은 도비와 국비 중 사용하지 않은 돈은 전북은행에 예금하여 이자수입이 꽤 많았다. 후에 협약서를 변경하여 의업수입 대 의업비용에서 발생된 손실금에 대해서는 신축예산에 따른 이자로 보전하는 걸로 협약 내용을 조정하였다.

우선적으로 깎고 2000년부터 경영이 정상화가 되면 충분한 보수를 책정해 주겠다고 했으나 그전보다 받던 보수가 떨어져 많은 의사들이 이직하게 되었다. 위탁 후 새로 채용된 의사 인원이 14명이었고, 그중 한방과 의사가 1명, 레지던트 1년차가 1명 포함되어 있었다. 그런데 신규채용된 의사들은 모두 원광대학교 출신들이었다.

의약분업[162] 이후 2000년 말과 2001년 초에 11명 정도의 의사들이 대거로 또 다시 퇴임하였다. 이들이 퇴임한 이유는 여러 가지였다. 첫 번째는 보수에 대한 불만으로 개인 민간종합병원에서 지급하는 보수와 차이가 많이 났기 때문이고, 두 번째는 군산의료원에는 전공의가 없어 업무가 과다하였기 때문이고, 세 번째는 계약제로 인한 신분보장에 대한 불안 때문이었다. 이러한 의료진의 이직에 대처하기 위해 원광대에서는 군산의료원에 근무하고 있는 진료과장들에게 본인이 원할 경우 임상 전임강사나 임상 조교수 발령을 내주어서 안정적인 신분을 부여하려고 하였다.

그럼에도 불구하고 의약분업 이후로 의사 구인난이 심하여져, 2000년 말 산부인과 과장이 그만 둔 후 5개월 정도의 공백이 지난 2001년 5월에야 공중보건의가 배치되었다. 2001년도에도 진료과는 19개과였으나 소아과와 치과는 의사를 확보하지 못하여 원대 파견의사로 대신하였다. 소아과의 경우 일주일 중 이틀은 원대교수가, 나머지 날은 레지던트가 나와서 오전진료를 하였고 치과도 원광대학교 치과대학병원 구강외과에서 나와서 진료하였다.

2002년 당시 진료과는 21개과였으며, 의사는 정원은 42명이었으나 38명만이 실제로 근무하고 있었다. 이 중 19명이 원광대학교 병원에서 파견된 의사들이었다. 파견 나온 의사들은 교수나 임상교수 신분으로 원장만 일주일에 반나절씩 두 번 원광대학병원에서 진료하였고 나머지 파견 의사들은 근무처를 군산의료원으로 발령 내어 군산의료원에서만 근무하였다. 진료진 확보가 어려워 교수 발령을 내서 군산의료원에 파견하였다.

---

162) 2000년도 6월 의약분업으로 인한 의료계 파업 당시, 군산의료원은 다른 공공 병원들과는 달리 부분적으로 파업에 동참하였다.

그런데 군산의료원 전속의사의 경우에는 외부 민간병원의 50~70% 수준으로 급여로 산정하고 원대에서 파견된 의사들은 전속의사보다 조금 적은 수준으로 급여를 산정하여 내부적으로 의사들 사이에 갈등이 있었다. 파견 의사도 원대의 해당 진료과에 몇 개월씩 부탁하여 겨우 모셔 올 수 있을 정도로 구하기가 쉽지 않았다.

이천의료원이 고려대학교 병원에 위탁되었음에도 불구하고 의사나 환자의 교류가 거의 없었던 것이 문제된 반면, 군산의료원은 반대로 군산의료원의 신규 채용이 거의 원광대학교 의과대학 출신들로만 이루어지고 군산의료원의 많은 환자들을 원광대학교로 후송한다는 점이 문제가 되었다. 1999년도에 군산의료원은 7명의 의사를 채용했는데 7명 모두 원광대학교 의과대학 출신이었다. 그 결과, 2000년 말 의료진 30명 중 원광대학교 출신이 아닌 의사는 4명이었으며 그나마 그 4명 중 2명은 전라북도 보건위생과로부터 배정받은 공중보건의였다.

또한 1999년도에만 약 600명의 응급환자가 군산의료원으로 후송되었는데 그중 400건 정도를 군산의료원은 원광대학교로 이송하였다. 이 때문에 군산의료원의 수지를 적당히 맞추고 환자를 원광대학교로 빼 돌린다[163]는 메스컴의 비난도 있었다. 위탁 이후 의사의 충원이 대부분 원광대학교 출신들로만 이루어지고, 많은 수의 군산의료원 환자들까지 원광대학교로 후송된다 하여 군산의료원이 원광대학교 의과대학 부속병원이 되어버렸다는 이야기가 항간에 돌기도 하였다.

한편 원광대의 인력지원은 11명으로 원장, 간호과장, 행정직원 9명이었다. 위탁 직후 행정직 중 총무과장이 사직을 했고 간호원 15명이 사직을

---

163) "어지간한 환자들은 원대로 다 보낸다, 사실이건 아니건 그렇게 알고 있는 시민들도 대다수가 있다는 것을 염두에 두시고……" (전라북도의회 회의록, 행정사무감사, 2001. 11. 29. 조현식 위원 발언).

했다. 군산의료원은 직원들의 직제규정 및 급여규정은 원광대학교 병원 것을 준용하여 원대의 보수체계를 따르고 있었다. 그런데 원광대학교 측은 위수탁 당시 하급직원에 대해서는 향후 7급까지 자동승진 할 수 있도록 군산의료원 노조하고 협약을 맺었었다. 위탁 당시에는 원대에 그러한 승진규정이 있었기 때문이다. 그러나 원대에서 차후에 이 규정이 문제되어 폐지되었고 전라북도 측에서도 법정인원과 무관하게 승급할 수 없다는 입장이어서 2000년 4월 이후로 이는 폐지되었다.

군산의료원의 노사협의회도 이천의료원과 마찬가지로 분기별로 1년에 4번 정도 시행하도록 되어 있었으며, 직원총회도 3개월에 한 번씩 개최되고 있었다. 직원총회에서 병원의 경영상태, 경영실적 및 계획을 경영진이 발표하고 토론하였으며 직원에 대한 교육과 경영의 방향 제시도 이루어졌다. 노사화합을 위한 단합대회 등은 별로 없었으며 과단위별 단합대회에 대한 지원이 이루어지고 있었다.

군산의료원에서는 노사간에 진정사건, 고소·고발사건들이 가끔 발생하고 있었으나 대체로 다시 이를 취하 등 극한 대립으로까지 발전하고 있지는 않았다. 2000년도에는 가족수당을 이유로 노조에서 노동부에 제소하였다가 취하하였고, 같은 해 성과급 미지급에 따른 노동조합의 고발사건도 있었으나 역시 노조의 소 취하로 해결되었다. 2001년에는 시간 외 수당 미지급건으로 군산지방 노동사무소에 노조의 진정이 제기되었으나 이 또한 취하되었다. 한편 2년간 미지급되었던 수당부분에 대하여 조합원들이 자진 반납하여 어느 정도 노사간 화합된 모습을 보이기도 하였다.

그런데 2000년도에는 임금 및 단체 협약안 협상이 15차례나 결렬되자 노조가 동년 7월 27일 오전 7시부터 파업에 돌입하기로 하는 사태가 발생하기도 하였다. 당시 군산의료원 노사 양측은 26일 제16차 임단협상을 재개하여 마라톤 회의 끝에 27일 새벽 1시에 파업을 6시간 앞두고 극적으로 합의를 도출했다. 임금은 총액대비 10%를 인상하고 이를 2000년 1월분부터 소급적용하기로 하였고, 단체협약안 가운데 핵심쟁점이었던 비정규직 직원의 정규직화도 일부 받아들여졌다.

군산의료원의 경우 노사관계는 비교적 화합하던 모습에서 점차 대립되는 관계로 변화하는 경향을 보이고 있다. 2002년도에는 2월 28일, 4월 19일, 3월 20일 3차에 걸쳐 노사협의회를 개최하였으나, 병원 경영 혁신을 위한 병원 개선안의 합의가 제대로 이루어지지 않아 의료원 경영에 장애가 되기도 하였다.

군산의료원은 1998년도 위탁당시에는 경영진단을 실시하였으나 2001년에 재위탁할 당시에는 경영진단을 다시 실시하지 않았다. 그런데 재위탁과 관련하여 군산의료원장이 3년 임기를 다 채우지 않고 바뀌게 되었다. 김종문 원장은 더 이상 위수탁을 유지하지 않는 것이 바람직하다는 의견을 원광대학 재단에 보고하였고, 이 때문에 재단 측은 새로운 원장으로 하여금 위수탁계약을 다시 연장해야 할 것인지 전반적으로 재검토하라고 임기 내에 원장을 새로 임명하였다. 그 과정에서 원장이 한동안 공석이 되기도 하였다. 한편 군산의료원은 안전진단 결과로 건물을 신축하여 2002년에 이전하였는데, 신축과정에서 모두 4차례의 설계변경을 통해 공사비가 34억 4천여만 원이 증액되어 논란이 되기도 하였다.

4. 분석 및 논의

마산의료원은 1997년부터 위탁경영이 시작되었고, 이천의료원은 1998년 4월부터, 군산의료원은 1998년 11월부터 위탁경영이 시작되었다. 매년 가장 많은 전문의를 파견한 수탁병원은 군산의료원을 위탁경영한 원광대학교 병원이었다. 반면 고려대학교 병원은 수탁 기간 내내 단 한 명의 전문의도 이천의료원에 파견하지 않았다.

<표 5-18> 수탁병원에서 의료원에 파견한 전문의 수

(단위: 명)

구 분	1997	1998	1999	2000	2001	2002
마산의료원	2	2	1	2	1	1
이천의료원	-*	0	0	0	0	0
군산의료원	-*	4	11	6	10	19

자료: 각 의료원 내부자료를 토대로 작성.
* 위탁 이전.

이러한 의료진의 파견과는 별도로 수탁대학병원의 교수들의 순회진료도 이루어졌는데, 마산의료원과 군산의료원은 다양한 클리닉을 개설하고 주 1~2회씩 진료가 이루어진 반면, 이천의료원은 그러한 대학교수의 순회진료가 일체 없었다.

수탁병원과의 환자 교류를 살펴보더라도 마산의료원이나 군산의료원은 상당히 활발히 이루어졌다. 수탁병원의 환자를 의료원에서 치료한다든가 의료원의 환자를 수탁병원에서 치료하는 경우가 자주 있었다. 수탁병원의 장비를 의료원으로 가져와 무상으로 사용하는 경우도 더러 있었다. 그러나 고려대학교 병원과의 거리가 상당히 먼 이천의료원의 경우에는 환자의 교류도 거의 없었고, 그나마 이천의료원 산부인과에서 제왕절개 수술을 받은 산모가 상태가 갑자기 나빠져 고려대학교로 이송하는 가운데 사망하는 의료사고가 발생하여 한동안 법적 분쟁이 일어나기도 하였다.

군산의료원의 경우에는 오히려 너무나 많은 환자를 수탁병원인 원광대학병원으로 이송하는 것이 문제로 지적되기도 하였다. 또한 신규채용이 거의 원광대학교 출신들로만 이루어지고 의사들의 대부분이 원광대학교 병원 출신이라는 것도 문제가 되었다.

위탁 이후의 진료과의 변화를 살펴보면 마산의료원의 새로운 진료과 개설이 가장 활발하였다. 소아과, 산부인과, 치과, 순환기내과, 자활의학과 등의 진료과와 각종 클리닉과 전문센터도 개설되었다. 군산의료원은 비교적 많은 진료과가 이미 개설되어 있어 위탁 이후로 몇 개의 진료과를 추가로 증설하였다가 폐지하는 등의 변화가 있었다. 새로이 한방과를 개설하고 이를 나중에 한방병원으로 승격시켰다. 그 외에 전문클리닉도 다수 설립되었다. 반면 이천의료원은 단지 이비인후과의 하나의 진료과만 증설되었고 특수클리닉의 개설 등은 이루어지지 않았다.

한편 노사의 관계는 마산의료원의 경우가 가장 화목하였다. 1999년까지 임금협상을 한 번도 하지 않고 이를 원장에게 일임하였으며 지방공기업 중 노사화합상을 수여하기도 하였다. 유니언샵을 고수하다 위탁 직전에 오픈샵으로 변경하였으며 구조조정이나 퇴직금 인하 등의 사안에도 비교적 협조적이었다.

반면 이천의료원은 노사간의 갈등과 불신이 지속적으로 나타났다. 분기별로 시행하도록 되어 있던 노사협의회도 제대로 시행되지 않았고, 이천의료원의 직원들은 고대 측에서 파견한 직원들을 자신들을 감독하고 자신들 위에서 군림하려는 존재로 인식하였다. 그러나 그러한 갈등관계는 표면적으로 법적인 고소 등의 형태를 띄기 보다는 내부에서 계속 쌓여가고 있는 형태였다.

한편 군산의료원은 마산의료원이나 이천의료원과는 달리 의료원 직원들에 대해서도 수탁병원의 보수와 직제를 준용하였다. 이해관계에 따라 노사간의 관계는 갈등의 양상도 타협의 양상도 보였는데, 진정사건이나 고소·고발 사건이 발생하기도 하였고 임금과 단체협상 과정에서 한 때 파업 직전까지 간 적도 있었다.

결국 수탁기관인 대리인의 노력을 살펴보면 위탁경영에 가장 많은 노력을 하였던 대리인은 원광대학교 병원으로 판단된다. 경상대학교도 상당히 노력한 것으로 보이는 반면 고려대학교는 그다지 노력을 하지 않은 것으로 분석된다.

제5절 계약과정과 계약관리능력에 관한 요약

기존의 위탁 이론이나 정책 이론의 논의로 본 사례의 위탁성과를 예상한다면 그 내용은 다음과 같을 것이다. 우선 경쟁을 주요 성공요인으로 주장하는 학자들은 세 위탁의료원 중 경쟁이 있었던 군산의료원의 위탁성과가 가장 좋을 것이라고 예상 할 것이다. 또한 수탁기관의 전문성이 중요하다고 보는 견해는 전국적인 면에서 평판과 지명도가 가장 높은 고려대학교병원이 수탁한 이천의료원의 위탁성과가 가장 좋을 것이라고 예상할 것이다. 한편 서비스의 성격을 가지고 논할 경우에는 사례의 의료서비스는 연성서비스에 해당하므로 세 의료원의 위탁성과가 모두 나쁘게 나타날 것으로 예상할 수 있다. 또한 본 사례에 정책과정과 정책집행에 관한 이론을 적용할 경우, 계약형성과정에서의 갈등의 정도가 심하였던 마산의료원이나 군산의료원의 위탁성과가 나쁠 것이라고 예상할 수 있다.

그러나 이러한 기존의 위탁 이론이나 정책과정에 관한 연구 결과들은 실제의 본 사례에서의 위탁성과를 제대로 설명하지 못하고 있음을 알 수 있다. 경쟁이 있었던 군산의료원의 위탁성과가 좋을 것이라는 설명만 사례의 경우에 설명력이 있고, 수탁기관의 전문성이나 정책형성과정의 갈등 정도로 위탁성과를 설명하는 이론들은 별로 설명력이 없다. 이 때문에 각 사례에서의 계약과정에서 정부가 어떻게 정보비대칭의 문제에 대처하였는가란 정부의 계약관리측면을 매개요인으로 고찰할 필요가 있다.

지방공사의료원 중 가장 먼저 위탁되었던 마산의료원의 위탁과정은 군산의료원과 이천의료원의 위탁과정의 특징을 섞어놓은 모습을 보인다. 우선은 경쟁이 없었다는 점, 그리고 경상남도의 유일한 공공의료기관으로 일치감치 수탁기관 후보로 결정되어 협상에 임한 점은 이천의료원의 위탁과정과 흡사하다. 그러나 휴업과 그로 인한 환자의 사망 등으로 언론의 주목을 받고 주민들을 대상으로 공청회를 실시하는 등의 모습은 군산의료원 위탁 과정과 더 유사하다. 다만 군산의료원이 위탁과정에서는 의료원 직원들을 대상으로 위탁에 관한 찬반투표를 실시하였는데, 마산의료원의 위탁과정은 이와는 달리 의료원 직원들의 위탁에 관한 의사를 적극적으로 반영하고 있지 않았다.

마산의료원의 위수탁계약서는 불가피한 결손금은 도가 보전하도록 규정하고 있었으며, 세 의료원 중 유일하게 구체적으로 수탁기관이 지원하는 의사직의 신분이나 진료과의 내용을 계약에 담고 있었다. 게다가 위탁된 세 의료원 중 지방의회의 감시·감독 수준이 가장 높았다. 이러한 점들과 도내 유일한 종합병원급의 공공의료기관이라는 사실 등이 마산의료원의 도덕적 해이를 방지하는 데 상당히 기여하였을 것으로 보인다. 마산의료원은 군산의료원보다는 의료진의 지원이 적었지만, 교수들의 순회진료에도 적극적이었으며, 무료 시술과 홍보활동에 의한 이미지 개선, 각종 환자에 대한 서비스 제고에도 많은 노력을 기울였다.

한편 이천의료원은 위탁과정에서 경쟁이 없었으며 고려대학교와의 협상과 조율을 통해 위탁계약을 성사하게 되었다. 위탁과정이 특별히 지역 매스컴에 조명된 적도 없었고 별다른 큰 이슈를 제기하지도 않았으며, 따라서 공청회 등을 개최하여 주민이 위탁과정에 참여하도록 하지도 않았다. 이천의료원 직원의 의사도 위탁에 거의 반영되지 않았고 위탁과정은 지방자치단체와 고려대학교 양자 간에 비교적 조용히 체결되었다. 특히 수탁기관인 고대의료원은 자발적으로 수탁에 임하지 않았고 수탁은 고려중앙학원 이사장과 도지사의 합의로 이루어지게 되었다.

원래 이천의료원의 민간위탁은 1996년에 아주대학교 경영연구소에서 제안하였던 것이다. 그런데 아주대학교가 1996년 보고서에 이천의료원의 위탁을 권고한 것은 바로 이천의료원을 아주대학교 병원에 위탁하기를 희망해서였다고 한다. 아주대학이 위탁에 이렇듯 적극적이었으나 정작 경기도 측에서는 고려대에 위탁하기를 희망하여, 거의 2년 동안의 긴 협상 끝에 고대와 위수탁계약을 맺게 되었다.

그러나 이천지역의 진료권 확보에도 관심이 없고, 수익성도 없는 열악한 시설의 병원에 그다지 흥미를 느끼지 않던 고대는 처음부터 그다지 열성을 보이지 않았다. 계약내용도 적극적인 수탁의지가 없는 고대를 설득하고자 상당히 모호하게 규정되었다. 경영손실의 부담에 대한 규정도, 수탁기관의 의료진 지원 등의 내용도 계약내용에서 누락되었으며, 손해배상의무도 생략되었다.

이천의료원의 위탁의 경우에는 위탁경영의 기회비용이 높은 기관을 선정하여 역선택이 이루어진 것으로 보이며, 그나마 계약서는 도덕적 해이를 방조하고 있었다. 이천의료원의 위수탁계약은 성과계약과는 거리가 멀었으며 고려대의 이천의료원 운영도 실질적으로 위탁을 하고 있다고 보기에는 너무 미흡하였다. 이러한 계약내용은 수탁기관의 계약 참여 조건을 만족시키기 위해서 계약내용이 모호하게 규정된 결과였다. 게다가 지방의회의 감독 수준도 마산의료원이나 군산의료원의 경우보다 낮은 수준이었다. 그 결과 이천의료원은 계약이행과정에서 단지 기회비용이 적은 인턴만을 지속적으로 지원하여 의료진 지원에 더 적극적인 모습을 보인 군산의료원이나 마산의료원의 경우와 크게 대비된다.

군산의료원은 세 의료원 중 가장 공개적이고 분권적으로 위탁을 결정하게 되었다. 위탁된 세 의료원 중 유일하게 수탁기관 선정 당시 경쟁이 있었으며, 의료서비스의 수요자인 주민의 참여도 매우 활발하였다. 군산의료원 직원들은 위탁 여부 결정과 수탁기관 선정 당시 모두 투표를 통해 의사를 결집하였고, 일단 위탁하는 것으로 결정이 나자 의료원의 위탁을 반대하는 지역의 시민단체와 종교단체를 직접 설득하는 등의 적극성을 보였다.

군산의료원의 위탁과정에서 전라북도는 의도적으로 수탁기관의 경쟁 체제를 만들기 위해 전북대학교와 원광대학교 두 곳을 후보로 선정하고 교섭하기 시작하였다. 경쟁을 통해 수탁기관을 선정한 전라북도는, 마산의료원이나 이천의료원의 경우보다 수탁기관에 대한 정보도 더 많이 획득할 수 있었고, 협상에 임해서는 훨씬 유리한 조건의 위수탁계약을 체결할 수 있었다.

처음에는 분위기가 전북대에 더 우호적이었으나 뚜껑을 열어보니 원광대학교 측이 위탁에 더 적극적임이 밝혀졌고, 체불임금의 해결, 원대 재단의 자금 활용 등 전라북도가 요구하는 사항들을 거의 다 받아들이는 태세였다. 만약 당시에 수탁기관을 선정하는 과정에서 경쟁이 없었고, 일부 인사의 견해를 따라 전북대학교와만 위탁 협상을 하였다면 아마도 군산의료원의 위수탁계약은 지방자치단체에 그다지 유리하지 않은 내용으로, 그것도 상당히 오랜 시간 동안 협상을 하여 체결되었을 것으로 보인다.

군산의료원의 위탁과정에서의 경쟁은 수탁기관 선정에서의 역선택을 방지하는 데 상당한 역할을 하였다. 전북대가 군산의료원에 별로 관심을 갖지 않은 반면, 원광대학교 병원은 군산지역까지 진료권을 확대하고자 노력하는 중이었다. 원래는 군산에 원광대학병원 분원을 설치하려는 계획이 있었으나 그보다는 기존의 군산의료원을 활용하는 것이 더 나을 것이라는 판단하에 의료원 수탁에 매우 적극적이었다. 수탁기관으로 선정된 이후에도 군산의료원 민영화 시 원광대학교에 우선권을 달라고 지속적으로 전라북도 측에 요구하였다. 단지 경쟁으로 수탁기관을 선정한 이점은 시간이 지남에 따라 약간 퇴색하고 있었다.

위탁된 세 지방공사의료원 중 군산의료원의 민간위탁 성과지표들이 가장 좋은 결과를 보여주고 있다. 특히 수익성의 증대는 책임경영을 명시한 계약의 영향이었다고 본다. 나중에 다소 완화되기는 하였지만, 세 의료원 중 유일하게 완전한 책임경영을 규정하고 있었다. 손해가 발생할 경우 그 손해를 전적으로 책임지기로 한 원광대학교 병원에서는 의사의 파견이나 교류, 원대 재단의 자금 활용 등에 적극적이었으며 군산의료원의 경영에 많은 노력을 기울였다. 비록 마산의료원의 계약처럼 구체적인 의사직 신분을 명시한다거나 진료과의 개설을 규정하지는 않았지만 책임경영을 하고 손해를 배상하겠다고 규정하여 군산의료원 위수탁계약은 일종의 성과계약의 성격을 띠었다. 이러한 계약의 성격이 원광대학교 측의 도덕적 해이를 방지하고 위탁운영성과를 증대시킬 수 있었다고 본다.

<표 5-19> 마산의료원의 계약과정과 계약관리능력

계약과정			분석기준		분석내용
계약관리능력	역선택	계약체결과정	−숨겨진 유형(hidden type)에 대한 정보의 획득		−전문성과 공공의료기관이란 특징으로 수탁자 선정 −수탁자 선정 후 반년 가까이 계약내용 협상
	도덕적해이	계약내용	입증 가능한 노력	−진료과와 의사직 규정 −각종 자금 지원 −직원 승계와 처우	−규정 있음 −규정 없음 −전원 승계
			인센티브	−잉여금(보상) −결손금(위험부담) −계약기간 −연장과 재계약 −민영화 시 우선권 −손해배상	−정부에 귀속 −불가피한 경우 도가 보전 −3년 −인정 −규정 없음 −인정
		감독시스템	−숨겨진 행위(hidden action)에 대한 정보의 획득		−지방자치단체의 낮은 감독 수준, 도의회의 높은 행정업무감사 수준
계약 이행			대리인의 노력	−전문의 지원 −수탁대학병원 교수의 순회진료 −진료과 증설 −환자교류 −장비교류 −자금 지원 −노조와의 관계	−매년 전문의 1−2명 지원 −수탁대학병원 교수의 순회진료 −진료과 증설 활발 −환자교류 활발 −장비교류 활발 −자금 지원 없음 −노조와 협조적인 분위기

〈표 5-20〉 이천의료원의 계약과정과 계약관리능력

계약과정		분석기준		분석내용
역 선 택	계약 체결 과정	−숨겨진 유형(hidden type)에 대한 정보의 획득		−원 병원 운영에 대한 평판과 전문 성으로 수탁자 선정 −관심을 가진 아주대는 처음부터 배제 −96년 8월경부터 시작되어 거의 2 년 가까이 걸려 계약 성사 −협상과정에서 계약내용은 원 협 의한보다 계속 모호하게 수정
도 덕 적 해 이	계약 내용	입증 가능한 노력	−진료과와 의사직 규정 −각종 자금 지원 −직원 승계와 처우	−규정 없음 −규정 없음 −규정 없음
		인센 티브	−잉여금(보상) −결손금(위험부담) −계약기간 −연장과 재계약 −민영화 시 우선권 −손해배상	−정부에 귀속 −규정 없음 −5년 −인정 −인정 −청구 불가
	감독 시스템	−숨겨진 행위(hidden action) 에 대한 정보의 획득		−지방자치단체의 낮은 감독 수준, 도의회의 낮은 행정업무감사 수준
계약 이행		대리 인의 노력	−전문의 지원 −수탁대학병원 교수의 순회진료 −진료과 증설 −환자교류 −장비교류 −자금 지원 −노조와의 관계	−매년 인턴만 2명 지원 −수탁대학병원 교수의 순회진료 없음 −한 개의 진료과만 증설 −환자교류 거의 없음 −장비교류 없음 −자금 지원 없음 −노조와의 갈등

계약관리능력

<표 5-21> 군산의료원의 계약과정과 계약관리능력

계약과정		분석기준		분석내용
계약관리능력	역선택	계약체결과정	−숨겨진 유형(hidden type)에 대한 정보의 획득	−시민, 군산의료원 등은 애초에 전북대를 원 −그러나 정부는 경쟁체제를 의도적으로 만들어 계약조건들을 제시하여 전북대와 원광대로 하여금 계약조건을 선택하도록 함 −계약의 메뉴를 제시하여 대리인이 자신의 유형을 드러내도록 하는 스크리닝과 유사 −원광대가 수탁자로 선정된 이후 3개월 만에 계약체결 완료 −경쟁체제를 통해서 대리인 유형에 대한 정 보 획득
	도덕적해이	계약내용	입증 가능한 노력 −진료과와 의사직 규정 −각종 자금 지원 −직원 승계와 처우	−규정 없음 −규정 있음 −전원 승계, 수탁병원에 채용
			인센티브 −잉여금(보상) −결손금(위험부담) −계약기간 −연장과 재계약 −민영화 시 우선권 −손해배상	−정부에 귀속 −책임경영(의업이익: 의업수익−의업비용) −3년 −인정 −규정 없음 −인정
		감독시스템	−숨겨진 행위(hidden action)에 대한 정보의 획득	−지방자치단체의 낮은 감독 수준, 도의회의 중간 정도의 행정업무감사 수준
계약 이행			대리인의 노력 −전문의 지원 −수탁대학병원 교수의 순회진료 −진료과 증설 −환자교류 −장비교류 −자금 지원 −노조와의 관계	−매년 전문의를 다수 파견 (매년 최소 4명, 대부분 10명 이상씩) −수탁대학병원 교수의 순회진료 활발 −진료과의 다양한 변화(증설과 폐쇄) −환자교류 활발 −장비교류 있음 −자금 지원 있음 −노조와의 관계는 갈등과 타협 모두 나타남

그러나 세 의료원 모두 잉여금이 정부로 귀속된다는 점에서 균형을 이룬 후 흑자경영을 달성할 유인이 적으며, 군산의료원의 경우에는 위험을 전적으로 부담하여 수익성에 치중하는 결과를 가져올 수 있다. 따라서 위탁 이후로 군산의료원의 공공성이 증대하였더라도 여전히 전국 평균 이하이며 더 이상 공공성이 증대될 유인은 부족하다고 보인다.

제6장 결 론

제1절 연구 결과의 요약과 종합적 논의

본 연구의 목적은 공공서비스의 위탁공급의 성과를 평가하고, 그 성과에 영향을 미치는 정부의 계약관리능력을 고찰하는 것이다. 공공서비스의 계약에 의한 공급은 최근 행정개혁의 일환으로 많이 활용되는 방법이며 점점 증가하는 추세이다. Savas의 저서 제목에서 나타나듯 오늘날 민영화는 더 나은 정부로 가는 열쇠, 더 효율적인 정부로 가는 열쇠로 여겨지고 있다. 본 연구에서 던지는 질문은 과연 그 열쇠는 더 나은 정부를 가져오는가, 그리고 왜 어떤 경우에는 그 열쇠는 제대로 작동을 하지만 또 어떤 경우에는 제대로 작동하지 않는가이다.

민간위탁에 관한 찬성론자들은 위탁의 성과로 비용이 절감되고, 효율성은 증가되고 서비스의 질은 개선될 것이라고 주장하였다. 반면 위탁 반대론자들은 정부가 부담하던 비용이 서비스 소비자 등 일부 국민에게 전가되어 사회 총비용이 상승하고, 공공성은 저해될 것이라는 우려를 제기하였다. 지방공사의료원의 위탁 사례를 통해 그동안의 위탁 관련 이론들이 제기한 성과 관련 쟁점들을 고찰하면 다음과 같다.

우선 의료원 위탁의 경우 정부의 예산 절감 효과는 별로 나타나지 않았다. 의료원 운영에 대한 정부의 예산 지원은 이천의료원의 경우에는 약간 감소하였지만, 마산의료원이나 군산의료원의 경우에는 오히려 증가하였음을 확인할 수 있었다. 특히 동일한 지방자치단체 내의 위탁되지 않은 의료원들보다 수익성이 더 좋았음에도 불구하고 위탁된 의료원들에 대한 운영비 지원이 상대적으로 더 많이 이루어졌던 점은 예산 지원이 어느 정도 시혜적인 측면이 있음을 보여준다.

위탁의 가장 큰 장점으로 흔히 주장되는 것이 수익성의 증대이다. 의료원의 수익성을 총수지비율, 의업수지비율, 의료수익의료이익률을 가지고 분석해 본 결과, 마산의료원과 군산의료원의 경우에는 동 지표들이 위탁 이후 증가하는 것을 확인할 수 있었으나 이천의료원은 별로 개선되지 않았다.

한편 위탁의 성과 중 가장 우려되는 것은 공공성의 저하이다. 개별 사례를 보면 마산의료원과 이천의료원은 대체로 공공성이 저하된 반면, 군산의료원은 공공성이 위탁 이후 오히려 약간 증가하였다.

서비스의 질은 대리변수로 100병상당 일반환자와 보험환자수의 합계와, 2000년부터 3년 동안 매년 이루어진 지방공사의료원 연합회의 설문조사에 의하여 판단하였다. 마산의료원과 군산의료원의 서비스는 위탁 이후 크게 개선되고 전국 평균 이상이었으나 이천의료원은 별로 개선되지 않고 전국 평균 이하의 서비스 수준을 보이고 있었다.

한편 민간위탁 반대론자들은 정부의 예산 절감이나 위탁으로 인한 수익성 추구는 일반 서비스 소비자나 위탁대상기관 노동자들의 희생을 바탕으로 이루어지는 것으로 이들에게 비용이 전가된다고 주장한다. 그 결과 총 사회비용이 오히려 상승한다고도 우려한다. 사례에서는 위탁 전후의 세 의료원의 진료비를 분석하였는데, 입원진료비가 크게 인상되었음을 확인할 수 있었다.

결국 위탁에 관한 기존의 연구가 주장하는 바의 위탁의 긍정적인 효과가 가장 많이 나타난 곳은 군산의료원이었고 가장 부정적인 성과를 보인 곳은 이천의료원이었다. 반면 각종 지표의 절대적인 수준으로 평가한 행정자치부의 경영평가에 의하면 마산의료원이 가장 우수한 성적으로 보이고 있고 이천의료원이 가장 저조한 성적으로 보이고 있다. 이러한 평가 결과는 마산의료원이나 군산의료원의 위탁경영이 성공적이었고 이천의료원의 위탁경영은 실패였다는 지역 일반인의 평가와도 대체로 일치한다.

이렇듯 위탁성과는 세 의료원이 각기 다른 결과를 보이고 있다. 이와 관련하여 이에 영향을 미친 의료원의 계약과정에서의 정부의 계약관리능력을 살펴보면 역시 차이를 발견할 수 있다.

<그림 6-1> 연구 결과의 요약

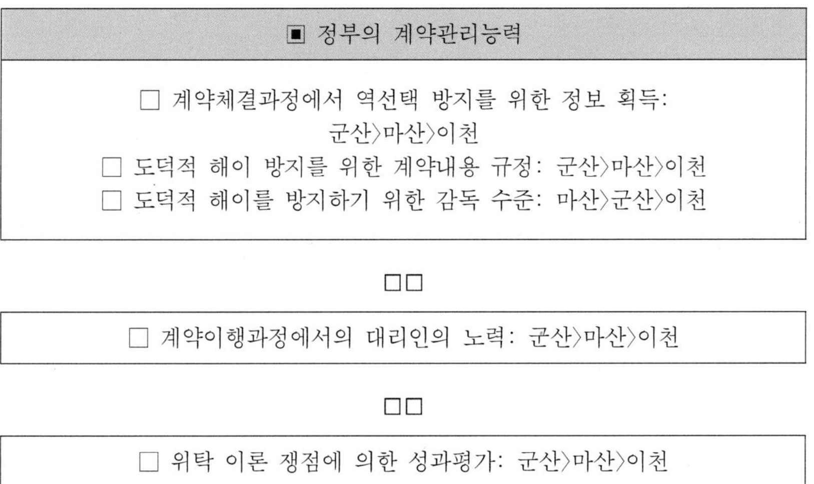

계약체결과정에서 수탁기관 예정자에 대한 정보의 획득 수준은 차이를 보이고 있어, 대리인 선정과정에서 경쟁을 의도적으로 유도하였던 군산의료원의 경우가 가장 우수하였고 단지 명성에 의해 선정한 이천의료원의 경우가 가장 저조하였다. 군산의료원 위탁 입찰과정에서의 수탁 후보자 간의 경쟁은 스크리닝을 가능하게 하였고 대리인으로 하여금 자신의 유형에 대한 정보를 충분히 드러내도록 하였다. 대리인 유형에 대한 풍부한 정보의 획득으로 전라북도는 당초 후보자로 유력하였던 전북대 병원을 포기하고 원광대 병원을 수탁자로 선정하였다. 반면, 이천의료원의 수탁자 선정은 주로 명성에 의존하여 위탁경영의 기회비용이 높은 대리인을 선정하는 역선택이 발생하였다.

　계약내용이 대리인의 도덕적 해이에 대처하는 정도도 세 의료원 간에 차이를 보이고 있다. 성과에 따른 결손금을 수탁자가 모두 부담하기로 한 군산의료원의 위수탁계약은 대리인으로 하여금 경영을 잘 하도록 하는 인센티브를 강력하게 제공하여 도덕적 해이에 철저하게 대처하고 있었다. 마산의료원의 계약내용도 입증가능한 구체적인 대리인의 노력 행위에 대한 규정을 포함하고 있었고, 불가피한 결손금만을 도에서 보전하기로 하여 역시 어느 정도의 인센티브를 제공하고 있었다. 반면, 이천의료원의 계약은 결손금 규정도, 책임 규정도, 실질적인 의료 지원 규정도 모두 모호하거나 인정되지 않아 대리인과 주인의 목적이 조화되도록 계약이 설계되어 있지 않았다.

　한편 계약내용에서 설계된 인센티브와는 별도로 수탁기관이 위탁경영을 성공적으로 하여야 하는 유인을 어느 정도 가지고 있었는가를 보면, 병원 분원을 설치하고 의료시장의 성장을 추구하던 민간병원인 원광대 병원의 인센티브가 가장 강하였다. 반면 동일 진료권도 아니고 따라서 이천지역 평판의 영향도 별로 받지 않는 고려대 병원의 인센티브가 가장 약하였다.

　전반적으로 위탁 이후 중앙정부와 지방자치단체의 감시·감독 수준이 약간 완화된 가운데, 특히 위탁 이후 관리부서가 바뀐 이천의료원 사례에서 지방자치단체와 수탁병원과의 불신과 갈등이 엿보인다. 게다가 지방의회의 감사수준은 마산의료원이 가장 높았고 이천의료원이 가장 낮아 감독을 통해 대리인의 행위에 대한 정보를 획득하여 도덕적 해이에 대처하는 정도에서도 세 의료원은 차이를 보이고 있다.

　결국 계약관리능력을 분석해보면 군산의료원의 경우가 가장 우수하였고 이천의료원의 경우가 가장 저조하였다. 그 결과로 군산의료원 사례에서 대리인인 원광대 병원은 다수의 의료진을 파견하는 등 세 의료원 중 위탁경영에 가장 많은 노력을 하였으며, 이천의료원은 인턴만 파견하는 등 거의 형식적으로만 위탁운영에 임하였던 것으로 보인다. 그리고 그러한 계약 이행의 결과는 다시 세 의료원 간의 위탁성과의 차이를 가져왔다.

민간위탁에 관한 기존의 논의로부터 평가기준을 도출하여 세 의료원의 위탁성과를 평가할 경우, 군산의료원의 위탁성과가 가장 좋은 것으로 나타났다. 군산의료원이 이러한 위탁성과를 보인 이유는 크게 다음 네 가지로 요약 설명될 수 있다.

첫째, 위탁결정과정이 공개적이고 분권적이었다는 점에 기인한다. 다른 의료원들에 비해 군산의료원의 계약체결과정은 매우 공개적이었고, 의료원 직원, 지역 주민의 참여가 활발하였다. 주민들이 직접 단체를 결성하여 수탁 예정 기관을 방문하여 질의하는 등의 활동을 하였고, 의료원 직원을 대상으로 위탁여부와 수탁기관 선정에 관한 투표를 실시하는 등 그들의 의견을 수렴하는 과정이 있었다.

둘째, 기존의 민간위탁 이론에서 강조되는 경쟁이 여전히 위탁성과에 큰 영향을 미침을 발견할 수 있었다. 사회서비스의 경우에는 경쟁의 긍정적인 역할에 대해 일부 논란이 있으나, 본 연구에서는 연성서비스의 경우에도 경쟁이 순기능을 하고 있음을 확인할 수 있었다. 수탁기관 선정과정에서의 경쟁은 수탁기관에 대한 정보를 획득하는 데에도 도움을 주었으며, 계약서의 구체적인 내용을 협상하는 데에도 상당한 영향을 미쳤다. 경쟁이 있었던 군산의료원의 경우에 정부의 협상력이 제고되어 다른 위탁의료원들보다 훨씬 능률적으로 도덕적 해이에 대처하는 결손금 조항을 규정할 수 있었다.

셋째, 결손금에 대한 수탁병원의 책임을 규정한 계약내용이 위탁성과에 영향을 미쳤다. 책임경영과 전적인 위험부담을 규정한 군산의료원의 위수탁계약은 군산의료원으로 하여금 적자를 면하도록 하는 강력한 인센티브를 제공하였다.

넷째, 군산의료원의 수탁기관인 원광대 병원은 주인과 유사한 목표를 공유하여 위탁경영을 잘 하려는 인센티브를 강하게 가지고 있었다. 원광대 병원은 전라북도의 제일의 병원이라고 일컬어지는 전북대 병원과의 경쟁에서 우위를 점하기 위해 기존 의료시장에서의 성장을 추구하고 있었다. 이러한 목적으로 군산지역에 분원을 설립하려는 시점에 수탁 후보가 되어,

수탁기관이 되고자 하는 강한 유인이 있었다. 또한 군산지역에서의 평판은 동일 진료권 내의 원광대 병원의 경영에도 영향을 미치는 상황이어서 원광대 병원은 위탁경영을 제대로 하여야 할 인센티브를 보유하고 있었다.

제2절 연구의 시사점과 한계

1. 이론적 시사점

오늘날 정부가 예전에는 국민에게 직접 제공하던 공공서비스를 외부행위자에게 계약에 의해 위탁하여 공급하는 사례가 증가하고 있다. 본 연구는 그러한 위탁의 성과가 다양한 차이를 보이고 있어 왜 그러한가라는 질문에서 비롯되었다.

민간위탁 이론은 1980년대 후반 이후 부각되기 시작하였는데 초기의 연구들은 대부분 위탁이 약속한 성과를 가져왔는가, 더 효율적인 정부를 가져오는 열쇠인가에 관한 것들이었다. 그러나 성과에 대한 연구가 성공과 실패 사례를 모두 보여주자 그 다음으로는 왜 그러한 성과의 차이가 나타나는가, 어떤 경우에 열쇠는 제대로 작동하고 또 작동하지 않는가라는 문제에 대해서도 관심을 가지기 시작하였다.

그러나 아직도 여전히 위탁의 성공요인이나 영향요인에 대한 관심보다는 성과에 대한 관심이 많고, 성과가 나타나지 않는 이유를 경쟁 요인의 부재로 설명하려는 연구들이 대세이다. 그 외에 다른 영향요인들에 대한 논의들도 조금씩 제기되고 있는데, 서비스의 성격이나 수탁기관의 능력, 계약관리측면 등에 관한 논의가 단편적으로 이루어지고 있다. 그러나 여전히 다른 요인들에 대한 논의는 경쟁 요인만큼 주목과 관심을 받고 있지는 않다.

이러한 위탁 논의에서 아직까지도 별로 주목을 받지 못하던 중요한 사항은 바로 위탁의 성과는 위탁이란 사실로부터 곧바로 자동적으로 연결되는 것이 아니라는 것이다. 계약공급은 정책과 마찬가지로 정치적인 복잡한 계약과정을 통해서 이루어지는 것으로, 이러한 계약과정 전반에서 정부가 계약을 어떻게 관리하였는가가 위탁의 성과에 커다란 영향을 미칠 수 있음이 간과되고 있었다.

본 연구에서는 그동안 위탁 논의에서 별로 관심을 받지 못하던 위탁과정에 주목하고자 한다. 암흑상자로 여겨지고 자동적으로 성과가 도출된다고 인식되는 그 부분에서 바로 위탁성과의 상당 부분이 결정되고, 그러한 계약과정을 주도하는 주인공인 정부의 계약관리능력이 결국 위탁성과의 관건이 된다고 주장한다. 위탁을 관리라는 시각으로 접근하여 정부의 능동적인 역할을 강조하고 있다. 따라서 민간위탁은 긍정적인 효과를 가져오는 만능의 열쇠가 아니고 결국 그 열쇠를 제대로 돌리고 사용할 수 있는 정부의 손에 달려 있다고 주장한다.

한편 정부의 계약관리능력을 분석하는 방법으로 대리인 이론을 활용하였다. 기존의 위탁에 관한 이론은 아직 정부의 계약관리능력을 별로 언급하고 있지 않아 이를 계약에 관한 대리인 이론으로부터 분석틀과 개념을 빌려 분석하여 보았다. 그리고 분석 결과 대리인 이론이 기존의 위탁 이론을 보완 혹은 강화함을 확인할 수 있었다.

결국 본 연구의 이론적 공헌은 기존의 위탁 연구에서 간과되던 위탁과정에서의 정부의 계약관리능력을 새로운 중요한 매개요인으로 제시하였다는 것이다. 그리고 아울러 기존의 위탁 이론이 제대로 설명하지 못하던 사안들을 대리인 이론으로 설명하여 보임으로써 위탁 이론이 대리인 이론으로 더 풍성해질 수 있음을 보여주고 있다.

2. 정책적 시사점

본 연구의 결과로부터 다음과 같은 정책적인 시사점을 얻을 수 있다. 우선 정부가 효율성이나 비용 절감을 이유로 섣불리 계약을 통한 서비스 공급을 시도해서는 안 된다는 사실을 보여준다. 민간위탁은 약속한 결과를 가져오는 만병통치약이 아니며 정책과 마찬가지로 다양한 결과가 나타날 수 있다. 정부의 관련 예산이 증가한다거나 일부 국민에게 비용이 전가될 수도 있으며, 사회의 총비용이 증가할 수도 있다. 또한 정부의 공공서비스 '사업'의 민간위탁이 아니라 공공서비스 '책임'의 민간위탁이 일어날 우려도 있는 것이다. 민간위탁도 정책만큼이나 여러 가지 부작용의 우려가 있는 것으로, 공공서비스 공급상의 문제에 대한 여러 가지 해결책 중 하나의 대안인 것이지 유일한 최선의 해답은 아닌 것이다.

연구의 두 번째 정책적 의의는 민간위탁을 막상 고려하려고 할 경우 어떻게 위탁과정을 관리하여야 하는가에 도움을 준다. 본 연구는 단지 민간위탁을 한다고 해서 의도한 목표가 나타나는 것이 아니라 수탁기관의 선정과 계약내용 등의 계약과정이 제대로 관리되어야 위탁이 약속한 성과를 가져올 수 있다는 것을 보여준다. 따라서 본 연구는 실제로 빈번하게 일어나고 있는 공공서비스의 민간위탁 현실에 도움을 준다.

특히 위탁 업무에 따라 필요한 대리인의 성격을 파악하고 대리인의 유형을 결정할 수 있는 정보에 대한 판단과 획득이 중요함을 말해준다. 기존의 논의와는 다르게 수탁기관의 명성이나 평판 등의 조건에 너무 의존하지 말 것을 제시하고 있고, 다양한 계약조건을 제시하여 이로부터 수탁예정자에 대한 정보를 최대한 많이 파악하도록 노력할 것을 권고한다. 또한 계약 설계 시, 도덕적 해이를 줄이기 위한 주의점 등을 제시하고 있다.

셋째, 본 연구는 주로 통계학적으로 증명된 경쟁의 역할을 다시 한 번 사례를 통해 확인할 수 있었다. 본 사례에서는 경쟁은 수탁기관 선정과정에서도 또한 계약내용을 협상하는 과정에서도 모두 순기능을 하고 있었다.

경쟁을 통해 수탁자에 대한 정보의 획득이 용이하였으며, 그러한 경쟁은
또한 정부의 협상력을 제고시켜 정부에 유리한 계약내용의 협상이 가능하
도록 하였다. 경쟁의 역할에 대해서 사회서비스의 경우에는 논란이 있으나,
본 사례의 경우에는 긍정적인 영향을 미침을 알 수 있었다.

3. 연구의 한계와 향후 과제

본 연구는 사례연구로 질적인 연구가 가지는 여러 한계점을 지닌다. 우
선, 일반화의 한계가 있다. 본 연구의 결과는 기본적으로 단지 의료서비스
의 위탁경영을 분석한 것이라는 한계를 가진다. 또한 더 복잡한 것으로 여
겨지는 연성서비스의 위탁에 관한 사례이다. 따라서 이를 다른 서비스 영
역에, 특히 경성서비스의 위탁에 대해서까지 확대하여 적용하기에는 신중
하여야 할 것이다.

또한 사례를 통해 계약과정과 계약성과의 관계를 논하고 있기 때문에 계
량적인 연구에서처럼 엄밀하게 양자의 관계를 증명하고 있지 않다. 비교연
구를 통해 세 가지 사례를 분석하고 있고 매개요인과 계약성과를 계량적으
로 증명하고 있는 연구가 아니다.

한편 본 연구는 위탁성과로서 사회의 총 비용의 변화를 분석하고 있지
않다. 위탁 관련 여러 이해관계인의 이해득실을 모두 분석하고 있지 않고
환자의 진료비만을 분석하였다. 본 연구는 위탁의료원의 직원들의 후생 변
화 등에 대한 분석을 하고 있지 않고 있는데, 차후 위탁된 기관의 조직원
들이 부담하는 비용에 대한 연구가 이루어져야 한다고 본다.

본 연구의 주제는 공공서비스의 위탁공급의 성과와 그에 영향을 미친 계
약관리능력에 관한 것이었다. 지방공사의료원과 공공병원의 역할을 감안할

때 국민이 과연 이들 병원으로부터 받고자 하는 서비스의 내용이 무엇인가에 관한 논의는 본 연구의 연구범위가 아니다. 민간위탁이나 민영화 등은 비용 절감과 효율성 증대를 위해 생산자인 정부의 입장에서 시도된 개혁이었다. 의료서비스의 경우 고급 의료를 비용이 증가하더라도 사고 싶다는 주민들의 요구에 부응하여 이루어진 개혁은 아니었다.

주인인 국민이 과연 공공의료서비스의 위탁을 원하는지, 공공의료기관이 어떤 역할을 하기를 원하는지에 대해서는 아직 연구와 논의가 부족하다. 대리인 이론은 또한 '대리인인 정부'가 추구하는 목적이 반드시 '주인인 국민'의 목적과 일치하지는 않는다는 사실을 말해주는 이론이기도 하다. 따라서 앞으로 주인인 국민이 공공의료기관이 어떤 역할을 어느 정도 수행하기를 바라는지의 행정수요에 관한 연구가 보다 체계적으로 이루어져야 할 것으로 생각한다.

참고문헌

1. 국내문헌

1) 단행본

강신일, 『공기업의 민영화에 관한 연구』, 한국개발연구원, 1988.

김경혜, 『복지시설 민간위탁 운영평가 및 개선방안 연구』, 서울시정개발연구원, 2000.

김광웅, 『바람직한 정부』, 박영사, 2003.

김동건, 『현대 재정학』, 박영사, 1994.

김행용·장선미·이동모·신영전·한은아·이윤형, 『공공보건의료체계 개편방안 연구』, 한국보건사회연구원, 2001.

노화준, 『기획과 결정을 위한 정책분석론』, 박영사, 1999.

노화준, 『정책평가론』, 법문사, 2003.

노화준, 『정책학원론』, 박영사, 2003.

대한병원협회, 『(각 년도) 전국병원명부』, 1992, 1995-2001, 2003.

박재희, 『행정서비스 제공방식의 다원화 방안』, 한국행정연구원, 1998.

박중훈, 『정부기능의 민간위탁 제도 및 운영방식 개선방안』, 한국행정연구원, 1999.

아주대학교 경영연구소, 『지방공사의료원의 경영진단 및 발전방안 연구-최종보고서-』, 1996.

연세대학교 보건정책 및 관리 연구소, 『경기도 지방공사의료원(수원, 이천, 안성) 전문화 특성화 방안』, 2003.

오연천, 『정부개혁의 기조와 정부기능의 재정립』, 박영률출판사, 1997.

오희환, 『지방공사의료원의 운영체제 개선방안』, 한국지방행정연구원, 1997.

옥동석·최영출, 『공공부문의 시장성 테스트 제도 도입 방안 연구』, 기획예산처 연구용역 보고서, 1999.

유시원·이경호, 『공공병원의 경영효율화 방안』, 한국보건사회연구원, 2001.

이달곤, 『지방정부론』, 박영사, 2004.

이달곤, 『협상론: 협상의 과정, 구조, 그리고 전략』, 법문사, 2000.

이창균·서정섭, 『지방자치단체 민간위탁의 개선방안』, 한국지방행정연구원, 2000.

전국 지방공사의료원 연합회 경영평가단, 『(1993년-2002년 각 년도) 지방공사 시·도 의료원 경영실적 평가보고서』, 1994-2003.

전국 지방공사의료원 연합회, 『2001년도 지방공사의료원 연보』, 2002.

전국 지방공사의료원 연합회, 『2002년도 지방공사의료원 연보』, 2003.

전국 지방공사의료원 연합회, 『지방공사의료원편람』, 1998.

전국 지방공사의료원 연합회 발간, 『2001년도 지방공사의료원 재무제표』, 2002.

전국 지방공사의료원 연합회 발간, 『2002년도지방공사의료원 재무제표』, 2003.

정용덕, 『신제도주의 연구』, 대영문화사, 1999.

정용덕, 『합리적 선택과 신제도주의』, 대영문화사, 1999.

정용덕, 『현대국가의 행정학』, 법문사, 2001.

정용덕, 『거버넌스 제도의 합리적 선택』, 대영문화사, 2002.

정정길, 『정책학원론』, 대명출판사, 1997.

정정길, 『행정학의 새로운 이해』, 대명출판사, 2001.

최병선, 『정부규제론: 규제와 규제완화의 정치경제』, 법문사, 1992.

한영주·조임곤, 『서울시 행정서비스 민간활력 도입에 관한 연구』, 서울시
　　정개발연구원, 1998.

한국도시행정연구소(편), 『(1993년-2002년 각 년도) 전국통계연감』, 1994-
　　2003.

한국보건산업진흥원, 『병원경영분석 2001』, 2002.

한국보건산업진흥원, 『의료원 5개년 장기발전방안 연구』, 2002.

행정자치부, 『자치단체사무의 민간위탁추진 지침』, 1998.

행정자치부(내무부), 『(1993년-2002년 각 년도) 지방공기업 결산 및 경영
　　분석』, 1994-2003.

행정자치부 지방행정연수원, 『지방행정 당면 현안 해결을 위한 정책과제
　　연구보고서』, 1998.

2) 논 문

곽채기, 『정부-기업관계의 새로운 제도형성과정으로서의 공기업 민영화에
　　관한 연구』, 서울대 박사학위논문, 1994.

권길화·정윤수·조윤숙, "학술연구지원정책 효율성 제고에 관한 연구: 대
　　리인 이론을 중심으로", 『교육행정학연구』, 제18권 제4호, 2000.

권순만·김난도, "행정의 조직경제학적 접근: 대리인 이론의 행정학적 함
　　의를 중심으로", 『한국행정학보』, 제29권 제1호, 1995.

권순만, "Efficiency and Incentive Systems in the Public Sector: Political
　　Economy and the Economics of Organization", 『한국정책학회보』,
　　제5권 제2호, 1996.

권순만, "Nature of Competition and Regulation in Health Care Markets:

Implications for Public Policy", 『보건행정학회지』, 제6권 제2호, 1996.

권순만, "재무성과와 병원산업의 동태적 변화: 퇴출과 법적소유형태의 전환", 『정책분석평가학회보』 제9권 제1호, 1999.

권순만, "의료산업과 가격규제: 효과와 개혁 방안", 『한국정책학회보』 제8권 제2호, 1999.

권순만, "정보의 실패와 보건의료정책", 『보건학논집』 제36권 제1호, 1999.

권순만, "의약품 관련 정책의 비판적 고찰과 병원 산업", 『보건학논집』 제37권 제1호, 2000.

김관보, "현행 책임감리제도의 문제점과 개선방안: 현장사례중심으로 본 발주처 비대칭적 정보해소의 한계", 『토목』, 198호, 1996.

김규덕, 『지방정부 공공서비스의 성과평가에 관한 연구-쓰레기 수거 서비스를 중심으로-』, 영남대학교 박사학위논문, 1999.

김기석, "위임자-대리인 모델과 관료-정치가 관계 연구: 일본 정치경제에 대한 함의를 중심으로", 『한국정치학회보』, 제34권 제4호, 2000.

김덕준, "주인-대리인 이론에 입각한 관료제의 분석: 관료제의 통제를 중심으로", 『호서대학교 사회과학연구』, 제18권, 1999.

김승현, "지방자치단체의 복지서비스 계약공급에 관한 연구: 노원구의 위탁시설을 중심으로", 『한국행정학보』, 제32권 제3호, 1998.

김승열, "정부업무 민간위탁의 한계와 공정성 확보방안", 『법제』, 제513호, 2000.

김순양, "사회복지서비스 공급 민영화의 성공요건 고찰: 사회복지관 시설의 민간위탁 과정을 중심으로", 『한국정책학회보』, 제7권 제3호, 1998.

김 열, "한국 지방정부 민관협력의 실태 및 개선과제", 『지방행정연구』, 제11권 제4호, 통권 42호, 1997.

김   인·허용훈·이희태, "지방의료원의 운영형태별 성과분석",『한국행정학보』, 제33권 제3호, 1999.

김   인·허용훈·이희태, "지방공사 부산의료원의 경영성과분석와 발전방향",『부산대 지방과 행정 연구』, 13호, 1999.

김인철·유영철, "지방공공서비스의 민영화 지연요인 분석－환경기초시설 민간위탁을 중심으로－",『한국지방자치학회보』, 제10권 제3호, 통권 24호, 1998.

김재훈, "지방공기업 관리체계의 효율화: 정부투자기관과의 비교를 중심으로", 『지방재정학보』, 제1권, 1996.

김재훈, "우정사업의 책임경영화: 재무관리",『우정정보』, 제38권, 1999.

김준기·조일홍·송하중, "정부업무의 외부위탁비용에 관한 연구: 계약이론의 관점에서",『한국행정학보』, 제33권 제4호, 1999.

김준기, "비영리단체(NPOs)의 생성과 일반적 행태: 주인－대리인이론 관점에서",『행정논총』, 제36권 제1호, 1998.

김준기, "한국에서의 '제3자적 정부'에 대한 논의",『행정논총』, 제39권 제2호, 2001.

김태운, "지방정부기능의 민간위탁 실태와 절차",『시정연찬』, 제11호, 1999.

김현성, "공공조직에 대한 조직경제론적 접근",『현대사회와 행정』, 제6권, 1996.

김현성, "행정정보체계 관리를 위한 조직경제론적 분석: 일반직과 전산직의 관계를 중심으로",『한국행정학보』, 제30권 제4호, 1996.

김현성, "행정정보공동활용의 한계와 활성화방안: 대리인이론적 분석",『현대사회와 행정』, 제12권 제1호, 2002.

남상요, "지방공사의료원의 인적자원 효율성 평가",『보건행정학회지』, 제10권 제4호, 2000.

노춘희, "서울시 도시행정의 민영화에 대한 연구-의료서비스 공급을 사례로-", 『도시행정학보』, 제6집, 1993.

박경원, 『도시행정서비스 공급의 민간화에 관한 연구』, 연세대학교 박사학위논문, 1989.

박경원, "지방공공서비스 민간위탁의 배경과 전략", 『자치경영』, 제7호, 1994.

박경효, "도시공공서비스 생산의 민간화: 집행과정분석을 위한 틀", 『연구논총』, 서울시립대, 제17집, 1991.

박경효, "공공서비스 생산의 민간화에 대한 평가: 서울시 쓰레기수거업무 사례분석", 『한국행정학보』, 제25권 제4호, 1992.

박봉식, 『도시공공서비스의 민간위탁 성과 제고방안에 관한 연구-서울시 쓰레기 수거와 청소년 수련시설 운영을 중심으로-』, 서울시립대학교 박사학위논문, 2001.

박석구, 복수의 대리인문제에 관한 연구-대리인 간의 상호 감시의 효익-, 『경제경영연구』, 제14권 제1호, 1995.

박언서, "민간위탁의 효율성 제고방안에 관한 연구", 『부산대 지방과 행정연구』, 제12호, 1998.

박재영, "지방정부의 민간위탁 평과와 과제-민간위탁의 현주소와 앞으로의 과제-", 『지방행정』, 제568호, 2001.

박통희, "계서제에서 업무행태분석: 대리인 모형에 입각한 게임이론적 접근", 『한국행정학보』, 제23권 1989.

박통희, "가외적 업무구조와 분할지배에 의한 '정책관리'", 『한국행정학보』, 제29권 제4호, 1995.

서정섭, "지방자치단체 민간위탁의 집행분석", 『지방행정』, 제568호, 2001.

손기정, 『지방행정서비스의 민간위탁에 관한 연구-전라남도 사례와 대상업무 선정을 중심으로-』, 호남대학교 박사학위논문, 2001.

손영현, "지방행정서비스의 민간위탁 활성화 방안", 경남대학교 대학원논총, 제14집 제2권, 통권 17권, 1999.

손희준,『한국 도시 공공서비스의 민영화 성과측정 연구―쓰레기 수거 서비스를 중심으로―』, 성균관대학교 박사학위논문, 1992.

손희준, "도시쓰레기 수거 서비스의 공급 유형에 따른 능률성 분석: 민영화 방안을 중심으로",『한국행정학보』, 제26권 제1호, 1992.

송광태, "공공서비스 민간위탁의 실태와 개선방안",『한국외대 사회과학논집』, 제17권 제1호, 1999.

송운석·이성세, "지방정부의 성공적인 민간위탁 집행―쓰레기 수거 업무 민간위탁을 중심으로―",『한국지방자치학회보』, 제13권 제3호, 통권 35호, 2001.

오수길,『지방정부의 민―관 파트너십 사례 연구―'지방의제 21' 추진과정을 중심으로―』, 성균관대학교 박사학위논문, 2002.

오희환, "지방자치단체의 민간위탁 현황 및 평가",『지방행정정보』, 61호, 1997.

유금록, "보건소의 생산성 측정: 전라북도를 중심으로",『한국행정학보』, 제37권 제4호, 2003.

유 훈, "정부계약의 서설적 고찰",『행정논총』, 제29권 제1호, 1991.

윤성식, "경제대리인 이론과 조직의 효율성",『한국행정학보』, 제27권 제2호, 1993.

윤성식, "감사인의 독립성과 적정 감사인의 규모: 대리인 이론과 게임이론의 관점에서",『한국행정학보』, 제28권 제3호, 1994.

윤성식, "최근 선진국 예산개혁의 교훈: 대리인 이론의 관점에서",『한국행정학보』, 제31권 제2호, 1997.

윤태범, "지방행정서비스 민간위탁의 활성화 방안",『지방정부연구』, 제3권 제1호, 1999.

윤희윤, "공공도서관 위탁 구상의 쟁점 분석과 대응방안", 『문헌정보학회지』, 제53권 제3호, 1998.

윤희윤, "도서관의 아웃소싱에 대한 비판적 연구", 『한국도서관·정보학회지』, 제31권 제3호, 2000.

이갑영, 『지방자치단체의 효율적 민간위탁 방안에 관한 연구』, 경희대학교 박사학위논문, 2001.

이경희·권순만, "지방공사의료원의 성과에 영향을 미치는 요인 연구", 『보건행정학회지』 제13권 제2호, 2003.

이계원, "공공서비스의 민영화에 관한 연구－생활폐기물 수거처리 민간위탁을 중심으로－", 『산업경제연구』, 제14권 제1호, 2001.

이달곤, "도시문제의 접근과 민간과 사회부문의 역할", 『행정논총』 제26권 제2호, 1988.

이동기, "정부의 의료 서비스 혁신: 민간위탁을 중심으로", 『전북행정학보』, 제12권, 1998.

이상범, "서울시립병원의 문제점과 개선방안", 『서울시립대 산경논집』, 제12권 제1호, 1997.

이상수, 『지방공공서비스의 성과평가－지방공공의료기관의 조직운영형태별 성과분석－』, 한국외국어대학교 박사학위논문, 2000.

이상철, "공기업의 대리인문제와 민영화방안의 타당성검토: 한국전력공사 사례를 중심으로", 『한국행정학보』, 제31권 제1호, 1997.

이석원, 『공기업의 공익사업지원활동의 성격과 적정범위설정에 관한 연구－한국통신사례를 중심으로－』, 서울대학교 행정대학원 석사학위논문, 1994.

이성우, "정부 기능의 민간위탁 확대방안", 『한국정책학회보』, 제7권 제3호, 1998.

이원희, "행정의 시장지향적 운영기법에 관한 연구", 『지방정부연구』, 제3

권 제1호, 1999.

이정은, 『민간위탁의 성과와 영향요인에 관한 연구-서울특별시 복지서비스를 중심으로-』, 중앙대학교 박사학위논문, 1996.

이정은, "민간위탁 성과 영향요인의 분석: 서울특별시 복지서비스를 중심으로", 『중앙행정논집』, 제12권, 1998.

이치수, 『계약에 의한 도시행정서비스의 공급에 관한 연구』, 동국대학교 박사학위논문, 1990.

이　효, 『도시공공서비스의 생산성에 관한 연구-도시 상수도의 사례-』, 경희대학교 박사학위논문, 1994.

임도빈, "신공공관리론과 베버 관료제이론의 비교", 『서울대 행정논총』, 제38권 제1호, 2000. 6.

임도빈, "지방자치단체 행정서비스헌장제의 비판적 이해: 신공공관리론적 개혁방법을 중심으로", 한국행정학회 2002 춘계학술대회 발표논문.

정용덕, "중간조직에 대한 이론적 고찰", 『중앙공무원교육원 논문집』, 1999.

정윤수·허만형, "공립병원 의료서비스의 공공성 분석", 『한국행정학보』, 제33권 제4호, 1999.

정정길, "선진제국의 새로운 국정운영방식", 『한국행정연구』, 제11권 제2호, 2002.

정현선·이기호, "공공병원의 효율성과 사회적 역할", 『보건행정학회지』, 제6권 제2호, 1996.

조정찬, "사인에 의한 행정에 관한 연구-행정권한의 민간위탁을 중심으로-", 『법제』, 제458호, 1996.

최병선, "민영화의 정치경제", 김석준 편, 『국가와 공공정책』, 법문사, 1993.

최유성, "'국민의 정부'의 지방행정개혁에 대한 평가 및 향후 개혁과제", 『한국행정연구』, 제11권 제2호, 2002.

최종원, "정책집행연구의 이론적 틀에 대한 비판적 고찰", 『한국정책학회보』, 제7권 제1호, 1998.

최흥석, "기초지방자치단체의 공공서비스 전달방법 연구-비의도적 민간위탁에서 계획적 민간위탁으로-", 『도시행정학보』, 제15집 제2호, 2002.

하혜수, "경쟁력 있는 민간화 전략", 『지방자치』, 제112호, 1998.

한인섭, 『지방공공병원의 조직유형별 성과분석에 관한 연구』, 서울대학교 박사학위논문, 1999.

허남식, 『지방공공서비스 민간위탁의 효율적 집행에 관한 연구』, 경성대학교 박사학위논문, 2000.

허만형, "복지시설의 민간위탁 집행실태 분석", 『지방행정』, 제568호, 2001.

홍완식, "도시공공서비스 공급의 경쟁화 이론과 사례 연구-쓰레기 수거 서비스를 중심으로-", 『지방정부연구』, 제3권 제2호, 1999.

황윤원, "감축관리를 위한 민간화 기법의 연구: 서울시 청소행정 사례분석", 『한국행정학보』, 제25권 제1호, 1991.

2. 국외문헌

1) 단행본

Bennett, J. T., & Johnson, M. H., *Better government at half the price: Private production of public services*, Ottawa, Ill. : Caroline House, 1981.

Butler, S., *Privatizing public spending: A strategy to eliminate the deficit*, Washington: The Heritage Foundation, 1985.

DeHoog, R. H., *Contracting out for human services: Economic, political,and organizational perspectives,* Albany: State Univ. of New York Pr., 1984.

Derthick, M., & Quirk, P. J., *The Politics of Deregulation,* Washington, D. C. : Brookings, 1985.

Donahue, J., *The privatization decision: Public ends, private means,* New York: Basic Books, 1989.

Foster, C. D., & Plowden, F. J., *The state under stress: Can the hollow state be good government?,* Buckingham · Philadelphia: Open Univ. Pr., 1996.

Harden, I., *The contracting state,* Buckingham: Open Univ. Pr., 1992.

Hirschman, A. O., *Exit, voice, and liberty,* Cambridge: Harvard Univ.Pr., 1970.

Gormley, W. T., Jr., ed., *Privatization and its alternatives,* The Univ. of Wisconsin Pr., 1991.

Kettl, D. F., *Government by proxy: (Mis?)Managing federal programs,* Washington, D. C. : Congressional Quarterly Pr., 1988.

Kettl, D. F., *Sharing power: Public governance and private markets,* Washington D. C. : The Brookings Institution, 1993.

Kettl, D. & J. Dilulio, Jr. (ed.), *Inside the Reinvention Machine: Apraising Governmental Reform,* 1995.

Kettl, D. F., & Milward, H. B., ed., *The state of public management,* Baltimore & London: The John Hopkins Univ. Pr., 1996.

Lavery, K., *Smart contracting for local government services: Processes and experience,* Westport · Connecticut · London: Praeger, 1999.

Lazear, E., *Personnel economics for managers,* New York: John Wiley &

360

Sons, Inc., 1998.

Martin, L. L., *Contracting for service delivery: Local government choices*, Washington: ICMA, 1999.

Meier, K. J., *The Political Economy of Regulation: The Case of Insurance*, Albany: State University of New York Press, 1988.

Mitnick, B. M., *The Political Economy of Regulation*, New York: Columbia University Press, 1980.

Noll, R. G., and Owen, B., *The Political Economy of Deregulation*, Washington, D. C. : American Enterprise Institute, 1983.

OECD, *Contracting out government services: Best practice guidelines and case studies*, Paris: OECD, 1997.

O'Looney, J. A., *Outsourcing state and local government services: Decision making strategies and management methods*, Westport, Connecticut · London: Quorum Books, 1998.

Osborne, D., & Gaebler, T., *Reinventing government: How the entrepreneurial spirit is transforming the public sector*, New York: ddison-Wesley, 1992.

Pratt, J. W., & Zeckhauser, R. J., ed., *Principals and Agents: The Structure of Business*, Cambridge, Mass.: Harvard Business School Press, 1985.

Pressman, J. L., & Wildavsky, A., *Implementation*, Berkerly: University of California Press, 1973.

Roth, G., *The private provision of public services in developing countries*, Washington D. C. : Oxford Univ. Press, 1987.

Salamon, L. M., *Beyond privatization: The tools of government action*, Washington, D. C. : Urban Institute Pr., 1989.

Savas, E. S., *Privatization: The key to better government*, Chatham, New Jersey: Chatham House Pub., 1987.

Savas, E. S., *Privatization and public-private partnerships*, New York · London: Chatham House, 1999.

Tian, G., *Microeconmic Theory: Lecture Notes*, Department of Economics, Texas A & M University, May, 2003.

Wolf, C. Jr., *Markets or governments: Choosing between imperfect alternatives*, 2nd edition, Cambridge, MA: The MIT Press, 1988.

2) 논 문

Akerlof, G., "The Market for Lemons: Quality uncertainty and the market mechanism", *Quarterly Journal of Economics*, Vol.84, No.3, 1970.

Aron, D., & Olivella, P., "Bonus and penalty schemes as equilibrium incentive devices, with application to manufacturing systems", *Journal of Law, Economics and Organizations*, Vol.10, No.1, 1994.

Bennett, C., & Ferlie, E., "Contracting in theory and in practice: Some evidence from the NHS", *Public Administration*, Vol.74, Spring 1996.

Borcherding, T. E., Pommerehne, W. W., & Schneider, F., "Comparing the efficiency of private and public production: The evidence from five countries", *Journal of Economics*, Supplement 2, 1982.

Bovbjerg, R. R., Held, P. J., & Pauly, M. V., "Privatization and bidding in the health-care sector", *Journal of Policy Analysis and Management*, Vol.6, No.4, 1987.

Bradley, R., "Is Adverse Selection Simply Moral Hazard? Evidence from the 1987 Medical Expenditure Survey", BLS Working Papers, U.S. Department of Labor, Bureau of Labor Statistics, Jan. 31. 2002.

Brown, M. M., & Brudney, J. L., "A"smarter, better, faster, and cheaper "government: Contracting and geographic information systems", *Public Administration Review*, Vol.58, No.4, 1998.

Brown, T. B., & Potoski, M., "Contract-management capacity in municipal and county governments", *Public Administration Review*, Vol.63, No.2, March/April 2003.

Clarkson, K. W., "Some implication of property rights in hospital management", *Journal of Law and Economics*, Vol.15, October 1972.

DeHoog, R. H.,"Theoretical perspectives on contracting out for services: Implementation problems and possibilities of privatizing public services" in Edwards, G. C. (eds), *Public policy implementation*, Greenwich: Jai Pr., 1984.

DeHoog, R. H., "Human services contracting: Environmental, behavioral, and organizational conditions", *Administration and Society*, Vol.16, No.4, 1985.

DeHoog, R. H., "Competition, negotiation, or cooperation: Three models for service contracting", *Administration and Society*, Vol.22, No.3, 1990.

DeLeon, L., & Denhardt, R. B., "The political theory of reinvention", *Public Administration Review*, Vol.60, No.2, 2000.

Eisenhardt, K. M, "Agency Theory: An Assessment and Review", *Academy of Management Review*, Vol.14, No.1, 1989.

Ferris, J. M., & Graddy, E., "Contracting out: For what? With whom?" *Public Administration Review,* Vol 46. No.4. 1986.

Globerman, S., & Vining, A. R. "A framework for evaluating the government contracting-out decision with an application to informational technology", *Public Administration Review,* Vol.56, No.6, 1996.

Gormley, W. T. Jr., "Regulatory Issue Networks in a Federal System." *Policy* 18,1986.

Haque, M. S., "The diminishing publicness of public service under the current mode of governance", *Public Administration Review,* Vol.61, No.1, 2001.

Hirsch, W. Z., "Contracting out by urban governments: A review", *Urban Affairs Review,* Vol.30, No.3, January 1995.

Horstmann, I. J., Mathewson, F. & Quigley, N., "Bonuses and penalties in incentive contracts", Organizations and markets research group working papers, Rotman school of management, University of Toronto. 2002.

Hunt, R. G., "Cross-purposes in the contract procurement system: Military R & D and beyond", *Public Administration Review,* Vol.44, 1984.

Jensen, M., & Meckling, W., "Theory of the firm: Managerial behavior, agency costs, and ownership structure." *The Journal of Financial Economics,* Vol3, 1976.

Johnston, J. M., & Romzek, B. S., "Contracting and accountability in state medicaid reform: Rhetoric, theories and reality", *Public Administration Review,* Vol.59, No.5, 1999.

Kahneman, D., & Tversky, A., "Prospect theory: An analysis of decision under risk", *Econometrica*, Vol.47, No.2, 1979.

Kahneman, D., & Tversky, A., "Rational choice and the framing of decisions", *The Journal of Business*, Vol.59, No.4, Part 2, 1986.

Kelman, S., "Occupational Safety and Health Administration." In James Q. Wilson, ed., *The Politics of Regulation*, New York: Basic Books, 1980.

Kettl, D. F., "The myths, realities, and challenges of privatization", in Thompson, F. J., ed., *Revitalizing state and local public service: Strengthening performance, accountability, and citizen confidence*, San Francisco: Jossey-Bass Pub., 1993.

Kettner, P. M., & Martin, L. L., "Making decisions about purchase of service contracting", *Public Welfare*, Vol.44, 1986.

Kiser, E., "Comparing varieties of agency theory in economics, political science, and sociology: An illustration from state policy implementation", Sociological Theory, Vol.17, Issue 2, 1999.

Kolderie, T. "Two different concepts of privatization", *Public Administration Review*, Vol.46, No.4, 1986.

Larbi, G. A., "Contracting-out in public health and water services in Ghana", *International Journal of Public Sector Management*, Vol.11, No.2/3, 1998.

Lindsay, C. M., "A theory of government enterprise", *Journal of Political Economy*, Vol.84, 1976.

Lucy, W. H., Gilbert, D., & Birkhead, G. S., "Equity in local service distribution", *Public Administration*, Vol.37, No.6, 1977.

Milward, H. B., "Introduction", in "Symposium on the hollow state: Capacity, control, and performance in interorganizational settings",

Journal of Public Administration Theory and Research, Vol.6, No.2, 1996.

Miranda, R., & Lerner, A., "Bureaucracy, organizational redundancy, and the privatization of public services", *Public Administration Review*, Vol.55, No.2, 1995.

Mitnick, B. M., "The Theory of Agency: The Policing 'Paradox' and Regulatory Behavior", *Public Choice*, 1975.

Mitnick, B. M., "An Incentive Systems Model of the Regulatory Environment." In Dubnick, M. J. & Gitelson, A. R., ed., *Public Policy and Economic Institutions*, Greenwich, Conn.: JAI, 1991.

Mitnick, B. M., & Backoff, R. W., "The Incentive Relation in Implementation." In George C. E. III, ed., *Public Policy Implementation*, Greenwich, Conn.: JAI, 1984.

Moe, T. M., "Regulatory Performance and Presidential Administration." *America Journal of Policy Science*. Vol.26, 1982 .

Moe, T. M., "The new economics of organization", *American Journal of Political Science*, Vol.28, 1984.

Moe, T. M., "Control and Feedback in Economic Regulation: The Case of the NLRB." *American Political Science Review*. Vol.79, 1985.

Moe, R. C., "Exploring the limits of privatization", *Public Administration Review*, Vol.47, No.6, 1987.

Morgan, D. R., & England, R. E., "The two faces of privatization", *Public administration Review*, Vol.48, No.6, 1988.

Morgan, D. R., "The pitfalls of privatization: Contracting without competition", *American Review of Public Administration*, Vol.22, No.4, 1992.

Pack, J. R., "Privatization of public-sector services in theory and practice", *Journal of Policy Analysis and Management*, Vol.6, No.4, 1987.

Paul, S., "Privatization and the public sector", *Finance & Development*, Vol.22, No.4, 1985.

Poole, Jr. R. W., & Fixler, P. E., "Privatization of public-sector services in practice: Experience and potential", *Journal of Policy Analysis and Management*, Vol.6, No.4, 1987.

Prager, J., "Contracting out government services: Lessons from the private sector", *Public Administration Review*, Vol.54, No.2, 1994.

Ross, S. A., "The Economic Theory of Agency: The Principal's Problem." *American Economic Review*, Vol.62, 1973.

Sappington, D. E. M., & Stiglitz, J. E., "Privatization, information and incentives", *Journal of Policy Analysis and Management*, Vol.6, No.4, 1987.

Savas, E. S., "Privatization", in Hawkworth, M. & Kogan, M. ed., *Encyclopedia of Government and Politics*, London: Routledge, 1992.

Schlesinger, M., Dowart, R. A., & Pulice, R. T., "Competitive bidding and states' purchase of services: The case of mental health care in Massachusetts", *Journal of Policy Analysis and Management*, Vol.5, No.2, 1986.

Smith, S. R., "Transforming public services: Contracting for social and health services in the US", *Public Administration*, Vol.74, Spring 1996.

Starr, P., "The limits of privatization", in Hanke, S. H., Prospects for

Privatization, New York: *The Academy of Political Science*, 1987.

Stein, R. M., "The budgetary effects of municipal service contracting: A principal-agent explanation", *American Journal of Political Science*, Vol.34, No.2, 1990.

Straussman, J. D., & Farie, J., "Contracting for social service at the local level", *The Urban Interest*, Vol.3, No.2, 1981.

Stewart, J., "The limitations of government by contract", *Public Money and Management*, Vol.13, No.3, 1993.

Van Slyke, D. M., "The mythology of privatization in contracting for social services", *Public Administration Review*, Vol.63, No.3, May/June 2003.

Wallin, B. A., "The need for a privatization process: Lessons from development and implementation", *Public Administration Review*, Vol.57, No.1, 1997.

Waterman, R. W., & Meier, K. J., "Principal-agent models: An Expansion?", *Journal of Public Administration Research and Theory*, Vol.8. No.2, 1998.

Wilson, W., "The study of administration", *Political Science Quarterly*, Vol.2, June 1887.

Winter, S., "How Policy Making affects Implementation: The Decentralization of the Danish Disablement Pension Administration", *Scandinavian Political Studies*, Vol.9, No.4, 1986.

Winter, S., "Integrating Implementation Research", in D. J. Palumbo & D. J. Calista ed., *Implementation and Policy Process*, New York: Greenwood Press, 1990.

Wood, B. D., "Principals, Bureaucrats, and Responsiveness in Clean Air

Enforcements", *American Political Science Review*. Vol.82, 1988.

Wood, B. D. & Anderson, J. E., "The Politics of U.S. Antitrust Regulation." *American Journal of Political Science*, Vol.37, 1993.

3. 기 타

1) 의료원과 지방자치단체 관련 자료

해당 의료원의 위탁계약서, 갱신계약서.

해당 의료원의 정관.

해당 지방자치단체의 도의회 회의록, 1993-2002.

해당 지방자치단체의 조례.

2) 언론매체

중앙일간지

동아일보, 1998. 11. 13 기사.

지방일간지

경기일보(이천의료원 자료), 1993-2002.

국제신문(마산의료원 자료), 1993-2002.

매일신문(마산의료원 자료), 1993-2002.

부산일보(마산의료원 자료), 1993-2002.

새 전북신문(군산의료원 자료), 1993-2002.

전라일보(군산의료원 자료), 1993-2002.

전북도민일보(군산의료원 자료), 1993-2002.

중부일보(이천의료원 자료), 1993-2002.

3) 인터넷 사이트

국민건강보험공단 http://www.nhic.or.kr.

군산의료원 http://www.kunmed.or.kr.

동부 교차로저널 http://news.kocus.com.

마산의료원 http://www.mmc.or.kr.

보건복지부 http://www.mohw.go.kr.

병원법 http://www.hospitallaw.or.kr

전국 지방공사의료원 연합회(현 사단법인 전국 지방의료원 연합회) http://
www.medios.co.kr.

· 저자 ·

황혜신
(黃惠信)

· 약 력 ·
서울대학교 인류학과 및 사법학과 졸업
서울대학교 행정대학원 행정학 석사
서울대학교 대학원 행정학 박사
(현) 한국행정연구원 부연구위원
과학기술부 자체평가위원
자치인력개발원 기술평가위원
한국행정연구 편집위원
한국행정학회 운영이사

· 주요논저 ·
『1990년대 한국 정책평가연구의 동향 분석』
『정권교체가 한국 예산결정과정에 미친 영향』
『공공의료서비스의 위탁성과에 관한 연구』
『계약관리능력이 민간위탁성과에 미친 영향』
『주인 대리인 이론의 정책과정에의 시론적 적용』
『역대정부와의 비교론적 관점에서 본 참여정부의 정부혁신』
『A New Paradigm for Public Management in the 21st Century(공저)』
외 다수

공공서비스 민간위탁의 이론과 실제

· 초판 인쇄	2006년 5월 15일
· 초판 발행	2006년 5월 15일
· 지 은 이	황혜신
· 펴 낸 이	채종준
· 펴 낸 곳	한국학술정보㈜
	경기도 파주시 교하읍 문발리 526-2
	파주출판문화정보산업단지
	전화 031) 908-3181(대표) · 팩스 031) 908-3189
	홈페이지 http://www.kstudy.com
	e-mail(e-Book사업부) ebook@kstudy.com
· 등 록	제일산-115호(2000. 6. 19)
· 가 격	34,000원

ISBN 89-534-5014-4 93350 (Paper Book)
　　　 89-534-5015-2 98350 (e-Book)